献给马海德

——新中国卫生事业的先驱者
中美友好关系的先行者

大医
马海德

Shafick George Hatem

陈敦德　著

人民卫生出版社

·北京·

序 言

　　人类历史的进步，常与瘟疫、饥饿、战争等灾难相伴。这些灾难在给人类带来巨大痛苦的同时，也改变着人类对自身命运的思考，重塑着国家和民族发展的轨迹，造就出许多医学、科学和人道事业的非凡人物，成为顺应和引领时代潮流的先驱领袖。本书的主人公马海德医生，正是这样的一位典型。

　　马海德刚 8 岁时，也就是 1918 年，全球发生了造成数千万人死亡的大流感。在其袭击美国东海岸的两次暴发中，马海德的父母和兄妹四人，皆被病毒击中。在大封城环境中，电车停驶，商店关门，影院歇业，警察们戴着大口罩，空荡荡的街上经常呼啸驶过运尸车……有一个银发苍苍、穿着白大褂的老大夫，获悉这户贫困移民之家缺少食物和药品，就每天往他家门口的盒子里放进面包和药品。他永远忘不了那个老大夫的身影。小马海德在疫情中先后两次昏迷、病危住院，幸而被医护人员抢回了生命。就这样，在马海德幼小的心灵里，知道了生命之可贵，人类关爱之温暖，医生职业之伟大。他选择了将来要做医生，要战胜疾病，战胜死亡，给人类以关爱和健康！

　　然而，马海德从医道路之艰难曲折，超乎一般人的想象。作为中东移民家庭的寒门子弟，他从小学到中学毕业都半工半读以维持学业。虽然由于勤奋好学一直是班里尖子，却因当时美国教育制度对移民的歧视，只能选择到位于其祖籍黎巴嫩的贝鲁特美国大学攻读医学。其后，他以优异成绩获得洛克菲勒基金会资助到日内瓦大学攻读皮肤病医学博士。1933 年毕业后，23 岁的马海德来上海从医，接触到了底层大众苦难深重的旧中国社会，给他的心灵以极大震撼。医者的人道情怀和参与社会变革相结合的实践过程，改变了马海德的人生道路。1936 年，26 岁的马海德经宋庆龄介绍，毅然赴西北苏区根据地考察，投身中国革命，成为西方国家人士中第一个参加中国工农红军和中国共产党的人。他历经土地革命、抗日战争、解放战争等中国革命各个历史时期，担任过中央军委总卫生部顾问。新中国成立后又作为第一个被批准加入中华人民共和国国籍的外国人，担任了卫生部顾问。1983 年 11 月，"庆祝马海德来华工作五十周年招待会"在人民大会堂隆重举行，对他半个世纪为中国革命和建设做出的巨大贡献予以高度评价。

　　值得指出的是，新中国成立初期，马海德医生作为我国卫生事业的重要奠基人之一，就将其主要精力投入到公共卫生和控制梅毒、麻风病等疫病的事业中。1957 年我国召开了第一次全国麻风病防治工作会议，之后，马海德带领中央皮肤性病研究所团队，跑遍全国重点麻风病疫区进行调研，为麻风病防治体系的定点、布局建设做了许多扎实的基础性工作。中国改革开放之后，在马海德的努力之下，1981 年 11 月在广州召开了第二次全国麻风病防治工作会议。在大会上，年逾古稀的马海德喊出了 20 世纪末在我国"基本消灭麻风病"的响亮口号。在马海德以带病之躯领军的中国麻防队伍坚持不懈的努力下，我国卫生界与全国人民共同奋斗，发挥体制优势，不断探索，开创了一条具有中国特色的麻风病防控与救治之路。在20 世纪末，我国总体实现了马海德 1981 年提出的"基本消灭麻风病"的目标：将麻风病患病率控制在 1/10 万以下，使其不再作为一个公共卫生问题而存在。这个目标与世界卫生组织 1991 年提出的"基本消灭麻风病"的目标——患病率 1/ 万以下相比，提高了一个数量级，为全球的麻风病防治提供了最佳实践。

新中国成立后和改革开放以来，马海德医生的高风亮节和奉献精神成为我国卫生战线几代人的楷模。2007年我到卫生部工作后，对马海德医生的精神、事迹和贡献有了比较系统的了解，有幸在2010年9月26日马海德百年诞辰的纪念大会上致辞，提出了学习马海德医生对中国共产党的坚定信念和热爱中国人民的伟大情怀，对医学事业的不懈追求和全心全意为人民服务的高尚品德，特别提到了他为我国在麻风病防控与救治工作方面做出的举世瞩目的贡献。同为医务工作者和人道事业志愿者，我在被马海德医生的博爱、奉献精神所深深感动，对他为人类健康做出的卓越贡献而无限敬仰的同时，也一直期望有一部较完整的传记，将他在中国的传奇经历和感人事迹介绍给世人。这种愿望，在我于2018年作为红十字会与红新月会国际联合会（IFRC）副主席访问黎巴嫩红十字会时，变得更加强烈。我对中东的同事们说，如果今天中国红十字会能够为身处战乱地区的国家红十字会和最易受损人群提供些许帮助，那是因为马海德医生这样的榜样激励着我们。

我和人民卫生出版社的领导商议了此事，得到了他们的积极响应和努力实施。经过一年多的努力，终于，这部记述了马海德医生光辉岁月的传记《大医马海德》得以在2021年马海德医生诞辰111周年时完稿。感谢人民卫生出版社和作者陈敦德先生，以高度负责的精神完成了这样一部有价值的作品。我同时感谢为这部作品提供历史资料并接受采访的所有单位和个人，是他们的支持，使该传记的内容得到了丰富素材和质量保证。

当前，我国和人类社会正处于抗击新型冠状病毒肺炎（COVID-19）疫情全球大流行的关键时刻。这场始于2019年底的突发疫情，是1918年大流感以后，人类历史上传染性最强、发病人数最多、死亡人数最多、对全球经济社会发展冲击最大的新发急性传染病。在这样的时刻，读到《大医马海德》，尤其是本书高潮《消灭麻风，晚年因拼搏而灿烂》的那些篇章，具有非常的意义。疫病是人类的公敌，需要各国人民、医学界和决策者的团结协作与共同努力，推广行之有效的公共卫生措施，开发有效药物和疫苗，需要我们弘扬马海德医生的大医精诚，尽快补齐公共卫生及相关治理体系的短板，保护全人类的健康安全。

我衷心希望该传记的出版，能让更多的人了解并永远记住马海德医生，在深深怀念他的同时，激发我们学习他的人道主义精神、国际主义精神、追求真理的精神和竭诚为广大人民服务的精神，激励我们在中国共产党领导下继续为祖国的繁荣富强、为广大人民的美好生活、为国际人道主义运动进步和构建人类命运共同体而努力奋斗。

全国人大常委会副委员长
中国红十字会会长
红十字会与红新月会国际联合会（IFRC）副主席
中国科学院院士

2021 年 8 月

　　我第一次获知马海德的名字，是在 20 世纪 80 年代初，我开始致力于研究中美关系的时候。得知他是一位与埃德加·斯诺结伴的美国医生，1936 年仲夏，两人冒着被杀头的风险，进入苏区红都保安访问毛泽东。为期 3 个月的访问结束之后，斯诺离去并完成了震撼世界的大作《西行漫记》（即《红星照耀中国》Red Star Over China）；马海德留下来并参加了红军，他觉得为伟大长征付出重大代价的红军太需要医生了。从此他将原姓名"乔治·海德姆"改为中国名字"马海德"。不久，我得以采访来华访问的老一代美国外交官约翰·谢伟思。他对我谈起过 1944 年夏天，他随美军观察组到延安见到马海德的情景。谢伟思说："我曾在中国担任多年外交官，那是我第一次看见穿八路军军装的美国人，倍感亲切！"当晚，马海德陪同谢伟思去毛泽东的窑洞夜谈。马海德比谢伟思小一岁，当得知谢伟思出生在成都，马海德就提议两人用中国话交谈。谢伟思满口地道的四川话，马海德则说着纯正的陕北方言，但两人都能相互听懂。去窑洞路上的情景，谢伟思回忆起来栩栩如生。

　　过去，我的研究与写作多与斯诺线索上的中美关系史相关，没有对马海德相关的历史进行深入的研究。当年我在北京电影制片厂工作时，曾见过马海德及夫人苏菲，也就满含敬意地擦肩而过了。

　　引起我对马海德浓厚兴趣的，是 21 世纪初，我国那场"非典"过去不久，我在纽约住了一段时间，以了解富兰克林·罗斯福总统及其与战时中国的关系。我国驻纽约总领馆的工作人员小张，陪同我去哥伦比亚大学的图书馆。我按工作需要查询罗斯福总统的相关史料档案，小张凭兴趣查阅 20 世纪初大流感席卷美国的材料。查阅了好一会儿，小张对我说罗斯福总统在那次大流感中差点丧命。史料显示，第一次世界大战期间，美国陆军、海军有大批官兵染上流感，死去的官兵比美军在一战战场上阵亡的人数还要多。酷爱海军的罗斯福那时任海军部长丹尼尔斯上将的助理。部长本人并没有感染此病，可是他的助理罗斯福却未能幸免，不仅脸色苍白、连连咳嗽、全身疲弱，而且走路都变得极为困难，不得不躺在担架上，被送上利维坦号运兵舰带走，接受系统治疗。本以为罗斯福无药可救了，但他却以极强的生命力活了下来。更引起我注意的是，图书馆材料表明，在那场致命的大流感中，能活下来的世界名人，还有为中国做出杰出贡献的美国医生乔治·海德姆博士，也就是后来的马海德。

马海德与罗斯福总统一样，在大流感中死里逃生。这场人类的大灾难，使他们经历了一次人生的大洗礼！如中国古代先贤孟子所言："故天将降大任于斯人也，必先苦其心志，劳其筋骨，饿其体肤，空乏其身，行拂乱其所为，所以动心忍性，曾益其所不能。"连任四届美国总统的罗斯福，坐在轮椅上统领盟国打赢了第二次世界大战。同样，从那场大流感中死里逃生的马海德，使我不能不另眼相看！从此，我有意识地搜集、积累马海德的相关史料及档案。

1936 年 8 月间，马海德经彭德怀司令批准在甘肃豫旺堡（今宁夏同心县）加入红一军团，成为红军战士。此后，他几乎天天都在为红军、八路军、解放军乃至广大百姓疗伤治病，马海德完全融入了中国人民的革命事业。新中国成立之后，他全身心投入消灭性病和麻风病的人民卫生事业中，做出了非凡的贡献！

随着对马海德生平研究的深入，我心中一直有表现马海德伟大一生的愿望，并为此做了相应的资源储备。2019 年 5 月，人民卫生出版社邀请我撰写一本马海德的生平传记，并于当月 16 日召开该书启动会。当陈竺院士在会上向我提出五点具体编写要求时，我激动地表示，一定要出色地完成这个光荣而艰巨的任务。

值此 2021 年马海德诞辰 111 周年到来之际，经过艰苦耕耘和日夜奋战，我和我的团队与人民卫生出版社的编辑们，终于完成了这部纪实文学专著《大医马海德》。这是一本关于美国医生来华奋斗 55 年感人故事的图书，以此献给新中国卫生事业的先驱者、中美友好关系的先行者——马海德！

新中国外交史学者

2021 年 7 月 19 日于南宁

目　录

第五篇   见证红军三大主力会师和参加山城堡战役   185

第六篇 初进延安 219

第七篇 白求恩与马海德 257

第十一篇   在北平军事调处执行部   381

第十二篇   开国大典，马海德喊出"我是中国人"   399

第一篇

乔治攻读医学博士
——从黎巴嫩到日内瓦

回黎巴嫩老家攻读医学的美国青年乔治

从地中海登上码头，听到亲切的阿拉伯语乡音，看到迷人的阿拉伯文化名城古建筑，这个满头黑发、高鼻梁的帅小伙，眼睛又大又亮，他一回到贝鲁特，就激动地感叹：回故乡读大学，这真是命运的安排！

少年时代在学校学习历史地理课，他就格外关注祖国黎巴嫩。黎巴嫩是亚欧两洲之间的一块宝地，有着极为古老的历史。青年乔治来到贝鲁特美国大学读书时，这儿是法国的托管地，港口海关大楼顶上飘着法国国旗。乔治就想：我古老的祖国什么时候独立啊！他在贝鲁特求学时，怎么也不会想到，在第二次世界大战后期的 1943 年 11 月 22 日，黎巴嫩终于独立，成为黎巴嫩共和国。他更没有想到在祖国独立日这一天，在遥远的中国大西北，他的儿子周幼马在陕北延安的一眼窑洞里出生了。周幼马的生日与黎巴嫩的独立日是同一天，这又是多么奇妙的缘分。

1926 年初秋，乔治·海德姆 16 岁，进入北卡罗来纳大学医学预科学习，19 岁从美国漂洋过海到位于黎巴嫩的贝鲁特美国大学攻读医学，21 岁以优异的成绩考入日内瓦大学医学院，靠奖学金和半工半读完成学业。

回到地中海海滨的黎巴嫩，他终于以读大学的方式回到了故乡！

图 1-1 ● 乔治（左一）在去黎巴嫩的航船上（苏菲供图）

　　乔治的父亲纳霍·海德姆，黎巴嫩阿拉伯人，出生在地中海边风光美丽的哈麦那镇。黎巴嫩人口主要是阿拉伯人。因为临海居住，民众很早就有移民到海外谋生的传统。长此以来，分布在海外各国的黎巴嫩移民，远比国内的人口多很多。哈麦那镇地处临海的群山环抱之中，山上常年积雪不化、雪松苍翠，山下四季常春、气候温和、鲜花盛开。生活在这一带优良自然条件中的人们，青少年身体强壮，老人健康长寿。

　　1902年，乔治的父亲纳霍·海德姆才14岁，有几个美国人来到贝鲁特，到哈麦那镇招童工去美国。虽然，纳霍的父亲担心，母亲也反对，因为这是让尚未成年的宝贝孩子离开家乡，远隔重洋去异国打工啊！但是，在纳霍的坚持下，家里还是同意了。美国包工头在哈麦那镇招了一大批童工，每个人都签了包身契约。历经艰辛，小纳霍到了美国东海岸纽约州的布法罗城（又称水牛城）。他的工作起初是在制糖厂里将榨糖用的大甜菜头切成片，每天工作10小时。一天下来，辛苦劳累，腰酸手疼，但小纳霍默默地咬牙坚持下来。领工钱时，小纳霍的眼睛亮了，这些钱比父亲常年在老家地里干活的收入要多很多啊！他很懂事，在美国省吃俭用，将美元积攒起来。

　　1906年，童工契约到期，小纳霍也成长为身强力壮的小伙子了。经人介绍，他到布法罗城郊区的贝斯莱赫姆钢铁厂当工人，这是美国在第一次工业革命时期兴建的著名大钢铁联合企业。纳霍不仅块头大，而且机敏灵活，一进厂就被选中去学炼钢。他很快就掌握了师傅教的操作技术，师傅没教的，他看几眼，自己再琢磨一下也就会了。没多久，他成了熟练工，真心觉得领的工资很多很多。

　　1909年，进钢铁厂工作3年之后，纳霍20岁出头，该娶媳妇了。这么帅的钢铁厂小伙，有不少美国姑娘愿意嫁给他。但是，纳霍的民族观念很强，想娶故乡的阿拉伯姑娘，于是就请假回到了黎巴嫩的哈麦那镇。父母兴高采烈地欢迎他回家。哈麦那镇全村都姓海德姆，于是，这个黎巴嫩裔美国人纳霍·海德姆，骑着大马到相邻的马哈尼斯村相中了萨曼·约瑟夫。他们两情相悦，两家都是马龙派天主教徒的阿拉伯人，所以两家父母都很同意这门亲事。于是，婚礼很快就在当地马龙派天主教堂举行了。

　　婚后两三天，纳霍就带着新娘子漂洋过海，回到了美国纽约州的布法罗城。在这个移民众多的城市中，又多了一个住在木板房里的黎巴嫩裔阿拉伯移民家庭。纳霍照常去钢铁厂做工，萨曼在家料理家务。次年，1910年9月26日，他们的第一个儿子——乔治·海德姆出生了。他们用阿拉伯语爱称宝贝儿子为"夏菲克"。1912年乔治的妹妹夏菲亚出生，1914年弗雷达出生，1915年约瑟夫出生。父母加上四兄妹，一家人生活得美满融洽。只是人口越来越多，仅靠纳霍的工资收入，家庭经济慢慢困难起来，节俭、朴实的母亲萨曼，在美国也坚持黎巴嫩阿拉伯人的生活方式，做一次主食烤饼，够全家吃一个礼拜，再煮一大锅西红柿白芸豆洋葱汤，烤饼就菜汤，一家人吃得很香。

小乔治很懂事，常和几个一起玩耍的移民家庭穷孩子结伴到布法罗火车站，躲过警察巡视去捡火车头倾倒的煤渣。被警察追的时候，有时碰破头皮或赤脚踩着钉子，为的是从煤渣中拣出没燃尽的小煤核给妈妈烧饭用。家里宽裕时也烧一锅牛肉或羊肉，一家人乐呵呵地吃阿拉伯餐。

第一次世界大战时，美国军工财团向交战国大卖军火、钢铁等战略物资，大发战争横财。钢铁厂加班加点压榨工人，美国工人罢工抗议，纳霍和他的工友伙伴因参与罢工被开除而失业，只能到处打短工，做铸件，做木工等。到了20世纪20年代，美国经济进入衰退期，纳霍一家与许多移民家庭一样陷入贫困之中。到了乔治上学的年纪，纳霍和萨曼更是省吃俭用，想方设法送乔治上学读书。

小乔治求学的经历一直坎坷。1916年，他6岁，要上学读书了。父亲在旧货摊上买了一双旧皮靴，母亲则用父亲的一件条纹旧睡衣给他改成一件小西装。开学这天，小乔治打扮好了背着书包兴冲冲地走进教室，迎接他的不是掌声，而是

图 1-2 ● 乔治四兄妹（后排中为乔治，苏菲供图）

图 1-3　上小学的乔治（苏菲供图）

一片嘲笑声！有人说："这不是小斑马吗！"还有人说："你的皮鞋是女孩穿的，有花饰，有垫跟呐。"

这深深刺痛了乔治幼小的心灵！他知道这些都是父母绞尽脑汁为他准备的，却受到富人孩子们的奚落！以后，从这个普通学校开始，一直到读大学预科，他都生活在歧视移民穷孩子的环境中。他憋着狠劲儿发誓，一定要用功读书，要比那些嘲笑者更优秀，要赚很多的钱！家里的困境使他一开始读书就半工半读，上完课他就去端盘子洗碗，或者打扫街道、电影院等，以获得报酬。他加倍努力，发奋读书，以最优异的成绩回报父母，回击嘲笑者和歧视者。他常常是班里学习成绩的第一名，被选为课代表。

1926 年，乔治 16 岁时，他以优秀的成绩进入北卡罗来纳大学读医学预科，父母和弟妹们都兴奋不已，海德姆家族将有一个能受高等教育的亲人了！读医学预科的同学都是立志未来当医生的青年，他们经常讨论读完 3 年预科之后去哪一所医科大学更好。

同学们谈到，要争取去马里兰州深造。校址设在马里兰州海边巴尔的摩的美国约翰·霍普金斯医学院，被称为美国现代医学圣地，代表了当时美国最高的医学教育水平，而且该大学的医院是学生们做临床研究的好地方。约翰·霍普金斯医院几乎年年被美国医学杂志评为最好的医院。

乔治也曾十分向往去约翰·霍普金斯医学院深造。但是，在种族歧视尚严重的年代，3 年读医学预科的经历，使他体验到美国本土医学院有一条"紧箍咒"，对于移民、黑人和犹太人的子女，有一条秘而不宣的人数限制。乔治经过多方了解，唯一能够接受他这个阿拉伯移民子弟的美国医学院，是办在海外黎巴嫩的贝鲁特美国大学医学院，虽说办在国外，仍然是一所美国大学。当时，刚刚建立不久的洛克菲勒基金会，在国外重点资助了 4

图 1-4 位于地中海海滨的贝鲁特美国大学

所医科大学，包括中国的北京协和医学院及其附属医院、中东地区的贝鲁特美国大学医学院等。贝鲁特美国大学不仅是黎巴嫩最好的大学，而且是中东地区最具盛名的大学，被称为"中东的哈佛"。

于是，在北卡罗来纳大学医学预科毕业后，乔治选择了贝鲁特美国大学，并获得了相关教育机构的批准。乔治将好消息告诉了父母，全家都为他高兴！母亲萨曼还特地煮了一锅羊排。跟他很要好的妹妹夏菲亚也说，我将来也要像哥哥一样，回我们老家去读书！更让他和这个阿拉伯移民家庭兴奋不已的是，黎巴嫩是自己的祖国，贝鲁特也是现代阿拉伯文明复兴的摇篮之一。

乔治终于来到了贝鲁特，在大学里安顿下来，他写信给父母说：贝鲁特美国大学依地中海而建，从学校大门一直走到底便是海岸。学校里是阿拉伯式的灰黄色建筑，绿色的草地，碧海蓝天，校园里盛开着父母在家里常说的地中海国家常见的夹竹桃花。在这里我有很强的亲切感，既可以受到良好的医科教育，也可以亲近祖国与阿拉伯文化。

学校教学制度是美国式的，和在美国北卡罗来纳大学没有太大差别，但是，乔治没有感受到歧视的眼光。贝鲁特美国大学很多老师来自美国与欧洲，也有本地的阿拉伯裔老师。虽然这里是中东，但在学校里很自由，不像阿拉伯地区有很多约束。这个大学的学费与生活费，要比在美国读书便宜，学生还能领到一份奖学金。

第一个暑假，乔治特地回老家，去走访父母长大的地方，看望自己同族的乡亲们。在这所大学，乔治幸免了美国大学里常见的种族和宗教偏见之苦，还认识了志同道合的朋友。三个美国来的学生，乔治·海德姆、拉泽尔·卡茨、罗伯特·雷文森，在贝鲁特校园里结成了好朋友。大家按外形特征称呼他们：黑发大眼乔治，红发碧眼卡茨，高高瘦瘦雷文森。

三个学医的美国青年在贝鲁特结缘

乔治从小立志当医生，他来到贝鲁特美国大学的第一天，就喜欢上这里。学校规模虽不大，在美国排名却不低。它创办于 1886 年，是黎巴嫩历史最悠久的大学。它比北京协和医学院开办得还要早，是美国在国外最大的教育机构。

这一天，他没急着找宿舍，背着行李包到处看，在医学院教学楼大厅里"促进全人类的健康"几个大字金句前驻足了好一会儿。在美国本土时，他就知道这句由老洛克菲勒为基金会写的只有一句话的宗旨。老洛克菲勒本人相信，健康为人类福利之本，基金会的重要工作是提高医学教育水平。洛克菲勒基金会成立之初，就在

图 1-5 乔治（左一）与大学好友卡茨和雷文森的合影（苏菲供图）

国际上资助流行性脑膜炎、小儿麻痹、黄热病和梅毒的研究，并取得了突破性的成果。"促进全人类的健康"，这句话使乔治热血沸腾，他鼓励自己一定要有所作为。

三位好友常在一起还有一个特别的原因，贝鲁特校园里都将他们仨视作犹太人。卡茨和雷文森是真正的犹太青年，长着中东阿拉伯帅哥模样的乔治，在北卡罗来纳大学时就被大家认为是犹太人，白人的大学生联谊会从不找他，而有钱人的犹太人俱乐部却邀请他参加，虽然他没去参加这个有钱人的俱乐部，但在校园里有好多犹太朋友。

乔治与卡茨、雷文森一起交流，他们都满意这里的校园没有美国本土学校的种族与宗教偏见。乔治说，在北卡罗来纳校园里，我很想参加篮球队及周末舞会等社交活动，但常会感受到一些隐性拒绝，在这儿能很自由地参加活动。乔治也经常邀请卡茨和雷文森一起去自己的亲戚家里串门，父母早就给这些亲戚写了信，请他们接待和关照乔治，两个犹太同学也一起受到热情款待。

三个人在一起，主要因为追求当医生的梦想。卡茨和雷文森说，犹太民族非常重视教育，在孩子刚会说话时就开始教他们念书，到了三四岁时，开始进学堂学习，每个孩子刚走进教室都会受到大家的热烈欢迎，以让他觉得学习是快乐的。犹太家庭里，商人、医生、科学家都是家族推崇的职业。因此，卡茨和雷文森选择当医生。乔治告诉两个同学，自己立志当医生主要由于 10 年前，全家在大流感肆虐美国那次痛苦的经历……

美国人都忘不了 1918 年、1919 年的两年流感大流行。3 年前，乔治到了北卡罗来纳大学医学预科，特地到图书馆里查资料，在瘟疫大暴发的两年时间里，全球至少有 3 000 万人死于这种病魔，这个数字已经远远超过了第一次世界大战的伤亡人数！

1918 年，第一次世界大战结束，士兵回国，这是好消息，但也传出大流感在各国随士兵归国暴发的消息，染病者大批死亡。当年 8 月下旬，美国军舰满载从欧洲回国官兵在波士顿港靠岸，当天该码头就有一批码头工染病而死亡。接着疫情暴发好似长了翅膀一般，在整个北美大陆火速蔓延起来。而且已不再是先前流感简单的头疼脑热症状，死亡景象骤然而至：疫情主要在美国工薪家庭里发生！接着，同年 11 月，第二波疫情再次大暴发，当月就有 20 余万美国人丧生。

乔治回忆说，大流感在美国东海岸肆虐时，他刚 8 岁，8 月及 11 月两次流感大暴发，他们全家两次感染患病，乔治是家里病得最重的，两次都被送到慈善医院抢救。父亲没有工作，没有收入，他忘不了一位老医生，多次到家里敲门，送药送食物。"我和我全家活过来了。我发誓要学医，当医生！"

卡茨和雷文森出生于富裕的犹太家庭，对当年的大流感没有乔治死里逃生那种刻骨铭心的感受，但是，他们都说要发奋学好功课，实现老洛克菲勒说的"促进全人类的健康"的宗旨。

大学的课业繁重，三个年轻人在课堂上用心学习，在课余踊跃参加各种活动。贝鲁特是黎巴嫩的著名港口，是面向地中海的美丽而古老的文化名城，一出校园，就可以看到保存有罗马时期的城墙、庙宇、水池的遗址，以及奥斯曼帝国时期的清真寺。乔治虽然学习的功课很多，但还是挤时间去参观了著名的希腊和罗马时代的遗迹。特别令他自豪的是，最引人注目的巴勒贝克神庙，是世界上著名的名胜古迹之一。这座神庙是公元前 2000 年修建的，他带着自己的两个美国朋友，也像当年腓尼基人祭祀太阳神巴勒一样，三人一同先是用英语对太阳神说"我们要为人类的健康而献身"，卡茨和雷文森也跟着乔治，再学着用阿拉伯语重复这句誓言。

就在乔治他们在贝鲁特读大学的时候，1929 年 10 月暴发了美国经济大萧条，美国金融界崩溃，一夜之间从巅峰跌入深渊，这是美国历史上影响最大、危害最深的经济事件，不仅重创美国，也波及西方国家乃至整个世界。随着金融股票市场的崩溃，美国经济随即全面陷入毁灭性的灾难之中，可怕的连锁反应很快发生：疯狂挤兑、银行倒闭、工厂关门、工人失业、贫困来临、有组织的抵抗、内战边缘临近。大萧条也造成了严重的社会问题：许多人不堪生理和心理痛苦而自杀；社会治安日益恶化，其中最重要的问题是失业。

在美国，失业人口总数达到了 830 万，在美国各城市，排队领救济食品的穷人长达几个街区；甚至昨天的银行行长、工厂老板都有可能蜷缩在街区领救济的人群里。这次美国经济大萧条造成的灾难是人类历史上前所未有的。

　　1931 年春夏之交，三人在贝鲁特的医学本科快毕业的时候，校园外的世界就是这样动荡而复杂。乔治、卡茨和雷文森正为大萧条中毕业担心就业难的时候，由于洛克菲勒基金会的资助，他们三人因成绩优秀而获得增加奖学金，进一步攻读研究生，转入瑞士的日内瓦大学医学院继续深造的机会。

乔治在日内瓦大学里圆了医学博士梦

　　1931 年秋天，乔治、卡茨和雷文森，怀着当医生的梦想，从贝鲁特美国大学转到这所大学继续深造。日内瓦大学医学院是一所有国际声誉的医学院校，有一个条件非常好的教学医院，吸引了众多欧洲著名医学专家到这里进行世界领先的科学研究。当然，大学里还有前来求学的这三个美国青年。他们的到来，并非因日内瓦四季皆美的湖光山色，而是因为它是欧洲著名的一座古老的大学。近 500 年前，该大学建校时是一所神学院，经过启蒙时代，学科领域逐渐扩展，1873 年建立医学系之后，正式更名为大学。从此，为世界培养了许多优秀的医学人才。进入 20 世纪，该大学还与总部设在日内瓦的红十字国际委员会建立了密切的合作关系，这也使日内瓦以其深厚的人道主义传统著称于世界。因此，世界各地不少立志当医生的年轻人都喜欢前来日内瓦攻读医学。

　　大学教务处批准了这三名美国青年专业申报志愿，卡茨学内科，雷文森学妇科，乔治选择皮肤科。当他们三人去参观附属教学医院时，看到医院规模虽不大，但窗明几净、设备先进而齐全，乔治对两个伙伴说："我们三人这样分科好，将来简直可以开一个全科小医院了。"

　　乔治为能在日内瓦圆医生梦十分高兴。为此，他下决心学好医科知识和临床技术。远隔重洋的乔治父母勤俭持家，支持乔治继续深造，盼望儿子苦学成才，让黎巴嫩海德姆家族有一个值得自豪的医生。

　　来到日内瓦头两年，乔治和两个犹太同学卡茨和雷文森生活得相当愉快。

　　日内瓦城里，住着一些富有的犹太居民，其中有卡茨和雷文森的亲戚或熟人。在贝鲁特，乔治曾带两个犹太同伴，去看望海德姆家族的阿拉伯亲戚；到了日内瓦，卡茨和雷文森也带着乔治去富裕的犹太人家串门，受到热情的款待。俩人介绍乔治是他们的"色法蒂"同学，"色法蒂"是中东犹太人的称呼，乔治当然是一副中东人的模样，主人们皆信以为真。他们三人自己认为这是一个友好的"骗局"，后来，大家相处气氛融洽了，他们忍不住"坦白交代"，惹得满堂捧腹大笑。

　　攻读博士的课程无疑是繁重的，但是，这三个青年充满活力，学习用功，课余生活也丰满多彩。他们进行体育锻炼和社交活动，在瑞士的秀美山水间，爬山、游泳、滑雪、骑自行车，游览这个多湖的国家，充分享受大自然风光。他们曾到绮丽的莱蒙湖畔露营，去观赏欧洲最大的莱茵瀑布。年轻人都爱参加周末舞会，尤其是乔治的交谊舞跳得越来越出众，他模样英俊、语言幽默，无论是校内或校外周末舞会，他都是被重点邀请的对象。漂亮的姑娘们都喜欢由他带着翩翩起舞，有的姑娘甚至主动邀乔治跳舞。这儿是瑞士的法语地区，乔治很有语言天赋，法语也说得越来越流畅。有人说法语是爱情的语言，他和一个美丽的讲法语的比利时姑娘萌生过爱情，只是毕业之后他去了上海就渐渐淡去了。

　　乔治他们三人选择了以医生为职业，他们喜欢日内瓦城的人道主义之人文背景。他们的大学与总部设在日内瓦的红十字国际委员会建立了密切合作关系，大学开设的医疗人文课，其中就有《亨利·杜南与红十字国际委员会》。通过这门课程，乔治他们了解到，1863 年，在欧洲刚经历残酷的索尔弗利诺战役之后，一位名为亨利·杜南的日内瓦商人在此地创建了该组织，开辟了一项誉满全球、造福全人类的伟大事业。为此，亨利·杜南于 1901 年获得了首届诺贝尔和平奖。在第一次世界大战期间，红十字会事业得到充分发展，各国红十字会以空前的规模提供战地急救队，并将红十字会的工作扩展到保护战俘、发动志愿者等方面。他们都读了亨利·杜南那本名著《索尔费里诺回忆录》，他们三人还为此寻访红十字国际委员会，杜南的著作及这一影响全世界人道主义及医疗卫生工作的国际机构，从此在乔治心灵中留下了深刻的印象。

图 1-6 位于日内瓦的红十字国际委员会总部大楼

　　1932 年末，卡茨在苏黎世的一个富裕犹太亲戚邀请了他们三人去郊区别墅过圣诞节。圣诞树下，老主人和各位亲朋好友同贺圣诞平安。老主人曾在巴黎当过医生，前些年转行到苏黎世从事金融行业。老主人说："你们还有半年时间就毕业了，祝愿你们在未来动荡的岁月里，磨炼成为优秀的医生。"卡茨问："您为什么说我们面临的是动荡的岁月？"老主人说："你们在校园里静心读书，无暇了解校园外的世界政局，我们犹太人因为生存问题不能不关注反犹的恶人希特勒及纳粹党。1923 年他们制造的啤酒馆暴动失败，希特勒在兰德斯堡蹲了一段时间监狱，不久他出来了，苦心致力于重建新纳粹党。大萧条给了这个恶人难得的"好机会"，他有独特的政治直觉，不再以武装搞暴动夺权，而是换了一副面孔，将自己打扮成德国百姓的关爱者，许诺说：'我可以给德国人每天需要的面包和牛奶！'"犹太老主人忧心地对三个美国青年说："德国社会传来的情况表明，明年希特勒有可能上台执政。"

　　圣诞过后，1933 年新年前后，乔治、卡茨和雷文森三人都分别收到了来自美国的家书。亲人们在信中都说，去年美国总统竞选是在严重金融危机的背景下进行的。作为民主党总统候选人的罗斯福，他提出的竞选纲领是实行"新政"和振兴经济，为此赢得了民心，高票当选。新总统要开创国家干预经济新模式，强力施行"新政"，用改革克服经济危机。乔治、卡茨和雷文森作为在欧洲的美国人，看到了罗斯福新政对美国及当时世界都产生的影响，他们仨都来自美国，当然很愿意学成后回美国就业。

与此同时，欧洲发生了著名的德国柏林国会纵火案，震惊世界，使乔治他们读书的校园也不安宁了。

德国国会大厦纵火案，乔治在校园首次接触到了共产党

1933年新年过后，乔治、卡茨和雷文森面临毕业，人生的关键时刻到来了。这一年是世界关键的一年，也是极为动荡的一年！2月27日夜里，发生一件大事！德国柏林国会大厦突然熊熊燃烧！大火焚烧了近两个小时才被扑灭，大火烧毁了大厦标志性的大圆顶，毁坏了议会会议大厅。次日，刚刚就任德国总理的希特勒在电台上发表讲话，宣称"这是共产党发动革命的信号，这种纵火行为是德国布尔什维克进行的最骇人听闻的恐怖主义行为"。希特勒一伙反共反人民的阴险面目从此暴露，这就是震惊全世界的"国会大厦纵火案"。接着，希特勒宣布共产党意图暴动，将共产党定为"非法政党"。

预谋已久的纳粹冲锋队迅速占领了德国共产党的所有党部。德国共产党成了欧洲第一个被迫退出议会的党派。随后，工会被解散，禁止罢工，禁止集会，德国共产党报刊被禁止出版，包括德国共产党领袖恩斯特·台尔曼在内的1.8万名德国共产党人被捕入狱。与此同时，纳粹对犹太人的迫害有组织地开始了，这年4月间，纳粹政府颁布了《行政机构重建法》，纳粹党开始了大规模的反犹行动，纳粹德国政府褫夺了所有犹太裔公务员职务，并从军队、警察、司法机关中剔除那些被认为是"劣等民族"的犹

太成员；在 4 月 22 日颁布的法律细则中，明确犹太裔的医生等也须从相关机构中除名。

但同时，反纳粹、反法西斯主义的游行活动席卷欧洲各国街头，抗议浪潮此起彼伏。在纳粹德国的影响下，一些欧洲国家政权唯恐失去手中权力，开始压制人民、镇压游行示威。在瑞士，也发生了军队向失业的工人游行队伍开枪的血腥事件。

希特勒纳粹在欧洲制造的"法西斯风暴"，使日内瓦的大学校园不平静了。校园外街道上的罢工游行与镇压工人的枪声、军警马队的铁蹄声惊动了校园。经历了大萧条的人们在思想上发生了转变。工人从 20 年代战后的麻木状态中清醒过来，发动了富有战斗性的罢工。

对乔治来说，从美国北卡罗来纳到贝鲁特，他和同学们仅从概念上知道"共产党及共产党人"；而在这次德国国会纵火案的背景下，在日内瓦校园里，乔治初次遇到了现实中的"共产党"。城市街头开枪事件造成的示威游行者受伤不断，伤者被送到日内瓦大学医学院附属医院救治。乔治和他的同学们为此整日忙碌。在校园的宿舍，乔治与同伴还遇到了从匈牙利、保加利亚流亡过来的共产党人，讲述了他们的首都布达佩斯、索非亚等城市发生的法西斯暴行。通过他们发行的瑞士共产党报纸《红旗》，乔治知道了欧洲各国的共产党人作为劳动者利益的真正捍卫者，领导人民为改善政治、经济状况而与法西斯进行了英勇斗争。

各国共产党联合成立的"共产国际"的指导机构，总部设在莫斯科。当时的苏联是最大的共产党执政的国家，刚刚实行第一个"五年计划"，经济上有初步的发展，相比大萧条的国家要繁荣一些。那时，好多年轻人将苏联视为世界的希望。有报刊预言，这种尖锐的矛盾和斗争，将导致远比第一次世界大战规模还要大的战争爆发。

在医院为游行受伤者进行枪伤手术及救护时，乔治和卡茨、雷文森悄悄议论：受伤者大都是街头反法西斯游行队伍里站在最前列的人，他们是共产党人，或者是失业工人。法西斯不仅取缔共产党，也在清洗欧洲犹太同胞，卡茨和雷文森是犹太人，乔治说"我是色法蒂，中东犹太人""希特勒的条规也不准我们当医生"。

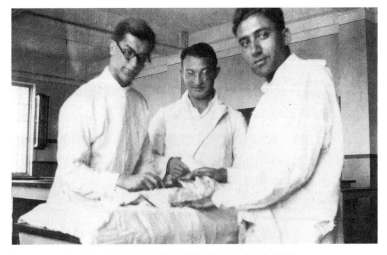

图 1-7 ● 乔治（右一）在大学实验室里做尸体解剖（苏菲供图）

乔治提出：我们去中国吧

1933 年七八月间，欧洲天气特别热。日内瓦校园里，乔治、卡茨和雷文森多次讨论欧洲和世界局势，讨论三人毕业后去哪里。他们都是有血性的年轻人，面对世界性的法西斯横行和反法西斯风暴，他们都很气愤和激动！乔治说，我们也要斗争，问题是我们怎么斗争啊？他们仨曾经谈论：世界大动荡中，我们这些年轻人能干什么？何去何从？卡茨当时有一个兄弟早年间去了苏联，卡茨就想过要去莫斯科工作；乔治也想过跟卡茨一起去莫斯科工作，但他没有这笔钱，愿望也就不那么强烈。雷文森则想，欧洲的反犹主义那么厉害，在美国，罗斯福总统已经在强力实施"新政"，经济萧条即将过去，准备回美国找工作，跟自己家人在一起。

比较一致的意见是，我们不必急于回家。理由是，美国正在走出大萧条低谷，情况正发生变化；我们在国外的生活自由自在，不急于回家。既然欧洲有政治风暴，我们毕业了可以离开欧洲啊。三个好友得出的共同结论是：我们为什么不先离开欧洲到另外一个国家去工作一段时间，取得一些实际经验，过一两年后，待美国情况好转，我们再回美国去。

那么，去哪里？

乔治拿主意说：到中国去！

　　乔治说，伦敦一家报纸说，"20世纪30年代，上海已成为东方著名的传奇都市，环球旅行如果没有到过上海，就不能算完整。上海，令人想起神秘、冒险和放纵。人们称上海十里洋场、东方巴黎，是冒险家的乐园。"

　　乔治说，中国这个神秘的东方古国早就让他神往。此外，他的论文题目是《优越的华氏曼试验》，对性病研究很有兴趣。他早就注意到当时中国的上海港，有来自全世界各国的轮船停泊，各国水手们上岸后异常快乐。上海这个新兴的东方大城市商贾云集，正好为我们提供了考察与治疗东方各种疾病的机会。

　　雷文森和卡茨热烈地响应乔治的提议。犹太家族的背景，使他们也愿意去亚洲，去中国上海。

第二篇

热血博士来到中国

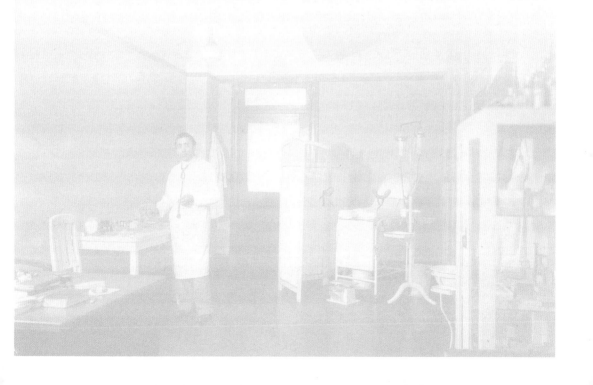

登陆上海滩

1933 年秋天的一天，"呜……"一艘从地中海开来的荷兰班轮，穿过苏伊士运河，经停科伦坡、香港，终于驶到了上海宽阔的黄浦江口海面，拉响了一声长长的汽笛。

上海在望，船上骚动起来。早就站在栏杆旁的三名英俊美国青年，乔治、卡茨和雷文森，兴奋地与身旁各国旅客挤在一起，眺望着著名的上海外滩，洋楼参差高耸、鳞次栉比，挂着各国国旗的外轮、军舰与密密麻麻的中国沙船、渔艇，簇拥在大大小小的码头旁。看着外滩的情景，乔治对两个同学感叹："上海真是亚洲最有活力的城市啊！"

"当、当、当……"外滩的海关钟楼也响起了洪亮悠远的钟声。

三个美国青年身旁的一个中年英国旅客，得意地用英语向大家介绍："你们听，这是我们伦敦大本钟敲响了。"

有位德国旅客表示异议："英国先生，你搞错了吧？这是上海，不是你们伦敦。"

英国旅客越发得意，说："上海海关这个亚洲头号大钟，就是英国造的，完全按伦敦大本钟的样子做的，大钟的金属材料及配件全部在伦敦制作，再装船运来上海，连安装这个大钟的工程师和师傅，也全是从伦敦请来的。别说这座大钟了，就说上海，一百多年前不过是黄浦江一个普通渔村小镇的口岸罢了，这是我们英国人开发的……"

甲板上一个穿西装的中国人，用流利的英语质问："你是说有英国才有上海？"

英国旅客笑了："抱歉了，你不愿意听，但这就是事实，我们大不列颠的旗帜插到黄浦江口了，才有上海，这就是历史啊！"

这可惹怒了这个中国旅客，厉声回敬："这位英国先生，我们中华民族是不会忘记您的前辈是怎么用炮舰和鸦片来开发中国的！"

轮船在上海外滩十六铺码头靠岸了，乔治、卡茨和雷文森拎着简单的行李，随人流登岸。第一次踏上中国的土地，乔治惊讶地发现，上海，这个中国最大的港口城市，居然没有其他国家都必有的通关手续，也没有入境的边防检查，外国人可以随意在这个国家通行。更让他惊讶的是，码头上一伙外国水兵正在闹哄哄地打群架，旁边的警察只看不管。下船的旅客只好绕过打群架的地方，进入外滩的街面，众多人力车簇拥着揽抢旅客生意。

乔治、卡茨和雷文森，这三个刚从日内瓦大学医学院毕业的美国高才生，怀着对古老而神秘中国的向往，选择了到中国进行一年医疗工作及考察实习。这一年，乔治·海德姆只有 23 岁。这三个在欧洲学医的美国青年，他们懂得人体解剖学、生理学、病理学、药理学、治疗等医学知识，但是对于世界史及中国史尚缺乏深层认知，在即将登陆上海滩的外轮上，就似懂非懂地领略了关于苦难中国近代史之鸦片战争的一场激烈的争论。

直到 11 年后的 1944 年 8 月，第二次世界大战时美国陆军观察组空降延安，已经改名"马海德"的乔治·海德姆作为当时中共中央外事组顾问，与外事组的青年翻译黄华、凌青等一起负责与进驻延安的美国军官们打交道时得知，凌青就是当年中国鼎鼎大名的禁鸦片烟民族英雄林则徐第五世孙。来延安前，他在北平是斯诺的学生。马海德与小个子凌青熟悉了，两人在延河边交流时，马海德给凌青讲述了当年来上海登岸前，在轮船上的那场争论。

凌青告诉他，上海原来是黄浦江口岸的一个渔村镇子，它的快速发展始于结束鸦片战争的 1842 年《南京条约》签订之后。这个不平等条约，将中国大门打开了，接着，又有了中美《天津条约》、中法《北京条约》及中日《马关条约》等不平等条约，上海与中国其他一些沿海城市开放为对外通商口岸。西方列强以这些不平等条约为基础，强加了宽泛的解释，不断扩大在华特权。马海德在上海开诊所的地方，就是所谓的"租界"。由这些列强进行准殖民地式的直接统治。在这些"租界"里，外国人可以按照自己的法律做生意，不受中国法律和政府的管辖，不必向中国交纳税款。外滩码头上外国水兵打群架，警察不敢管。上海就这样发展起来了！中国人管不了上海，它财富堆积，罪恶横行，政争险恶，帮会火拼，成了世界上著名的"冒险家乐园"。凌青给他讲了其高祖林则徐禁鸦片烟的经历和鸦片战争的历史，马海德才比较深切地懂得了中国的苦难有多深。

　　马海德对凌青说："那个穿西装怒斥对方的中国旅客，是我刚到中国时留下的最深印象，也是为苦难中国抗争的'真正中国人'的第一次印象。"

三个美国医学博士第一次逛南京路

　　乔治、卡茨和雷文森这三个美国青年，因各自不同的原因选择了医生这个崇高职业，多年在高等学府苦学，他们的家人也都有着不同的期望。卡茨的恋人已等着他回去结婚；雷文森的父母已经安排儿子到某个著名医学院任教；而老海德姆一家也在计划着乔治从欧洲学成回来，在纽约或者北卡罗来纳州的某个城市开办一个诊所，希望他成为社会上有名誉有地位高收入的著名医生。要知道乔治·海德姆在家境不富裕的情况下，坚持半工半读而获得优异成绩是多么不容易啊！为了保证乔治读完医科大学，家人勤奋工作，并在银行积存了一笔钱，在美国经济大萧条的背景下，银行破产了，存的读书钱一夜间没有了。家人们都做出牺牲，他的小弟放弃了读大学而去为工程挖土沟赚钱，叔舅、姨婶等人都尽力帮忙，他们相信这位从小被称为"夏非克"的乔治，是一位值得大家自豪的特殊人物，将来会给海德姆家族带来荣誉和光彩。

　　在他们三人离开校门迈入社会的时候，从欧洲的报纸上看到，广袤的东方古国——中国，有某种热带皮肤病在流行。医生的崇高使命感，加上对神秘古国的好奇，使这三人共同决定买船票去上海，在中国从医考察一年。

　　年轻人总是有自己想法的。他们自从选择了"医"，在学习中愈发加深了对职业的理解。自古以来，无论东方还是西方，"医"是关系到人类健康和生命的职业，受到普遍的尊重与敬仰。在远古时代，人们认为，人会患病是由于恶魔和神灵等的诅咒，所以医生职业在世界各地同宗教有着很大关系。在西方，希腊神话里埃斯科拉庇俄斯（Asklepios）手拿拐杖的形象是"医"的象征，人们将其尊崇为医神。现代通俗地说，"医"就是

图 2-1 ● 乔治在上海试抬轿子（苏菲供图）

救死扶伤，实行人道主义及提高全人类健康水平。

于是，三个美国青年在买了船票去上海时，各自写信告诉远在美国的家人："一年以后，我们将从上海返回美国。"他们在外滩码头上岸之后，当天就近在英国管辖的公租界地区安顿下来，他们下榻的酒店，据说离上海最繁华的南京路很近。他们仨是外国人，住宿登记表是填英文表格，柜台经理是能说英语的华人，他解释说："表格是英租界的工部局发下来的。"卡茨说："怪不得船上那个英国佬那么得意，这里果然是英国人的地盘。"乔治在表上所填的来沪理由是"进行东方热带病考察"。当晚，他们仨就迫不及待地来到了最繁华、最热闹的南京路闲逛，这里有西式的高楼大厦，绚丽多彩的霓虹灯，世界上最时髦的商品店，还有公共汽车、无轨电车及大小轿车，简直就像西方的一个大都市。只是街面上行人那么拥挤，西方人和华人混杂地走着，有富人绅士，也有面黄肌瘦的穷苦人，弄堂口街角还蜷缩着衣衫破烂的乞丐。他们在街上第一次看到人力车，一个瘦个子车夫满头大汗地拉车，后面坐车的是一个戴礼帽的大胖子，乔治对同伴惊呼："快看，上海是人代替马拉车啊！"他们三人望着人力车，没有羡慕，只是单纯好奇，乔治眼里则看到了人与人之间的不平等，说："我绝不乘坐那样的车！"

总之，到达上海的这天晚上，乔治他们格外地兴奋！在这数亿人口的东方大国，医生治病和学者研究的空间该是多么大啊！

九江路上开办了自己的行医诊所

　　乔治和卡茨、雷文森很快就凭着日内瓦大学医学院毕业的博士学历，找到了相应的工作，以为可以实现他们多年的抱负，施展才干了！刚开始时，他们在上海的广慈医院及路嘉医院当大夫，这是英国人开的慈善性质医院。乔治小时候在布法罗城病重了就是到慈善医院看病的，在上海也一样，这是穷人看病的地方。一般来说，诊疗费不高，因此，医院的医生待遇很低。乔治他们刚从学校毕业，基本被视作志愿者，收入当然就很有限。这就促使他还要去做更多的兼职工作。他们去给医学院的学生上临床课。在英国人办的慈善医院里，并非字面上的"行慈施善"，既有手续上的门槛，也要收取一定的费用。乔治在医院就看到，缺乏手续的重病人却没法得到收治，而且乔治在医院接诊的病人，大都已经病情危重。这些人为什么要到病情危重时才到医院看病？因为上海地区的普通百姓穷困，一般病痛就忍着熬着，以为也许熬熬就好了，往往到了病重得无可救药、病危的时候，才被送到医院，其结果多是医生也束手无策了。即使经乔治亲自诊治，千方百计地竭力抢救，病人仍行将咽气。作为救死扶伤的医生，为什么无法救活这样的病人？乔治内心极为痛苦！其中的原因涉及病入膏肓的社会，怎么治啊？卡茨、雷文森也都有同感，觉得这么干下去没什么意思。

　　于是，乔治和卡茨、雷文森三人合计："不如我们自己开个小医院吧，在日内瓦我们曾经向往过。"1933年岁末，他们三人合资在九江路的亚洲大厦（现为九江路663号）租了一套房子，装了电话，在主管的英租界工部局

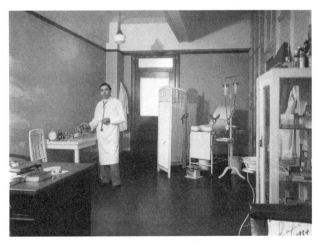

图2-2 乔治在上海自己的私人诊所里（苏菲供图）

注册，挂牌开了一间私人诊所。九江路也叫二马路，大马路是南京路，当时九江路东段邻近外滩，是大小外资银行云集的地方，中西段也是外国人开办钟表店、西药店、私人诊所的地方，这条很长的马路左右有许多纵深弄堂，里面居住着众多普通百姓。他们还以诊所的名义，买了一辆福特牌小轿车，可以驾车出诊，也可以当救护车接送病人。他们看到弄堂口或是码头上，聚集着那些拿着扁担绳索、推着小车的搬运工人，或者大楼门前停着的人力车，蹲在街边楼前等客人叫车的车夫。普通老百姓很穷困，整天为糊口谋生奔波劳碌，有些能忍的病痛都舍不得花钱去看。他们说，我们的诊所要面向上海普通百姓，所以规定的看病收费标准很低。

在旧中国，广大穷苦百姓的一般病痛通常都是自己对付的，认为熬几天就会好，或是在街坊找个民间单方，抓点草药煎服。这样，乔治他们的诊所，遭遇冷清是免不了的，他们有点心灰意冷。1934 年开春不久，卡茨的美国家信来了，催他回美国结婚。卡茨的未婚妻是一个富有家庭的女儿，她与卡茨相爱数年，也等了卡茨数年。卡茨已经完成学业，到了成家的时候了，因此他决定离开上海回美国，乔治和雷文森表示理解。

卡茨走后，乔治和雷文森两人合力支撑着这个诊所。尽管诊所病人不多，但也渐渐地在上海医界有了点小名气，特别是不少人知道了乔治·海德姆，虽然年轻，却是一名从欧洲医学院毕业的皮肤病医学博士。1934 年夏天，上海有一位著名的皮肤病专家，因要休假 3 个星期，特来找乔治帮忙，接替自己这期间的工作。乔治当然高兴，但是他担心代职期间的收入不够维持雷文森及诊所的开支。老专家告诉乔治："你尽可放心。我这里有100 多名登记在册的外国妓女，200 多名中国妓女，她们需要定期检查身体，开具健康证明，都要靠我们签字才有效，这笔收入是不低的。还有，我们同荷兰航运公司有海上航运线有合作，做一次人工流产可以收 300 美元。"乔治和雷文森两人认真商量之后，出于经济上的原因，勉强同意暂时接管这个皮肤病专家的工作。

乔治他们这个诊所小有名气以后，还发生了一些意外的事。一天，一名说英语、穿西装的华人闯进诊所，不是来看病，而是称他有"一笔大买卖要做"，此人称有海洛因供给他们，用开药方的办法提供给需要的人。值班的雷文森说："这不就是贩毒吗？"来人说："你们美国人，在租界有治外法权，人家谁敢碰你啊，你们就要发大财啦。"雷文森严词拒绝，来人只好讪讪而退。

乔治得知情况后，觉得雷文森做得对。乔治说："我们来上海快一年了，体会到了这里环境太恶劣。有钱有势的人，在操纵上海的毒品交易，连租界这样的地方，也掩盖不住毒品泛滥。穷人被洋人、官府及黑帮压榨得无以维生，苦不堪言。我们有理想、有志向，但我们又能做什么呢？"雷文森深有同感，说："乔治，我觉得在这样的环境再也待不下去了，我们回美国吧。"

乔治说："我们是医生，只能给病人治疗身体的病痛，这些深重的社会疾病，我们是无能为力的。你要是想回美国去，我真心支持你，什么时候走，我就送你。"

雷文森惊讶地问："乔治，你不走？"

乔治说："我暂时还不想离开，我要看看这个苦难的社会怎么发展下去，难道真的没救了吗？"

乔治成了霞飞路德国书店的常客

1934年，卡茨走了，雷文森也走了，乔治留下来了，独自经营着九江路的私人诊所。他孤独、郁闷，内心为他在上海目睹的苦难社会而煎熬，他能诊治人的病痛，但不能治社会的病痛，这使他更为痛苦。去年从日内瓦大学医学院毕业前夕，希特勒纳粹以"国会纵火案"作祟，共产党和工会组织反法西斯罢工游行，军队开枪镇压。当他在学校医院抢救伤员，取出伤员身体里的子弹时，心中已经留下了强烈的震撼！他在上海已经一年了，父母亲来信希望他尽快回美国团聚，在美国就业。可是，他心中已经装下了中国的苦难社会，有苦难，就有斗争啊！

诊所下班了，他不是那种去大世界娱乐场所打发日子的洋人，他从小就爱看好莱坞电影，但此时内心的痛苦使他看不下去，他就去看书看报，想从中找出什么信息或者理论，使他打开心结。20世纪30年代，是执政的国民党政权疯狂镇压、"围剿"共产党的时期，在国民党政府的"文化围剿"下，上海的进步书籍被查禁，书店被查封，书店老板被治罪。

一天，一位在上海工作多年的法国人来诊所看病，两人用法语交流，乔治问病人，在哪儿可以看到多种外语报刊？病人说，在租界的外文书店，品种很多，霞飞路中段有家德国女店主开的"时代精神书店"。那天，诊所下班之后，乔治去了霞飞路（现淮海路），找到了那家德国书店。书店里不但售外文书籍，也经营外文报刊。乔治进店一看，德国的《世界报》《明镜周刊》，瑞士的《新苏黎世报》，英国的《卫报》《泰晤士报》，法国的《人道报》等，都是他在日内瓦大学医学院图书馆能看到的。该书店是荷兰裔德国人艾琳·魏德迈开办的。后来乔治才知道，艾琳是德国共产党党员，是奉命派来支持中国革命的，一些马列主义书籍、杂志就是通过这个渠道进入中国的。

店里还有一个美国店员，乔治与他交流起来，才知道这是一个好地方！上海的租界，真是一个独特的天地，无论是英美管理的公共租界，还是法国人的法租界，洋人在租界开办外文书店是有治外法权的，国民党当局管不了。"文化围剿"在租界不起作用。当时在上海的租界，外国人开办的书店真不少。其中有名的进步书店——由日本进步文人内山完造在山阴路上开办的内山书店，就是鲁迅、瞿秋白、冯雪峰等常去的地方，德国人艾琳·魏德迈在霞飞路开的这家德国书店，就是在沪的外国进步人士常去的地方。从1934年秋开始，乔治就成了这家德国书店的常客。

此后，乔治的休息时间，几乎都消磨在这家书店了。他每次来书店先翻阅近期的主要报纸，了解世界各地的动态，然后就去书架上看他感兴趣的书。

乔治和艾琳女士交流了对于震惊全世界的德国柏林国会大厦纵火案的看法。艾琳告诉他，书架上有一本《季米特洛夫在莱比锡法庭关于国会纵火案的辩护词》，是今年上半年的新书，他会感兴趣的。

乔治从书架上找到这本季米特洛夫辩护词的书，一打开就被强烈地吸引了，他聚精会神地看下去。1933年9月21日，德国法西斯在精心策划6个月后，在莱比锡开庭审讯。面对长达335页，附有105个"证人材料"

的起诉书，季米特洛夫不愿接受官方指定的辩护人，但帝国法官不准他另找。于是，他决定不请辩护人，自己为自己进行政治辩护。出庭时，他既是被告人，又是辩护人。季米特洛夫在法庭上严厉驳斥了法西斯对共产党的诬蔑，以无可辩驳的事实揭露了"国会纵火案"是法西斯精心策划的阴谋。法西斯头子戈林以"证人"身份出庭时，被季米特洛夫质问得连自己在法庭的身份都忘了，冲着季米特洛夫吼道："只要你离开法庭，我就会把你抓起来。"素来被法西斯称为"最干练的宣传家"的戈培尔，不但同样被季米特洛夫驳得哑口无言，而且承认了纳粹党是"许多恐怖活动的组织者"。季米特洛夫在法庭上反驳中最后说，"历史的车轮在转动……它现在和将来都在转动，直到共产主义彻底胜利！"

店主艾琳注意到乔治聚精会神地读这本辩护词，对乔治说："如果这个世界上有什么英雄的话，季米特洛夫就是英雄。"季米特洛夫在法西斯法庭上揭穿了"国会纵火案"的大骗局，在世界各国反法西斯力量的强大压力下，德国法西斯政府被迫将季米特洛夫释放。

乔治读了这本辩护词感到心中热热的，但是，他没有告诉艾琳，在去年"国会纵火案"激起的反法西斯风暴中，他和他的同学为游行中因镇压而受伤的斗士做过抢救手术。

这个时期，乔治在这个进步书店认识了写中国革命的美国女作家史沫特莱。

史沫特莱介绍他参加马克思主义学习小组

1934 年初冬深秋的一天黄昏，乔治寻到法租界里的罗希路（现延庆路）70 号小洋楼，这是艾格丽丝·史沫特莱女士居住的公寓。她是以德国《法兰克福时报》特派记者身份来上海的，租此公寓作该报办事处。史沫特莱女士出生于美国，于 1928 年 12 月下旬，拿着美国和德国的护照及德国《法兰克福时报》的特派记者证进入中国。她来中国已经五六年了，在广州也

图 2-3　史沫特莱

从事过革命活动。那天，在霞飞路的德国书店，经艾琳介绍，两人认识了。高个子的史沫特莱 40 岁出头，要比乔治大十来岁。史沫特莱主动将手伸给乔治，两人握着，乔治觉得她的手掌大而有力。艾琳介绍说，史沫特莱是个敏锐的快手，来中国已经出过两本书了，一本是自传体书籍《大地的女儿》，另一本是描写中国的书籍《中国红军在前进》。乔治说："我一定拜读。"史沫特莱很热情地说："改天我会赠书给你。我们都是美国人啊，我 1929 年 5 月来到了上海，比你早了 4 年。"乔治说："我学到一个中国成语'早到为师'，我就不客气向您求教了。"经过交谈，史沫特莱感到乔治思想纯正、性格开朗，她喜欢上了这个年轻人。过了数天，史沫特莱和乔治再次在书店见面时，她告诉他："有一批上海的进步外国人常来这个书店，每周都要聚会一次，地点就在我的办事处住所，我们也邀请你也参加，好吗？"这个"聚会"，实际上是在中国的第一个外国人组成的马克思主义理论学习小组的学习例会。乔治很高兴地答应了。

这天，乔治如约而至。由于初次参加，担心找路需费时间，所以就早到了。史沫特莱亲自出来接他，还先探头看了一下，乔治身后的大街有没有陌生人。她说："我要不动声色地检查一下大街上的动静。我还经常请些资产阶级的客人来这里，免得'自己人'来这儿太显眼。"她对乔治不隐讳她为当地的地下组织做事，利用洋记者的身份为地下党联络及传递消息，甚至把当局通缉的地下党人藏在她的阁楼里。

在霞飞路书店里见面时，史沫特莱没有抽过烟，但是在其住处，她不时地从烟盒里拿出香烟来抽，还不时地递烟给乔治。那时候，乔治仔细打量了她的相貌。虽然她那张很有特色的脸说不上漂亮，但在以后的交往中，乔治觉得她是美丽的，她的笑容非常纯真。乔治佩服她特立独行的性格、观察问题的敏锐性，以及对包括中国人民在内的、被压迫民族和被压迫人民赤诚的爱，她对中国问题有独到见解。1929 年，史沫特莱的自传体小说《大地的女儿》德文版和英文版出版后，在世界上激起了广泛的反响，被翻译成包括中文在内的 12 种文字出版。史沫特莱说可惜手头没有这本书了，即向乔治赠送了自己的近著《中国红军在前进》。这是她在中国几年中所见、所闻、所感的结果，包含了她对中国问题的思考。正在思考中国苦难社会之命运的乔治，很高兴得到这本赠书。

史沫特莱很爽朗、率直，乔治很快就了解了她的经历。她是一名饱经风霜的女人，有着执着勇敢、坚毅刚强的性格；稍带几分不屑一顾的眼神，表现出她饱经磨难，具有敢于直视现实和蔑视反动恶势力的傲骨。她说，自己出生于美国密苏里州奥斯古德的贫苦家庭，有印第安血统，曾祖父为印第安人，父亲以赶马为生，她从小就赤足跟马群在一起，跟马一样活跃，酗酒的父亲百倍爱马，胜于爱他的妻子女儿，这使她倔强地成为终生的女权主义者。她只受过小学教育，16 岁时母亲累死了，她被父亲抛向社会，自己谋生，当过侍女、烟厂工人，在烟厂学会了吸烟，上瘾了，后来去当了书刊推销员。

乔治告诉她，他出生在纽约州水牛城炼钢工人的移民家庭，并说父亲因为参加罢工游行而被解雇，自己从小就是半工半读求学的。

她理解地说："你能到欧洲留学成为医学博士，我知道很不容易啊。"

她说，她如饥似渴地追求知识，一切能得到的书，她都读，20 岁时知道了莎士比亚。她开始自学打字和速记，想找一个打字员的工作。第一次世界大战时，她快 30 岁了，终于得以到纽约州立大学读夜校。因为和印度学生交上朋友，看不惯殖民主义，她热衷于帮他们组织起来，参加在纽约声援印度摆脱英国统治的斗争，寻求印度的独立和自由，被当局指控违反美国中立法，被逮捕关押进纽约的监狱里。说到此，她哈哈笑起来，对乔治说："你知道吗，这次蹲监狱对我可是大好事啊。"

乔治不解地问："为什么？"

史沫特莱说："我出狱的时候，带着我在狱中写的第一本书稿，书名叫《狱友》。书出版啦，拿到一笔不小的稿费，我成为了梦寐以求的作家。接着，我为报社写稿，也成了新闻记者。"她说，她于 1928 年来到中国后，关心中国苦难社会的命运，从广州到上海，她以记者身份广泛结交朋友，向世界宣传中国的革命斗争，宣传和支持中国的红色革命。当时住在上海的外国人中，由于政治观点不同，有人认为她是英雄，有人认为她是无赖。美国有报纸说"这个美国女人是赤色危险人物""美国妇女帮助中国人叛乱"。美联社一篇报道说，她"从前是一个美国农村姑娘，将成为千万黄皮肤人的实际上的'白肤女皇'"。

乔治通过和史沫特莱接触，认为她是记者、作家及社会活动家，一个杰出的与众不同的女性。她几乎没有一点女人的柔弱，她粗犷、率直，无所畏惧，对不公平的世道深恶痛绝，毫无顾忌地投入战斗。他只是觉得她个性有点张扬而已，但是，乔治十分佩服她作为一名新闻记者为真理献身的精神，因此，觉得她很值得尊敬。

两人说话之间，来史沫特莱住处参加学习聚会的人陆续到了。

这是中国第一个国际性的马克思主义学习小组，参加者大多是上海地区进步的外国人，成员有德国籍的政治经济学家海因茨·希普及其妻子特鲁德·罗森堡，美国革命女作家艾格丽丝·史沫特莱，上海电力公司电器工程师亚历山大·坎普林，奥地利进步女青年、银行职员鲁思·魏思（魏璐诗），左翼"时代精神书店"店主艾琳·魏德迈，德国籍牙医温奇·海伯特，还有基督教上海青年会的 4 名女干事等，新西兰人路易·艾黎担任组长，希普担任小组的学习指导员。他们上次已经学了《共产党宣言》，这次有乔治参加的学习，重点是《雇佣劳动与资本》，希普作为小组的学习辅导员，作了理论上的讲解，史沫特莱则讲述了她初到中国时，在广东实地调查南方缫丝业及蚕农和缫丝女工悲惨命运的情况。她说，包身工是由包老板买回来的，这些包老板是流氓地痞，与厂家、工头及农村恶霸勾结。他们到农村或灾区去诱骗农民，将他们的未成年女儿骗去城中当工人。包身女工一般只有十二三岁到十五六岁，期限一般是 3 年。年龄愈小身价愈低，期限也愈长。在包身期间所得的工资全归包老板所有，包老板只供食住。工资只发给一般工人的 40% 左右。乔治听得聚精会神，十分激动，自己父亲纳霍被包身 5 年去美国做工的时候刚刚 14 岁啊！乔治内心翻腾着……

结识革命的引路人路易·艾黎

图2-4 路易·艾黎

乔治就是在这次马克思主义学习小组的学习中，结识了路易·艾黎。

史沫特莱介绍学习小组人员时说："我们的组长——新西兰人路易·艾黎，任职于英租界工部局"。乔治与路易·艾黎初次见面，相互就很有好感。当时乔治24岁，艾黎37岁；他们两人，都在中国与中国人民一起并肩战斗终生。乔治在中国战斗了55年，艾黎在中国战斗了60年。半个多世纪以来，乔治常对人说，艾黎是指引他走向革命的引路人；他与艾黎之间诚挚的友谊，远远超过了血缘的感情。

他们相识之后，艾黎到乔治的诊所来，乔治也到位于一马路艾黎工作的工部局大楼去，两人的上班地点，相隔100米左右。为便于交流，两人常在一起午餐。

一次午餐后，艾黎让乔治开车，两人要到艾黎初来中国时所工作过的虹口救火会去看一看。英租界的虹口救火会在吴淞路（现在的吴淞路560号），是一座有高耸望火塔的英式建筑，大门前还停有两部英式救火车待命，大门口的救火队员都认识艾黎，一看老队长来啦，迎上前来招呼问候。

艾黎要了一顶救火队员戴的红色头盔，扣在乔治的大脑袋上，让他试戴一下。

乔治惊呼："天啊，好重！"

乔治用双手将红色头盔摘下来看，原来救火队员戴的是笨重的钢铁帽子。

乔治由衷地竖起了大拇指，既伸给艾黎，也伸给其他救火队员，称赞说："了不起，戴着这么重的钢铁帽子冲进火场，上海所有的人都要感谢你们！"

当年，艾黎来到陌生的上海，首先要找活干。找到租界工部局，人家看他如此高大健壮，就问："你当过兵吗？"他回答："我是参加过第一次世界大战的老兵。"人家就指点他："到虹口救火会去吧。"由于救火会招消防队员时看重受过军训的人员，艾黎当过远征军、参加过第一次世界大战，会讲英语，还是高个子健壮的洋人，不仅招他进了虹口救火会，还让艾黎上班第一天就当上了消防处的小队长。他告诉乔治："第一次值夜班，就赶上5起火警。救火回来，我刚脱下衣服，跨入浴缸，另一起火警的钟声又响起来。"

艾黎说："在战场打仗涉及生命，救火也涉及生命，是要负责任的。在救火会，我表现得很尽责，10个月后，我就升任消防处队长级别的督察。工作是检查辖区工厂消防设施。我发现在工作中可以如我所愿，检查所有的工厂，这包括直接接触工人群众，查访开设在拥挤、发臭的陋巷里的工厂和车间，这是我喜欢干的事儿。为此，我花了很多时间去学普通话和上海话！绝大多数消防官员不理解我，不喜欢我做的事。但是，租界许多工厂需要工部局管，没有比我更熟悉这些工厂情况的人了，加上我又会普通话和上海本地话，1932年，我担任了上海公共租界工部局工业科首席工厂视察员。"

艾黎的话感染了乔治。于是，乔治问起艾黎为什么来中国，怎么来的。

艾黎告诉乔治，他出生于新西兰，父亲是中学校长。1916年，19岁的艾黎参军，被编入新西兰第二远征军，赴欧洲参加第一次世界大战。在战场上，艾黎首次近距离地接触了中国人，与由中国山东农民组成的劳工军团共同参加了发生在比利时的第三次伊普尔战役。中国华工兵团负责挖战壕、排除地雷、抢运伤员和尸体，按照英军总部的规定，英军及新西兰远征军的官兵是不准与中国劳工兵团人员接触的。艾黎不管这些规定，在一次换防轮休期间，艾黎甚至和在战场认识的两名中国华工兵团军人一起走进了酒吧喝酒，两个中国军人争着付酒饭账单。战后回国了，他和一位伙伴在荒山上建起了牧场，6年的艰苦劳作，使他具备了非凡的耐力。1926年，首都惠灵顿及澳大利亚的报纸都报道中国南部发生了革命，这年，艾黎经常能从当地报纸上读到关于中国的消息。当时，北伐军正在北上，引起了帝国主义势力的恐慌。他对家人和朋友宣布说："我决定到中国去——那是一个被革命震撼的国家。"他下了决心，把经营了6年的牧场留给了合伙人，先乘船到了澳大利亚打工两个月，当船费攒够后，他便买船票搭乘海轮来中国。来中国那年他 30 岁。4 月 12 日，就在他还在海上颠簸的时候，血腥的四一二反革命政变在上海爆发了。国民党反动势力与上海青帮联手镇压革命，租界也血流成河。4 月 21 日，他抵达上海。艾黎说："我原来打算一年半载后就离开，为此，我办了为期 6 个月的中国签证。谁也没想到，现在 7 年过去了，我准备此生留在中国了。"

乔治问艾黎："为什么？"

艾黎平静地回答："我要参与改变中国这个苦难社会的工作。从朋友借给我的《资本论》中受到启发，我已得出结论，旧的制度必须推翻，我将永远尽力帮助把它推翻。"乔治听了，心里很不平静，对艾黎说："所以，我要参加您的马克思主义学习小组，跟您一起行动。"

乔治在中国的首份专业调研报告

自从乔治结识艾黎之后，艾黎疾恶如仇、要推翻旧制度旧社会的执着信念、对事物的敏锐而睿智的分析判断力及开朗坚毅的性格，都深刻地影响着年轻的乔治。他常主动去找艾黎谈心。一次，他到工部局大楼去，敞开心扉，对艾黎说出自己心中的煎熬："我医治的病人越多，越发现中国社会的弊病越多，贫富差别太大了，大多数穷苦百姓饥寒交迫，每天挣扎着度日；而少数人靠压榨剥削穷人养得脑满肠肥，花天酒地、荒淫无耻。面对这样的现实，我是医生，无能为力，心中好难受啊！亲爱的艾黎，您看我要从哪儿做起呢？"

艾黎认真地听完，望着乔治，没有正面回答，反而问："乔治，你这个皮肤病医生，该知道铬皮炎这种病？"乔治想，艾黎没有回答自己的问题，又不是医生，为什么问这种冷门皮肤病？这属于皮肤病专业。他就回答："在大学里学过，没有在临床见过这种病，知道铬是硬度极高的金属，灰白色，耐腐蚀，我虽然了解不多，但是，我很愿意研究它。"艾黎就对他说："那就好，我介绍你到一些工厂去调研考察，你看到的情况、获得的答案，就会对你刚才向我提的问题有帮助。"艾黎早在虹口消防会任队长级督察的时候，经常到各工厂检查，当看到童工和包身工遭受的令人发指的折磨时，感到异常痛苦。艾黎对严重剥削工人并酿成事故的工厂主施压，但工厂主敷衍了事，艾黎只是消防督察，也没有办法。

乔治觉得很有兴致，说："我想起来了，史沫特莱刚到中国时，也是去工厂考察调研，她去调查缫丝厂包身女工的情况。"艾黎笑着说："史沫特莱天性勇敢，自己敢闯去工厂调查包身工，很快就被事先串通好的厂主和当局抓起来关押，全靠她有德国和美国两种护照，要不她就会'消失'掉。乔治，你不用担心，你是英租界工部局工业科派去的，他们不敢让你'消失'。"

于是，按着预定的时间，乔治来到工部局。上海公共租界工部局是外国人在上海设立的一个独立机构，它不属于中国政府管辖。该机构由外国人组成，是设置于上海公共租界内的最高行政机构。工业科的办公室里，按艾黎的安排，开始逐个访问有关的工厂。行前，艾黎叮嘱他，不要张扬，悄悄行事。

由于是工部局工业科派来考察的，乔治得以顺利进入相关的电镀厂。车间里的现状让他极为震撼！不算高的厂房屋顶下，异味弥漫，这是铬元素严重超标的空气，童工们衣衫褴褛、蓬头垢面，一大片小小的人头攒动，像机器一样在镀槽旁忙碌着。他们身后缓缓走动着的监工，头戴礼帽，手拿棍子。这家工厂年龄最大的童工，不过只有16岁，大多数童工只有10岁左右。乔治亲眼看到，童工们稚嫩的小手，捏着镀件，伸到熔化铬水的槽里去镀铬，有的手被铬水烧烂，甚至露出了骨头。乔治还点了几名童工，留下了尿样。他回去之后，将搜集的尿液进行"铬中毒"研究。乔治怀着极不平静的心情，在自己诊所里写关于上海电镀类工厂童工"铬中毒"研究的调研材料时，从他亲眼看见的童工们每天12小时拿镀件伸向铬水槽的小手，想到自己父亲去美国当童工，最初每天从早到晚在制糖厂拿刀切甜菜头片的手。乔治由此联想："我的父亲也是在美国资本家压榨下度过了这样悲惨的童年。看来，资本家的狠毒都是一样的，天下乌鸦一般黑！"

乔治将在工厂的所见所闻告诉艾黎，情绪激动地说："艾黎，普通人在平常生活中要远离这种重金属，铬金属中毒通常会对人体的皮肤产生极大的伤害，甚至导致人体的消化系统、呼吸系统出现严重病变。可是，这些工厂里，大都是孩子，是不满 14 岁的童工啊！"

艾黎内心很痛苦，却表面平静地告诉乔治："是的，受着最深重压迫的包身工，他们就是现在这个苦难的中国畸形的产物。我是上海的工业督察，你知道吗，上海的工厂里共有 10 万名童工，女工和童工每天至少工作 12 小时，虹口一个日本人开的纺织厂内最小的童工只有 6 岁……"

乔治问："我们改变不了这些童工的现状吗？"

艾黎说："我试图动用工部局的力量，要求施行包身工制的纱厂老板善待工人，可一切都是枉然，让我们这些朴素的人道主义者渐渐明白，仅凭一己之力，什么也改变不了。我明白了，我也让你明白，现在中国一切罪恶的根源，都在这个半封建半殖民地的社会，只有改变中国的社会制度，中国才有光明！"

乔治在日内瓦大学医学院毕业前，大学曾安排同学们去巴黎实习，他在法国读了雨果的名著《悲惨世界》，他记住了书里有一句关于"悲惨"的名言："光看过男人的悲惨，等于什么也没看见，应该看一看女人的悲惨；光看过女人的悲惨，也等于什么也没看见，应该看一看孩子的悲惨。"

后来，乔治常说起这次童工调查："这是艾黎给我上的第一堂课。"

本书必须提到的是，由路易·艾黎及乔治·海德姆英文签名的这份关于上海电镀类工厂童工"铬中毒"研究报告，题目为《铬中毒在电镀工业里的情况》，写于 1935 年，就存档在旧上海公共租界工部局发黄的老档案里，具有特殊的意义。

艾黎带着乔治等观看淞沪警备司令部
"处决"革命者

这个地方就在现在的上海虹桥机场附近。

这是上海市徐家汇龙华镇，龙华烈士纪念馆的所在地——龙华路 2887 号，它被称为"上海雨花台"，与千年古刹龙华寺毗邻。苍松擎天、庄严肃穆的龙华烈士纪念馆于 1984 年规划筹建，1991 年 7 月完成一期工程，1997 年 5 月 28 日全面建成并对社会开放，属于全国重点文物保护单位和重点烈士纪念建筑物保护单位。

龙华烈士纪念馆，是集园林、遗址、碑苑、陈列等为一体的综合性纪念场所。在晚清时期，这里曾先后作为淞沪护军使署和淞沪商埠督办公署旧址，20 世纪 20 年代国共合作大革命时期，这里原为北伐第七军白崇禧所建的国民党淞沪警备司令部旧址，自 1927 年 4 月 12 日蒋介石发动四一二反革命政变开始，这个警备司令部军法处的军事监狱附近的一片开阔地，就成了大批龙华革命烈士就义的地点。到 1937 年 7 月抗战爆发，再到 1945 年秋国民党当局重返上海，至 1949 年 5 月上海解放，国民党反动政权在龙华枪杀了难以计数的共产党员、工农骨干和红军、解放军战士。

上海解放后，党和政府根据群众和烈士家属提供的线索，终于在这里找到了那些岁月里，被深埋在地底下无数英烈的累累忠骸，同时还挖掘出锁在烈士身上的镣铐，散落混杂在遗骸旁的银角子、红军帽上的红五星以及衣扣和皮鞋……

艾黎和乔治等人，当年亲眼看见英烈们在此殉难，都极其震撼！他们发誓要前赴后继，推翻罪恶的中国旧社会。当年，艾黎以自己特殊的身份，带领这批进步洋人去龙华观看"处决政治犯"的地方，上海国民党执法军警枪毙共产党人和爱国志士的地方，也就是共产党人和红军烈士当年英勇就义的地方。艾黎和乔治晚年都曾来这里瞻仰烈士。

艾黎是上海这个国际马克思主义学习小组的组长，1934 年初冬的一天，他带着乔治、鲁思·魏思（魏璐诗）、坎普林等几个洋人，来到龙华的国民党淞沪警备司令部的军法处之军事监狱，观看国民党当局"处决政治犯"。

马海德夫人苏菲曾经这样回忆：

乔治亲眼看到一批年轻人排着队，在国民党荷枪实弹监押下走过来，个个挺着伤痕累累衣衫破碎的胸膛，高呼着"打倒国民党反动派！""打倒帝国主义！""红军万岁！""中国共产党万岁！"等口号，微笑着向围观的群众点头告别。随后，就被国民党反动派残酷地枪决了。

乔治的心紧缩着，"多么坚强的中国人民啊！"他想着，"这些年轻的中国人，为了改变罪恶的社会，解放全国人民，到了敌人枪弹对准胸口的时候，还高呼口号，激励活着的同胞要宁死不屈，他们才是真正的英雄！"

这样的"处决"场面，以及共产党人及红军英勇就义、大义凛然的气概，使乔治终生难忘。这次观看之后，艾黎告诉乔治，中国有个中华苏维埃共和国，位于长江中游的江西省，首都为瑞金，是中国共产党开辟的一个新天地，那里有这样一支军队，叫中国工农红军，中国无数先进分子就聚集在那里，为改造半殖民地半封建的旧中国而艰苦卓绝地战斗着。蒋介石指挥着国民党反动军队，在黑社会青帮武装配合下，最先在上海屠杀共产党和上海工人武装；然后，蒋介石联合反动军阀们，现在正在江西中央苏区"围剿"中央红军。艾黎告诉乔治："中国工农红军，是一支绝大多数由受剥削、受压迫的贫苦农民组成的队伍，共产党领导他们，为反抗剥削、反抗压迫而奋起革命，为推翻旧制度、建立新社会而战斗。"

乔治听了很激动，热血在胸中奔涌。乔治极为同情被压迫被剥削的中国劳苦大众，在艾黎引导下，乔治已经向往着红色的江西中央苏区，对中国工农红军无比崇敬。

艾黎在愚园路的公寓里，对乔治如是说（上）

当时，上海白色恐怖极其严重，在中共中央上海地下组织遭到严重破坏的情况下，愚园路艾黎寓所阁楼里共产国际的秘密电台，几乎成了上海地下党联系江西苏区的仅有电台。当时是 1934 年秋冬之间，无论是上海的中共地下党，还是江西苏区的中央红军与根据地，正处于中国革命中最艰难最严峻的时期！在这个时期，孙中山夫人宋庆龄女士，告诉她十分信赖的新西兰朋友路易·艾黎，话不多，只有七个字，但是，每个字都很沉重：

"地下党需要电台！"

1928 年秋，周恩来由莫斯科归国回到上海，立即着手建立中共自己的无线电台（中央特科四科），次年 10 月，通过试制，终于组装了中共历史上第一部电台，功率 50 瓦。台址设在当时上海英租界大西路福康里 9 号一栋石库门三层楼上。1930 年秋，经共产国际培训的无线电人员毛齐华等秘密回国，在上海建立了连接莫斯科的国际台。至此，中共与共产国际开通了直接的无线电通信。1930 年底，中央红军第一次反"围剿"作战中缴获了一部半电台（其中一部电台只有收报机，无发报机），电台主管吴人鉴率领的原国民党军队 10 名报务人员也"投诚"加入了红军。吴人鉴是黄埔六期通讯科的高才生，改名"王诤"，成了红军无线电通信的"种子"，由此创办了红军电台，并成立了红军无线电大队。中央又派涂作潮、伍云甫和曾三到江西根据地，派遣王子纲等同志前往鄂豫皖根据地，派遣喻杰生等到湘赣西根据地，去开展及加强无线电通信工作。这样，中共中央与各主要苏区根据地就初步建立起无线电通信联系。

1931 年 9 月，中央红军改装了在第二次反"围剿"中缴获的一部功率较大的电台之后，红一方面军同上海党中央开始直接通报。这年 9 月，毛齐华等建立在上海的国际台也开始正式收发报。1933 年初，因受顾顺章、向忠发等重量级叛徒的影响，上海临时中央转移至江西中央苏区。上海成立上海中央局，配设两部电台，一部专与共产国际联系，另一部专与江西中央苏区联系。由于功率问题，江西与共产国际的联系，必须由上海"过桥"。1934 年 10 月，上海中央局书记李竹声，与继任书记盛忠亮先后叛变，中共上海地下组织再次惨遭重创，敌人获得了局机关 6 名报务员姓名、住址和全部电台的位置，上海的全部中共地下电台遭到破坏。至此，1934 年 10 月间，中共中央与莫斯科之间的无线电通信中断，极其严峻的问题是由于第五次反"围剿"失利，中共中央、中央红军就在当月开始了艰苦卓绝的战略转移，共产国际与中共上海机关的电讯联络也中断了。危急时刻，共产国际驻沪联络员及中共上海地下党都找到了宋庆龄。

宋庆龄就想起了路易·艾黎。

宋庆龄与艾黎的关系还要从头说起。进入 20 世纪 30 年代以来，宋庆龄曾多次听斯诺、史沫特莱等在上海的美国进步人士谈起"红头发的新西兰人"——路易·艾黎，称其为了不起的真诚关心中国苦难社会的外国人，利用其在公共租界工部局工业督察的重要身份做了很多革命工作。早在 1933 年春夏，宋庆龄以世界反战委员会名誉主席的身份，筹备并在上海秘密召开远东反战大会，会议派出调查团调查日本侵略中国东北情况。这是共产国际及中共中央都支持的重要会议，史沫特莱作为宋庆龄的助手开展工作。当时上海处于白色恐怖最严重的时期，史沫特莱将艾黎推荐给宋庆龄时说："艾黎会最热心地支持您开好这个会。"于是，艾黎来到莫里哀路宋庆龄居住的寓所，两人的密谈十分融洽深入。这次国际会议，上海地下党由冯雪峰负责配合宋庆龄开好这个国际反战会议，配合得很好，秘密地安排好接送国际会议各国代表，可以用夏衍的话"严丝密缝，滴水不漏"来形容，秘密地将代表从外滩码头接来，会后又秘密地将代表送上外轮。艾黎也做出了重要贡献，宋庆龄主持的远东反战大会在霍山路 85 号三楼大空房的会址，是艾黎借用他在工部局某下属的私宅。代表们席地而坐，宋庆龄主持会议也仅坐在一张小板凳上。秘密会议是在晚上进行的，整个晚上霍山路一带都有工部局下属巡捕马队在巡逻，只有宋庆龄自己知道，这些巡逻的马队是艾黎亲自掌握的。会议选举了毛泽东、片山潜、鲁迅、高尔基、季米特洛夫、伏罗希洛夫、罗曼·罗兰等为名誉主席。从此，宋庆龄与艾黎两人的合作及友谊，贯穿了两人的一生。

1934 年秋冬，由于中共上海局机关及所属两部电台均遭国民党特务组

织破坏，导致上海地下组织与莫斯科共产国际失去了电讯联系，也和江西
苏区及中央红军失去了联系。共产国际驻上海的秘密联络员告诉宋庆龄，
在共产国际执委会主席季米特洛夫指示下，共产国际正在设法打通莫斯科
与中国国内之间的电讯往来。潜伏在上海的幸存隐蔽人员，也都未忘记自
己的责任，毛齐华等人利用自己的技术、关系以及收集到的器材，于 1934
年冬，刚刚组装出一套收发报机，也需要和莫斯科以及战略转移中的中央
红军进行呼叫对通。

艾黎在愚园路的公寓里，对乔治如是说（下）

　　通过与艾黎接触，乔治也猜到艾黎已参加地下组织秘密活动了。艾黎
也不对乔治隐讳，觉得需要将真实情况告诉他。一天，艾黎在工部局下班
之后，到九江路乔治的诊所邀他一起回家。艾黎自己没有开车，也没有让
乔治开车，他们坐电车到达兆丰公园（现为中山公园）下车，两人徒步走
进了愚园路。

　　艾黎介绍说，这条路，是英国人为上海高级洋人精心打造的，也就十
来年吧，按早年租界工部局规划的图纸，是要沿小河边为洋人建造高档住
宅区用的。西端兆丰公园到东端静安寺之间，曲曲弯弯，马路并不宽阔，
却很长。据说，决策的英国人总工程师克罗斯说，街道设计宽了，将来变
成闹市，太嘈杂了，影响住宿，不好。这里汇集上海的高级私家花园洋房，
它们的西式建筑风格各不一样，路边的法国梧桐经精心栽种管理，都长得
不错，可谓壮观。

　　艾黎住在愚园路 1315 弄 4 号公寓里，是一幢三层的西式住房，住处
十分幽静。在楼前小花园里收拾花盆的是一张熟面孔，马克思主义学习小
组的上海电业公司的电器工程师亚历山大·坎普林，他很高兴地和乔治打
招呼。原来艾黎将自己的邻居坎普林也发展进入马克思主义学习小组了，
他也是德国共产党员。楼门内有精致的扶梯可直通二楼和三楼。底楼前半

部为会客室和餐厅，后半部是厨房等辅助用房，中间有一小工房，内置一台车床和一些工具，摆着一些待加工的消防灭火器材。底楼沿弄堂有汽车库，艾黎有一部福特牌小汽车。在二楼住处，艾黎才正式告诉乔治，他在为地下党组织做一些秘密工作。艾黎说："我的住处是中共党员的接头地点和避难所，地下组织就在我这里顶楼小间里架设立了一部秘密电台。"实际上，顶楼这部电台是共产国际上海组的秘密电台，由宋庆龄掌握，坎普林负责，还有两个德国共产党年轻女党员维特·玛亚和菲莉·玛雅协助他工作。

乔治觉得艾黎高度信任自己，心里激动不已。他明白，由于艾黎有租界工部局督察的高级身份，共产党地下组织借艾黎这个公寓开展秘密工作比较安全，国民党反动派不敢找麻烦。国民党反动当局怎么都不会想到共产党会把电台藏在这里。艾黎说："底楼的小工房，摆着一些消防器材，是做样子的，其实是为地下党修理枪械的地方。干这个活的工程师坎普林是把好手，我也可以干点活。地下党用这部秘密电台与正在进行西征的红军保持通信联系，最近一直联系不上。坎普林很着急，为了呼叫联系中央红军电台，他夜里就睡在顶楼上。"

乔治头一次听到"红军西征"这个词，并重复了一遍。

艾黎回应说："是的，红军从江西中央苏区西征了。"艾黎继续说，眼睛在发光，"国民党当局的报纸不断登载的消息和公告，大肆宣称上海'共匪'机关已被破获，统统一网打尽了；'共匪'盘踞之江西中央根据地已被政府大军'剿灭'。实际上，史沫特莱从境外媒介方面得到准确消息，中央红军已从赣粤边境突破敌军的封锁线。"

乔治聚精会神地听着，凝望着艾黎。

艾黎说："我顶楼这部电台，就是与西征的红军联络用的。干这种革命工作，是要将生死置之度外的。"

他说，为防止敌人发现电台，坎普林将电台的电源线直接连接在楼房外线上，而不通过住宅的电表。后来，租界当局发现这里的总表与分表的用电总度数对不上，便派出由巡捕和专业人士组成的小组，来公寓检查哪里漏电。那一次，突然查到他这套房子时，已经没有机会去拔掉电台发报机上的电线了。怎么办？艾黎说，这时他突然发现检查组里有一位是他熟悉的工程师朋友，便连忙招呼这个朋友到餐厅去喝酒休息，设法先将他们稳住。那位工程师朋友也心领神会，随便检查了一下，便说："查出来了，查出来了，是大冰箱漏电了。"真是好险！就这样度过了险关。检查小组走后，艾黎很快就将电台转移了。

艾黎还幽默地对乔治说："乔治，玩这种游戏得神经健全才行，再加点随机应变和运气，就平安无事了。"

在艾黎传奇的一生中，在上海家里为中共地下党设置电台的冒险经历，给他留下了很深的印象。艾黎晚年在《艾黎自传》中曾经这样回忆地下党在他家里使用电台的往事——

> 坎普林是上海电力公司的电气工程师，所以我们在住所的底层设有一间小工房，里面有台车床和其他工具。往往有人送来手枪之类的武器给他修理，他的技术本领和创造能力无疑在许多方面是有用的。
>
> 有一次需要在我们家里设置地下电台，与正在国内一些地方进行西征（的红军）保持通信联系。发报机就安装在我们顶层阁楼的房间里。坎普林不通过电表，直接从外线上接电源，并设法在深夜收发电讯。当然，电台要经常迁移，以免被侦查出位置，但在我家那里工作了很长一段时间。有一个星期天，由巡捕、包探及电气技术人员组成的检查小组，挨家挨户登门查漏电，幸好我们灵活应对，涉险混过检查。当晚，我们就把无线电台移往法租界专门为此物色备用的一套高层房间去了。

艾黎还说起，被通缉的革命者也常在这儿暂避风险，大家习惯于互相不问姓名。艾黎用自己的福特牌小车接送客人或运送传单，有时也要让上学的儿子——迈克坐福特牌汽车去运送东西。直到有一天，艾黎听说警方开始寻找他这个号的车牌之后，艾黎赶紧将汽车转卖掉。由于他的高级督察职务可以配用公务车，他就使用消防处给他配备的一辆红色公务车，这部特别公务车还可以享受租界之免检待遇。这样，他可以顺利为红军运送购买的医疗器械、药品和其他物资。

　　这次，艾黎找乔治到自己公寓谈心，坦诚地把自己和地下党的秘密告诉乔治，也请乔治考虑，其在九江路的私人诊所能否成为地下组织的秘密联络点。九江路属于闹市，行人熙熙攘攘，地下党人士借着来诊所看病进行联络或碰头，是不容易引起怀疑的。

　　尽管政治气氛使爱国进步的中国人及外籍同情者经常处于危险之中，乔治感到人们推翻旧制度的决心有增无减。乔治没有犹豫，一口答应了。

在一个特殊晚会上，乔治认识了宋庆龄，改变了他的人生命运

　　艾黎与乔治涉及为地下党工作的重要谈话刚刚过去几天，史沫特莱打电话到乔治的九江路诊所，说邀请乔治去参加一个朋友间的聚会，时间是11月7日晚上，地点就在她的公寓，法租界的罗希路（现延庆路）70号小洋楼，对外公开的名义是德国《法兰克福时报》驻上海办事处。乔治前不久去过一次了，那次是参加国际马克思主义学习小组的学习。史沫特莱虽然在电话中没有明讲这次聚会的主题，乔治从所确定的时间11月7日，感觉到与这个红色纪念日有关。他想起去年在日内瓦大学医学院毕业前夕，在欧洲爆发的反法西斯风暴之中，曾经萌生过跟同学卡茨去莫斯科的想法，因此这次获邀请来参加苏维埃十月革命节的聚会，他觉得有一种亲切感。

　　1981年宋庆龄去世，马海德在这年6月3日《光明日报》上发表的悼念文章《宋庆龄——我的革命导师》中，回忆他首次认识宋庆龄女士，是在史沫特莱寓所国际友人庆祝苏联十月革命而举行的聚会上，马海德回忆说：

　　　　在到会的客人中，有一位美丽动人、气度不凡的中年妇女，十分令人注目。她用一口流利的英语和在座的朋友畅谈。当时没

有人给我正式介绍，只记得有人告诉我她的外国名字叫"Suzie"。我们几个美国朋友唱了美国工人歌曲，最后还高唱国际歌，大家边谈边唱，非常高兴。事后我才知道，这位"Suzie"就是我所尊敬的宋庆龄同志。当时她已是世界知名人士，我们只是一些年轻的记者和医生，然而她却是那样的平易近人，和我们亲密无间，使我深受感动。

苏菲与苏林合著的《马海德》一书，对乔治与宋庆龄首次见面有更详细的记载：

乔治·海德姆和宋庆龄的相识，是1934年冬天的事，那是11月初，乔治应史沫特莱的邀请，去参加一次庆祝苏联十月革命的聚会。地点在史沫特莱的一家德国报纸驻沪办事处住所。聚会形式是举行一次小型"帕蒂"。史沫特莱要招待的熟人太多，也没怎么顾得上乔治。聚会开始了，动听的舞曲响起来，人们各自约自己的舞伴翩翩起舞。在此场合，乔治不善与陌生人交往，只好默默地坐在椅子上，只能当旁观者。这时，乔治身旁不远处有位美丽的中国女子也独自端坐着，他觉得机会来了！他端详着这位女子：她坐在软皮沙发上，没有化妆，却仪表典雅出众，气质高贵端庄，合身的旗袍显得身材匀称，慈祥善良的脸庞，黑亮头发挽结在脑后，她眼光深沉而睿智，望着客厅里一对对舞伴；不断地旋转到她身前，用神态向她致意。乔治凝望着她，心中不由得赞道：中国社会竟然有如此独特美丽的女性！这个时候，这位美丽女人也将目光望向乔治，大约她觉得这个年轻英俊的棕色皮肤青年在这个圈子里没有露面过。乔治发现她在望自己，就离开座位去请她跳舞。这时，音乐停止了，大家回到原处。乔治便悄悄地向史沫特莱打听这位中国女士是谁。史沫特莱爽朗地笑着说："那就是孙中山先生的夫人，宋庆龄女士啊！"

图 2-5　20 世纪 30 年代的宋庆龄

于是，史沫特莱拉着乔治，到宋庆龄面前，介绍："这位年轻的男士，是美国人，医学博士，日内瓦大学医学院高才生，名字叫乔治·海德姆。"她也对乔治说："宋庆龄女士，在美国留学的时候叫'苏茜'，我们大家都这样叫她。"

乔治很尊敬宋庆龄，觉得自己想去请她跳舞很尴尬。要知道，在当时的中国，她有很强的凝聚力，在国际上也有很高的影响力！她那里也是中共在上海的主要联络处，毛泽东的文章、党的宣言、左派和各著名民主人士的信息、社会各种问题的言论等，都通向她这里，又通过她传到相关的地方。

史沫特莱后来告诉宋庆龄，乔治是中国革命热忱而可靠的支持者，也在艾黎主管的国际马克思主义小组里学习，进步很快！这位在中国很有影响的夫人很喜欢他，而他也倍加地敬爱她。两人之间发展起来的友谊和信任，改变了他后来的人生命运，一直延续到她去世。

在宋庆龄、艾黎的引导下，乔治的政治觉悟提高得很快，决心留在中国，为中国革命和中国人民服务。

有一天，宋庆龄给乔治打电话，请他帮助在英租界外国药房买一种治疗荨麻疹的西药。次日乔治送药时，得以进入书房与宋庆龄说话。他看见书桌上一个精致相框里有一个穿西装的青年肖像照，脸晒得黝黑，但眼睛闪闪发亮。宋庆龄说："这是我父亲，年轻时在北卡罗来纳州缉私船上打杂工的照片。"乔治说："您父亲很有朝气。"宋庆龄说："那时他刚到美国没几年。"乔治说："我父母也是从北边的水牛城搬到老北州谋生，我就进了州立大学读书。"这次谈话中，宋庆龄问了乔治的父母及家庭简况。乔治就此说起家里刚来信，催他回国。乔治与宋庆龄之间，逐渐熟悉起来。

乔治第一次为地下党做事：护送陈翰笙教授
登外轮去苏联

在宋庆龄的鼓励和支持下，艾黎、乔治及马克思学习小组与地下组织
建立了联系，使学习小组不断获得关于江西革命根据地反"围剿"乃至中
央红军突围进行战略转移的消息。一位中国联络员朋友曾经带来一张江西
的大地图，指出蒋介石进行"围剿"以及中央红军突围开始转移的粤赣湘
五岭山区。艾黎说："地下组织还会交给我们一些事情做，或要求我们传递
信息，这往往是颇为冒险的。"

1935 年春末的一天黄昏，天刚黑，史沫特莱用一辆日本总领馆外交牌
号的小车，把著名的国际问题专家陈翰笙教授及夫人顾淑型，带到愚园路
艾黎的寓宅。陈教授刚从加拿大参加了一个国际和平会议，转道东京，在
东京得到共产国际派驻的佐尔格小组的照应，转乘日本轮船来到上海，要
北上转去莫斯科。陈教授是有第三共产国际背景的特殊人物，也是蒋介石
通缉的要犯。他已经有了从上海搭乘苏联轮船去符拉迪沃斯托克（海参崴）
的船票，为躲避国民党当局的搜捕，需在艾黎寓所藏身，第二天再由艾黎、
乔治等人护送登上苏联远洋轮船，脱离危险。陈教授被送到艾黎寓所不久，
艾黎说他的专用红色消防公务车太显眼，乔治有一辆车，我请他帮忙。于是，
乔治接到电话后就赶来了。

陈翰笙，一个中等个子的江苏无锡人，年纪将近 40 岁，高度近视，说
着一口很流畅的美国英语，偶尔还与史沫特莱讲几句德语，乔治都听懂了。
陈教授国际问题的学问使他在美国、德国、苏联学术界很受尊重。他曾在美
国两个大学读过书，后又在德国获得博士学位。早年他在北京大学很受蔡元
培校长敬重，请他来历史系任教。陈教授说："我在北大，向往革命，请李
大钊教授介绍我加入中国共产党，但是李教授说，现在国共合作，我们需要
你先加入国民党，以后再入共产党。"当史沫特莱问起斯诺时，他掀动身上
皮大衣的衣襟说："这是斯诺的大衣，四一二反革命政变来了，李大钊和我
都在蒋介石通缉、镇压的名单里。我们去参加活动，军警来了，大家撤退的

时候，我和斯诺匆忙之中，就将大衣穿错了。我逃到苏联驻华大使馆，苏联驻华大使阿拉罕说介绍我加入第三共产国际，以此名义送我去苏联。"

史沫特莱介绍说："陈教授加入共产国际之后，负责对外宣传和情报工作。从此，陈教授以学者和情报人员的双重身份活跃于国际舞台。两年多以前，他从佐尔格那里得知国民党军队将'围剿'中国红军的作战计划，他立即设法将此重要情报传送给江西的中国红军。"

乔治随意地问："陈教授也是在美国长大的吗？"

陈翰笙笑笑说："我在江苏长大，读小学、中学，母亲变卖首饰送我去美国学习，半工半读。我成绩很好，考入洛杉矶波莫纳学院，原想选读植物学科，因视力差看不清显微镜下的观察物，改学地质学，同样看不清地形地质图，后来只好改学欧美历史。"

史沫特莱与陈翰笙是在德国认识的，曾经追求过他，就打趣说："你视力差，怎么看清了漂亮夫人？"

一直不出声的陈夫人顾淑型说话了："我们是老乡加同学，志同道合，人家是不用眼看，用心看的。"

陈夫人的话使满屋的人都笑了。

当晚，大家在一起商量明天怎么将陈翰笙夫妇俩平安送上去苏联的轮船。史沫特莱设想了一个具体行动计划："陈教授必须改变一下原有的形象，特别是不能再戴眼镜，通缉令肯定强调了你高度近视的特征。"艾黎则说："我和乔治两个高大气派的洋人，驾福特洋车，护送你过码头的关卡，再送你们进舱。按惯例，开船前轮船要鸣笛，并喊'送客的请下船'，我和乔治再走下舷梯。"

第二天，史沫特莱给陈教授一大把观赏的鲜花——唐菖蒲，好遮住他半张脸，穿上浅色上装，头戴一顶宽边遮阳帽，白裤子白鞋，他和夫人相挽着。车子开到码头上，两个洋人拥着一对阔佬夫妇过关卡时，巡捕连看都不看，没有检查就放他们一行四人通过了。下了码头，走了一段路才走到船舷边，守舷梯口的便衣侦探也没怎么在意，他们则沿着船舷走上舷梯，到了甲板上。

艾黎和乔治回来，把客人夫妇顺利登船离开的消息告诉史沫特莱，她大喜过望，说当晚马上请客以示祝贺。宋庆龄也得到报告，很高兴。

　　乔治也很高兴！这是他第一次为中共地下党出力做事。宋庆龄觉得乔治是个难得的好青年，艾黎和史沫特莱也认为乔治是一个好帮手。从此，乔治开始为地下组织传递信件，其中就有专送宋庆龄的，也有宋庆龄给别人的。医生做事需要职业性的细心，为地下党做事也一样，每次乔治都细心注意传递、会晤场所是否有人盯梢。乔治还将诊所内室清理出来，供地下党人在里面接头或是开会。

　　苏菲的回忆录中，有这样的记述：

　　　　马那时候多次接到过宋庆龄的指示，利用他独特的身份和场所，帮助上海地下党做一些工作。
　　　　马说："我当时常常接到类似这样的通知，'星期五下午一点到两点你不要去诊所，借你的诊所一用。'到了通知的时间，许多'病人'就会趁我不在诊所的时候，表面上'登门问诊'，实则利用这种方式接头、开会。上海的特务机关，对我这个美国人开的诊所根本不在意，医生候诊时本来就有人进进出出，所以不大会引起外人的怀疑。于是，这里便顺理成章地成了中共地下党秘密联络和开会的场所。"

逃回来的江西红军，带来的消息使整个学习小组兴奋起来

　　就在送陈翰笙教授上外轮后过几天，乔治开车去愚园路艾黎家里送材料——他夜里在诊所把史沫特莱的文章油印成的小报。这是他和史沫特莱两人一起完成的，两人好不容易才将手上、脸上的油墨洗净。收拾完毕已过夜半，幸好九江路是闹市，灯火仍辉煌，隔壁电影院刚散场。告别时，史沫特莱笑笑说："你这儿通宵亮灯干活，不会惹人怀疑。要是在我的住处，那些监视我的便衣一定会查清楚我这家伙通宵亮灯干什么呢。"

次日一早，乔治驾车来到愚园路给艾黎送油印小报。艾黎正在底楼餐厅里吃早餐，乔治看见，除了艾黎和他的儿子迈克，餐桌上还多了一个陌生人。艾黎笑着介绍说："我家里多了一口人，三个人了，他叫周先生、周教授，英文名叫查尔斯。"这个有英文名字的中国人，中等身材，模样很精明干练。乔治也就明白了。艾黎对他说过，他的住处可用作地下党避难的地方，陌生人来来往往而不知其真姓实名，史

图 2-6 刘鼎

沫特莱带人来时，总给每个人起个英文名字。这位"周先生"就是刘鼎。

两天之后，马克思主义学习小组学习聚会，讨论中国及国外的事，特别是上海的形势。这类聚会，根据各成员的意见，不定期地在不同的地点举行。这次聚会，就在霞飞路那家有着时代精神的德国书店楼上举行。史沫特莱兴奋地告诉小组成员，艾黎家里住的这个"查尔斯"，自己介绍姓"周"，是刚到上海的江西红军，曾在德国、苏联留学，德语、俄语都说得很流畅。原在上海中共中央的部门工作，中央机关出了大叛徒之后，周先生也曾一度被捕，后被保释出狱。不久，奉命离开上海，前往中央苏区。正当国民党对中央苏区进行第四次"围剿"，通往中央苏区的交通已被敌人严密封锁，周先生途经赣东北苏区时，只得暂时停留下来。当地的领导得知他是在国外留过学的工程师，就留他在赣东北苏区工作。

艾黎望望工程师坎普林，插话说："这个周教授真是在德国学习过机械的专家，比我们的高手坎普林工程师还厉害，修枪很拿手，没花多少时间就将地下党送来的3杆坏枪修好了，膛线开得很好。"

史沫特莱说："更重要的是这个江西红军带来的重要消息。艾黎家顶楼上的电台，一直与中央苏区及红军联系不上。现在有消息了，需要我们进行分析研究。"1934年10月，中央苏区第五次反"围剿"失利，中央红军开始了战略转移。在赣东北苏区，方志敏率红军北上抗日先遣队向皖南挺进，周先生服务的工厂转移到深山里去了。敌人对苏区大举"清剿"，今年（1935年）五六月间，队伍被打散了，周先生在弋阳地区山林里独自

找食物时被俘。他身上有 1 支手枪，被认为是红军"高级干部"。他经敌人辗转押解，审讯时周先生只说是途经苏区被红军俘虏的工程师。

囚犯押送时有十多部囚车在大山间行驶，途中坏了 3 辆车，押解的敌团长急坏了，担心囚犯被劫。敌团长听说姓周的犯人能修车，说汽车、飞机都能修，就让他帮助修，果然很利索地修好了 3 辆车。敌团长也认为红军高级干部是不会修汽车的，相信了周先生"是个干技术活的"。他们被关押在江西九江俘虏营。他常利用自己的特长，帮助敌人干点技术活儿，如修理汽车、钟表和抽水机等等。敌人真相信他是个工程师，就逐渐放松对他的看管，尤其是俘虏营的司务长和周先生是四川老乡，经常还带他外出买菜、修理工具，他便借此机会看报纸问旁人，了解国际国内时事及中央苏区"被剿"现状，并探明周边情况，为出逃做准备。

盛夏的一个周末，周先生逃到江边码头，找到一艘开往上海的轮船，把俘虏营同乡司务长要他代买菜、修车的钱，给了"捞黄鱼"的水手，得以藏进船舱，离开九江到了上海。在当前情况下，他所属的中央机关早已转移去了江西苏区，一时接不上组织关系，他去找原来在共产国际工作过的"老关系"，这个"老关系"就把他介绍给史沫特莱。

史沫特莱说："周先生本人也特别关心中央红军的情况，他们到底在哪儿？是不是像敌人报纸电台说的那样，江西'匪区'早已被彻底铲除，'匪军'悉数被我大军'剿灭'，'匪酋'瞿秋白、方志敏、何叔衡先后伏法？中央社更是吹嘘说，在中央军'堡垒'政策铁壁合围下，江西'中央匪军'无一漏网。"

史沫特莱说："周先生说，白军有个中央军孙师长，曾亲眼看见方志敏在南昌下沙窝刑场被枪杀，调动途中，孙师长在九江视察俘虏营时，指名要喝龟鳖汤，他被司务长带出营去江边买乌龟，途中司务长骂娘，骂出这个孙师长透露的中央军部队被全师调往贵州围歼主力红军的消息。周先生顺着话头问，不是说红军被全歼在江西了吗？司务长说，人家红军战斗力强，在湘江打了一场大硬仗，突围出去了，听说死人可多了，整条湘江都染红了，人家到了贵州，贵州那个地方地无三尺平，出门到处是山，仗还有得打啊！"

关于红军的这些消息，使整个马克思主义学习小组的成员们一个个都兴奋起来，坎普林曾经在阁楼上守着电台，夜夜呼叫中央红军。他格外兴奋地说："这就是说，中央红军打了一场大仗，突破了敌人50万大军构建的几条封锁线，到了云贵高原的贵州！在战略上，红军就主动了！红军没有被消灭，我建议，拿酒来，我们都干一杯，祝红军突围成功！"

乔治也为此十分激动，在到莫里哀路为宋庆龄送信的时候，强调说："夫人，我最近一直很激动，我向往着正在征战的红军队伍，我很强烈地想着，我要成为中国红军中的一员！您要帮助我，满足我的愿望啊！"

乔治单独执行任务（上）——陈云秘密会见宋庆龄

一天，电话铃响了，正在九江路诊所的乔治拿起电话，那是宋庆龄说英语的声音，也就很平静的一句话："乔治，你到我这儿来。"

在去年（1934 年）11 月认识宋庆龄以来，半年多了，乔治多次为她送去信件或材料，也将她的信件或物件，送去有关地址。有时候，也有重要的事，比如宋庆龄写了亲笔介绍信给乔治，多次让他以医生身份进到监狱里去，看望共产国际远东情报站负责人牛兰夫妇，为他们疗伤治病，转告他们外面的形势以及他们 4 岁小儿子吉米的情况，以激励他们的斗志，鼓励他们活下去。

那个时候的上海，洋人飞扬跋扈，特务及官员也觉得惹不起。宋庆龄在四一二反革命政变后明确反蒋，还是南昌八一起义委员会的 5 位名誉主席之一，所以她在上海的住宅就有国民党特务盯守。乔治是个高鼻子洋人，开着洋车，在宋庆龄住宅进进出出，先是不敢惹，后来觉得这个洋人来得多了，就将其小车牌号记下来。据说，特务们通过查车号发现，此人是美国的医学博士，于租界工部局注册在九江路开了私人诊所，看来，此人也是个惹不起的角色。

乔治来送取信件或接受任务，有时候，宋庆龄请他进客厅来说一会儿话，喝一杯咖啡。他和她，已经相当熟悉了，跟她坐在屋里说话，她语调

图 2-7 红军时代的陈云

闲逸温雅，十分动听。但是，她有重要事情需要去做的时候，所吩咐的话语，就简短而凝重。他和她之间，是说英语的。乔治观察到，她说中国话吩咐别人干重要的事，语调也一样。这天宋女士的电话，虽然只有叫他去这几个字，她的声音及语调让他感觉到，她有一件格外重要的事要让他去做。

乔治的感觉很对，宋庆龄有一件特别重要的工作需要他去完成。

昨晚，上海滩上四五个有名的银行家，相约到法租界莫里哀路孙中山故居来拜会孙夫人宋庆龄女士，附近值班"看护"宋庆龄行止的特务只能瞪着眼睛看着，有七八辆豪华轿车载着这些金融大亨们到来。其中有一辆黑色奥司汀轿车，是浙江实业银行老总章乃器自备的车。章乃器是上海滩著名的银行家和经济学家。车上坐着一个与其穿着同样黑色西服，个头也差不多的男子，两人一起下车进了孙夫人宅第。与章乃器同车来的男子，就是上海地下党的领导人——陈云。

1935 年 1 月在贵州召开的遵义会议（中共中央政治局扩大会议）上，中央红军长征队伍中的陈云支持毛泽东的正确主张。会后，陈云执笔撰写了《遵义政治局扩大会议传达提纲》。因中共中央与共产国际的电讯联系在长征时中断了，中央决定，派陈云及潘汉年潜往白色恐怖中的上海，与那里处于瘫痪状态的地下组织联络，设法打通中共和共产国际联系的渠道，汇报遵义会议的结果及红军的近况。这年五六月间，陈云及潘汉年奉命分别秘密离开队伍，陈云从四川经成都、重庆的长江水道，只身到达上海，潘汉年则走南路，从贵州经西江梧州到香港转至上海。

陈云到达上海后，以"李介生"的化名住进法租界天主堂街新永安路永安旅馆。由于党组织被严重破坏，他无法接上关系，连共产国际远东情报局负责人华尔敦在上海也遭逮捕，因此在上海已无法跟共产国际进行联系。

陈云想起曾同他一起在商务印书馆做工友的章秋阳，两人是一起组织五卅运动生死与共的战友，但是，白色恐怖环境下也找不到章秋阳。

他想起章秋阳是大金融家章乃器的三弟，于是他很快在浙江实业银行找到了当老总的章乃器。通过章乃器，陈云与章秋阳建立了联系。为保障安全，章秋阳把陈云转移到法租界霞飞路 358 弄尚贤坊 21 号自己家中，后又移至英租界山西路老泰安里的妻子唐文云家中。原商务印书馆的老党员孙诗圃也奉命从无锡赶来，参加掩护工作。经章秋阳联系，陈云见到了上海临时中央局的同志，又通过潘汉年的堂弟潘渭年与潘汉年取得联系。

不久前，从苏区突围出来的陈潭秋带来沉痛消息，留守苏区向福建长汀突围的领导人瞿秋白和何叔衡牺牲了！陈云听了，沉痛地说，一定要找到他们在上海的亲属。章秋阳又设法帮他找到了杨之华（瞿秋白夫人）和何实嗣（何叔衡之女），她们隐藏在上海，与共产国际驻沪联络员有联系。不久潘汉年也来到上海，由于上海形势险恶，无法开展工作，经商议决定北上。陈云、陈潭秋、杨之华等乘坐苏联货轮经符拉迪沃斯托克（海参崴）赴莫斯科，潘汉年随后也前往苏联。

于是，陈云决定秘密会见宋庆龄，请她帮助搭乘外轮去苏联。当时，章乃器正与宋庆龄、沈钧儒等爱国民主人士酝酿发起成立全民抗战的"全国各界救国联合会"，就特地安排了陈云与宋庆龄的秘密会见。

乔治单独执行任务（下）——送陈云、陈潭秋等上外轮

那晚金融界名人看望宋庆龄，就是章乃器智慧的安排。金融大亨们先后进入客厅，灯火通明的客厅里一片欢声笑语。宋庆龄与贵宾逐一寒暄起来，她与和章乃器同来的中年男子握手时，双方会意地点点头。宋庆龄嫣然一笑，她与陈云在上海早就相识。接着，客厅里宾主大谈起天气、起居、时局及金融等话题。

就在众人谈话之间，宋庆龄与陈云悄然走进书房密谈。陈云告诉宋庆龄，

去年底湘江血战突围成功，今春在贵州遵义开了重要会议，工农红军走上正轨。他和潘汉年奉命回上海，并转赴莫斯科，将遵义会议及红军精神向共产国际报告。宋庆龄说："共产国际、上海两地和中央红军联系中断半年多了，今晚听你带来新消息，我一直悬着的心落了下来。你去莫斯科的事，我将妥善安排。"陈云告诉她："我随行要带几个在江西牺牲的中共领导同志的亲属一起去苏联。"

章乃器他们走后，宋庆龄当晚难以入眠。她早就认识陈云，认为他是一个有胆识、有智慧的上海地下党领导人。早在1925年就参加了上海著名的五卅运动。1931年顾顺章叛变后，陈云接掌中央特科，她与陈云打过数次交道，陈云把中央苏区运来的金银，通过章乃器在银行换成法币，还把共产国际由国外转来的外币兑换成法币。宋庆龄、章乃器支持中共及陈云的工作，1934年章乃器组建"中国征信所"并出任董事长以后，在上海地区一些与组织失去联系、处境艰难的共产党人，也被安排到征信所挂名任职，隐蔽下来。

宋庆龄为陈云带来的消息兴奋了许久，她想到了陈云此行有多么重要！中国工农红军还在为国家与民族命运战斗着，需要恢复共产国际与中共中央的日常联络，她还想到陈云此行要带瞿秋白烈士的夫人、何叔衡烈士的女儿等一起去苏联。她觉得要思虑周全，此行不能出半点差错。

宋庆龄想起，前不久，艾黎与乔治用车化装护送陈翰笙教授过码头，登上苏联轮船的事，这是乔治经历的一次成功护送。这次，陈云一行需要乔治单独执行送船任务了。

乔治在接到宋庆龄电话的当天下午，就赶到莫里哀路来见她。

宋庆龄对乔治说："有一件事，要交给你去做。"

往常宋女士有来往信件要送，皆是打个电话吩咐，此次专门叫他来到住处，当面交代办事，乔治想，这一定是一件特别重要的工作。宋庆龄望着乔治说："有朋友一行要去莫斯科，你明天亲自开车送他们上船，一艘苏联的货轮。轮船上会有人接应。"

乔治说："那就好啊。"

宋庆龄强调说："你一定要保证他们的安全，有困难吗？"

乔治立即说："没有问题，保证安全。"

宋庆龄叮嘱说："送走之后，用电话告诉我。"

乔治明白了宋庆龄的叮嘱，说："好，我回去就检查车子。"

宋庆龄这才告诉他乘车朋友接头的中文暗号。

接受了任务，驾车往回走的路上，乔治想：送人过码头上船的事，上次干过，是史沫特莱出面安排的，这次宋庆龄特意叫我来当面交代、反复叮嘱，看来这次送走的人身份肯定很特殊，自己也没有必要打听是什么人，还真要多加小心。诊所这辆私家小车，原来牌照只注册到1934年底，幸好又延长了一年。

苏菲女士的回忆录中，有这样的记述：

> 乔治回到诊所，立即给汽车加足了油，检查了汽车车厢里的窗帘、座位，车头点火的部件，然后才去干别的事。
>
> 第二天，来了两个穿西装的中国人，乔治按宋庆龄交代的暗号，与来人联系上之后，便让他俩带人坐进汽车，他自己坐在驾驶的位置上，看看前后左右没有异常，便开动汽车，驶向黄浦江边。到了码头，他伴着这一行中国人上船，安顿停当，见周围一切正常，他便告辞下船。在轮船鸣笛起锚离开上海码头之后，他才怀着胜利的心情回到诊所，并像胜利归来的勇士一样，向宋庆龄打电话汇报说："我的客人已经安全离开上海回家了。"宋庆龄电话中感谢他，称赞他做了一件好事。
>
> 很多年之后，乔治才知道，他送走的那位非常重要的客人，就是受命前往苏联跟共产国际恢复联系的陈云同志。

在送走陈云一行的两周之后，宋庆龄继续安排乔治于1935年8月下旬，按同样办法接送潘汉年，搭乘苏联轮船去符拉迪沃斯托克（海参崴）转道去莫斯科。

每一次接受宋庆龄指示执行任务，都激起乔治兴奋不已地向往那些在前线无所畏惧、浴血苦战的中国工农红军。为此，他要成为红军战士中的一员！接下来，每当他到宋庆龄住所接受新的任务时，他都渴望地向宋庆龄要求："苏茜，我要到苏区去，我要成为红军队伍中的一员，您安排我去啊！"

宋庆龄说："好，你的想法很好，等到有合适的机会，我会安排你去的。不过，现在上海处于白色恐怖之下，我们要等待机会。"

受周先生经历感染，乔治向宋庆龄要求去苏区，当一名革命军人

乔治到上海莫里哀路 29 号来时，在欧洲乡村式小洋房前，经常看见宋庆龄女士自己撒食喂鸽子。乔治也凑过去帮她喂食。可是，那些白的、花的、灰的鸽子们，大都还是喜欢挤在宋庆龄身前抢食。有时，她还会吹起口哨，鸽子们更撒欢地停在她的手掌、胳膊甚至肩膀上。正巧，史沫特莱这时走进院门看见，笑着说："今天苏茜特别高兴，都吹口哨啦！"

1935 年冬天，乔治在与宋庆龄的接触中，觉得她这段时间情绪很高。这是有原因的。1935 年 11 月中旬，共产国际派遣的林育英（张浩）到达陕北，带来了共产国际的电台呼号和密码。这是毛泽东及周恩来当时至为关心的事。英籍华裔女作家韩素音在《周恩来与他的世纪》一书中写道，中央红军长征到陕北后，"在最初的几周里，对周恩来而言，最重要的事情是建立电台和保持同外部世界的通信联络。这对根据地是生死攸关的事。"那么，红军是如何与共产国际恢复联系的呢？当年中共中央机要科科长刘三源回忆说：在得到林育英带回的共产国际电台呼号和密码后，为了尽快与莫斯科共产国际取得电讯联系，我们在瓦窑堡经过一两天的呼叫，终于在一个午夜叫通了。陕北红军与共产国际恢复电讯不久，中共中央就与宋庆龄所掌握共产国际中国组的秘密电台之间，也建立了电讯联络。宋庆龄得知中央红军长征到达陕北的消息时，很高兴，心情一直很好！此前，宋庆龄从共产国际联络员那儿得到了英文版的季米特洛夫在共产国际"七大"的报告，这个报告对中共代表团的"八一宣言"予以充分肯定，指出："我们

赞同英勇的兄弟的中国共产党这一倡议：同中国一切决心真正救国救民的有组织的力量，结成反对日本帝国主义及其走狗的广泛的反帝统一战线。"她觉得，共产国际"七大"和"八一宣言"的新思想、新策略，对于国内的中共中央调整政策具有指导意义。

中央红军长征胜利到达陕北的消息，是 1935 年 10 月传来的。宋庆龄很高兴，深知这意味着中国革命已走出低谷。上海国际马克思主义学习小组成员们也很高兴！接着就是苏联十月革命周年纪念日，心绪很好的宋庆龄对艾黎、乔治和史沫特莱说："11 月 7 日快到了，今年是苏维埃十月革命节 18 周年，我们自己举行的纪念活动要搞得比前两年隆重一点儿。这次，备一点儿酒，我们庆祝一下吧。"在上海白色恐怖极其严重的情况下，对外还不能张扬，这个俄国十月革命节的日子，是监视莫里哀路 29 号宋庆龄住宅的军统特工格外睁大眼睛的时候，宋庆龄与艾黎、史沫特莱商量："去年的 11 月 7 日，是在史沫特莱的寓所办的，今年要换一个地方。"艾黎就提议说："今年就在愚园路我的住家办了，这条马路大半住着有钱有势的洋人，喜庆一下不显眼。"于是，11 月 7 日当晚，在艾黎的公寓里举行了一次小型的庆祝酒会，宋庆龄还备了香槟和白兰地，大家碰杯庆祝中央红军长征的胜利。参加酒会的有宋庆龄、艾黎、乔治、史沫特莱、坎普林、格兰尼奇夫妇，有藏身在此避难的周先生（刘鼎），还有艾黎养子黎雪等。

1934 年 10 月开始长征的中央红军，途经 11 个省，1935 年 10 月间到达陕北，11 月同陕北红军胜利会师。长途征战的中央红军在陕北获得一些必要的补充，特别是有了较大功率的电台，与上海方面的秘密电台恢复了联络。由于有关中国工农红军及中共中央的一些很重要的好消息不断传来，小组聚会的时候，艾黎还拿出一份"八一宣言"来学习，这是 8 月 1 日，以中国苏维埃政府和中国共产党中央名义起草，10 月 1 日在巴黎出版的《救国报》正式发表的文件，号召全中国人民团结起来，停止内战，抗日救国，组织国防政府和抗日联军。

"八一宣言"在国内外都产生了很大的影响，它很快就在国内各个层面传开，极大地鼓舞了全国人民的抗日爱国热情。连冯玉祥将军、张学良将军看了都很兴奋。张学良以为中共中央还在上海，还派人来上海要与中共中央讨论西北合作抗战的大事。

一直躲藏在艾黎家里的这个江西红军周先生，也活跃起来，尽管环境险恶，但在艾黎、乔治及史沫特莱等的积极支持下，他继续进行革命活动。作为江西苏区红军，周先生特别激动，也多饮了两杯酒。庆祝酒会之后，在宋庆龄安排下，乔治与周先生的接触多了，有一次周先生去乔治的私人诊所与人接头，在乔治开车送他回去的路上，对驾车的乔治吐露了自己的真实身份及经历："乔治，你一定知道朱毛红军，井冈山初建的红军就是朱毛红军，长征的中央红军也是朱毛红军。"

乔治说："我很关心、很佩服中国工农红军，我知道，朱，就是朱德总司令，毛，就是毛泽东政委。"

周先生说："你知道红军司令朱德将军，我就好讲我的经历了。"

周先生，原姓阚，名思俊，出生在四川南溪县城一个小康之家，在家乡读高小时，学校里曾经驻扎过朱德将军率领的护国军部队，当时教室及操场都住满了兵。这支部队纪律严明，战功显赫，朱德成为周先生从少儿时心中敬慕的英雄。早年在学校读书时，受五四运动的影响，他成了一个"不安分"的学生。中学时代带头组织学生会，经常开展爱国宣传，成为宜宾地区五四新文化运动的中坚骨干。高中毕业后，他到上海读书，加入了中国社会主义青年团，向往中国学生在法国半工半读的生活。恰好这时和朱德一起去德国留学的老乡孙炳文回国探亲，1924 年春，他跟随孙炳文乘火车经莫斯科前往德国。因老乡是跟朱德一起在德国留学的，他见了朱德，就不想去法国而留在了德国。这年 12 月，经朱德介绍，他成为中共正式党员。

乔治很感兴趣地问："是朱德将军在德国介绍你加入中国共产党？"

周先生说："是的，1924 年 12 月，朱德及我的老乡孙炳文两人介绍我入党，我由原来在国内的社会主义青年团员身份转为共产党员。"

从此，周先生一面跟朱德从事革命活动，一面勤工俭学，在德国格廷根大学选学机械工业方面的课程，学完后又来到苏联，在列宁格勒空军机械学校学航空机械。回国后，在上海的中共中央机关工作，在撤往瑞金途中，在闽浙赣苏区被当地留下。由于他在德国及苏联学习过工业机械，懂兵器，就让他担任了兵工厂政委。他没有条件创造条件，充分利用几台破旧机床，经过几个月的日夜奋战，终于制造出3门35毫米口径小迫击炮和铸铁的迫击炮弹，这是红军最早自己制造的作战火炮。

周先生的经历，使乔治深受感染。他已经为中国革命做了一些秘密工作，现在，他更迫切地希望尽快赶往革命前线。他表示说："阚先生，听了你的话，我心里火辣辣的，向往着苏区革命。我要到苏区去，当一名革命军人。"

这是乔治向周先生的真诚表露，他向往到苏区去，当一名革命军人。这个念头一直强烈地缠绕着他。1936年新年刚过，乔治的新打算，就是去苏区，当一名革命军人！他甚至直接登门去找宋庆龄，表达自己炽热的要求。在苏菲的回忆录里，有这样一段记述：

> 每帮助宋庆龄执行一次任务，乔治就要心慌意乱两天，他的思想被那些无所畏惧的人带着，飞向革命前线！1936年新年，他魂不守舍地走进宋庆龄家门。宋庆龄刚刚同他寒暄几句，他就迫不及待地要求说："苏茜，我要到苏区去，当一名革命军人！"宋庆龄毫不惊奇地说："你的想法很好，只是要等机会。到了那边，你的医术也许可以得到更好的发挥。"乔治见宋庆龄支持他的想法，就滔滔不绝地说："中国这个社会百孔千疮，我的医术再高明，也治不好。倒是那些为推翻这个社会制度而万死不辞的共产党人，才有拯救中国人民痛苦的真本领。我要像他们一样去战斗！"

就在那一段时间，艾黎从英租界工部局内部得到消息，国民党当局的军警宪特与英租界及法租界的巡捕部门，计划采取一次联合行动，在全市范围内进行一次大搜查。为此，艾黎曾将周先生送到宋庆龄家里躲藏了几天。

1936年元旦前后，张学良将军极为苦恼，有两个原因：第一，自己听蒋介石之命在九一八事变中不抵抗，丢了东北三省，遭国民唾骂；第二，被蒋介石派到前线"围剿"红军，先在华中，接着又调到西北。去年秋冬，在西北被中央红军一口气歼灭了两个主力师。东北进步人士杜重远等对他说："不能中国人打中国人，听说中共提出要搞'抗日统一战线'，是个机会啊。"张学良以为中共中央还在上海，亲信部将李杜将军在上海，就委托李杜在上海找中共中央联系，于是，李杜在上海四处打探"中共朋友"。张学良还亲自跑了一趟上海，都没有找到门路。宋庆龄闻知后，认为张学良联共抗日是好事，应当给予帮助。她想起还在艾黎家里藏身的周先生，是一位颇有学问、阅历不凡的老共产党员，便让史沫特莱从中沟通。帮助张学良联系中共中央。去，还是不去？周先生反复认真地考虑。他与党组织失去联系一年多了，多么渴望得到中央指示啊！帮助联络的朋友说，张学良可能将其请去的人送到陕北，多有诱惑力，他迫切希望找到党组织，回到战斗队伍中去。国难当头，民族存亡之际，他作为共产党员，去向掌握数十万重兵的张学良将军陈述抗日救国的政见，也是义不容辞的！

于是，在这年3月间，与李杜将军秘密见面商谈后，周先生同意应张学良的邀请，前往西安会晤。李杜遂致电张学良："你要寻找的朋友找到了。"张学良立即派他的亲信、高级参谋赵毅前来迎接。

经过慎重考虑，周先生决定应张学良之约去西安，并化名"刘鼎"。阚尊民在上海避难时自称的"周先生"，从此就改为"刘鼎"了。

乔治曾经问他："刘先生，你这个'鼎'，是什么意思？"

刘鼎这样答："鼎，作为物件，是我国古代煮东西用的青铜器，有三足两耳；作为文字的含义，含有正大、正当、鼎立、鼎新、鼎盛等意义。"

"刘鼎"这个名字，是中国史册中一个闪耀着光辉的名字，后来他不仅护送斯诺、马海德进入西北苏区，在西安事变中发挥了重要作用，而且是新中国兵器工业的创建者及奠基人。

第三篇

西安历险奔苏区

宋庆龄密使董牧师，历时四十余日，
历经艰辛到达瓦窑堡

1935年，随着民族危机的日益深重，全国人民抗日救国的呼声日益高涨。北平的"一二·九"爱国学生游行示威，带动了全国范围的抗日救亡运动新高潮。中央红军长征胜利到达陕北之后，1935年12月，中共中央在瓦窑堡会议上，明确提出了建立抗日民族统一战线的策略。消息传开，影响全国，国民党内部产生分化趋势，更有不少国民党将领拥护共产党的抗日救国主张，与中共建立了秘密联系，张学良将军就是很想与中共合作抗战的一个，只是尚未与中共建立联系而已。蒋介石也被国内外形势所迫，不得不决定开通与中共直接对话的渠道。蒋介石把这一秘密使命托付给宋子文。

蒋介石委托宋子文办这事，是有原因的：蒋介石大军"围剿"江西中央苏区时，要求担任财政部部长的宋子文提供天文数字的军费，造成两人矛盾趋于激化；加上国民党亲日派对亲美的宋子文采取抵制态度，导致宋子文于1933年10月辞去财政部部长和行政院副院长职务；蒋介石知道宋子文本人跟共产党素无联系，但知道其与亲共的二姐宋庆龄关系一直很好。

1936年1月间，宋子文接受蒋介石这一重大使命后，就从南京来上海看望二姐宋庆龄，求二姐帮忙。宋庆龄认真想了想，笑着对宋子文说："你的同学可担此任。""哪个同学？""董健吾牧师。"

宋子文与董健吾早年在上海圣约翰大学是同窗好友，彼此熟识。于是，他对宋庆龄说："二姐，健吾的确是最好的人选。"姐弟俩还商量了董健吾此行的具体细节。

两天后，宋庆龄把董健吾请到家里商量。公开身份为上海圣彼得教堂主持牧师的董健吾，宋庆龄深知其真实身份是隐秘的中共党员，早年他就是周恩来负责的中央特科里的重要情报成员，因工作需要，其身份仅有周恩来等个别人知晓。1930年底，按周恩来指示，董健吾创办了"大同幼稚园"，名义上是由基督教"互济会"出面开办，实际资金是来源于他出

图 3-1 ■ 董健吾

售乡下田产的五百块光洋及教友筹款，再加上中共地下党提供的一笔开办费。最初地址设在上海法租界陶尔斐斯路341号（现南昌路48号），"大同幼稚园"由地下党领导，董健吾担任管理人，实际上专门抚养中共烈士和领导人子女。开办之初，周恩来深觉保密工作是头等大事，出于安全考虑，特意请宋庆龄为大同幼稚园题写牌匾，又请国民党元老于右任题写园名，有了这两块"金字招牌"作掩护，警探一般不敢随意前来骚扰。这是中共历史上第一个称为"红色摇篮"的幼稚园。为了这个幼稚园，董健吾与宋庆龄有了较多接触，宋庆龄也多方资助这个幼稚园。该园初办时扶养过彭湃烈士之子彭小丕，恽代英烈士之子恽希仲等数十个幼儿，包括一些出资的互济会教友的子女。杨开慧牺牲之后，毛泽民将毛泽东的三个儿子岸英、岸青、岸龙送入幼稚园。来上海不久，最小的岸龙病故。上海中共中央组织遭受严重破坏后，大同幼稚园停办，岸英、岸青仍由董健吾负责抚养照顾。党组织补贴经费中断，董健吾一家以做纸花、帮人洗衣被等维持生计。岸英、岸青一度走失，地下组织多方寻找，寻回之后，董健吾暂时安置他俩住在他开设的松柏斋古玩店的楼上。后因地下组织出了叛徒造成安全问题，董健吾数次搬家避险，并特别嘱咐自己的孩子绝不能称呼岸英、岸青的"毛"姓。

宋庆龄相信董健吾是可以完全信赖的。她转告了宋子文所说的蒋介石给中共领导的口信，同时，宋庆龄要董健吾带一封密信，送去瓦窑堡。密信大意是，国民党上层正在试探与中共接触以谋停止内战合作抗日。她殷殷嘱托："先生此行，事关国家、民族的命运，非同小可！事情办成，益国匪浅。"她说："你将化名'周继吾'"，并拿出一份有国民党南京政府财政部部长孔祥熙亲笔签名的委任状，上面写着"财政部西北经济特派员周继吾"，"它是你的护身符。到西安，张学良可以帮助你。"

宋庆龄还请董健吾带上一大包苏区紧缺的云南白药，委托他转给红军。行前，董健吾将密信缝在贴身的棉背心里面，携带着简单的行装，匆匆上路西行。

　　这年1月中旬初，到西安之后，董健吾以财政部特派员的身份谒见张学良。见面后，寒暄完毕，董健吾便开门见山地对张学良说："我此来非为别事，是来向张将军借飞机到苏区去的。"

　　听得此言，还点名称"苏区"，而非称"匪区"，张学良霍然跳起，惊讶地瞪眼望着董健吾："你胆子好大啊！知道吗，你这样要求，是要枪毙的！"董健吾平静地说："我非常清楚，将军在'剿匪'前线，完全操有此等生杀大权。"董健吾出于胸中的民族大义，不惧铤而走险，在民族危亡关头，他以满腔爱国热忱和对党的事业的无限忠诚，兼以布道牧师的全副辩才，镇定而从容地将天下大势从国内讲到国外，从国民政府的抗战义务讲到共产党、红军的抗战诚意，介绍中共瓦窑堡会议决议之团结全国人民抗日的新政策。一席动情晓理的谈话，张学良静静地听着，听进了心里；从没有人这么慷慨无畏地对他进言，这个代蒋介石背着"不抵抗将军"骂名的张学良，终于被打动了！他喜出望外，当即表示："我张学良七尺汉子，爱国之心未泯，只要为了抗日，有求必应。"

　　董健吾执有财政部特派员的委任状，其身份和使命不容怀疑。但是，张学良仍非常谨慎，他指示用密电向南京方面询问此事。结果，南京方面证实这位牧师确是政府派出的特使，负有前往中共中央进行联系的使命。张学良还考虑，坚持无神论的共产党人，是不是认他这个神学牧师呢？此时，张学良与瓦窑堡的中共中央已有秘密联系，正酝酿跟周恩来在肤施（延安）进行秘密会晤，商讨抗日合作良策。张学良又用电台与瓦窑堡联系，那里红军回电也表明，中共中央知道此人，并请张学良"提供方便"，帮助此人前往瓦窑堡。张学良这下服了，这位牧师居然得到南京和瓦窑堡两方面的认可，不能不对他另眼相看，这可不是一个平凡之辈啊！于是，张学良一面将董健吾奉为上宾，隆重款待，一面在西安故意放风张扬，宴请董健吾时，特别请担任过蒋介石秘书的陕西省主席邵力子等作陪，称"我的贵宾是南京来的"。这一招，果然起到了障眼法的作用，蒋介石在西安布下的大批特务一直被蒙在鼓里。

　　2月21日，张学良派出私人飞机将董健吾送至其东北军管辖的肤施。在机场，他托请董健吾带一封信给毛泽东，向中共表达友好情感和共同抗日的意愿。肤施,是国民党军队"围剿"苏区的重镇,距瓦窑堡有 100 余公里的路程。当时,瓦窑堡所在安定县一带,群山环绕,下起了纷纷大雪,异常寒冷。张学良说:"在肤施住上几天,开天了再走吧。"董牧师说:"将军送我到此了,下刀子也要去啊。"在张学良骑兵连的护送下,董健吾一行在雨雪交加的泥泞和酷寒的环境下,艰难跋涉了 6 天,终于到达当时中共中央所在地——瓦窑堡。

刘鼎决定前往西安,宋庆龄请其带乔治去苏区

2 月 27 日,在张学良的秘密帮助下,董健吾在大雪及严寒中来到瓦窑堡,受到林伯渠、博古(原名秦邦宪)、张云逸等的接待。董健吾转达了蒋介石的口信以及宋庆龄给毛泽东、周恩来的密信。毛泽东、周恩来、张闻天等中央领导人均不在瓦窑堡,正率领红军东征。3 月 4 日,在山西前线的毛泽东、张闻天、彭德怀致电博古转董健吾:"弟等十分欢迎南京当局觉悟与明智的表示,为联合全国力量抗日救国,弟等愿与南京当局开始具体实际之谈判。"在此重要函件中,中共中央第一次向国民党提出联合抗日的五条具体谈判条件,为日后的国共谈判奠定了基础。董健吾从瓦窑堡带回给国民党高层之函件,即是国共合作抗战史上及中共党史中著名的"中共五条谈判条件"。上述所引中共中央答复国民党之五条谈判条件引自《毛泽东年谱》之 1936 年 3 月 4 日记载。

离开瓦窑堡之前,林伯渠说有礼物请董健吾转交宋庆龄,说完拿出红缎子包着的三块江西铸造的刻有斧头镰刀的银币,一套苏区的布币。另外,林伯渠送给董健吾的还有 80 余册《奋斗》月刊。

3 月 5 日,博古等人将董健吾送至瓦窑堡城外,握手作别。董健吾仍按原路,由东北军骑兵队护送至肤施,再搭原机飞回西安。

3 月中旬,董健吾回到上海,当天就前往宋庆龄住宅。此时,宋子文、孔祥熙等都早已闻讯从南京赶来,在宋庆龄住处客厅里等候消息。宋庆龄

非常高兴地接受了毛泽东的复信和林伯渠的礼物。当时，宋庆龄当场再次称赞说："董牧师此行，益国匪浅啊！"宋子文复制了中共的复信。董健吾向孔祥熙当面奉还了那张"经济特派员周继吾"的委任状。富有经济头脑的孔祥熙，观赏着斧头镰刀银币和苏区的那套布币，赞不绝口："这实在是极为珍贵的宝贝，值得收藏！"为感谢董健吾，并祝贺他顺利归来，宋庆龄特意留董健吾吃饭。

宋子文与董健吾早年是同学，在大学里就关系不错。席间，宋子文举杯感谢："健吾大哥，不辞劳苦，为我走了一次艰苦的西北。"孔祥熙调笑说："你们俩在大学就结拜兄弟了，怪不得董大哥为你卖命啊。"宋子文说："在大学里，健吾稍长我两岁，是我大哥，英语比我好，经常帮我忙；所以，现在也得帮啊。"宋庆龄也特别高兴，笑问："董牧师，你去给张汉卿讲经布道，怎么想起要向他借那宝贝美国飞机，连美龄都称道他那架波音247性能外观都好，比希特勒赠给妹夫（蒋介石）的德国造飞机还先进。"董健吾也幽默一句："我为国家办事借飞机用一用，难道要我当牧师的掏钱吗？今天在座有管国库的啊！"话中指的是孔祥熙，孔祥熙也赶快举杯与董健吾干杯。

董健吾表面上是代表国民党的政府特派员，接触中共中央，带回了中共中央为国共谈判联合抗日的五个条件，实际上是宋庆龄密使，既疏通了张学良与中共接触密商联合抗日的渠道，也重建了长征以后中断的宋庆龄与中共中央的直接联系，可谓"一石三鸟"。

在宋子文、孔祥熙拿到"中共五条谈判条件"离开之后，宋庆龄因为重新恢复了与毛泽东、林伯渠等中共领导人的直接联系，十分激动，感慨万千。宋庆龄细看及抚摸着林伯渠赠给她的苏区银币及布币，懂得林伯渠的心意。在中共的领导人当中，她与林伯渠认识与交往最早。早在孙中山先生在日本进行革命活动期间，在日本公费留学的林伯渠就追随孙中山，加入了同盟会，她当时也在日本开始给孙中山当秘书。第一次国共合作时期，她和林伯渠也经常见面。她已经意识到，在日本侵略的民族危机面前，第二次国共合作也将会实现。

于是，她很快想到：现在已经与中共中央建立直接联系，可以送乔治去西北苏区了。自从1934年11月那次庆祝俄国十月革命的舞会上，宋庆龄认识了乔治，经过一年多的考验，她已经十分信赖这个年轻的美国医学博士了。乔治多次要求去苏区参加红军，她答应等机会来了，就送他去。宋庆龄不是一个轻易许诺的人，随着中央红军长征到达陕北，她就一直在考虑怎么送乔治去苏区当红军的问题。

这时，恰逢张学良已确认将派亲信高参赵毅前来迎接刘鼎去西安会晤，刘鼎就可以带乔治去西北参加红军。刘鼎化名"周先生"在上海藏身一年有余，与乔治已经十分熟悉，就高兴地答应了。宋庆龄还特地让史沫特莱安排刘鼎与董健吾见面，以具体商量刘鼎去见张学良的事情。

刘鼎与董健吾的见面是在法租界一家咖啡馆里。两人一见面，才发现原来是老熟人，两人早年都在周恩来手下的中央特科做秘密情报工作。刘鼎有长年地下工作养成的警觉：多年未见，是否经历了变化？董健吾看出了对方的疑虑，就低声对刘鼎说："孙夫人让我找你，有重要的事要办。"

董健吾见了宋庆龄介绍的"周先生"，就是老同事阚尊民，也简单说了自己经西安去瓦窑堡之行。刘鼎觉得去说服张将军联共抗日，事情是很好，但还是心存疑虑：如此重大的事情，没有党组织直接交代，个人贸然行动是不是有点冒失？刘鼎对董健吾说："我从江西来到上海一年多了，现在最着急的是要找到中央领导，希望得到中央的指示。"

董健吾说："上海中央局已经被严重破坏，你到西安，就有机会去陕北，我看张学良有诚意抗战，这是天赐良机，你不能错过啊。"

经过慎重考虑，刘鼎答应接受张学良的邀请去西安。

董健吾给刘鼎介绍了在西安的可靠住处，他圣约翰大学的同学、时任西安禁烟督办的钟可托的家。董牧师说："上次我去西安，也住在钟家。"

3月中旬末，刘鼎、乔治离开上海前，宋庆龄写了两封信：一封给中共中央，一封给张学良，托刘鼎转交。乔治装了满满两箱药品及诊疗器械，艾黎、史沫特莱等人都捐献了不少珍贵的礼物，托他们带给红军。史沫特莱把她住所里的窗帘、桌布、毛毯等用品装了满满一大箱，还应刘鼎要求找了一大玻璃瓶乙醚；艾黎把一件灰黄色的灯芯绒夹克送给刘鼎。德国工程师坎普林知道"周教授"要离开，将自己随身携带的德制小型工具箱赠送给他，箱里有金属造的锤子、扳手、钳子、改锥和千分尺等。刘鼎是个

图 3-2　西安城中军统办的西京招待所

行家，将其中的锤子把用工具拧开，在中间钻洞，将宋庆龄给张学良的信塞进去，再用虎台钳扳牢锤子把。

3 月中旬，乔治在九江路私人诊所门前挂出一块牌子："外出旅游，暂时停诊。"刘鼎和乔治从上海乘火车到南京，与张学良的代表赵毅会合。3 月 20 日，在赵毅陪同下，刘鼎和乔治到了西安。当时，因为国民党军正在与红军作战，西安城里有特别规定：外国人在西安只能下榻西京招待所。这个招待所，是国民党军统前身蓝衣社所建，规定外国人到西安只能住在此处，以便于国民党特务们进行管理。来到古城的洋人们都被告诫："外国人私自去'匪区'，是要被砍头的。"刘鼎对赵毅说，我有熟人介绍，住在西安禁烟督办钟可托的家。史沫特莱送给红军杂物的那个大箱子，也搬去放在了钟家。

周恩来与张学良秘密会谈，乔治从西安折回上海

第二天一大早，赵毅就到钟家来接刘鼎，去东北军在西安总部驻地会见张学良。刚就座，张学良开门见山，很有火气地责问：

"你们共产党为什么骂我张学良和东北军卖国？"

刘鼎早有准备，在上海动身前又做了一番"功课"。他曾约上海地下党的夏衍等同志，在乔治的诊所里秘密会见，夏衍带来了"八一宣言"及瓦窑堡会议决议等党内重要文件，还一起研究了相关国内外形势，有关张学良、东北军以及红军情况的最新报道和相关材料。这使他能熟悉情况，成竹在胸。

刘鼎让张学良把火气发泄过后，从容对答：张将军掌握几十万大军的兵权，坐镇东北，有守土之责，九一八事变日寇犯我，当地守军奉命不抵抗，导致一夜之间沈阳沦陷，数月之内东北三省尽失。面对外侮不还击抵抗，全国人民能不唾骂吗？共产党同全国人民的态度是一样的，不能置身事外，能不表示意见吗？张学良不吭气地听着。东北军替蒋介石卖命打内战，已成为蒋某的"剿共"大军，先在鄂豫皖，继而在西北，使红军与苏区遭到很大损失，最近东北军阻我陕北会师，红军为了自卫，实行反击，直罗镇之战，东北军主力牛元峰109师被全歼，董英斌57军遭重创，因而使东北军受到了一些挫折，同东北军给红军所造成的损失相比，这能算打得"厉害"吗？红军有广大人民作后盾，久经考验，能征善战，是不可战胜的，蒋介石的百万大军也无可奈何，何况东北军？须知蒋介石驱东北军上前线"剿共"，是他的"一箭双雕""借刀杀人"之计，东北军最"厉害"的敌人，是工农红军还是蒋介石，值得张将军再三考虑。

刘鼎进而指出：为今之计，东北军最好的出路是联合红军抗日，不仅可以一洗"不抵抗""投降卖国"的罪名，而且可以摆脱蒋介石消灭异己的阴谋，这是东北同胞和全国人民对东北军最为企望的明智之举。将来抗日胜利功垂史册，张将军和东北军将首占一页。

刘鼎一席话说得张学良心悦诚服，感到这位中共党员有胆识、有见地，这正是他要找的人，便诚恳地说："刘先生的见解不同凡响。你是我请来的朋友，就住在我这里。"刘鼎则表示要去陕北，张学良即把他刚去洛川会见过李克农，以及马上要与周恩来在肤施会谈的事情告诉刘鼎，说："刘先生，我们一同去陕北，先到洛川去住几天。"

张学良性格十分爽快，说走就走！当天张学良带着他几个随从军官，偕同刘鼎，登上他私人飞机波音247飞往洛川。眼前事太重要！刘鼎来不及和住在西京招待所的乔治打招呼，西京招待所是国民党特务据点，也不便和乔治说明情况，只好不辞而别。洛川，当时是王以哲第 67 军军部所在地。张学良偕刘鼎到洛川，对外以"督师剿共"作掩护，实为摆脱西安"耳目"与琐事，要和刘鼎好好谈谈，为同周恩来在肤施会谈做准备。在洛川，天天交流，刘鼎的魅力使张学良倾倒，东北军太需要这样的人才了。4

图 3-3　西安事变前的张学良

月 9 日下午，刘鼎随张学良到达肤施。当天晚上，在天主教堂，张学良与周恩来举行了历史性会谈。会见时，张学良幽默地对周恩来说："我这里还有位共产党的代表刘先生。"

周恩来一看是阚尊民，知道他是自己特科的骨干，还不知他化名刘鼎，高兴地说："原来是你啊，想不到在这里见面了！"

这次周恩来与张学良的肤施会谈，乃是同年底西安事变的前奏。之后，刘鼎成了中共中央任命的驻东北军代表，也成了张学良的随从官，后来，还成了周恩来处理西安事变的重要助手。

乔治独自住在西京招待所，一直到 4 月初，自和刘鼎一起到西安后，一个多星期无他消息，在西京招待所这个特务监控、到处都有"耳目"的特殊地方，乔治不知晓任何情况，就决定自己先返回上海。等到刘鼎带着将为红军在西安设立秘密交通站的使命返回西安，去西京招待所找乔治时，乔治已回上海十多天了。

刘鼎肩负秘密使命再到上海，乔治为红军购买大批量药品

原来，1936 年初春，有刘鼎参加的周恩来与张学良会谈成功且卓有成效，红军和东北军、十七路军的统一战线正在秘密形成之中，双方达成在

西安建立红军秘密交通站的协议。在中央红军长征到达陕北后，需要解决西北苏区急需药品、医疗器械及中央红军急需通信器材等急迫问题。周恩来指示，在张学良身边的刘鼎具体负责并抓紧采购急需物资及秘密交通站的建站工作。刘鼎为交通站作了巧妙的设计：它应该是一所医院，这样，大量的医药器材进出就有了方便的借口，不易暴露目标，容易瞒过特务耳目。

为此，这年 4 月间，刘鼎来到上海，也是借住在艾黎的家里。刘鼎与宋庆龄、艾黎和史沫特莱等商议，如何解决中央红军及西北苏区的急需物资问题。宋庆龄说，东北三省沦陷后，张学良经过反省，称自己是"罪人"，现在张将军要联络共产党一起抗日，是有诚意的，将乔治的私人诊所搬到西安去建秘密交通站也不失为一个办法。但是，史沫特莱举荐了在上海开牙医诊所的温奇·海伯特博士。海伯特曾经为张学良治过病，关系不错，他的牙医诊所搬去西安，在张学良东北军的地盘里更容易运作。这个海伯特，三十岁出头，德国犹太人，毕业于柏林大学，获牙科博士学位，加入了德国共产党。因参加反法西斯活动，1933 年他被希特勒驱逐，经犹太美国朋友格兰尼奇介绍来到中国，在上海开设诊所，也参加了艾黎主持的马克思主义学习小组。海伯特欣然答应了此事，即于 4 月末和助手一起携带医疗器具来到西安。刘鼎雇了辆人力车，邀海伯特游览古城并勘察医院地址。他们转来转去看了几处房子，都觉得不尽如人意。当转到革命公园西边沿崇廉路（今西七路）一线新落成的七贤庄公寓时，海伯特马上眼睛一亮，连声说好。此地北靠城墙，东邻火车站，南连杨虎城官邸，是一处高墙环绕、门户严实的深宅大院。刘鼎也觉得该处确是掩护地下活动的好地方；高墙独院房子气派，特务不明底细，不敢胡来捣乱。虽然房租不便宜，刘鼎认准了就一咬牙，拿出 200 块大洋做定金，将七贤庄一号院租下来。很快，一号院挂出"德国牙医博士冯海伯诊所"的铜招牌，这"冯海伯"是温奇·海伯特博士的中文姓名，"开业"时还登载上了西安大报的版面。

地址选定，牙科诊所建成，刘鼎就告诉张学良，给您看过牙病的德国博士将诊所搬到西安了，张学良说："好啊，我可以就近看牙了。"于是，张学良聘其为牙医顾问。海伯特有"张学良将军牙医顾问"的招牌，还吸引了东北军和西北军一些将士及西安社会名流的光临。这样一来，在这种环境下，既掩护了秘密交通站，又为中共抗日统战工作创造了极为有利的条件。

　　刘鼎藏身上海艾黎家中时，深知电台的重要。于是，他请红军电台技术专家涂作潮来到西安，给七贤庄地下室先安装一部联系保安的 10 瓦电台，接着又克服困难安装了一部 100 瓦的无线电台，白天收听"红中社"的新闻电稿，夜深人静时再将苏区的一些新闻传播出去。红军的一些重要情报及中央重要政策决定，也可从这部电台发送到各地。海伯特主动帮助掩护电台的工作，见报务员上机，他就打开从上海带来的那个大收音机，把音量放到最大。这部电台从 1936 年 8 月开始工作，一个月内各地就有了反响，不只西南边陲能够收听到，连苏联、日本等国家也都收到了。

　　海伯特在七贤庄一面挂牌行医，一面以诊所为掩护，承担中共联络站、交通站和物资转运站的任务：中共地下组织由上海、香港、武汉等地购买并运到西安的物资，以及海伯特在西安购买的药品、无线电材料、医疗器械、烈性炸药等物品首先储存在这里，再用东北军王以哲第 67 军军部的汽车运往陕北，保证了苏区当时的需要。刘鼎甚至设法弄到了苏区银行印发货币的石印机，也通过这里安全运往苏区，获得林伯渠的高度赞赏。

　　早在中央红军长征到达陕北之前，宋庆龄就经常委托乔治购买一些药品及医疗器材，秘密提供给地下党运送给苏区根据地。这次，乔治去西安折回来之后，特别是海伯特的诊所搬去西安之后，宋庆龄嘱咐乔治为中央红军采购医药用品和医用器械。但因采购量很大，乔治的诊所很小，只能少量购买一些药品，大批量的购买需要国民党政府批准，为此，宋庆龄写信让乔治带去找中国驻国联代表施肇基的卫生顾问，请他帮忙。施肇基是孙中山时期中华民国的第一代外交家，也是宋子文在上海圣约翰大学的同学。几经周折后，乔治终于如愿以偿，又把买到的大批量药品，邮寄到刘鼎提供的西安地址。

　　不久，乔治到苏区被任命为中央革命军事委员会卫生顾问，这些外地运到西安来的大批药品及医疗器械等，由乔治到西安从海伯特手中接过来转运，两位外国医学博士第一次交接药品，都回忆起在上海的马克思主义学习小组秘密聚会学习的情景。乔治看到门前挂的铜牌——"德国牙医博士冯海伯诊所"，感到很眼熟，海伯特哈哈大笑说："我把上海挂的铜牌也都搬这儿来了。"

图 3-4 ● 七贤庄一号院德国牙医博士冯海伯诊所

西安事变发生后，国共合作抗战实现，七贤庄一号院的红军秘密交通站公开了，成了著名的"红军驻西安办事处"，马海德（即乔治）从延安来这个办事处接人或是接受医疗物资的机会就多了，但是，冯海伯博士已经不在了！这个德国医学博士在西安事变当天的一大清早外出，不幸中流弹牺牲。给冯海伯送葬的时候，鉴于他是德国共产党员，刘鼎等决定给他的遗体覆盖上中国共产党党旗。马海德再到西安红军办事处，看到门前仍然悬挂的铜牌——"德国牙医博士冯海伯诊所"，回忆起在上海的马克思主义学习小组秘密聚会一起学习讨论的情景，充满敬意地向这块代表冯海伯博士的铜牌行了一个军礼。

中共大相寺常委会后，宋庆龄细心部署乔治与斯诺西行

1936 年 4 月 9 日，周恩来与张学良在陕北肤施达成红军与东北军联合抗日协议。受此鼓舞，同月底，中央派出冯雪峰以中共中央特派员的身份到上海，重建上海地下党。中央与上海的无线电联络也得以恢复。冯雪峰刚到上海就马上去看鲁迅。两人是老朋友，高兴地彻夜长谈。谈话之间，鲁迅打电话告诉宋庆龄："宋先生，里面有人来了，要见你。"宋庆龄心中明白"里面"指什么，于是她对鲁迅说："请他到我家里来好了，我们谈一谈。"冯雪峰与宋庆龄也非常熟悉，5 月初，在宋庆龄住宅里他们见面了。冯雪峰向宋庆龄讲亲身经历的长征，在当前抗日大形势下，他主要给她传达了瓦窑堡会议精神。宋庆龄听了非常高兴："哎呀，我很久没有听到党的声音了。"

与宋庆龄见面谈话之后，冯雪峰向陕北方面报告了初到上海的情况。

就在此时，红军在陕北又传来喜讯。1935年冬，瓦窑堡会议之后，红军的军事部署定在"打通抗日路线"与"巩固、扩大现有苏区"这个基点上，并提出了"抗日反蒋、渡河东征"的口号。1936年2月，毛泽东签发东征宣言，红军随即发动了为时两个多月东渡黄河的东征。5月14—15日，中共中央在延川县大相寺（现称太相寺）召开了红一方面军团以上干部会议，毛泽东作报告，对东征胜利的意义作了高度的概括和评价：打了胜仗，唤起了人民，扩大了红军，筹备了财物。5月8—9日的大相寺会议决定西征。东征胜利，加上周恩来与张学良在肤施达成合作抗战协议，使中共建立西北大本营的局面稳定下来。但是，在1936年12月西安事变之前，无论国际国内，人们不了解红军和苏区，国民党政府关于红军是"朱毛土匪""苏区是土匪窝"，将红军和苏区"妖魔化、土匪化"的舆论铺天盖地。

这时，宋庆龄获悉，美国记者埃德加·斯诺希望到西北苏区访问根据地和红军，他还认真地写了一份采访提纲，列了11个要采访的问题。这个提纲内容包括苏维埃红色中国之宗旨、内政及外交等十分具体的问题，有"红色中国对资本主义国家的方针""对不平等条约、外国资产及外债的政策""对外邦的态度——对日本、美英及苏联的估计和政策"等，其中就包括中共中央瓦窑堡会议讨论过的主题：国际反法西斯统一战线及国内抗日民族统一战线的现实问题。宋庆龄觉得很重要，就通过自己掌握的电台将斯诺的采访提纲发给了瓦窑堡中共的电台；同时也报告了她曾安排一个美国医生到苏区去帮助医疗工作，跟刘鼎去西安因未接上头又折回了上海的情况。宋庆龄发去的斯诺采访提纲，5月传到了苏区，单子是用英文写的，周恩来首先阅了，十分重视，推荐给毛泽东与张闻天等阅。毛泽东也很重视这个美国记者的访问提纲。毛泽东提出，这些都是我们所面临的问题，是不是由常委们专门开会讨论，成为我们最近对外工作统一的口径。5月15日，在大相寺召开政治局常委会议，会议选择了"斯诺提纲"中的一个问题作为会议的主题，即"对外邦如何态度——外国新闻记者之答复"。当时的政治局常委参加会议，各位常委为答复斯诺提纲的问题认真地做了准备。据杨尚昆回忆，这是中央坐镇大西北之后，首次研究我党外交问题的中央常委会。毛泽东在这次会上所做的讲话，重点是关于发展国际统一战线及国内抗日统一战线，特别讲到要开拓国际渠道，等等。

《毛泽东年谱》在 1936 年 5 月 15 日记载：

> 在大相寺出席中共中央政治局常委会议，会议讨论国际关系和我党的外交政策问题。毛泽东发言说，现在对国际各国统一战线与国内统一战线问题，我们只能说日本侵略中国，也侵犯了各国在中国的利益。我们同各国的关系，将来可根据双方的利益得到解决，尊重各国的利益。

这次研究外交工作的会议刚结束，中共中央为了冲破国民党的新闻封锁，让全国同胞了解中国共产党的方针政策，张闻天、周恩来指示上海地下组织联系宋庆龄，请宋先生帮助邀请她提到的两个外国人去西北苏区。这两个特定的邀请对象"一个是可以信赖的外国记者"，将中国工农红军和苏区的情况，介绍给外部世界；"一个是外国医生"，可以帮助红军与苏区改进极为困难的医疗卫生事业。鉴于当年江西中央苏区来的德国人李德给中共事业造成伤害的印象太深刻了，中共领导人强调，邀请考察访问西北苏区根据地、了解中共抗日主张的两个外国人应"与共产国际没有瓜葛"。

大相寺会议之后，5 月 21 日，中共中央总部机关回到保安县城。5 月 28 日，张闻天、周恩来从刘鼎的函电往返中，获悉冯雪峰从上海发来的工作报告大致内容，其中涉及宋庆龄所物色两个美国人考察西北苏区的人选情况和经西安来苏区的日程。冯雪峰这份报告称，宋庆龄在美国生活过，在上海周围有很多进步的外国人，她物色的是她很熟悉的两个对象，而且可靠。

一个外国记者，是美国进步记者埃德加·斯诺，1928 年就来到中国，还去过亚洲多个国家，采访过甘地、尼赫鲁等领导人，在中国去东北报道过九一八事变，到上海前线报道过"一·二八"事变十九路军抗战，并参加了当时的北平"一二·九"抗日爱国学生运动。

一个外国医生，是在上海的美国医生乔治·海德姆博士，对于苦难的

中国十分同情，已经为支持中国革命冒着危险
做了不少工作。

关于外国记者的人选，宋庆龄并不是没有
考虑过史沫特莱，史沫特莱曾经在她身边担任
过一段时间的秘书，这个有印第安血统的女记
者政治上很敏锐，极其活跃，又有很强的采访
及写作能力。只是其在莫斯科待过，共产国际
的背景说不清楚，这就不符合中共方面提出的
要求。另外，她行事容易引人注目。关于外国

图 3-5 斯诺签名赠宋庆龄的照片

医生的人选，宋庆龄也认识一些来华的著名外国医生，有德国的，也有英国的，
而且医学造诣很高，但都缺乏乔治·海德姆博士那种投身中国革命的激情。

为保证乔治和斯诺进入西北苏区，宋庆龄请董牧师再走一趟

宋庆龄的打算是这样的：首先，将"两个外国人"按中共领导人的要
求物色好，报给中共方面认可；其次，再考虑怎么送他俩进入被蒋介石封
锁的苏区。在宋庆龄分别与乔治、斯诺确定两人动身日期之后，5 月 28 日，
张闻天、周恩来收到冯雪峰的工作报告，涉及两个外国人要考察苏区根据
地，需要做好接应工作等事宜。具体情况是这样的：

> 前次（3 月间）要进来之外国医生坚决要来，现在已送来（材
> 料），他的名字叫 Shafick George Hatem（即乔治·海德姆），另有
> 一个叫 Edgar Snow（即埃德加·斯诺）的美国记者亦来，此人系
> 来参观，三个月后即要出来，此二人均十分热情并十分可靠，尤
> 其是医生。他买了三四百元的药带来。……他前次来到西安时未
> 能安排好接应，个人逗留西安甚不安全。收到此信后，即刻请派

人到延安接两个外国人——Hatem 与 Snow。他们 6 月 3 日从沪
动身，估计 6 月 13、14 日一定可到延安。……

冯雪峰工作报告，涉及会见鲁迅、宋庆龄、王尧山等情况及上海地下
党遭破坏后的状况。上述引用文字是工作报告中关于两个外国人赴苏区事
务的一部分。这份工作报告是冯雪峰以"上海联络局"名义手写给中央的，
在上海托贺子珍的妹夫涂振农带去西北。涂振农是 1924 年入党的老革命，
红军长征后，与中共失去联系，这次在上海与冯雪峰联系上了。冯雪峰就安
排涂振农也在这些天到西安，由刘鼎安排，与斯诺、乔治一起等待苏区的
接应去保安。上述引文，不是当年的文稿，是新中国成立后冯雪峰在回忆其
1936 年春夏到上海任特派员之往事写的，把肤施写成延安了。周恩来在保
安将情况汇报给毛泽东，并作了去西安迎接斯诺、乔治和涂振农的安排。

宋庆龄在上海，为保证能将这两个外国人送到西北苏区，请董健吾再
往西安走一趟，护送他俩安全穿过封锁线去苏区。从 30 年代初起，中共
地下党安排董健吾作为与宋庆龄之间的秘密联系人，两人商定：见面不必
太频繁，要事必见时，两人才见，平时由董健吾的女儿董惠芳做宋庆龄身
边"小交通"，当时惠芳是上海工部局初一学生。惠芳乖巧可爱，称宋庆龄
为"二阿姨"，宋庆龄叫她"小萝茜"，深受宋庆龄的喜爱和信任。宋庆龄
常带她去看电影或公园散步。宋庆龄常常从小皮包里掏出小镜子来照一照
脸，看见惠芳望自己，就将小镜子递给小萝茜，教她也照一照，观察后面
有没有可疑的"尾巴"。这一天，董惠芳刚刚来到宋家按门铃进门，宋庆龄
马上给小萝茜任务："你现在就回去，请你爸来我这儿一趟。"

董健吾是上海圣彼得教堂的主持牧师，圣彼得教堂也是地下党的秘密
联络点。董惠芳当天及时去教堂，将宋庆龄的话捎给父亲。这天夜里，董
健吾来看她。董健吾首先说，当天早上，突然接到张学良的老部下李杜将
军的电话，告知张学良已到上海，董健吾为此很高兴。上次西安之行，他
和张学良结下了很深的友谊。张学良此次是来南京开会的，会后轻车简从
来到上海，要办两件事：一是看望老朋友李杜，二是履行在西安给董牧师
许下的诺言。宋庆龄问："张学良对你许下了什么诺言？"董健吾说："前
月要回上海了，张学良设家宴饯行。席间，张学良问我有何要求，我说：

副座能停止内战，一致抗日，我愿足矣！张学良点头称是。原来，我初去时，正碰上赵四小姐失手碰摔一个古玩，他们俩心情不好；我到朋友古玩店买了一套宋代瓷瓶，赵小姐挺喜欢的。将军为我曾馈赠宋代古玩一事感到不安，我说我自己在上海法租界就开有松柏斋文物古玩店，夫人喜欢什么古董，就找我。将军仍然问我，有没有私人要求。我见将军如此有诚意，也就提出了岸英、岸青出国留学的事。"

宋庆龄也一惊，问："你怎么说的？"

董健吾说："我就说，我身边有三个小学生，两个是我抚养的革命子弟，一个是我的儿子，如蒙照顾，望能送他们赴苏联读书，以备日后为国效劳。张学良面露笑容，只是点头应承。"

宋庆龄问："岸英、岸青，还有你儿子寿琪，汉卿真要送三个孩子走？"

董健吾说："我回上海后对此事并不存奢望。但是，张将军是很认真的。这两件事实际上是一件去苏联的事。李杜将军是吉林抗日自卫军司令，部队被关东军打散了，退入苏联境内，他曾多次派人潜往东北，组织抗日活动，他自己也一直要求去苏联，招集流落在远东的旧部，回东北继续抗日。张学良来访的目的，一是设法帮助他尽快出国，二是请他把三个孩子带往苏联。李杜答应了张学良的请求，这次是绕道从法国去苏联。张学良说三个孩子的出国费用由他负责。随即将一张 10 万法郎的支票给了我，并要我尽快把孩子送到李杜家中，迅速做好出国的准备。"

宋庆龄不由得赞赏说："张汉卿从九一八事变中醒过来了，还成了一个做大事的人了啊！"她又问，"地下党组织知道吗？"

董健吾说："地下党组织派刘仲华跟我去见张学良的，也很赞同。仲华说，决定派上海赤色工会工作人员杨承芳和李杜将军一起出国，一路上负责照料和护送三个孩子。"

宋庆龄听了很高兴："当初，大同幼稚园开办时，是周恩来让我题写园名的，这三个孩子去了苏联，我心中的石头也落地了。"

董健吾接着就问："您找我的事呐？"

宋庆龄告诉他："瓦窑堡那边请我物色两个外国人，一个记者，一个医生，去苏区考察，记者是美国记者斯诺，医生是乔治，想请你再走一趟，你对陕北已经熟了，护送他俩到西安，交给瓦窑堡来接的人。"董健吾爽快地答应了，并说："你让他俩先走两天。三个孩子要出远门，我这两天将他们仨的行装打点好了，送到李杜将军家里，我办完事就去西安。你叫他俩在西安玩两天等我。"

经过大革命后的这些岁月，宋庆龄已经颇有做地下工作的经验，她嘱咐了与斯诺他们接头的暗号，并拿出自己的一张名片，写上几句英语诗，当中盖上骑缝章，裁成两半，递给董健吾半张，并说："我已告诉他俩，找你们的接头人是'王牧师'。"

董健吾的儿子董云飞在回忆父亲《护送斯诺进入苏区》的文章中，曾经这样记述：

> 在庆龄先生的安排下，我的父亲董健吾受命护送斯诺进入苏区。
>
> 之所以选中我的父亲担此重任，一是因为我的父亲谙熟英语，便于与斯诺交流；二来父亲去过陕北，人事方面驾轻就熟，便于联络。临走前，庆龄先生与父亲交代了同斯诺接头的地点、信物、暗号等诸多事宜。

斯诺夫人说，此行是我们这一代人中最伟大的冒险

6月的一天，乔治在九江路私人诊所门前再次挂出这块牌子"外出旅游，暂时停诊"。这次是他独自上路，从上海到南京，再换乘南京去西安的长途列车。

马海德夫人苏菲女士曾经这样回忆：

> 六月的一天，宋庆龄托人带信给我丈夫，约他晚上到她寓所去一趟。见面后，宋庆龄告诉马，她最近要安排马和一个名叫埃德加·斯诺的美国记者前往红色根据地考察。听到这个消息，一向对神秘红色中国十分好奇的马兴奋极了。

宋庆龄说："你先从上海到南京，然后转陇海线火车去西安，最后再从西安进入西北苏区。跟你一起去的美国记者埃德加·斯诺，从北京出发，在郑州车站跟你会合。"宋庆龄说着，拿出半张五英镑的钞票交给马，叮嘱他千万要保存好。宋庆龄对马说："你们到西安以后，要住在西京招待所，到时候中共会派人去和你们接头，这半张钞票就是接头的暗号。如果对不准另半张，千万不要轻信任何人。"

据刘鼎回忆，乔治还自己买了三四百元（当时可以买 20 多头牛）的药品带去，装了两个木箱子，在其中一个箱子焊牢的底部夹层，有一批文件，其中有去年（1935 年）共产国际第七次代表大会上季米特洛夫之世界反法西斯统一战线的演讲全文。宋庆龄送给乔治一个很精致的牛皮红十字救护箱，还给了他一部能拍 16 张照片的相机和几个胶卷。她让他冒充一家外国杂志的记者，去拍儿童的照片。

对于中国工农红军及神秘的红色根据地，年轻的乔治已经为它们做过一些事情，3 个月之前，他去过一次西安，没能实现进入西北苏区的想法，就折回了，这就使他对这次的冒险行为更加兴奋不已。

火车在中国最长的陇海铁路缓缓行驶着。车到郑州，斯诺一进头等车厢，乔治就认出来了，宋庆龄给他看过斯诺当记者的照片，中等个头，清瘦身材，棕色卷发，黑眉毛，脖子前挂着个照相机。两个人几乎同时都说起"苏茜"，那是宋庆龄在美国的称呼，两人相互都以此称呼确认了对方。

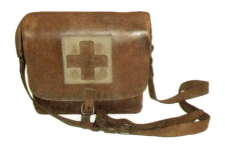

图 3-6　宋庆龄赠送给乔治的医药箱（现存中国人民革命军事博物馆，苏菲供图）

图 3-7　宋庆龄赠送给乔治的 120 型蔡司照相机（苏菲供图）

两人一坐下，美国式的相互介绍，很快就熟悉了：斯诺是密苏里州堪萨斯城长大的欧洲移民后代，乔治是纽约州水牛城出生的黎巴嫩移民的孩子，斯诺比乔治大 5 岁，到中国已 9 年了，乔治到中国也快 3 年了。斯诺是到越洋轮船上当锅炉工，以劳动换取免票乘船；乔治是三个大学同学结伙乘船来的……

斯诺拿出随身携带的咖啡，冲了两杯，两人边喝边交流。

斯诺："我在苏茜家看过你的照片。"

乔治："苏茜也给我看过你的照片。"

斯诺："人家说，西北苏区流行病多，我一口气打了预防天花、伤寒和霍乱的疫苗，当晚就发烧了。"

乔治："你放心吧，我就是医学博士，有我在，你没事。"

斯诺："关于中国红军的事是世界头号新闻，有美国出版商要出中国红军的书，我现在连一名中国红军士兵都没见过，怎么写呀？"

乔治："我在日内瓦为反希特勒纳粹受伤的工人取过子弹，那是我重要的经历。比起在上海的治疗工作，我更乐意到前线为红军抢救伤员。"

斯诺："我的妻子尼姆说，我俩此行是我们这一代人中最伟大的冒险活动。我不知道人家是不是这样看。"

乔治："我还是个快乐的单身汉。"

斯诺是一个优秀的以人类命运为己任的记者，感觉十分敏锐，一下子就感觉到这个在欧洲学医的美国青年乔治，有着与自己共同的思想，那就是对法西斯的仇恨，认为共产党人是最活跃的反法西斯力量。乔治给斯诺留下了很好的印象——他是个有激情，也有很深邃丰富感情的人。

两人在火车上初次见面，谈得很热烈。但是，斯诺没有告诉对方，北平地下党领导人徐冰给了他一张用隐形墨水写的介绍信，是写给毛泽东的；乔治也只是告诉对方，他的两个大木箱里装满了给红军的药品，并没有告诉斯诺大药箱底层焊封了共产国际的秘密文件。

后来，斯诺在《今日红色中国》一书中，是这样描述这个初次见面的 26 岁单身汉的：

　　乔治有着敏锐的智慧，他已经透过社会光鲜的表面，看到它最丑恶的脓疮，表面似乎是玩世不恭，有一件事他却是认真的。他要为他的医生这个行当找到一个目的……希特勒也把他送到了西安——正如，从某一个点上说，希特勒也把他送到了那里，因为对于知道希特勒将把世界引向何处的年轻人来说，世界已经不是一个美妙的地方。在东方，日本人也在向同一个方向前进，扬言要把蒋介石也带上（蒋那个时候用德国和意大利法西斯分子做顾问）……共产主义似乎是唯一关注与法西斯做斗争的势力了。既然希特勒和日本如此痛恨共产主义，乔治认为它总有些好处。他强烈地厌恶当时的上海社会。

　　在这两个美国人说话时，不知道什么时候，斜对面过道靠窗的折叠座上，坐了一个陌生的中国人，个子黑壮得像个工人，此人不曾离开座位，到站也从不下车，偶尔开窗买了食品，仍坐着吃。乔治和斯诺都注意到了这个不速之客，悄悄交流："是不是在监视我们？""也许是蒋介石的特务。""怪不得苏茜提醒说，要有思想准备，此行要冒很大风险的。"

　　在到西安的前一站，这个陌生人不见了。于是，乔治与斯诺又说："也可能是护送我俩的地下党的人。"

　　从去年刚落成的西安火车站，两人乘坐一辆三轮车到西京招待所，名为"招待所"，其实是西安城最豪华讲究的宾馆，院内为三层洋楼，专给国民党来西安的要员及外国人住的。在底层一楼，已经有人为他俩订了一套有起居室和两间卧室的房间。他们用英文姓名登记入住。大厅里有当地中国人在兜售文物，也问他俩："刚出土，西汉的，买不买？"

接头的"王牧师"，敲门兜售古董

就在斯诺和乔治乘火车在陇海线西行的时候，将在西安与他俩接头并负责护送的董健吾牧师还在上海。董牧师在为孩子们做出国的准备，添置了三个崭新的小皮箱，买了许多出远门的生活用品。当时虽然是夏天，他还请人给孩子们每人定做了一件到苏联穿的灰棉袄。董健吾雇了三部三轮车，把毛岸英、毛岸青、董寿琪三个孩子送到上海宝鸡路李杜家中。李杜在他丹麦式的小洋楼里为三个孩子准备了一间卧室。在分别的时候，李杜对董牧师说，在办手续出国之前，孩子们在我这里锻炼身体，教他们练八段锦，教他们吃西餐，让他们学习在国外的一些礼节。

斯诺与乔治到了西安，因行前宋庆龄叮嘱过乔治："你俩到西安住的房子已经订好了。到了之后，你们尽可游玩两三天，地下党有人会主动到房里去找你俩接头的。"于是，一开始，两人尽兴在这千年古都游览。斯诺在中国是曾经采访过蒋介石的美国著名记者，那次采访的头两天也曾访问了陕西省主席邵力子和十七路军总指挥杨虎城将军，他们虽不愿意谈红军及苏区，但从两人谈话中斯诺还是了解到，虽然前线已没有多少战斗了，但苏区还是被封锁着。主人们都很积极热情，派官员陪同他们参观名胜古迹，还不断有宴会请他俩去参加。但是，他俩很焦急，已无心游览这些千年古迹了。

过了三天，还没有人来找。

第四天，他俩担心错过与"王牧师"接头，决定不出门，对外佯称"水土不服"，谢绝了西安官员们观光及盛宴的邀请，在屋里专门等着，靠打桥牌消磨时间。

第五天，也在等待中过去了。

第六天，俩人正在玩桥牌，传来了敲门声。

俩人扔下手中的扑克牌，奔门而去，乔治动作快，开了门——

一个高胖身材，穿着灰色牧师长袍的中国人，手中拿着两件古董似乎在寻买主，他微微笑着，开口用标准的美式英语自我介绍："我姓王，基督教公理会的牧师，在北平有个 M·S 让我来看你们。"

这不就是斯诺接头的暗号吗？斯诺与乔治相视欣然一笑，两人赶紧将王牧师请进屋里坐下。斯诺取出宋庆龄给的半张英文名片，王牧师接过一看，也掏出另外半张，拼在一起，果然是一张有骑缝章的英文名片。

"王牧师"又问乔治："我的古玩是汉朝的，你买要用英镑啊！"

乔治听懂了，忙说："有，我有英镑。"乔治拿出宋庆龄给的半张 5 英镑钞票，牧师也拿出另外半张，正好拼接成一张。

"欢迎你们！"牧师和他俩热情地拥抱。

他俩立即向牧师倾诉这些天来苦心等候的情形，感到有许多问题要问，有许多话要说，但最关心什么时候动身去苏区。

"王牧师"说："你俩的基本情况我已经知道了。我也给你们介绍一下我的情况。"

"王牧师"出生在上海青浦一个基督教世家。早在前清时期，外国牧师到青浦传教，就借居其家。他的曾祖母很早就加入基督教，家里后代受其影响，也先后入教，到"王牧师"已是第四代教徒了。他在少年时代便考入基督教会创办的桃花坞中学，并且入了教。辛亥革命后，他考取了基督教圣公会创办的圣约翰大学，专攻神学。

乔治很感兴趣地问："我父亲是天主教徒，他跟共产党就没有什么瓜葛，你是基督教的牧师，怎么就为共产党工作呢？"

"王牧师"笑了，说："前不久，我冒着'通共'的罪名，借用张学良的私人飞机，从西安飞到肤施，为国共之间寻求和解而联合抗日，送信联络，这也是在中国这块土地上牧师应当做的。"

斯诺敏锐地说："怪不得，我俩前两天访问西安头面人物，觉得前线战事基本上停下来了。"

"王牧师"说，"这次，因为我能说英语，便于跟你俩交流；再有是去陕北，我刚走过一趟，两边人事方面驾轻就熟，便于联络；宋先生就将送你俩去苏区的事，委托我来办了。"

接着，"王牧师"就跟他俩商量怎么去的问题。此时，中共与张学良已化敌为友，建立了良好的合作关系，通过张学良掌控的防线，进入苏区已经不是什么太大问题。但是，城里及城外关卡，还是蒋介石的特务宪兵密布，需要筹划具体、细致、万无一失的路径和护送方法。他日前曾提议用自己过去的老办法，借用张学良的私人飞机。可是张学良这次没同意。张将军说，我的飞机驾驶员是美国人，送去苏区的也是两个美国老乡，而且去了没有回来，这是过去从来没有过的。如果以后驾驶员无意间泄露了机密，将要惹出大问题，后果不堪设想。

乔治和斯诺点头称是，表示能理解。

"王牧师"说："最终考虑决定用东北军的军用卡车将你俩送往肤施，再步行或骑马去红都保安。"

这天，"王牧师"告辞时，叮嘱道："你俩再耐心等几天，我们要落实护送你们从陆路走的办法。"

凌晨乔治和斯诺翻墙而出，藏身军车去苏区

次日凌晨两点，乔治和斯诺按计划行动了。昨日在招待所，俩人兴奋得根本没睡着。他们带了行李，从后窗爬出来，悄悄地走过院子，到院墙下，乔治先爬上墙顶，接过斯诺递上来的行李。斯诺也爬过了墙。街道对面有电筒的光点，"王牧师"带着两辆三轮车在等着。乔治与斯诺一人一辆，"王牧师"骑自行车陪同。约十来分钟，就到了城墙脚下一个军营里，抽烟喝茶，休息等候。

天蒙蒙亮，一部敞篷军用卡车驶进了军营，车上高高地堆满了军服。刘鼎和另一位青年军官从卡车上下来，先对乔治和斯诺介绍了同来的军官："这位是我的同事，副官处的申副官。这次由申副官押车，送你俩去肤施。"申副官说起话来东北口音很重，他对乔治和斯诺说："外国人是不准通过各处关卡去前线的，我给你俩做了两个藏身洞。过关卡停车验通行证时，你俩千万别吱声。只是这一路要委屈一下。你们放心，我持有的是张将军签发的'西北剿总'特别通行证。"刘鼎还低声告诉斯诺："申副官跟随张将军多年，你们可放心。"刘鼎对乔治说："你赠给红军的两木箱药品，连箱

底宋先生给毛先生的东西，带着北上是不安全的。我已经叮嘱了，由牧师交给德国牙医冯海伯的联络站，一定能够安全地送到。""王牧师"也和乔治紧紧握手说："你放心好了，能送到的。"刘鼎最后对斯诺说："我相信你实地考察后写出中国红军和西北苏区的故事，一定能够震惊全世界！考虑到我现在所担负的工作，你务必不要提到我的名字。拜托。祝你顺利！"

卡车发动起来了，斯诺和乔治爬进卡车的车厢里，钻进了藏身洞。刘鼎与申副官行军礼告别，也和"王牧师"握手告别。之后，卡车上路了。后来，在《西行漫记》中，写到"王牧师"的作用，斯诺不吝笔墨，以数千字的篇幅，生动细致地描绘了"王牧师"在西安接头护送美国人去苏区时的情景，可见印象之深、情谊之重。那天清早，护送斯诺与乔治上了东北军军车之后，斯诺与乔治就没有再见过"王牧师"，更不知道"王牧师"就是董健吾。由于乔治将刘鼎是地下党的真实身份告诉了斯诺，因此斯诺在《西行漫记》中没有提到刘鼎的名字。

1960年6月，斯诺首次访问新中国，与马海德忆旧，问起当年"王牧师"，马海德也说自己在延安或者北京，虽说见过刘鼎，却没有再见过"王牧师"。于是，马海德陪同斯诺见毛主席时，斯诺向毛主席提出，自己在中国有半年的访问时间，想要访问他曾去过的旧地，访问当年的旧友；斯诺就提出想见"王牧师"。毛主席问周总理，"王牧师"是谁，周总理也不知道，就派人调查。中央反复调查才搞清"王牧师"就是董健吾，同意见面。可惜，此时斯诺访问签证到期，已回欧洲。斯诺等不及，错失了见面的机会。

东北军的这辆卡车，由张学良的副官申副官亲自押送。尽管一路上国民党军警岗哨如林、特务关卡重重，申副官凭着自己的身份及特别通行证，均顺利通过了。过了渭河，是洛川地界，全是东北军的地盘。申副官喊话，让乔治和斯诺露出头来透气，俩老外觉得空气好新鲜。

路途上，申副官和斯诺得以充分交流说话，申副官的英语是"东北英语"，但是也能听懂。申副官说："张将军很看重刘鼎先生，钦佩其学识、见识和胆识，刘先生来后，苦闷的张将军变了一个人。我和刘先生也交上了好朋友，而且不是一般喝酒的朋友。"斯诺和乔治听懂了这种"朋友"的含义，是暗示是自己人，让他俩此行要放心。

图 3-8　1960 年 6 月，毛泽东会见斯诺，马海德陪同（苏菲供图）

　　当晚，在洛川的军营里住了一晚。次日，车出洛川不久，苍苍莽莽的黄土高原迎面而来，申副官对他俩说："这里是东北军的辖区，你们可以观赏黄土高原的景色。"他俩早已钻出军服洞，凭着车栏观看。乔治说："哇，这山势，比我们西部影片里的美国西部，还要苍莽！"

　　乔治望着山坳里有田畴和耕地，却很难看见有房屋，也难看见人影。

　　申副官将胸前的军用望远镜递给乔治："你们看看，那边的人都住在窑洞里。"

　　乔治和斯诺，轮流用望远镜眺望对面的山腰上，有一排排挖凿进山壁的洞穴，有高有低，有纸糊的窗子和油漆的木板门。申副官告诉他们说："你俩望见山那边的窑洞群，已经是红军的辖区了。"

　　申副官还说："今春以来，两边已经没有什么大的冲突了。我们东北军的官兵有时还到红军那边去赶集，买羊、鸡、小米、野猪、山鸡野味等。这一带小米很有名，色泽金黄，粒圆芳香；上个星期，我们一队人马去那边村里要买小米，村里的人说不卖，当兵的不讲理就动手抢！虽然抢得了一些米,退出村子时,就被农民自卫队开枪打了伏击。军长王以哲得到报告,就说'打伤了活该,谁叫你们兵痞子进村当强盗去了'。"

从山脊眺望这座古城，已被四周红军据点所包围

肤施在望了！运军服的卡车下午就可到肤施。途中，山梁脊上有一条小街，他们停车在街边一个小客栈前喝茶、歇息。有一辆军用卡车从肤施开来，也在此停车休息，几个士兵跳下车，要了茶喝。两张茶桌相邻，士兵们好奇地望了望邻桌的两个穿军装的洋人。申副官跟他们打招呼，发了卷烟给士兵们，说自己是67军军部的，交流了几句。申副官回来对斯诺和乔治说："这些士兵是我们军105师的。他们说前些天在瓦窑堡跟红军发生遭遇战。"

这群东北士兵喝茶聊天的话，传到这桌来。斯诺大体听得懂，乔治听懂一部分，申副官将他们的对话用带有东北口音的英语大体翻译出来：

"他们吃的要比我们好多了！"

"当然，他们吃的是老百姓供的肉啊。"

"那没关系，不过是少数地主老财的肉，反而有好处。我们到瓦窑堡去打，啥人感谢我们呢？是地主，你说是不是？我们为什么要为那些有钱人送命呢？"

"他们说已经有三千东北军加入他们那一边了……"

"这又是他们有理的一件事。我们为什么要自己人打自己人呢？我们除了打日本人，谁也不想打啊。"

他们军车上有个军官过来催促上车，这番引人入胜的对话就终止了。

乔治一行人继续上车前行。车子慢慢开着，从山梁上能看得很远，群山环绕的肤施城在望了。申副官跟着张学良常来这一带，对情况已经很熟悉了。他说，从古至今，这一带，西连中亚欧陆，东接蒙古东亚，中国历朝统治者对这一带都高度重视，秦朝、汉朝在此设高奴县，城垣至今残存，

唐、宋朝设延州总督府，重镇设此就叫延安。成吉思汗的铁骑大军也曾抢占这里去南征西安。乔治与斯诺皆先后用望远镜观察。申副官指引他俩观望。

只见肤施四周都是巍峨连绵的大山，古城坐落在深山夹着的一条延河中间。这是一个很理想的城堡要塞，坚固高厚的城墙延伸到山顶，古城也有类似西安的坚固的城门楼。城墙上设有许多工事，驾着多挺重机关枪，内墙下有一门门重炮，这是东北军严防红军进攻的要塞。蒋介石要封锁红军，红军就用反封锁来对付封锁。红军在周围的山顶，也挖工事，设立了几个制高点，用几部机关枪，就可以控制山城和公路。红军占据山顶非常有效，公路也被封锁着，从西安及洛川，没有车子敢将物资运到肤施来。肤施城成了被红军围困的古城。去年，张学良勇敢地乘着他的私人飞机降落肤施，来看望他的东北守军，少帅的飞机被红军的子弹打出很多弹孔，为此，一个美国驾驶员辞职了。蒋介石只得派南京的飞机来给城里守军空投物资，且不得不飞得很高才能实施空投，大多数的南京政府供给物资，就落在红军手中。考虑到城中百姓挨饿，红军就在城外开设了一个市场，将政府的空投物资低价卖给城里被困的居民。年初，前线双方达成秘密协议，东北军不在这条战线上向苏区发动攻势；作为交换条件，苏区的农民开始出售粮食和蔬菜给这些"剿共"的军队。申副官说，最近，毛泽东将中共和红军的总部从瓦窑堡搬迁到保安。据此看来，要是蒋介石还继续"围剿"红军，说到此，申副官笑了笑说："毛泽东要占领这个重要的古城，不会是一件很难的事情！"

申副官还说："你们看到了两军对峙，但是，今年以来在这里双方并没有交战。我们沿这条公路下山直通城门，公路就到尽头了。我们今晚在城里住一晚，明天就到两军交界区，你俩要步行进苏区了，我会找骡子给你们驮行李。"

肤施驻守着东北军 67 军的 68 团团部，团长是王以哲军长的亲信，与申副官说话，说的都是东北话。当晚，申副官与斯诺、乔治就住在团长的家里。下午天还没黑，乔治和斯诺来到西北苏区紧邻的这个县城，当然觉得很新鲜，安顿好了就去逛街。县城里就一两条街，斯诺和乔治刚抽完一支烟，街就逛完了。大约是这个城里第一次来了两个"现代洋鬼子"，脖子上挂着照相机；因此，无论是街上走过的东北军士兵，还是当地扎羊肚白头巾的农民，或是开商店戴小圆帽的店主，都好奇地望着他们，甚至评头论足地议论着。古城还有被围城的迹象，店铺里货架空荡荡，有的干脆关门。出售的日用商品很少，食品价格高昂。申副官解释说："肤施以前叫延安府，在陕北是贸易比较繁荣的县城，南边的汽车，北边的骆驼队，都将货物送来交易。'剿匪'一打仗，这才冷清了。"

团长得知两个洋人是少帅张学良的客人，就带着歉意地提醒说："抱歉了，明天你俩走过我城外最后关卡，我没法派兵送你俩去那边。目前，虽然在两边这一带有内部休战协议，但对方士兵在中间地带出现，有可能产生误会而交火，对你俩会不利。"

斯诺与乔治得知情况，就对团长说："谢谢团长提醒，我俩去苏区是准备冒险的。"

团长与申副官嘀咕了一下，就好心地提醒说："在我们与红军休战的时候，你们经过中间地段，最要小心提防的是地主老财的民团，或者国民党的特务武装，不要成为他们的猎物。"

第二天一大早，申副官带了一名骡夫和一头骡子，将斯诺和乔治的铺盖卷、皮箱行李，捆扎好给骡子驮着。申副官向骡夫交代着送行路上的事务，大约是过了最后一个关卡，就岔入一条商贩偷运货物出入苏区的山道。骡夫是团长介绍的当地人。团长说，不仅骡夫，连这种骡子运货走惯了，也认识路的。

出了城门洞之后，又往北走了一段山路，到了东北守军的最后一个有岗哨的关卡，斯诺、乔治和申副官分别紧紧握手告别。斯诺和乔治跟着骡夫、骡子，上路了，走向了通往苏区之路！

关卡前的申副官，向着他们行了一个庄严的军礼，一直注视着他们的身影在弥漫着晨雾的山路上消失。

第四篇
亲历西北红军根据地

乔治和斯诺夜宿李克农"山里外交部"的窑洞里

　　离开肤施城，当天下午，带路的骡夫将乔治与斯诺带到了苏区境内的李家庄，交给了村里的农会主席。次日，再由儿童团员带路，前往红军前线指挥部所在的白家坪。途中遇到巡边的红军保卫干部姚有胜，这是乔治此生所见到的第一个红军！头戴八角红星帽，身穿灰布军装，腰带上别着手枪。乔治兴奋地大声喊："我终于见到红军了！"……

　　傍晚，夕阳西下。姚有胜领着乔治和斯诺，转一个弯，刚要走进白家坪，就听到头顶上传来令人胆战心惊的"冲啊""杀啊"的呐喊声，乔治和斯诺很吃惊，姚有胜却镇静地笑着，指指上面的山坡。乔治抬头向传来喊杀声的地方望去，只见大路上面的山坡上，有二十多个头扎白毛巾的农民，站在一排营房似的窑洞前，挥舞着长矛、短枪和几支步枪，正在操练。斯诺取下脖子上挂的照相机，认真地拍了两张。姚有胜笑着介绍："这里有一个红军游击队学校，各村来培训的学员正在操练。"

　　走进白家坪，在一间窑洞前，姚有胜将两个外国人介绍给一个苏区联络局的工作人员。说话间，就听到一阵急促的马蹄声。一个红军青年指挥员骑马急驰而至，敏捷地从马背上跳下来，热情地和斯诺与乔治握手，表示欢迎。他说的是英语，温和而文雅："哈啰，终于到了！我是周恩来，欢迎你们到来。"

　　周恩来清瘦，中等身材，骨骼小而结实，长着黑色大胡子，又大又深的眼睛富有热情，束着军官皮带，微笑着端详乔治和斯诺。

　　乔治和斯诺感到惊喜，在外界宣传的满是"土匪""强盗"的苏区山里，竟然听到了流畅的英语！面前站着的就是红军大名鼎鼎的指挥员周恩来。周恩来看见斯诺胸前挂着照相机，望着斯诺说："埃德加·斯诺，美国新闻记者兼作家。我刚读过您去年北平'一二·九'学生爱国运动的报道，您亲身参与其中，报道有很强的说服力。"斯诺刚想介绍乔治，周恩来已经看着乔治肩上挂着的红十字皮箱说："您肯定是乔治·海德姆大夫，在上海开诊所的美国医学博士。今天下午给我们受伤的赤卫队队员包扎了伤口。"

图 4-1 ● 周恩来在白家坪（斯诺摄）

乔治真有些不好意思，刚刚为伤员做了点小事，连周恩来都知道了，就拍拍红十字皮箱回答："这是孙夫人宋庆龄女士赠给我的。"

周恩来与乔治、斯诺谈了几分钟，联络局局长李克农也带人回来了。李克农戴着深度近视眼镜，光着脑袋，很精干。

周恩来对乔治和斯诺，以及身旁工作人员说："天快黑了，今晚克农就安排你们在村里过夜，明天一早到村子附近的指挥部去，商量访问计划和日程。"然后，周恩来便匆匆告辞。

这儿有几个窑洞是中央联络局使用的。李克农带领乔治和斯诺来到他工作的窑洞，当中木桌、木凳上摆放着好几台新旧无线电收发报机。乔治望着，说："有的我见过，艾黎家阁楼上地下党用的，英国老式电子管型的。"李克农笑着说："红军东征缴获了几台。我们正在这里开办一个无线电通信学习班，有各部队的新学员。"接着，李克农招呼这两个外国人一起去吃饭，说："我这个中央联络局，在苏维埃政府中称为外交部，这里叫'山里外交部'。所以，你们两个美国人由我这个机构接待。"窑洞口平地的一张木台上摆着热气腾腾的大锅饭菜。李局长一摆手，说："联络局的土宴，开席吧！"

乔治和斯诺来山里两天了。之前是村里农会招待，两人单独吃饭。这次吃晚饭，是第一次与苏区根据地的干部和红军吃饭，这些人是联络局驻扎在白家坪的部分人员，有十几个，大多是青年，有几个红军军官，有两个游击队学校教员，还有一些无线电报务员。乔治和斯诺很高兴这样吃红军饭。乔治很新鲜地说："我从来没有在这样的场合下吃过饭，太棒了！"斯诺也说："来中国多年了，跟国民党吃过饭，但是从没有跟红军吃过饭。"

这顿"土宴"吃的是炖鸡、白菜、馒头、小米，还有马铃薯，喝的是白开水。乔治和斯诺吃了不少马铃薯，但因白开水太烫没喝而口渴。有两个"红小鬼"负责照料他们吃饭及睡觉。这两个孩子穿着大好几号的军服，戴着很大的红军八角帽，帽子不断掉下来遮住眼睛。开始时，他们对这两个外国人陌生而冷淡。李克农提醒说："你们要称这两个小鬼为同志，他们就高兴了！"两个孩子送凉开水来，斯诺亲切地称他们为"同志"，乔治还拿过其中一个孩子的红军八角帽戴在自己头上，向两个孩子行了一个军礼，这一下，两个孩子对他们就亲热起来了。

这是乔治和斯诺在苏区根据地的第二个夜晚，见到周恩来的感受使他们难以成眠。乔治还对斯诺说："羡慕你能说中国话，这次来苏区，我一定要学会中国话。"

周恩来在白家坪红军前沿指挥部会见乔治和斯诺

7月9日这天，乔治和斯诺吃过小米粥和馍馍早餐，在招待他们的一个儿童团团员的护送下，前往红军前沿指挥部。走到山腰的树林里拐了一个弯就到了。在斯诺的《西行漫记》中是这样描述的：

> 红军司令部原来是一个不怕轰炸的小石屋，四面围着许多同样的小屋，农民都若无其事地住在那里。周恩来的司令部门前只有一个哨兵。屋子里面很干净，陈设非常简单。土炕上挂的一顶蚊帐是唯一的奢侈品。炕头放着两只铁制文件箱，一张木制的小炕桌当作办公桌。

新中国成立后，乔治与老朋友艾黎经常在北京见面，他常回忆起当年的苏区访问之旅。乔治强调说："在我的一生中，永远忘不了首次见到周恩来的印象！"他说："当时我和斯诺刚刚进到安塞的山里，看到周恩来，一个红军指挥员，一个国民党重金悬赏脑袋的人物，一个掌管红军在各战场无线电通信的重要人物，可他的司令部竟然是村庄中一间普通甚至简陋的窑洞，要说有区别，就是司令部门前仅有的一个哨兵。他屋内的陈设十分简单，蚊帐是唯一的奢侈品。他正在土炕上一个简易小炕桌上批阅电报。从中，我们看到了生活简朴而真实的周恩来。"

乔治和斯诺进窑洞见周恩来时，他正在工作。他批阅的是一堆红军东线各地军情报告。乔治和斯诺两个外国人来到这个窄小的指挥部时，他也丝毫不避讳。这让在中国访问多年，见惯了怀疑和盘问的斯诺颇感惊奇。乔治看见墙壁上悬挂着一幅很详细、精致的军用地图。周恩来停下手中的工作，对他们说："我得到的报告是这样介绍你们俩的。海德姆博士，说你已经为我们的革命冒着生命危险做了好些重要工作。我在此对你表示崇高的敬意。你这次到来很不容易，我们希望你考察苏区卫生工作，给我们指导和建议。"他又说，"斯诺记者先生，报告介绍你，说你是一个可靠的新闻记者，对中国人民是友好的，并且说可以信任你会如实报道，我们知道这些就够了。我知道，你不是共产主义者，这对于我们是没有关系的。任何一个新闻记者要来苏区访问，我们都欢迎。不许新闻记者到苏区来的，不是我们，是国民党。你见到什么，都可以报道，我们要给你一切帮助来考察苏区根据地。"

乔治和斯诺两人，一个坐在炕沿，另一个坐在炕前木凳子上。周恩来一边和他们说话，一边拿批阅电报的笔，亲自动手替他们起草了一个 3 个月的旅途计划，从 7 月 7 日进安塞开始，到 10 月 7 日，总共为期 92 天的旅程，上面细致地写着旅程中的各个项目。周恩来将所写的旅程计划递给他们先后看一下，就说："这是我个人的建议，海德姆博士可以和斯诺先生一起访问，也可以单独考察苏区医疗卫生状况。总而言之，你们绝对自由。"

乔治对周恩来说："我愿意和斯诺一起访问，当然，在访问过程中，我将侧重于考察医疗卫生方面的情况。"

周恩来用相当谦虚的语气说："好啊，你们俩可以按照我的计划去安排，也可以按照你们自己的意见去办，那完全是你们自己的事情。我认为，你们会觉得这次旅行是非常有趣的。"

就在两人欣喜地看这份访问计划的时候，李克农带着苏区管贸易的局长钱之光进来了，向周恩来请示关于加派人员去洛川运回东北军子弹和药品的问题，得到认可后就离开了。如此军机要事，主人也没有让乔治和斯诺回避。乔治和斯诺看着访问安排很高兴，明天就要去红都保安，首先是见传奇色彩很浓的毛泽东，想想都十分激动和向往。周恩来挥笔写的92 天访问的详尽计划，考虑得很缜密、周到。

乔治笑着对斯诺说：“我们一进苏区山里，就能在红军前沿指挥部遇上周恩来，并亲自安排我们的访问，这不能不说是上帝的安排。”他又低声对斯诺说：“指挥员太忙了，我们拿到计划也该走了。”斯诺也低声回答：“我觉得机会难得，我还想抓紧时间问点问题。”周恩来听到了他们小声嘀咕，就主动地说：“斯诺先生，你可以问几个问题。”斯诺说：“那就太好了，我想问的是我一直在心中琢磨的问题。”

周恩来拿笔的手一挥：“你问吧，海德姆博士也乐意听的。”

乔治一生中经历的最重要的谈话

乔治一直将这次与周恩来的谈话，视为他一生中经历的最重要的一次谈话。他与周恩来之间 40 年的深厚革命友谊是从这一天开始的。此后，他人生道路上的每一个转折点，都和周恩来密切相关。

这次与周恩来的谈话，时间是 1936 年 7 月 9 日的早上，地点是安塞山里白家坪小村的一个简陋窑洞里。后来，乔治甚至有点“迷信”，这个白家坪村所有的村民都姓白，是回族人，和他一样都是“穆斯林”，才使他有缘在这个小小的山村里经历这次一生中最重要的谈话。

7 月 9 日的这次谈话，乔治虽然不是提问者，但是，他聚精会神地听着，句句都听进心里了。斯诺作为记者向周恩来所提出的问题，乔治并不觉得陌生。那是早在大前年（1933 年）冬天，乔治有幸加入上海国际马克思主义理论学习小组以后，在路易·艾黎组长的带领下，全组人学习马克思主义理论，结合中国革命实际而讨论的问题。随着讨论的深入，组员们都很认真地思考过这些问题，尤其是艾黎。他是在 1927 年蒋介石发动四一二反革命政变那些天到达充满血腥味的上海的。因此，艾黎由四一二反革命政变上海大屠杀引发对中国革命的深入思考，也深深影响了乔治。艾黎又带领他和组员们去龙华监狱前，亲眼观看与感受被俘红军和地下党员被血腥杀害的场面。从此，他永远忘不了烈士们在牺牲前慷慨高呼的口号——"中国红军万岁！""中国共产党万岁！"。

下列对话文字，引自《周恩来答问录》（人民出版社 2016 年出版）。

斯诺："1927 年反革命得逞的主要原因是什么？共产党的主要错误是什么呢？"

周恩来并没有对直言错误而恼火，平静而温和地说："我们的第一个错误无疑是没有在农民中把革命深入展开起来，特别在广东和广西，那里的农民已经武装起来了，我们的党却执行了机会主义的政策，只是在水平面上（数量上）发展，而不是深入到下面去发展（从农民中间直接组织战斗人员）。第二，我们未能在国民党军队干部中建立必要的革命领导权。我们放弃了许多能够被争取过来的优秀军官。假如我们那时大力争取这些军官，在 1926 年我们仍然有可能为共产党部队招募和装备 10 个师。第三，由于策略上的错误，我们抛弃了对国民党保持控制权的机会，当时国民党还是一个革命的政党。仅举一例：在上海，我们没有利用当时存在于国民党内部和存在于帝国主义之间的矛盾，失去了我们对国民党的理应属于我们的控制权。假如我们执行正确策略，在 1926 年 3 月以后，我们是可以取得这种控制权的。所有的右翼分子都暂时被赶出了政府，左翼分子汪精卫正和我们紧密合作；当时的中间派蒋介石孤立了。假如共产党全力加入国民党并且为争夺控制权而斗争，而不是留在国民党外边，我们就能与左翼组成联盟，取得并且保持领导权。军队、商人、学生，以至海外华侨，当时都赞同我们的主要策略纲领。再者，当蒋介石进军上海时，我们仍然有时间去组织一个反对蒋和其他右派分子的联盟。那时，大部分军权还不在他手里。北伐军中的第二军、第四军、第七军和第八军，蒋介石都不能控制。他只有 3 个师，而他们又是全军中最不可依靠的。"

斯诺："你怎样解释这样的错误或错误估计呢？"

周恩来："这是由于几件事造成的。第一，中国缺乏经验和马克思主义的传统，我们的党才成立了几年。第二，党自身的领导成员分裂了，一方是小资产阶级思想的陈独秀；另一方是一批刚刚出现的精通马克思主义的青年人。第三，由于国内不同地区和不同集团之间革命发展不平衡。第四，由于无产阶级在组织上和经验上的不足，以及小资产阶级分子在党内占了主宰的地位。"

斯诺："你对现在局势的展望乐观么？"

周恩来："无疑，中国革命现正接近另一个高潮。它可能通过抗日运动取得政权。它的成败，在最近的将来取决于群众运动的开展，以及怎样把作为动力的群众组织起来反对日本帝国主义。粮食与土地依然是革命农民的基本要求，但接着就是全民族抗日的问题。1935 年红军长征到达陕西时，所以受到农民的热烈欢迎，大半是由于农民乐意接受这一（抗日）口号。"

斯诺："你认为蒋介石现在的地位比几年前是强些还是弱些？"

周恩来："蒋介石在 1934 年到达了他权力的顶峰，现在正迅速下降。当他在江西发动第五次战争的时候，他能动员 50 万军队进攻和封锁我们，那是他力量最强大的时期。在他消灭了十九路军并迫使我们撤退的时候，他在长江流域主宰了一切。但是，他为取得这一切却付出了巨大的代价。自那时以来，他的内战口号已经完全失去了吸引力。在国民党的上次代表大会上，他已不敢用反共口号，因为害怕遭到批评。

"如果他容许红军在西北建立一块根据地，那么，最后他就不可能像他在江西所做的那样来集中力量进攻我们。他现在既不能阻止这个根据地的建立，也不可能阻止它的迅速扩展和巩固。假如抗日运动发展起来，蒋介石的独裁权几乎一定会被剥夺（丧失独裁式的控制）。他的军队既不像在第五次反共战役时那么大、那么集中，也不像那时那样忠诚于他。如果抗日战争发生，抗日部队（那就是红军）将取得他的指挥权的一大部分。蒋介石很清楚，抗日战争的第一天就将在他的控制权上打上毁灭的印记。无需举出国民党军队的将军们和部队会在什么地方首先发生这种背离。然而，他的最有才干的指挥官之一陈诚，对于同红军打仗没有什么热情，这是众所周知的。胡宗南甚至热情更少。他们两人都是黄埔的左派学生，并且是许多红军将领从前的同事，都是爱国的。蒋介石是不能长期依靠他们两人把他个人的反对红军的战争进行下去的。如果抗日战争发生，他们几乎肯定会拥护统一战线的。"

斯诺："你对蒋介石作为一个军人，看法如何？"

周恩来："不怎么样。作为一个战术家，他是拙劣的外行，而作为一个战略家则或许能好一点。作为一个战术家，蒋介石采用拿破仑的方法。拿破仑的战术需要极大地依靠士兵的高昂士气和战斗精神，依靠必胜的意志。而蒋介石正是在这方面老犯错误，他过于喜欢把自己想象成一个带领敢死队的突击英雄。只要他带领一个团或一个师，他总是把他们弄得一团糟。他老是把他的士兵们集中起来，试图用猛攻来夺取阵地……在这次陕西战役中，蒋介石命令陈诚将军派两个师进攻红军并歼灭他们。陈诚是个比较高明的战术家，他拒绝这么做，怕遭伏击。我们截取到他给蒋介石的复信。我们实在欢迎这种集中，正是在这种进攻中，我们于去年（1935年）12月把张学良部队6千人解除了武装。对南京说来幸运的是，蒋介石并不经常亲自在前线指挥，原因之一，是他不会骑马。蒋介石是一个较高明的战略家，却不是一个高明的战术家。他的政治意识比军事意识强，这是他能争取其他军阀的原因。他常常相当熟练地制定一次战役的全面计划。"

斯诺："从军事观点看，红军在江西第五次战役中失败的主要原因是什么？"

周恩来："两个重要因素使得蒋介石取得第一次胜利。第一，他采用德国人的建议，在纵深地区建立碉堡体系，把他的进展限制在短促出击和巩固既得地盘上，最后以优势兵力（50万国民党军队对10万红军正规军）逐渐有效地包围红军。第二，我们未能在军事上与（国民党）十九路军领导的福建反叛进行合作，并支持它作为一支重要的牵制力量。我们本来是能够成功地和福建合作的，但由于李德（红军的德国顾问）和上海顾问团的建议，我们没有这样做，反而撤退了，在瑞金附近对蒋介石集结的部队发动了进攻。这使蒋介石能够迂回包抄十九路军的侧翼并消灭了他们。"

谈话完毕，周恩来告诉他俩："明天，这里开办的无线电通信学习班学习结束，有四十多人回到临时中央所在地保安去，给你俩一人一匹马，跟这支队伍一起走，路上可以得到很好的保护。"周恩来还说，"已经发电报给在保安的毛主席，你们到保安就可以见到毛主席。"

乔治一直沉浸在刚才与周恩来谈话的气氛中。他感到，周恩来深思熟虑，谈话缓慢，语调温和，说出来的话，蕴含着一种坚韧和力量，对信仰充满着自信，对献身的事业不达目的誓不罢休。乔治听了这番话，心里热乎乎的，觉得自己也受到很深的感染，从来没有像今天这样充满了力量。

同样，周恩来的魅力也深深感染了斯诺。7月9日这天的访谈结束后，斯诺让乔治用摄影机拍摄的周恩来骑马镜头，流传至今。这天，吃午饭的时候，斯诺对乔治说："当今，优秀的指挥员能骑马才能真正亲临战场。刚才周恩来说了，蒋介石有点战略头脑，但是不会骑马，在战术上就是弱项。"

乔治笑着说："我从小要当医生，到了这里，我更觉得我一定要学会骑马，我相信，不会骑马不能成为战场上的好医生。太好了，明天就可以骑马上路了。"

去保安路上：如果想骑好马，同志，请到前线去

7月10日，在与周恩来谈话的次日，李克农一大早来送乔治和斯诺去保安。李克农带他们到村前，与前往保安这支队伍的两个负责人胡金魁和李长林认识。队伍已经在等他们了。胡金魁30岁，是中央联络局管外事接待的负责人，李长林20多岁，是中央直属红军某部负责人。这两人年纪虽然不大，却是参加过长征的老红军了！握手的时候，乔治很明显地感觉到，这两人的眼光很客气且带有一定的警觉性。当然，斯诺也有同感。这两个领导人没有说"欢迎你们"之类的客气话，胡金魁只是平静地说："从白家坪到红都保安，要走三天山路。"

乔治听明白了，这句话的潜台词是："你们两个洋人是否吃得消？"

这支40余人的队伍，绝大部分是年轻的红军战士，其中不少是无线电通信学习班的学员。他们用双肩背包背着无线电器材，正在笑着、闹着，乔治和斯诺一出现，整个队伍都肃静了。战士们大都是头一次近距离接触洋人，明显有一种距离感。这也难怪，红军里还唱着大革命时期的歌曲——"打倒军阀！打倒列强！"有的小战士会问，啥叫"列强"。政委解释，"列强"就是指西方帝国主义。现在在苏区根据地的村子大墙上写的标语就有"消灭帝国主义"。好些战士搞不懂这些洋人是否属于"帝国主义"。队伍里有两匹马和数头骡子，乔治和斯诺得到特殊照顾，一人骑一匹马，另外的几匹骡子驮着沉甸甸的电讯装备箱子和行李。胡金魁和李长林也各有一匹驮着行李的骡子当坐骑。两个洋人随身带的东西很多，斯诺带有两部照相机和一部电影摄影机、大量的胶卷，许多必用的书报杂志和笔记本；乔治带有红十字救护箱，还有不少应急的药品和行李。联络局为他们各自准备了两个大麻袋，专备一匹骡子驮这些东西。胡金魁和李长林两个领导也亲自动手，帮他们把行李装入大麻袋，驮到骡子背上。还教他俩怎么上马，怎么使唤马前行。斯诺对帮他上马的胡金魁说："我曾经去蒙古草原访问，能在平坦的大草原骑马，但在这崎岖的山道骑马，还得需要指点。"

乔治笑着说："我从来没有骑过马，已经下决心学好骑马，就从今天开

始吧。"

天已经大亮，队伍上路了。这一带地区属于典型的黄土高原，沟多、梁多、悬崖多，山路曲曲弯弯、忽高忽低，时而沿谷底的溪流走，时而翻梁上山顶，也经常会贴着山崖走很窄的小道，道旁就是很深的山谷。

在窄小曲折的山路上前行，这支40余人的队伍，头尾逶迤也近百米长。虽说大部分人是徒步行军，但是人人精神抖擞，有说有笑，无忧无虑，还经常唱着好听的或是鼓劲儿的歌曲。

乔治努力适应骑马。斯诺能自如地骑马，用英语对乔治说："这两匹马，实在太瘦了，真是骨瘦如柴，马背像一弯新月，骑着不舒服，走得也慢。我还没有骑过这样瘦的马呢。"

乔治有点忐忑不安地说："我骑这马，像腾云驾雾，真担心掉到路旁的深谷里去。真想跟红军们徒步走，我能走的。"

在一片树林中的平地休息时，乔治留意了一下，不仅他们俩骑的马很瘦，队伍里其他所有驮重物的骡子，也都是骨瘦如柴或者老弱病残。乔治嘀咕："难道红军的马都是这个样子吗？我们这支人马，还是中央机关的队伍啊！"

斯诺也禁不住问李长林："请你告诉我，你们红军骑兵的马，就是这个样子吗？难道红军就骑着这样的马打仗？"

李长林笑了，说："才不是呢，你们将会看到我们骑兵战士的马！你们现在骑的是差一点的马，我们将这种差一点的马留在后方了，我们骑兵骑着好马才能在前线打胜仗！"

李长林说起打仗来，眼睛都闪闪发亮："要是有一匹又壮又能跑的马，就是毛主席也不会把它留下而不送到前线去的。"斯诺问："毛主席也骑马吗？"李长林说："长征中，我们毛主席也骑马，也走路，也爬雪山。你知道吗，现在我们在后方只用老马、劣马这些差一点的牲口。"

李长林说到前线，充满了自豪，充满了对胜利的向往："我们红军，什么事情都这样，枪炮、粮食、马匹、骡子、骆驼、羊……凡是最好的都送去给前方的红军战士！如果想骑好马，同志，请到前线去！"

这番充满感情的话，乔治也基本听懂了，朝李长林竖起了右手大拇指，并首次学着用中国话重复着说："毛主席！毛主席！"

乔治让斯诺将刚才年轻的"老红军"李长林说的那段话，准确地用英语翻译给他听。斯诺问："哪一段？"乔治说："老红军讲毛主席和马的那一段。"

乔治听了斯诺的复述，心里充满了上前线的激情。路上，乔治还特意请李长林教他那句中文："如果想骑好马，同志，请到前线去！"

去保安路上：听李长林讲"贺胡子"和一把菜刀

盛夏7月的黄土高原，白天，烈日如火；夜里，天凉如水。晚上借宿在山村，大部分红军战士睡在村里民居平房或窑洞里，乔治和斯诺还是愿意借门板来露宿。李长林给他俩找老乡借门板时，也为自己多借了一块。"天当蚊帐地当床，长征的时候，我们的队伍也经常露天而睡。"李长林将挂包当枕头，把乌黑的手枪垫放在挂包下，接着说，"我要为你俩的安全负责。到了保安，我将向上级建议，给你们每人发一支手枪。"乔治和斯诺对望了一下，笑着说："哈，好啊。我们当红军，是要发枪的。"

乔治、斯诺、李长林，三个人面对满天繁星，自报年庚。斯诺年纪最大，31岁，"老红军"李长林29岁，乔治最年轻，26岁。斯诺说："我们仨，长林是老二，但红军资历最老，是经过了长征的老红军，故事最多。"斯诺到底是记者，很会抓紧时间采访，他指着天幕上的星空说："中国历史上刘、关、张'桃园三结义'很有名，今晚我们来个'星空三结义'，首先请老红军给我们两个迟来苏区的兄弟，讲讲长征的故事。"

斯诺已经在这两天耳闻李长林是一员革命猛将，在长征之初"过五关斩六将"十分精彩。但是，在这个繁星满天的夏夜，李长林给他俩讲的却是南昌起义总指挥贺龙的故事。李长林拍了拍刚放在枕头下的那支手枪，说："今天先不讲红军枪的故事，讲的是红军一把菜刀的故事。"

李长林说："我是湖南人，大革命开始时还是个中学生，加入了国民党，一直留在党内。1925年，我奉国民党之命跟着一个宣传队做一项很重要的工作，去见'土匪头子'贺龙。现在被国民党的报纸形容为'劣迹昭著'

的贺龙，当时却是国民党极力争取的领袖人物。我奉命跟着这个宣传队去争取贺龙参加国民党的国民革命。"

李长林突然提高了声调，强调说："即使在那个时候，贺龙的部下也不是土匪。他的父亲是湖南哥老会的一个领袖，他的名望传给了贺龙。因此，贺龙在年轻时就闻名湖南全省。湖南人都在传说他年轻时的许多英勇故事。"

李长林一说起贺龙，很生动、很有感情。贺龙老家在湘西北桑植县的芭茅溪，山势险要，沟壑纵横，陆路交通极为不便，货物运输全靠水运。那里是湖南通往湖北、四川等省的必经之路。他出身贫苦农民家庭。因家境贫寒，念了 5 年私塾便辍学回家，在家乡艰苦地度过了当佃户、赶骡马的童年和少年时期。1914 年参加了孙中山领导的中华革命党，从事反帝、反封建的武装斗争。曾三度被捕入狱，威武不屈，出狱后再干革命。1916 年，20 岁的贺龙聚集 13 条好汉，拿搜刮民脂民膏的芭茅溪盐税局开刀，以菜刀当武器勇闯县盐税局，夺得一批枪支，响应蔡锷护国讨袁的号召，树起了起义大旗。不久，贺龙担任桑植县讨袁护国军总指挥。由于贺龙首次起义时使用的武器是菜刀，从此"两把菜刀闹革命"使贺龙远近闻名。这支武装在军阀林立的旧社会屡遭失败，几经起落，在贺龙的坚强领导下，逐渐发展壮大，在讨袁护国和护法战争中屡建战功。贺龙天生就是将帅之才。北伐战争之前，在四川涪陵驻军，扣押了为北洋军阀运送军火的日轮"宜阳丸"，缴获全部军火，震动全国。北伐战争开始时，他担任国民革命军第九军第一师师长时，已成为北伐军著名的左派将领。1927 年 6 月，由于战功卓著，升任国民革命军第二十军军长。

对着星空，李长林继续说："我是在南昌起义时跟随贺龙的，我那时刚二十出头。贺龙是起义总指挥，刚刚三十出头，已经是鼎鼎大名的北伐名将、第二十军军长了。军界熟人们称他为'贺胡子'；我们当部下的，叫他'贺老总''贺军长'。起义后南下广东，部队打散了，我跟贺龙到了香港。贺龙说他离不开老家，就先回湖南去了。我留在香港。我在香港做过一段时期的海员工会组织者，后来到江西苏区，成为红军的队长。"

乔治和斯诺听得津津有味。李长林讲了一会儿，正要掏自己的土烟过过瘾，斯诺忙递上自己的骆驼牌香烟。乔治的语言天赋很高，尽管还不会说普通话，但懂基本的上海本地话。在离开上海西行一个月间，都是在说普通话环境下，已经大致能听懂，加上每天都注意学习，也会了不少普通话词语。乔治大体听懂了李长林讲的贺龙，被深深吸引，就忍不住中英结合地慢慢吐字问："贺——将——军，用 knife——刀，kitchen——做菜用的刀，对抗官府的 gun——枪？"

李长林表扬乔治："你真行！能听懂我的中国话。"

乔治用英语对斯诺说，孙夫人宋庆龄女士当年是南昌起义委员会的五个名誉主席之一，她对贺龙当南昌起义总指挥很感兴趣，很想知道贺龙担任南昌起义总指挥时还不是共产党员是为什么。

李长林笑了笑，继续介绍。贺龙不断追求真理，在北伐战争中，逐渐由信仰三民主义转变为信仰共产主义。1927 年，四一二反革命政变后的 7月底，汪精卫决定在庐山召开反共军事会议，追随蒋介石反共。时任国民革命军第二十军军长的贺龙当时掌握七八千兵力，是各方势力竞相拉拢的对象。当时贺龙只有两种选择，要么上庐山反共，要么去南昌追随共产党。贺龙军长主意已定，就是跟共产党走。

乔治问："那个时候，贺龙还不是共产党员？"

李长林说，那时贺龙既不是共产党员，也不是国民党员。江西省政府主席朱培德来拉拢贺龙，送来金条、银元。贺龙对他们说，国民党我不入，要入党，就参加共产党。后来，贺龙跟着共产党在南昌举行起义，在国民党和共产党之间，他毅然选择了后者。李长林说："跟着贺龙，我也加入了共产党。"

李长林说，当时中共的一个领导人谭平山在江西九江，将共产党要举行南昌起义的计划告诉贺龙。贺龙明确回答："我只有一句话，赞成！"7 月 28 日，中共前敌委员会书记周恩来到第二十军军部，亲自向贺龙面告南昌起义的详细计划，并征求贺龙的意见。贺龙当即表示同意。于是，周恩来郑重地向他宣布："党的前敌委任你为起义军总指挥。"贺龙一听，感激万分。"党这样信任我，我激动得连话都说不出来了。"他紧紧握着周恩来的手说。起义前夜，7 月 31 日下午，贺龙在第二十军军部召开军官会议。他说："国民党叛变了革命，国民党已经死了。只有跟着共产党，中国革命才有希望，共产党是人民的救星。我现在要在共产党领导下举行武装暴动，解放人民。我已下决心跟着共产党走了，愿意跟着共产党走的，可以留下继续一起干革命，不愿意的可以离开。"8月1日，贺龙率部队参加并参与领导了南昌起义，担任起义军总指挥。在起义部队南下途中，经谭平山介绍，贺龙加入了中国共产党。

"我好想他啊。"李长林说，"南昌起义军南下转战广东的时候，白匪重兵追来，我负伤了，是贺老总背着我走了两天啊。"看时候不早了，李长林换了话题："两个美国兄弟，夜深了，还有两天山路要走呢。"

贺龙的故事，使斯诺与乔治都没有睡好。斯诺想着明天怎么将贺龙的故事记下来；乔治被贺龙从穷孩子成长为红军领袖的经历所感动，使他产生了许多人生联想。

去保安路上：乔治学唱陕北民歌《当红军的哥哥回来了》

去保安路上的第二天，一早上路的时候，大约是贺龙的故事触发乔治做了一个决定——不骑马了，跟红军战士们一起徒步行军。在第一天的路上，整个队伍的青年红军战士们在行进中打打闹闹、唱歌说笑，但两个"洋鬼子"一走近他们，他们就不说话了，还有点警惕地望着两个洋人。乔治或是斯诺骑马上坡时，有人过来帮忙拉这匹瘦马上坡，乔治或斯诺说"谢谢"，他们也只是点点头而已。现在，乔治不骑马了，斯诺也不骑了。两个洋人个子很高，骑在马背上，确实有点"高高在上"。当他们跟红军战士徒步走在一起时，局面就发生了变化。

苏菲在回忆录里这样记述：

从上路的第二天开始，乔治便舍弃了骑马的优厚待遇，开始跟红军战士们一起步行。没想到乔治的这一"改革"，竟为他和战士们交朋友、向战士们学说中国话创造了条件。他同战士们打着手势交谈，学着他们的腔调讲中国话，战士们也乐得一句一句教他。乔治本来就有学外语的特殊天分。当年他到日内瓦读大学的时候，学校是用法语的，他却一句法语都不会说。可是，当他一认真学，很快就掌握了法语，并成为全班的高才生。来中国后，他还一直没有认真学过中国话。这次进苏区的路上，他见斯诺和中国人谈话，虽然腔调不太准，可中国人都听得懂，他非常羡慕，心里想："只有语言相通，心气才能相通。"于是，他也就下决心要学中国话了。天分加决心，使乔治后来很快就学成了一口地地道道的陕北腔中国话。一开始，他是学些眼前常用的词，如你、我、他、首长、同志、战士、红军、共产党、老百姓、娃娃、婆姨、山、河、窑洞，等等，后来还学了一些当地话，如"二流子""吊儿郎当""一满还不哈"等难说难懂的词儿，再后来就几乎什么都能懂能说了。

昨天骑在马上行军，确实有点"孤独"，在队伍中与战士们一起行军，就有了密切的交流，打手势加上说单词，既有趣味又促进感情和交往。

乔治先用手势加语言介绍自己：老家在西边很远、很远的"黎——巴——嫩"，中东的阿拉伯人，出生在美国，老爸是钢铁工人。战士们听得似懂非懂，但是很高兴！有个战士就问："你虽然鼻子大、头发卷，但你是工人的儿子，怎么有钱读大学当医学博士？"乔治先做挖地的手势，再做双手捧书本的手势，努力用中文说："我一边做工挣钱，一边读书，'半工半读'。"有个战士说："别看你是洋人，也是苦出身，今后你不算'洋鬼子'啦！"大家鼓掌赞同。队伍里的人也自我介绍，乔治很快就了解了战士们的老家。这支队伍中，好些是江西苏区来的，也有在贵州、四川参军的，还有陕西、甘肃的。他们大都是青年人，是农民的儿子。问起他们为什么参加红军，他们都说，为了一个共同的目标——打倒日本帝国主义，打倒喝农民血的地主，打倒国民党反动派。他们说，虽然现在苦一点、累一点，甚至上战场也许会牺牲，但是，他们对革命的前途充满了信心。

中午歇着时，队伍唱起民歌来。有个来自江西的战士开头唱起家乡的山歌："哎呀嘞，苏区干部是好作风哎；里格自带干粮去办呀格公，哎呀日穿草鞋格干革命；哎呀同志格，夜打灯笼访贫呀格农。"跟着和唱的歌声此起彼伏，热闹起来。有个红军就唱起了贵州山歌《打草鞋》："青酒香，江水甜，妹打草鞋在水边；哥当红军走千里，金戈铁马笑开颜！"乔治身边有个甘肃的红军小吴也唱得很动听："白天嘛山口望你了，月夜里窗前想你了；眼睛里冒出金星了，当红军的哥哥回来了！"……山歌唱起来，山路行军的疲劳就消失了。歇完了晌午，又上路了，乔治拉着小吴，一边走，一边要小吴教他用当地话唱《当红军的哥哥回来了》。乔治本来唱歌就嗓门大，音域宽厚，现在他学唱中国民歌，努力争取做到发音准确，不计较好听不好听。但是，他是个外国人，在红军队伍中唱中国民歌，就是一道很有魅力的风景线。小吴称赞乔治洋腔土调唱得好，还告诉他说，《当红军的哥哥回来了》有好多种地方唱法，各有各的歌词，各有各的味道。

黄昏夜宿村庄之前，战士们在山谷的河溪里光身子洗澡。乔治观察到这些红军虽然大都是小青年，但有半数以上的战士身上都有伤疤，除了个别有点发红的是烧伤疤痕，大都是枪伤经手术后留下的，有线状、蹼状、桥状等各种形状的疤痕。他看李长林的胳膊、大腿及腰背部有好几处伤痕，有的已经是萎缩的老疤痕了。李长林乐观地笑着说："哈哈，贺老总说子弹跟他姓贺的没缘分！我呐，子弹没打中关键部位，所以我还活着，能接待你们俩。乔治大夫，你别看我带领的大都是小青年、大孩子，但他们大都经历过长征的枪林弹雨。"

乔治问："红军长征走那么长的路程，经历那么多战斗，伤员手术是怎么做的？有战地医院或流动医院吗？"李长林说："在江西苏区瑞金，我们有红军总医院。长征的时候，医院也跟着队伍行进呐！连 X 光机都背着长征。"

乔治佩服地说："看着战士们这些伤疤，我就知道，你们红军队伍里真有好医生啊！"李长林说："我们红军有四大名医，叫作'四大金刚'，他们有的还抢救过周恩来副主席，《红色中华》报都表扬过他们呢。"

乔治听了，觉得热血沸腾，很兴奋。

第三天早上，队伍集合整装时，胡金魁对乔治和斯诺说："你们俩看我们队伍少不了唱歌，也爱学我们唱歌。你们知道吗？我们长征就是一路战斗、一路唱歌走过来的。"李长林则对大家说："今天下午就要到保安了，我们一起唱一首《当红军》！预备——唱！"

40多人的队伍，唱着《当红军》的山歌出发了。刚刚出山的太阳，照在他们一张张充满激情的脸上，歌声在山谷里回荡——

> 吃上红军饭，浑身都是豹子胆！
> 穿上红军衣，冰冻三尺不觉寒！
> 扛上红军旗，做梦也喜欢；
> 踏遍三山五岳，打倒土豪劣绅，
> 当个红军铁好汉！当个红军铁好汉！

乔治很喜欢这首《当红军》，唱得他心里痒痒的。

队伍里的战士们在路上几乎整天都在唱歌，能唱的歌无穷无尽。他们唱歌没有人指挥，都是自发的，而且唱得很好。只要有一个人什么时候来劲儿了，或者想到了一首合适的歌，他就突然唱起来，指挥员和战士们就都跟着唱。乔治发现，他们还会从当地农民那里学新的民歌，那时教唱的农民就会拿出当地的乐器来伴奏。

路上，李长林还告诉他俩："长征路上，我们打胜仗的时候，毛主席兴奋得都写歌，写了一首《长征》歌！他自己用湖南口音吟唱才最好听呐。有一次，我给毛主席送文件，在窑洞口听到主席在吟唱《长征》，好听极了！我等他吟唱完了，才在门外喊'报告'。"

西北苏区从没来过外国人，因此这支夹杂了两个外国人的红军队伍，在去保安的路上穿村过寨时，都会引发当地百姓的好奇和围观。在去保安途中的第三天，队伍在路边一个村子歇晌吃午饭，村里的一群娃娃就围了上来，惊讶地上上下下打量这两个洋人。娃娃们大约在议论，怎么这两个洋人跟我们的红军一起吃饭、抽烟，关系看着很融洽呢。斯诺抓紧机会采访这群娃娃。乔治在一旁则很注意地听着。斯诺问："你们知道什么是共产党员吗？"娃娃们你看看我、我看看你，然后一个10岁出头的男娃勇敢地说："共产党员是红军中勇敢打白匪和国民党的人！"旁边一个小点的娃娃马上接着说："共产党员还帮我们打地主和资本家！"

斯诺问："你们这儿有地主、资本家吗？"

娃娃们抢着答话："没有了，早吓得逃跑了。"

斯诺问："他们怕什么？"

娃娃们傲然地齐声回答："怕咱们的红军啊！"

乔治在旁听懂了这些对话，也忍不住用生硬的中国话发问："娃们，你们长大了，想做啥？"所有的娃娃们都说："当红军！当红军！"其中一个娃娃更是高声说："我要当红军的骑兵！"乔治又问："有没有想当医生、大夫的？"

后排一个十余岁的女娃说："俺想当大夫，我们这儿叫'郎中'，俺外公就是保安街上的好郎中！"乔治笑说："好啊，我也是郎中！"

红军队伍的纪律似乎都是靠大家自觉遵守的。当队伍走过山上的野杏树林时，他们忽然四散开来去摘野杏，个个装满了口袋，总是有人给这两个外国人带回来一把。上路时，他们好像一阵大风卷过一般重新排列成行，快速前进，把耽误了的时间补回来。乔治注意到，队伍走过私人果园时，却没有人去碰一碰里面的果子。他们在村子里吃的粮食和蔬菜，是农民自愿把自己的一点点食物卖给他们的，胡金魁照价付钱，农民毫不犹豫地收钱。他们在中午或傍晚到达某个村子时，村农会主席就立即给他们安排住处，指定炉灶给他们使用。乔治常常见到农村妇女或她们的女儿们自动给红军战士拉风箱生火，同他们说说笑笑——就此，斯诺对乔治说，对中国妇女，特别是陕西妇女，这是非常开通的一种现象。

第三天下午，队伍走到最后一个山坡上，大家一阵欢呼，红都保安在望了！乔治、斯诺及红军战士们，个个都雀跃起来。队伍里的青年战士在热乎乎地向往着，到了保安返回部队，就可以成为操作无线电收发报机的通信战士；乔治、斯诺两个人，心里也热乎乎的，但与其他人有着心理感觉上的差异。乔治虽然从来没有到过这黄土高原，心里却萌生了一种"归宿"般的独特感觉。

苏菲女士在回忆录里是这样记述乔治和斯诺的：

> 当天下午，当乔治随众人走下最后一个山坡，到达被称为
> 红都的保安时，他似乎产生了一种找到归宿的感觉。在他俩接受
> 周恩来的建议三天之后，斯诺曾问他："乔治，你说我们用得了
> 九十二天吗？难道这里真有那么多可看、可访的吗？"乔治当时
> 没有明确回答。在他结束了进入红都的全部旅程之际，他却在心
> 中有了答案："九十二天为时太短了！"因为，他意识到自己不
> 仅爱上了这里的山山水水，而且爱上了这里的人和他们所追求的
> 理想。

乔治和斯诺到达保安，斯诺拿出了北平地下党写的介绍密信

乔治终于要见到毛泽东了！7月13日下午，乔治和斯诺是在太阳下
山之前来到保安的。队伍从东边安塞山区最后一个高坡顶上下来，西边苍
莽黄土高原一个盆地间的苍翠平川中，就是保安县城。这是一座不大的古
城，山顶有炮楼的残迹，山腰上有一排排整齐的窑洞，古城以及天空、大
地都沐浴在灿灿的金黄色中。乔治的心情非常激动！李长林给了乔治一个
望远镜，自豪地说："保安城，曾是中国抵御北方游牧民族入侵的边防要塞。
最近红军修缮了一道高大的砖墙，围绕着旧房子的老街，就是现在保安城
所在。古城后面那座山，古代叫炮楼山，山麓下有三五个大窑洞，中间那
个大窑洞顶上飘着一面红旗，就是我们中华苏维埃政府所在地。"乔治看
到了所有黄色中的那一点红，就是中华苏维埃政府的红旗。他将望远镜递
给斯诺，说："我真觉得夕阳下高原古城有一种很壮观的美！"斯诺接过望
远镜看了看，说："要是没有太阳光来照着这一切，它就显得太苍凉了。"
胡金魁在一旁解释说："一个来月前，毛主席和中共中央及中央军委的

各个职能部门，刚刚从瓦窑堡搬来这里。我们
中华苏维埃政府那面红旗，原来是插在江西瑞
金苏维埃政府大楼顶上的，经过二万五千里长
征，现在插到了陕北高原！标志着我们的长征
胜利了！"

乔治的心情一直平静不下来。长途跋涉的
疲乏消退一些后，他对李长林说："我在上海时，
就向往去瑞金中央苏区了，要是我当年能去江
西，我也能从瑞金长征走到这里啊！"

乔治、斯诺和小分队来到保安古城。一走
进城门，就看到狭窄的街道两旁站满了欢迎的
军民。乔治和斯诺穿过夹道欢迎的人群，看着
一张张热诚、友善、朴素的笑脸，挥动的手臂，
听着各种口音及陕北地方话同说的"欢迎！欢
迎！"，他俩又惊喜、又激动。欢迎的红军战
士挥动着一面有镰刀斧头标志的红旗，上面写
着"中国人民抗日红军"字样。一条大的横幅
上用中英文写着："欢迎美国朋友访问苏维埃中
国！"街墙上还写着这样的标语："打倒日本帝
国主义！""中国革命万岁！"……

图 4-2　胡金魁（斯诺摄）

图 4-3　吴亮平

胡金魁把两个美国朋友安顿在苏维埃政府外交部招待所里，这个新盖
的外交部招待所，是一个有四间房的砖房结构小院落。乔治和斯诺合住一
间。胡金魁告诉他们："我们按周恩来副主席事前所发来的电报，落实了食
宿，准备了隆重的军民欢迎仪式，落实了你们对毛主席的访问安排。"

胡金魁还将一个年轻红军干部介绍给他俩。他瘦削精干，戴了一副圆
框近视眼镜，一看就是红军中的秀才。胡金魁说："他叫吴亮平，中共中央
宣传部副部长，是我们中央红军中有名的'英语秀才'。周恩来同志特别'点
将'安排他来给你俩当采访毛主席的翻译。吴部长长征的时候，是中央纵
队的秘书长，听惯了毛主席很重的湖南地方口音。"斯诺看见吴亮平很年轻，
岁数与乔治相仿，却是中共中央管宣传的高官了，就抱歉地说："那就委屈

图 4-4 ● 毛泽东在保安

吴部长，我们将占用你不少时间。"

斯诺从包里拿出一本精装英文书，书内夹着一封英文信。他掏出写着英文的信纸，郑重地递给吴亮平："这是美国的家里写给我夫人的家信，信纸的背面是北平地下党领导人徐冰为我写的介绍信，是用隐形墨水写的，是写给毛泽东的。"

吴亮平很高兴，说将信显影之后呈给毛主席。之后，他介绍了相关的情况，早在当年5月间，毛主席带领红军渡过黄河东征山西，打了胜仗，回到陕北，中央收到了北平地下党秘密交通转来的美国记者斯诺来苏区采访的提纲；5月15日下午，毛泽东、张闻天等中央政治局常委们在大相寺里开会，这是讨论国际关系和中共外交政策的专门会议。毛泽东和其他中央领导人随时准备迎接美国客人的到来。在此会后，毛泽东还提出请冯雪峰向宋庆龄先生转达，邀请这个美国记者斯诺先生，同时邀请一位外国医生，一起来访问苏区根据地。吴亮平介绍情况之后，笑着说："我参加了大相寺会议，会议确定我作为你们访问毛主席时的英文翻译。"

乔治和斯诺听了这番介绍，感觉到毛泽东及中共领导层对他俩的到访高度重视，早就认真做了准备，两人均很兴奋，期待着从访问毛泽东开始，做好这次采访活动。吴亮平还说："从江西中央苏区一直到陕北，在战争环境下，毛主席都是夜里工作。刚才已经约好，晚上9点以后，你们就可以到毛主席的窑洞开始采访。"斯诺伸出大拇指说："OK！苏区政府想得太周到了。我从北平出发的时候，动员了我大学里一个毕业班的进步学生，名叫王汝梅，专门到这里来为我们做翻译。王汝梅已经在路上了，可能从西安到保安会有一些耽误。"

就在此时，浓重的湘音很响亮地响起："欢迎美国朋友，你们辛苦了！"

随着话音，一位身材高大、40岁出头的红军干部走了进来。乔治和斯诺一看，眼前来人乌黑头发浓密齐耳，嘴唇饱满，下颌有痣，面容清瘦。房里的吴亮平忙介绍："这是毛主席，毛主席来看望你俩了。"毛泽东与两人握过手之后，平和地对他们说："你们远道来到大西北山里，很不容易。你们先休息一下，吃了晚饭，先在保安城里走走，熟悉一下山城环境，明天夜里，由亮平部长陪同到我那里去。"

7月14日下午，在保安古城街口与炮楼山山脚之间的平地上，举行了欢迎大会。乔治后来回忆，会场大约有美国橄榄球场那么大，红旗飘扬，人头攒动，军民欢呼。会场挂有一条大横幅"欢迎美国友人大会"。

图 4-5　在保安举行的欢迎美国友人大会（斯诺摄）

中华苏维埃政府在此举行了美国朋友乔治和斯诺的欢迎会。斯诺用照相机拍下了这次欢迎大会上军民欢呼的镜头。这是乔治和斯诺在红都保安受到热烈欢迎的珍贵历史照片，也被后来的中共党史相关书刊及中央和地方博物馆使用。中共中央机关及苏维埃政府几乎所有在保安的领导人都参加了这次活动。领导们站在队伍前列，他们与乔治、斯诺一一亲切握手，并通报自己的姓名，有张闻天、博古、林伯渠、徐特立等，还有女红军干部邓颖超、贺子珍、蔡畅等。乔治是在投身革命以后才熟悉这些在中国革命史上赫赫有名的人物的。欢迎大会开始时，穿补丁裤子的毛泽东也赶到了。

张闻天请毛泽东致欢迎辞。当时的苏区会议，没有话筒、喇叭之类的扩音设备，但是当毛主席的身影出现在会场前排时，整个欢迎会欢呼声与掌声雷动。毛泽东对着乔治、斯诺和在场的中共中央及中华苏维埃政府的领导干部等，尽可能大声地讲了几句简单的欢迎辞："在日本帝国主义侵略中国的时候，在我们经过万里长征到达陕北的时候，在蒋介石大军'围剿'红军遭到失败的时候，有两个美国朋友冲破白军的重重封锁线，来到苏区根据地红色政权作访问和考察，我代表中华苏维埃政府和中共中央，对他俩的到来表示最热烈的欢迎！……"

据胡金魁后来回忆，当记者的斯诺当时激动地说："我有生以来第一次受到一个政府全体内阁成员的欢迎，也是我第一次接受一个城市全体居民的欢迎。"当医生的乔治，面对这样真诚的欢迎，则是很感动地说："我再次感觉到，我是回到家了！"

7月15日晚上9点后，炮楼山上多排窑洞的灯光都熄灭了。吴亮平指着还亮着灯的窑洞说，这是毛泽东和夫人贺子珍住的地方。还说，民间传闻这排窑洞是北宋名将杨业的士兵挖掘的。他们走进了毛泽东住的窑洞。这是两间连通的非常原始的窑洞，天花板和墙壁都是从岩石中凿出来的，下面则是砖块地。窗户也是从岩石中凿出的，半窗里挂着一幅布窗帘。窑洞里有一张原木本色方桌，铺了一块清洁的红毡，蜡烛在上面闪烁着火花，还有两张木条凳。窑洞四壁简陋，只挂了张军用大地图。乔治后来曾对人介绍说，毛泽东在保安唯一的奢侈品是一顶蚊帐；除此之外，他的生活和红军战士们没有什么两样。乔治很感慨，毛泽东作为红军领袖，千百次地没收了地主、官僚和税吏的财产，占领过好些县城，他所有的财物却依然是一卷铺盖、几件随身衣物——包括两套布制服。要知道，他除了是主席以外，还是红军的指挥员，但他所佩的领章，不过只是普通红军战士所佩的两枚红领章；作为领导人的标志，就是土炕上两只不大的铁皮箱。乔治在白家坪周恩来的炕上也见过两只同样的铁皮箱。

毛泽东交叉着腿，盘坐在从岩石中凿出的一个很深的壁龛里，吸着一支卷烟。他对这两位美国人很客气。见面寒暄时，毛泽东用手指指着脑壳，不拘礼节，幽默地说："我和我同事的脑袋，都被蒋介石悬赏标了价钱，你们两个闯入'匪区'的外国人，虽然没有标价，也在砍头之列啊。"大家都哈哈笑了。贺子珍从隔壁房间里拿出这一带山里的特产——野杏制成的蜜饯来招待他们。乔治认识这些野杏，在来保安的山路上，队伍里的红小鬼爬树采摘给他俩品尝的就是这种野杏，有点酸。毛泽东说："我讲话乡音难改，但是，有我们红军的大秀才做翻译，你们慢慢就会听得懂的。"这使乔治感到自在多了。

关于两个美国人一到保安，很快就获得毛泽东接见，苏菲女士在回忆录里有这样的记述：

到保安不久，斯诺和乔治就受到了毛泽东主席的接见。开始乔治的心情非常激动。毛泽东的名字，他早就熟知了。然而，这位让蒋介石不惜出二十五万光洋赏钱要他脑袋的人，究竟是怎样一个人呢？乔治可一直捉摸不透。这次一见面，他才发现毛泽东的气质果然非凡。当时，毛泽东比较瘦削的面容，比别人高出一头的身材，潇洒地梳向脑后的长发，以及在高鼻梁和高颧骨衬托下那双炯炯有神、仿佛能看透人生的眼睛，使乔治不仅感到他是一位精明过人的中国知识分子，而且感到他雄才大略，在他身上潜藏着一种实实在在的无法扼制的力量。乔治暗想："也许正是因为他的这些特质，人民大众才信赖他，毫不迟疑地追随他，以致使蒋介石的政权如同坐在火山口上，随时都有崩塌的可能。"

7月15日，毛泽东首次会见的美国人：乔治和斯诺

山城红军的熄灯号吹过之后，对毛泽东的访问开始了。担任翻译和记录的吴亮平，戴着近视眼镜，坐条凳伏在窑洞当中的木桌上。一支蜡烛显得不够亮，贺子珍又新添了一支。毛泽东先问了斯诺的访问计划，知道周恩来对此做了具体安排，表示愿意向两位来访者介绍中国共产党的斗争历史和当前的政治主张，以及与国民党建立抗日民族统一战线，坚持全民动员抗击日本帝国主义侵略的方针、政策等。同时，毛泽东向乔治提出一项特别委托。毛泽东说："请您——海德姆博士，特别到我们苏区的每个医院去看看，地方医院、红军医院和主要的诊所，希望你能在改善苏区医疗卫生条件、提高医生素质等方面提出具体的意见；另外，我们计划创办一所医科大学，也希望你结合考察情况，提出一个筹建方案。"

刚刚见面，就得到中共及苏区最高领导人毛泽东如此信任及特别委托，使乔治特别兴奋。这说明中共领导层委托宋庆龄女士请一个可信赖的外国

医生来考察，是对苏区根据地的医疗卫生建设有深层考虑的。这也正合他自己的想法。他在上海办私人诊所两年多来的体会是，他要为穷困无助的百姓治病，也要为苦难的中国社会治病，这就是最好的机会！于是，乔治激动地回应说："我一定尽最大的努力来做，也不辜负孙夫人宋庆龄女士的推荐。她对我帮助很大，在上海给了我很多教益。"

毛泽东问："听说你读过不少马克思著作。"

乔治说："我在上海时参加了国际马克思主义理论学习小组，有德国人、美国人、奥地利人、荷兰人，还有中国人，新西兰人路易·艾黎是我们的学习组长。"

毛泽东风趣地说："你们这是国际联盟。学过了哪些著作？"

乔治说："我参加小组之后，读过《共产党宣言》《雇佣劳动与资本》。我从欧洲来，刚参加学习不久，还没有深入研究。学习了马克思主义理论对于我在上海工厂写包身童工调查很有益处，能看到问题的本质。"

接下来，斯诺对毛泽东的访问在轻松愉快的气氛中开始了。斯诺首先提出的问题是："苏维埃政府对资本主义国家的总政策是什么？"

毛泽东兴致勃勃地逐项回答斯诺提出的问题。斯诺全神贯注地倾听，并在其硬皮笔记本上记录。吴亮平用钢笔在桌面的稿纸上迅速地记录。乔治则边听边观察着毛泽东对红色中国革命事业的叙述。毛泽东时而娓娓道来，时而激情高昂地打起手势，有时还会从炕上下来，一边踱步一边阐述。乔治始终觉得他充满着自信。乔治也观察着吴亮平。吴亮平带着两支黑杆钢笔。乔治拿起摆在桌面备用的那支笔看了一下，是进口"派克"笔。苏区使用的纸张发黄，比较粗糙，吴亮平做记录笔速很快，笔尖与纸摩擦发出有节奏的沙沙声。吴亮平把毛泽东对斯诺所提问题的回答用中文全部记下来，由毛泽东改正——毛泽东对具体细节力求准确是有名的——之后，吴亮平再译成英文。靠着吴亮平的帮助，这些访问记录被译成英文。经过这样的反复，报道的文字很少有错误。

时间已经过了凌晨2点，无论是斯诺，还是乔治，都已经眼皮沉重、精疲力竭，但是，毛泽东却没有丝毫倦容。在吴亮平翻译和记录以及两个美国人全神倾听的时候，毛泽东更多的是在窑洞里两个小房间之间来回踱步，讲到关键问题，他也会坐下来倚着桌子翻一下报告，有时甚至在炕上躺着讲一会儿，然后又起身坐着继续按他的思路讲。吴亮平看到两个外国人实在太疲倦了，就提醒毛主席：下一个问题是抗战，是个大问题，今晚再继续。贺子珍也没有睡，送两个客人出门，还对吴亮平说："小吴，你太辛苦了。"窑洞门口那个站岗的士兵向他们行了一个军礼。

在走回招待所的路上，乔治问吴亮平："刚才毛主席对我的委托中，有一条是筹办医科大学调研考察，并提出一个筹办方案。"

吴亮平说："对于红军和苏区的医疗卫生工作，毛主席在江西苏区时就很重视，在红军长征途中也格外关心。我们有一个红军卫生学校，是在长征中坚持下来的。毛主席是要将它扩大办成医科大学。"

吴亮平还说："毛主席对医生也很有感情，他妻子贺子珍长征中遭遇敌机轰炸，身上伤了二十来处，血肉模糊，已经奄奄一息。毛主席骑马赶来，流着泪对医生说，拜托了，一定要救活她啊。"

乔治立刻感觉到自己担子不轻，就说："亮平部长，改天你带我多去看看。"

吴亮平对乔治说："根据周副主席的嘱咐，在你俩见过毛主席以后，您可以单独对苏区和红军医疗卫生工作进行考察访问，也可以和斯诺先生一起访问。您考虑一下，明后天再给我一个答复。"

乔治马上就答复说："我和斯诺一起访问了周副主席和毛主席，这样的访问太独特、太新鲜了，也使我这个当医生的有了很大的收获。无须等明后天了，我现在就可以答复您，我决定不单独进行自己的访问，我将和斯诺先生一起完成他计划的访问工作，同时在方便的时候，进行医疗卫生工作考察、访问。我觉得，斯诺先生也会感兴趣参加的。"

同行的斯诺听了，表示说："亮平部长，我很赞同乔治的意见。"

斯诺和乔治沿山坡下来，走回山脚附近的招待所里，躺在床上，却睡意全消，刚才与毛泽东的谈话似乎又回响起来。与毛泽东的会谈，给他们俩留下了强烈的印象。两人都没有入睡，各自谈起了自己的感受。

乔治说，毛泽东谈话时那种从容镇定、充满自信的神态，好像共产党在当时对全中国已经有了毋庸置疑的领导权。他连共产党掌握了全国政权之后的总体政策、规划都有了具体构想，包括经济怎么发展，甚至具体讲到了怎么建设铁路、航空，怎么发展工业和农业，怎么引进外国合理的投资，开展国家之间公平的贸易往来，怎么与西方帝国主义列强打交道，怎么开放数亿中国人中蕴含的巨大创造力和生产力，怎么为全中国人民谋福利，怎么进行灾荒救济……毛泽东还具体考虑了医疗卫生相关工作，对我有特别委托，我自己将有很多事情要做啊！毛泽东强调说，一个独立、自由、富足的中国，对全世界将有伟大的贡献。乔治这几年已经体验到中国社会的苦难，因此深为毛泽东所描绘的新中国蓝图而振奋，觉得毛泽东和朴素的共产党员们在一起，经过艰苦奋斗，一定能够实现这样伟大的蓝图。他自己考虑要成为他们当中的一员，来完成这个光荣而艰巨的使命。

中美建交之后，在不少中美关系的相关著述中，都提到了 1936 年 7 月 15 日晚中国西北红都保安一孔古窑洞中这次重要的见面。

毛泽东不愿意谈个人经历，引出了乔治的美国式幽默

7 月 16 日早上，乔治醒来时，就听到打字机键盘敲打的声音。斯诺说他很兴奋，睡不着，就用英文打字机做访问记录了。苏区的外交部招待所虽然不大，却是保安新建的最好的院落。乔治和斯诺要分多日采访毛泽东，就只能顺应毛泽东的生活、工作节奏。毛泽东夜里工作，早上睡觉。乔治只是小睡了几个钟头，早上起床后就去找李长林。原来，昨日午饭后，乔治曾在招待所院子里遇到李长林。李长林陪着三个戴礼帽、穿长袍、神态威武的精壮汉子，说毛泽东下午接见这几位哥老会领袖。这三人见乔治是外国人，便露出不屑的神色；当时李长林见乔治似乎有话要讲，就主动说："我们改日再见面。"

李长林是乔治从安塞来保安的三天山路上接触、交流最多的红军干部。乔治和李长林来到招待所院子大门旁边的一棵树下谈话。乔治告诉李长林关于毛泽东给他的特别委托，因此，他除了跟斯诺一起采访毛泽东、张闻天、

博古等中央领导人外，还要访问医院、诊所及医护人员，考察筹办医科大学的事，需要他帮忙。李长林说："毛主席已经说了，由胡金魁和我负责接待你们俩的访问和安全，3个月时间，直到你们俩离开苏区。我与胡金魁商量了，每人侧重管一个，我是负责您的。"

这时，斯诺敲键盘告一段落，于是乔治、李长林一起到房间内说话。说起昨天乔治遇见哥老会领袖的尴尬，李长林说："哥老会的人从来就不喜欢洋人，你不要在意。"说起哥老会，斯诺兴趣来了。斯诺对乔治介绍说："哥老会是中国有名的帮会组织，支持过辛亥革命，是活跃于长江流域，声势和影响都很大的一个秘密结社组织。曾被湘军利用打太平天国，获胜之后，湘军遭裁撤，十几万湘军裁得只剩下两万，哥老会大批会员失去了吃饭的渠道，兵荒马乱的年月他们能怎么办？"李长林接着说："就只能打家劫舍。在我老家湖南，谁家最有钱，金银财宝最多？当然是曾国藩家最有钱。但他们也惹不起哥老会，就搬家离开湖南迁去江宁了。"

斯诺说："你不是说贺龙当年也曾是哥老会头目吗？"

李长林说："不仅贺老总是哥老会的，'基督将军'冯玉祥也是哥老会的。贺老总入党当红军了，冯玉祥也表态不打内战，支持全民族抗日。"

斯诺说："前些年，我得知蒋介石曾拉拢、联合哥老会'围剿'红军的。这次，我们经过西安途中亲身体会到，红军正在加紧与张学良东北军进行联合抗日。今天哥老会领袖也到保安来了，毛泽东和中共是真正地在实施抗日民族统一战线了。"

李长林说："昨天毛主席会见他们时，就以中华苏维埃政府主席的身份发表了《中华苏维埃中央政府对哥老会宣言》。宣言肯定了哥老会在辛亥革命中'光荣的事迹'，并指出：不管我们过去相互间有过怎样的误会与不满，现在都应该忘却和抛弃，我们要在共同的抗日救国要求下联合起来，共赴国难。我们欢迎各地、各山堂的哥老会山主大爷，四路好汉弟兄，都派代表来或亲自来与我们共同讨论救国大计。"

接着，吴亮平和胡金魁也来了，5个人一起研究乔治、斯诺最近访问活动的安排。吴亮平说，因为夜里整晚采访毛主席，每天下午，两个美国人可以按着周恩来副主席的计划，在保安访问其他主要领导人和红军老干部，还可以访问红军大学等单位。在保安的访问告一段落后，重点就是到中央红军的西征前线，访问红军将领、基层连队和战士。红军医院的主要力量在前线为战争服务，这是乔治所要考察的。斯诺提出："我们看到了经历过长征的红军女干部，这也是我们很希望访问的对象。"

乔治则提出："毛主席委托我做一份建立医科大学的筹办方案，我听说这里有一个很有名的红军卫生学校，也很想考察一下。"吴亮平说："你们俩的访问、考察想法都很好。红军大学是上个月跟中央机关和政府部门一起从瓦窑堡搬过来的，学校很欢迎你们去，还欢迎你们给学员们讲课。"

斯诺一听要上课，就说："我是作为新闻记者来考察的，从来没有想到要讲课，没有准备啊。"

吴亮平说："毛主席及其他中央主要领导人都要去讲课。你是北平著名燕京大学的讲师，不讲不行啊。"

吴亮平继续说："海德姆博士，你说的红军卫生学校，是我们早在江西苏区就办起来的红军军医学校，在红军长征过程中做出了重要贡献。去年秋天，红一方面军与红四方面军会师之后，一直跟着红一方面军的红军卫生学校分成了两部分，贺诚校长带领学校主要部分，跟朱总司令留在四川与红四方面军一起长征，另一部分跟红一方面军主力先行北上，胜利到达陕北。先来保安的红军卫生学校的那拨人，目前合并在红军大学，作为医学分校。你们在考察红军大学时，可以跟这部分师生见面。"

乔治有点着急地问："朱老总带领的那部分师生什么时候到保安？"

李长林说："快了！他们已经在路上了。红军卫生学校主力过来，就可以开办医科大学了！"

乔治格外兴奋："真是太好了！"

这天下午，斯诺和乔治访问了张闻天，采访是在张闻天所住的窑洞里进行的。

这天晚上，他们继续采访毛泽东。按事前的采访清单，访谈的主要题目是中共的抗日民族统一战线政策，以及中国全民抗战的一些问题。见面寒暄时，毛泽东也谈到昨天接见哥老会领袖，就是为了团结他们也参加全民抗战。在正式谈抗日主题之前，斯诺交给毛泽东两页纸的问题清单，上面开列了一大串有关毛泽东个人的问题。

斯诺说："主席，很抱歉，当记者的就爱追根究底。"

来保安之前，斯诺开列的清单是有关中国共产党、苏区及中国革命的 11 个大问题。毛主席谈这些问题时，很少提到自己在事件中的作用。这两天，乔治和斯诺商量了一下，以为要想请毛主席对外国访问者谈个人详细情况是不可能的。据他们所知，主席似乎从来没有对国内记者或采访者谈他个人的经历和其他个人问题。很显然，主席认为个人是不重要的。他也像这些天来他们俩所遇见的其他共产党人一样，往往只谈苏区、委员会、东征、军队、对白匪的战役和战术、后勤和装备等，很少谈到个人经历。

乔治说得更具体："斯诺和我，很想听红军队长李长林在长征中过五关斩六将的故事，但他就是不愿说他自己，反而讲贺龙的菜刀怎么厉害。"

毛泽东乐了："你们有福气啊，能听贺龙军长身边的勇将生动地讲贺军长的故事。"

乔治说："我与斯诺私下讨论过，红军领袖和将领不愿详谈个人私事，甚至不愿谈他们的个人经历和功绩，也许是出于谦虚吧。红军的三大纪律八项注意也没有这一条——不准谈个人经历和功绩，当然不会是顾忌我们出去传播，让有些好事者或贪财者去领人头上悬着的赏金吧。"

毛泽东忍不住笑起来，接过了斯诺那两张关于个人问题的单子，说："我很喜欢海德姆博士的美国式幽默。好吧，改天我看看单子里问的是什么个人问题。今晚，先讲抗日国策大问题。"

毛泽东讲长征讲到高潮时挥毫书写《长征》诗

长征，在中国共产党及中国革命史中占据了特别重要的地位，是一部伟大的史诗。没有"长征"这一段悲壮而辉煌的章节，中共党史和中国现代革命史的走向难以想象。"长征"成为一个脊梁和骨架，把 1949 年前中国革命的两个重要历史阶段——瑞金时期和延安时期连接起来，它对中国共产党及其军队的意义，对于新中国的诞生和成长的意义，不言而喻。

根据《毛泽东年谱》记载，1936 年 7 月底以前，毛泽东接见斯诺和乔治这两个美国友人，一共谈了 15 日、16 日、18 日、19 日、23 日 5 个晚上，这无论在以前，还是以后，毛主席接见中外记者或外宾史上，是绝无仅有的。而在这 5 个晚上之中，毛泽东用来谈红军二万五千里长征的时间就占了 2 个多晚上。

毛泽东充满激情地对美国友人说，没有什么比长征更能考验革命者对理想的坚守了！长征胜利到达陕北后，中共中央瓦窑堡会议决定，凡参加了长征而不是党员者，一律入党。毛泽东解释说，1934 年 10 月，红一方面军长征出发时有 86 000 余人，到强渡湘江时，遭到重大伤亡，只剩 3 万余人。这个数字足以证明长征之悲壮绝世。参加长征的同志每天冒着枪林弹雨、围追堵截，食不果腹，吃草根、啃树皮，饥寒交迫，是极其艰难困苦的。最后抵达陕北的红一方面军总人数进一步减少。长征的艰苦卓绝是铁的事实，特别是翻雪山、过草地，红军战士牺牲很多，战斗极为壮烈；在川西北藏区，也是红军粮食极度短缺的最艰苦阶段，红军因饥饿和寒冻造成的非战斗减员极为严重。但这些不是长征的全部。在长征途中，红军大部分时间是穿行在汉族地区，一路宣传革命，发动群众，打土豪，分浮财，获得群众拥护，也补充部队给养；在物质条件相对好的地区，红军也会上街与当地百姓公平交易、改善伙食；在胜利报捷时，也开篝火联欢会表演节目；等等。

毛泽东自己也几乎是徒步走完二万五千里长征路的。讲起长征，讲到激情高涨时，毛泽东就在那石凿的窑洞里，用浓重的湖南地方口音全身心投入地吟诵他那首《长征》，抑扬顿挫，节奏鲜明，高亢之处有如万马奔腾，低缓之处有如浪平蓄势……

红军不怕远征难，万水千山只等闲。
五岭逶迤腾细浪，乌蒙磅礴走泥丸。
金沙水拍云崖暖，大渡桥横铁索寒。
更喜岷山千里雪，三军过后尽开颜。

他先整体吟诵一遍，然后再逐段逐句地朗读，以供吴亮平逐句翻译给两个美国人。深受感染的斯诺和乔治，要求吴亮平将每句诗的英译文字给抄写下来，一式两份。尽管吴亮平还没有来得及进行英语翻译，乔治已经通过毛主席创作及亲自吟诵的这首诗，感受到中国工农红军二万五千里长征是英雄创世的鸿篇，以及震撼世界的精神特质。乔治和斯诺作为首先聆听毛主席吟诵《长征》诗的美国人而感到自豪。乔治后来曾对来延安的美军观察组成员们说起红军长征及这首《长征》诗，使来中国参加抗战的观察组官兵很感动。再后来，36 年后的 1972 年 2 月，尼克松总统攀登八达岭长城时，就情不自禁地吟出毛主席所写的长征相关诗句："不到长城非好汉，屈指行程二万！"当晚，兴致特别高的毛泽东还在窑洞中间的木桌上，用毛笔草书一气呵成写下了这首诗。斯诺对乔治说："我要拿去登报出书使用，这手稿就先给我吧。"

毛泽东阐述："自 1927 年四一二反革命政变以来，我们在血泊中站起来了。江西的中央苏区办得很红火，威胁到了蒋介石反动政权，蒋介石数次调动大军，以中央军和地方军阀部队，包围江西中央苏区，妄图'剿灭'工农红军。在第五次大'围剿'中，蒋介石实行德国军事顾问的'堡垒'合围战法，中央红军遭遇军事失败而被迫转移，最初的目标是北上与红二、六军团会合，也就是说最初我们没有'长征'的计划，也没有'长征'这个词语。而国民党当局一直将我们的战略转移诬称为'西窜'。"

在毛泽东喝水润喉时，斯诺说："1935 年一开始，蒋介石在南京的新年讲话称，江西'赤匪'窝巢已被扫荡尽净。南京《中央日报》及上海的中外报纸都发表了歼灭十万'朱毛匪军'的报道。"毛泽东大笑说："浙江有家报纸竟然说，'赤匪'最大的头子、苏俄来的'朱毛'将军，该人已被五花大绑押在南昌街头示众，不日将押送到南京。居然将朱德和我说成一个合体将军呐。"

毛泽东接着阐述："我们从江西突围成功，在中国大西南，转战 11 个省，付出了很大的代价，克服了很多难以想象的困难，多次突破了敌人的封锁和包围。1935 年 10 月，中央红军长征胜利抵达陕北。"毛泽东亮着嗓子说，"我们有了从江西苏区到陕北苏区胜利的事实。有事实就产生概念，它现在有一个统一的概念、两个响亮好听的字——'长征'！"

　　毛泽东阐述，"长征"闻名天下，和它的成功有极大关系。1935 年春夏，中央红军在贵州、四川地区转战，我们还叫"西征"，敌人称我们为"西窜"。红军到达陕北后，困难重重，外有国民党军队的"围剿"，内部财力、物力又极为短缺，陕北地瘠民贫，很难养活数万人的军队和干部。蒋介石国民党政府在对我们进行政治、经济、军事封锁的同时，还进行了新闻封锁。几年来，无论是国外的媒体，还是国内的报刊，有关红军长征和"毛朱匪酋"的报道满天飞，大肆散布谣言，污蔑和诋毁红军是"赤匪"。此时，1935 年以来，世界上法西斯势力猖獗，日本侵占中国东北三省，在国际环境的新形势下，共产国际实行世界反法西斯统一战线政策，中共中央在瓦窑堡会议上也正式确立了建立广泛的中国抗日民族统一战线的新方针。毛泽东强调说："我和张闻天、周恩来等中央领导迅速调整政策，经过红军东征和建立与东北军张学良、西北军杨虎城的统一战线，缓解了陕北苏区的危机，就是南京政府当局，也派人来与我们进行联合抗日的谈判。一个新的局面打开了，'长征'就此天下闻名！"

　　在瓦窑堡时，中共中央就有计划，征集有关长征的个人日记、回忆、文件等，但因整个 1936 年春天，东征战事紧张，加上最初的考虑是集中一切文件和一些个人日记，由几个党内"秀才"来执笔撰稿，但几个"秀才"实在太忙，此事就一直耽搁下来了。

　　这次斯诺和乔治来访，中共中央和毛泽东决定利用这个极好的机会，也就是在大相寺常委会议上所称的"国际宣传渠道"，把红军长征宣传出去，打破国民党的新闻封锁，把红军和苏区的真相告诉全国人民和全世界。毛泽东笑着对斯诺和乔治说："我们的美国友人，你们俩来得正是时候！宋庆龄先生推荐你们先来，后面将不断有外国友人接着来。党中央十分看重，我们就需要这样的国际渠道，并尽快争取外部援助。这次，我们将向你们提供宣传长征的生动丰富的素材，于是，去年底讨论过的征集长征史料的工作又被提上了议事日程。"

　　斯诺和乔治听了，十分高兴！斯诺停下记录，挥动着拿钢笔的手连连说："太好了！太好了！"乔治则对斯诺调侃说："在来保安的山路上，你还担心在这苍茫的黄土大山里，我们是否能访问 92 天呢。"

　　毛泽东说："党中央决定在更大范围就长征题材进行集体创作，准备开始号召、发动、组织亲历者，特别是战士来撰写红军长征的回忆文章。这几天，我正和军委总政治部主任杨尚昆商量，将联署向参加长征的同志发出征稿通知，要求在一定时间内，各部队、各单位汇总文章交总政治部。红军总政治部正在酝酿成立一个编辑委员会。我们打算在你们92天访问结束之前，撰写出一大批稿子来。"

毛泽东自己也越说越兴奋："我们这批长征征文，选出百余篇佳作，再按历史次序排列起来，就是一部长篇巨著啊！"

斯诺作为记者和作家，已经敏锐地感觉到这些长征史料的宝贵价值，兴奋得脸都涨红了。

这时已经是凌晨两三点了，毛泽东告诉斯诺："刚才西安的红军联络站发来密电说，你找来的翻译，就是燕京大学的青年学生王汝梅，已经准备离开西安了。"

斯诺和乔治兴高采烈，相互击掌："我俩可以大干一场了！"

在桌面的烛光下，毛泽东安详而深沉地微笑着。在美国客人离开窑洞时，毛泽东对吴亮平说："我和尚昆同志初步商量了，要成立一个编辑委员会，'一竿子到底'负责。改天你可将这两个美国友人介绍给编委会负责同志。"

过了几天，军委有关文件就在保安发布了：长征征文工作由红军总政治部成立编辑委员会进行。毛泽东在相关函电中还加上如下词句"备有薄酬，聊志谢意""事关重要，切勿忽视"，足见毛泽东对宣传长征的重视。

访问红军大学：斯诺讲课，
乔治为教员诊察伤腿

由于长征期间是国民党军队围着、追着打红军，现在统一战线要拉蒋介石一起抗日，红军指战员及红军大学学员中有很多人想不通，毛泽东就

图 4-6　毛泽东在红军大学讲抗日

亲自去红军大学操场上作了一场报告。毛泽东讲："我在陕北保安，看到这里的毛驴很多，要使毛驴上山有三种办法，一推、二拉、三打。蒋介石是不愿抗日的，我们就推他、拉他，再不干就打他，这就是我们党逼蒋介石抗日的方针。"热烈的掌声响起。红军大学的学员和教职员听了毛主席的报告后，统一了思想认识。

毛泽东及周恩来都先后提到，要安排乔治和斯诺去访问红军大学。

那天一大早，校领导、吴亮平与几个教员陪同美国友人徒步去红军大学，李长林、胡金魁也在列。走五六里山路在那个时代是平常事。在陕西黄土高原，除了普通民房以外，有不少很大的住人的窑洞、供佛的岩窟、防敌的堡垒，都有好几百年的历史。官吏、豪绅和地主在一千多年前就因地制宜修建了这种山洞建筑物，用以防御洪水、外敌、饥荒，在这些地方囤粮藏宝，挨过历次外族的围困。这些洞窟深挖在黄土岩或硬石岩中，有些窑洞有几间大屋子，可以容纳几百人，是"天造地设"的防空洞。红军大学就设在保安古城北边五里路的米粮山，山脚东南麓是一个灰墙毛地的大院，在山崖上有大窑洞和新打出的几排窑洞。

一行人是在红军大学的文娱时间到达的，有的学员在两个球场上打篮球，有的在校外一条黄河支流旁边草地上的网球场上打网球。乔治很吃惊，问道："西北偏僻大山里还有人打这种西方娱乐标志的网球？"吴亮平笑着说："红军干部里有不少欧洲留学回来的，不瞒你们俩，我在红大上一门政治经济学的课，还兼网球教练呢。"学校里，他们看见有的学员在打乒乓球，有的在写东西，有的在读新到的书报……

教育长罗瑞卿、政治部主任莫文骅、训练部长刘亚楼等红军大学的几个主要干部在红军大学院子里迎接他们。

当时的红军大学，招收了第一批 1 063 名学员。学员们被编为三个科，一科有 43 名学员，都是师团级以上干部，属于高干科；二科和三科分别是营级和连级以上干部。附近还有无线电、骑兵、工程、医务等分部（分校）。

学校领导给美国友人看印好的招生简章，已经有好几千份这样的简章秘密地发送到中国各地。红军大学招收"决心抵抗日本帝国主义和献身于民族

图 4-7 红军大学打网球的学员

革命事业的人，不分阶级、社会或政治背景"。年龄限制是 16 岁到 28 岁，"不分性别"。报考者必须"体格健康，不患传染病"。根据红军规定，每个在役指挥员或政委，每两年必须接受至少 4 个月的学习和训练。

罗瑞卿说，一科学员平均年龄是 27 岁，平均每人有 8 年作战经验，受过 3 次伤。吴亮平作为宣传部部长，提了一个问题，把蒋介石悬赏一科那些大名鼎鼎的学员首级的价格加起来，让两个美国朋友猜猜有多少。

斯诺用中文说："毛泽东是 20 万，总数该是 100 万以上。"

乔治看着材料上的名单，略为粗算，用英文说："180 万吧。"

莫文骅用熟练的英语说："博士算的差不多，起码 200 万。"

罗瑞卿笑着说："我用算盘按人头统计过，一科的 43 颗人头赏金，加起来总共 235 万元。"

红军大学就是这样，给乔治和斯诺的印象太新鲜、太深刻了！

窑洞里，几块石头垒成讲台，墙被刷黑当作黑板，石头、砖块做成五六排凳子。斯诺对乔治说："博士，你在美国和欧洲都读过大学，校舍完全不怕轰炸的这种高等学府，全世界恐怕只有这么一家。"乔治回应说："毛主席说，'红大'过着石器时代的生活，学的是最先进的科学——马克思主义，全世界也是独此一家。"吴亮平则介绍说，我们红军大学有一个特点，校领导都是既当学员又兼职教员。学校还明确规定，如有战斗，还要指挥学员、兵团作战。

参观不久，学校领导特别邀请斯诺给学员们讲课。正当他们讨论时，红军大学门前尘土飞扬，院子里来了两个红军干部模样、戴着眼镜的中

年人。这两人一个是洋人，另一个步履蹒跚地被人搀扶着。两人一见到他们，就直接用英语招呼："美国朋友，欢迎来红大。"林彪介绍，洋人是德国人李德，红军的顾问，红军大学教员，讲兵团作战兼教骑兵；另一个有人搀扶的是徐梦秋，红军大学教员兼教务长。乔治趁此和他们打招呼。

乔治已经知晓这两个教员的简单情况，作为医生，跟李德寒暄两句之后，就过去察看徐梦秋患病的腿。徐梦秋曾是留学苏联的高才生，现在还兼任长征史编委会主任。刘亚楼主动过来协助乔治，他介绍了造成徐梦秋腿疾的原因。在长征中，左路军过雪山时，徐梦秋被冻坏了双腿。过雪山之后，左路军与拦截的敌军作战，加上医护力量很强的红军卫生学校主力部分已由朱德带到了张国焘的右路军，致使徐梦秋冻坏的腿拖延到了瓦窑堡和保安才得到治疗。乔治让徐梦秋在一张长木桌面上躺下，认真给他检查冻坏的双腿。这次到红军大学，乔治没有带红十字箱和任何诊疗器具，但是凭外观望闻触摸，觉得其双腿损坏得很严重，外皮乌黑发肿，可能需要截去双下肢。乔治就说："回到城里，我再给你认真检查一下。"

午饭之后，斯诺给 200 多名学员讲了"英美两国对华政策"；乔治则在能说英语的莫文骅陪同下，去医学分校参观。医学分校由红军高级干部周光坦代理校长。周光坦原在红四方面军总医院任院长兼政委，去年 6 月红一方面军、红四方面军会师后，担任红军总卫生部政委，中央红军长征抵达陕北之后，到保安县进入红军大学学习，是一科的学员，并且兼任医学分校代理校长。周光坦介绍说，现在红军大学医学分校人员是原红军卫生学校分出在左路军的人员，人数不多；红军总卫生部部长贺诚带领红军卫生学校的大部分师生跟随朱老总在红四方面军。

窑洞里，一个当地有名的中医师在给年轻学员上课——"陕北山区中草药"。莫文骅告诉乔治，1931 年 11 月，中国共产党最早在瑞金创办了第一所军医学校，不久改名为"红军卫生学校"。在这次伟大的长征中，红军卫生学校师生们不仅完成了行军任务，同时边行军、边办学，并且担任救护工作。长征中，红军有红医"四大金刚"，为救护伤员做出了很大的贡献。在面临过雪山、草地最艰难的情况下，不得不将红军卫生学校仅有的宝贝——一台英制 X 光机掩埋于地下。

乔治在从安塞来保安的队伍里，已经听说过英制 X 光机的事，此时再次听到红军领导人说到这台宝贝 X 光机，还听说了长征队伍中的红医"四大金刚"，迫切想要详细了解。

莫文骅说："我也是红军卫生学校江西时代最早的学员。很快红军三大主力将在甘肃会师，朱总司令带领的红军卫生学校主力将到陕北与我们会合。毛主席讲过不止一次，我们将来还要办一所医科大学。"

乔治说："一周之前，我们刚到保安，第一次见到毛主席，他就请我也关心医科大学的筹建计划。"周光坦高兴地说："这太好了！等红军三大主力会师，贺诚校长到达，我们就好好商量一下。"

当天参观完红军大学，离开之前，在红军大学篮球场举行了一场友谊篮球赛。客队红队的球员是斯诺、乔治、吴亮平、胡金魁和李长林，主队蓝队的球员是学校领导和教师、学员。这场球赛气氛很活跃。为观看洋人与红军大学人员的篮球比赛，球场四周层层叠叠围满了学员和当地百姓，"洋球员"乔治或斯诺每投篮命中，四周都会响起掌声。由于乔治在贝鲁特美国大学、日内瓦大学都是学校篮球队的主力球员，因此在红军大学篮球场大显身手，频频命中，赢得掌声最多。

有人说，这种篮球赛盛况，在当地山区是"史无前例"的。

毛泽东首次回忆自传，是从乔治为其检查身体开始的

参观红军大学次日下午，乔治与斯诺按约定的时间，带着红十字箱去看望徐梦秋。徐梦秋因为行动不方便，所以他的窑洞被安排在山脚下。他的炕上、木桌上及一个小木架子上，堆满了材料，有报纸、文件及整叠稿件。徐梦秋从桌面上拣出一叠马兰纸稿件，这些是一部分回忆长征的文章，是红军干部或战士写的，有的是口述记录稿，有的是自己动笔写的。斯诺浏览着说："这是很珍贵的原始材料啊！请问，能给我吗？"徐梦秋说："海

德姆博士为我检查的时候，你就先看着。过个十天二十天，等编委会搜集到大批材料，你再来整体选择复制。"

斯诺刚看完第一份，就兴奋地挥动稿纸："太好了！"

乔治拿出血压计、听诊器，让徐梦秋解开上衣躺在炕上，并嘱咐斯诺："你看你的，别吱声啊。"乔治细细地为徐梦秋全面检查身体，特别仔细地再次检查了基本失去功能的双腿。一个多小时后，所有的检查完成了，乔治沉重地对徐梦秋说："你的心肺功能、消化功能还算基本正常，双腿严重损坏，已发生坏疽，需要考虑尽快进行截肢手术，要不坏疽发展下去，将会影响你的生命。要是早日截肢，还有可能安装假肢。"

徐梦秋听了很是冷静，说起了别人腿被截肢的事："中央纵队第十二团政委钟赤兵，在关键的娄山关战斗中，腿部中弹负伤，被诊断需要进行右腿截肢，当时缺乏医疗设备，医生用锯子锯断了他的腿，没有麻药，他紧咬着牙，没有发出一声。后来，因环境恶劣，伤腿两次感染，最后，经过三次截肢才成功。我们《红色中华》报专门报道了钟将军独腿走完长征的事迹。"

乔治第一次听到红军长征中竟然还有用锯子截肢的故事，在国际医学界闻所未闻，作为医生，他是惊心动魄地听完的。

当天晚上，乔治和斯诺再次按计划采访毛泽东。每次访谈都是毛泽东与他俩"闲聊"好一会儿，才正式让斯诺进入主题提问题。这天，毛泽东主动询问他俩参观红军大学的情况。斯诺抱歉地说："我在燕京大学讲课要备课的，这次红军大学要我讲英美两国对华政策，我没有准备。"毛泽东笑着说："看来你打了一个'遭遇战'。"斯诺说："我对自己讲的课不满意。"毛泽东说："人家来我窑洞反映情况，说听了洋教头的课很开眼界，不错嘛。"

毛泽东接着和乔治谈话："博士，你父亲是个传统穆斯林吧？你说你父亲以童工身份去了美国，长大后成为美国公民了，不愿意娶美国姑娘做媳妇，千里搭船回到黎巴嫩，娶了老家的穆斯林美女带回美国。"乔治笑着点头。毛泽东从桌面找出一份文件《中华苏维埃中央政府对回族人民的宣言》，这是由他起草，上个月发布的。乔治还不习惯看中文，就请斯诺翻译成英文读给他听，同时，斯诺也具体了解了中共的民族政策。

斯诺所读文件的主要内容为：

> 一九三六年五月二十五日，中华苏维埃中央政府主席毛泽东发出的《中华苏维埃中央政府对回族人民的宣言》，向回族人民宣告，主张回民自己的事情，完全由回民自己解决；保护清真寺，保护阿訇，担保回民信仰的绝对自由；联合回族中所有的一切武装力量，成立独立的"回民抗日军"；取消军阀官僚民团的一切苛捐杂税，改善回民的生活；保护回文，发展回民的文化教育；回汉两大民族，亲密地联合起来，打倒日本帝国主义和汉奸卖国贼。

乔治第一次听到毛泽东和中央政府对回族的政策，很高兴，说："我要是中国的回民，肯定百分之百地拥护。"

毛泽东说："博士，上个月刘鼎来到我这个窑洞，介绍他见过你们俩时，特别介绍了他在上海听到的你说过的一句话。"乔治说："在上海我们经常有机会在一起，我不知道他指的是哪句话。"毛泽东说："刘鼎讲，你对宋庆龄女士说，'我可以每天治好一个中国病人，可是这个社会制度却可能让成千上万的中国人在同一天死去，所以我考虑再三，出路只有一条，就是投身革命。'"乔治说："这是我对宋女士说的心里话。"毛泽东又问道："博士，你今晚是要给我检查身体吗？"吴亮平说话了："毛主席，人家带了东西要给你检查身体的。"乔治听了毛泽东刚才说的话，句句都说到他心里去了。他的心热热的，拍拍红十字箱说："主席，今天下午我曾给徐梦秋部长仔细检查了双腿，他需要尽快动手术截肢。"

毛泽东沉默片刻，说："博士应该已经听说我们的医生在娄山关战斗后给小钟团长用木匠锯子锯腿的事了，小钟当场昏了过去，醒来之后我去看他，为了减轻他的疼痛，我在床前打趣他说，应该在娄山关立个碑，写上'钟红军在此失腿一只'。现在，我们红军医院及大部分医护人员、药品及仅有的设备都在西征的前线，你们到宁夏彭德怀将军的部队可以考察。现在，军委在保安的小门诊只有少量麻醉用的酒精。我已经发电报给刘鼎，叫他尽快搞一台 X 光机。我们和东北军有了协议，有他们帮忙，刘鼎连笨重的印钞机都能运进来，X 光机当然也能运进来。等有了起码的设备，你愿意的话，可以给徐部长主刀截肢。你们俩要是想听长征路上那台英国 X 光机的故事，要等我们贺诚部长来保安讲，他还跟着朱老总在路上。快要到了，快要跟彭老总的部队会师了。"

乔治将红十字箱摆放在木桌上，认真地说："毛主席，今天晚上我要为你仔细检查一下身体。"毛泽东不以为然地笑笑说："为什么？我这人身体一直都很好啊。"乔治坚持说："长征路上冲破敌人围追堵截的作战环境，营养严重缺乏，药物缺乏，红军这支队伍从普通士兵到最高将领都伤病缠身。这是这些天来我细心观察的结果，这也是你给我的委托。再说，南京、西安当局的报纸报道称，有从西北回来的旅行者说，从江西'匪区'流窜到陕北'匪区'的首领毛泽东，就是一个严重的肺痨病人。"

斯诺说："说真的，1928 年，当我开始访问红色中国的时候，报上正盛传毛泽东的又一次死讯，但我不久又从这类报纸上，看到你和你的'赤匪'们活得好好的。在香港，还有报纸说，蒋介石用世界上最高的赏金缉拿你的首级，可是在这许多年头里，你从来没有受过一次伤。"

毛泽东对乔治说："看看我身体怎样，开始吧。"

乔治微笑着请毛泽东躺在土炕上，接受身体检查。然后乔治解开毛泽东的衣服，让他翻身过来，又侧身过去，用听诊器听了又听，用手指敲了又敲。经过一个多小时的检查，他请毛泽东坐起来，高兴地对毛泽东说："你的身体很好！特别是肺部没有问题，只是由于缺乏营养，加上工作劳累，身体太瘦了，需要加强营养。"

斯诺听了则大声地宣布："我要告诉全世界，经过外国医生检查，毛泽东身体非常健康，让国民党制造的谣言彻底破灭吧！"

斯诺在 1937 年出版的《西行漫记》中，有一段暗指乔治为毛泽东检查身体的记载：

> 有一个晚上，一个红军医生——一个曾在欧洲学习、精通医道的人——给他做全面体格检查，我正好在他的屋子里，结果宣布他身体非常健康。他从来没有得过肺病或任何其他"不治之症"，

没有像有些想入非非的旅行家所谣传的那样。他的肺部是完全健康的，尽管他跟大部分红军指挥员不一样，吸烟没有节制。

当晚，斯诺趁此就身体问题对毛泽东发问："你每天工作十三四个小时，常常到深夜两三点钟才休息，你的身体仿佛是铁打的，为什么？"毛泽东自信地认为，要归因于少年时代经常在父亲农田里干苦活，要归因于在学校读书时期与几个志同道合的同学组织"斯巴达俱乐部"一类的团体。他们常常饿着肚皮，到南方山林中作长途的跋涉，在严寒的冬天去游泳，在雨雪中光着膀子——这一切都锻炼了他们的身体和意志。毛泽东回忆说："我们凭直觉知道，中国的来日需要我们有忍受最大艰难困苦的能力。"他甚至津津有味地回忆道："有一次，我曾经花了整整一个夏天走遍我的家乡湖南全省。沿途吃什么？靠挨家挨户替农家做工换饭吃，有时候甚至靠行乞吃饭。"

这个晚上，毛泽东开始回答斯诺关于他个人身世和经历的问题。谈话中，闹了一次大笑话，使在场的人都大笑不止，笑得很开心。笑声使得门口的站岗卫兵都探头看了一下。斯诺用英语问的是："你结过几次婚？"吴亮平翻译成中国话之后，毛泽东笑了起来。斯诺不解地问吴亮平："毛主席为什么发笑？"

吴亮平抱歉地告诉斯诺："对不起，我将这个问题误译成'你有几个老婆'了。"吴亮平重新对毛泽东作了翻译说明。笑过之后，毛泽东则质疑说："大记者啊，我依然认为，是否值得为澄清对个人的流言蜚语而浪费时间？"

在斯诺的坚持下，毛泽东关于其传记的回忆继续进行。应该说，这是从乔治为毛泽东体检这个晚上开始的。后来，斯诺此行所著震撼世界的书，除了《西行漫记》，还有一本很著名的《毛泽东自传》，就是斯诺所记载的毛泽东的口述自传。

这天晚上告辞时，毛泽东叮嘱乔治："邓颖超病了，你去给她看一看病。"

邓颖超：乔治在保安诊治的第一个病人

夜幕中，乔治和斯诺回到山下招待所，斯诺请来当翻译的燕京大学学生王汝梅已经到了，在房间里等候着。王汝梅说："在刘鼎安排好行程之前，正逢国民党特务和警局搞西安全城大搜查，我在旅社遇到了一点麻烦，正好我在燕大有一个女同学的父亲是西安大人物，我便借他的大名使麻烦得以化解。"刘鼎安排他穿上东北军军官服，到了肤施之后，有同志带路，才到了白家坪的红军前敌总指挥部。斯诺高兴地说："你终于赶到了，这就好了。要不，是中共高官帮我们翻译，吴亮平忙不过来时，还请陆定一来帮忙，也是个大官。这几天，收获很大，记录了好几个本子。我只是觉得一些重大政策问题和人名、地名，好像还记得不大准确，需要你帮我们查询、订正。"王汝梅是斯诺在燕京大学的得意学生。斯诺妻子曾告诉王汝梅，请他在西安逗留的时候，帮斯诺买一点巧克力、骆驼牌香烟和咖啡。王汝梅果然买了这些东西随身带来。

王汝梅来之后，吴亮平这个工作很忙的中央宣传部常务副部长得以"解脱"出来。吴亮平说："你们需要我的时候，我还会来的。"前些日子，每天访问之余，斯诺还要用打字机记录，乔治就有更多的时间和吴亮平交流，两人年龄相仿，彼此已经熟悉，颇有点不舍。吴亮平大乔治一岁，也曾在欧洲留学，回国后曾在上海的中共中央相关部门工作过，两人交流起来，有好些共同话题，还能用上海话交谈，甚至还能交流家庭私事。

吴亮平是蒋介石的浙江奉化老乡，父亲在北伐时期担任过江西赣县县长，国共分裂后去职回乡。他从小学习出众，在家乡很招人喜欢，被蒋介石的一个亲戚看上了，张罗着要结亲，但他不愿意，就从家里"逃婚"出来，跑去欧洲留洋了。乔治也跟他说起自己在纽约水牛城移民家庭的事，在大流感肆虐纽约时几乎丧命，于是从小立志学医，父母一心想着儿子读一个医学大博士，回美国挣钱养家，多次写信催其回国，他不听，有自己的选择和打算，冒险闯到西北"匪区"来了。乔治笑着说："我俩有一个共同点。"吴亮平问："怎么说？"乔治耸肩一笑："都不按家里的意愿，走我们自己的路。"

这天要分手时，乔治突然问："人们都说，毛主席给了你一个'特殊任务'，我好几次想问你，又忍住了。不该问的不能乱问啊。"吴亮平拍着乔治的肩膀大笑，说："毛主席知道我办事特别认真，在长征路上每到一个新地方，就派我到邮电所、学校或者商会去搜罗报纸杂志，新的旧的统统都要。打进城的先头部队都知道毛主席给我的'特殊任务'，都很支持。"

胡金魁按毛泽东嘱咐，安排乔治去给邓颖超看病，斯诺同去采访，王汝梅代替了吴亮平做翻译。出发之前，胡金魁简单介绍了邓颖超的相关情况。长征开始时，邓颖超担任中共中央局的秘书长，因肺病缠身，体质虚弱，主动提出留下来，"不能拖累队伍"。组织上没有批准。在长征途中，她被编入了红军总卫生部的干部休养连，躺在担架上行动，同时还为她配了一匹马。有一次遇上了敌机轰炸，邓颖超和马夫就近潜入半山坡小树林里，才躲过一场灾难。过草地时，邓颖超独自骑在马背上行军。有一次，为了追赶周恩来一行，马突然受惊，把她从马背上甩了出去，一下滚落进了沼泽地，她不敢挣扎，知道越挣扎就陷得越深。等了很久，直到后边的战士们赶上来，才把她从泥沼中拉上来，死里逃生！当时，草地气候变化无常，晴朗的天空骤然间乌云满布，大雨倾盆，她浑身上下都被淋湿淋透，嘴唇发紫，冻得直哆嗦。她本来就病得不轻，当天晚上就发起高烧、拉肚子，不得不躺在担架上穿越茫茫草地。当时战友们看到邓颖超满脸发白、奄奄一息的样子，都以为她活不成了，背后都为她伤心抹泪。但她有一种特别顽强的生命力，她熬过来了，坚持到了陕北。

乔治在那天保安古城的欢迎大会上见过邓颖超，并和她握过手，感到她的手虚弱发凉。她的窑洞非常简陋，有一样东西显得格外突出，那就是简易木桌上一个简单小木框上夹着周恩来与她都穿着红军军装的合影。邓颖超看来病得不轻，发烧、咳嗽。她说："本来到瓦窑堡的时候，感到身体好了。想不到，到保安之后，一忙起来，旧病复发了。"胡金魁解释说："中央红军与陕北红军会师之后，邓大姐担任中共中央机要科科长、中央

图 4-8 ● 1935 年 12 月，周恩来与邓颖超在瓦窑堡

白区工作部秘书等职。抗日统战是中央白区工作重点，毛主席说重要性不亚于打仗，工作紧张而繁重。"

当时，陕北苏区根本没有治疗肺结核的药物，营养条件又差，邓颖超天天发烧、咳嗽。

乔治为邓颖超仔细检查了病情，因自己的中文水平还不足以表述清楚，就由王汝梅把英语翻译成中文讲给邓颖超听："结核杆菌主要通过呼吸道传播，人要是长期劳累及营养缺乏导致抵抗力降低，细菌侵入肺组织里生长繁殖，产生代谢物，使肺组织遭破坏，就发生了肺结核。在抵抗力增强，或者经药物治疗后，病灶中的结核杆菌代谢降低，繁殖能力被削弱，病灶失水而干燥，就形成钙化。病灶钙化是肺结核痊愈的形式之一。"

邓颖超听懂了乔治对疾病的介绍，点着头。乔治又继续说："在目前缺乏特效西药的情况下，怎么使病灶钙化呢？一是加强营养及休息；二是在保安，阳光充足，可以用补钙的土办法。每天在窑洞口，接受两个小时的日光浴。晒太阳能够帮助人体获得维生素 D，阳光中的紫外线能够促进人体内钙离子的吸收，严格来说，是一种变相补钙。我看窑洞里是炕，没有床板，可以拆下门板当床板。"乔治作为大夫，为病人考虑得很具体。后来，经过几个月晒太阳，加上环境稳定，物质条件改善，红军营养供给也改善，邓颖超体温降了下来，病情得到控制，身体基本痊愈了。

五十余年后，马海德（乔治）在北京去世，担任国家领导人的邓颖超在《人民日报》上专门撰文悼念，温暖地回忆了当年在陕北马海德给她治病的经历，称马海德治好了她的顽疾。

图 4-9　1983 年，邓颖超出席马海德来华工作 50 周年庆祝活动，并祝马海德全家幸福（苏菲供图）

乔治为徐梦秋手术主刀之后，周恩来发来了感谢电

在为邓颖超看病的第二天，乔治和斯诺就去看望徐梦秋。乔治要去看怎么给徐梦秋动手术，斯诺要去看《红军长征记》已经收到的稿件。去看徐梦秋之前，乔治带着斯诺去苏维埃中央政府大窑洞二楼的政府医务所。医务所的窑洞往里扩挖了内洞（室），已经新添了 X 光机、整套外科手术器具，柜子里有各种各样的常用治伤病药品。

苏维埃中央政府由瓦窑堡搬迁到保安炮楼山，由周恩来兼任主任的政府后方办事处下设了一个后方卫生部，部长原是黄克诚，刚刚调去西部前线，由姬鹏飞接任。姬鹏飞早年是国民党第二十六路军的军医。1931 年参加宁都起义，加入中国工农红军，次年加入中国共产党。胡金魁向姬鹏飞报告了情况，毛泽东主张由乔治博士主刀给徐梦秋切除双腿坏疽。姬鹏飞十分赞同毛泽东的意见，说最近由刘鼎从西安东北军渠道秘密运进苏区的医疗设备及药品，除了西部前线部队大量急需的，政府医务所已经分配到一部分，可以为徐部长动手术了。在姬鹏飞的协调之下，正式确定由乔治主刀，政府医务所张医生、红军大学卫生室李医生协助，手术就在政府医务所进行，医务所的护士配合。

姬鹏飞很重视这件事，他在长征中也编在红军的中央纵队，亲眼看见徐梦秋过雪山冻坏腿的情况，经协调及研究后，他就和斯诺、乔治一起去看望徐梦秋。

进了徐梦秋的窑洞，乔治看见他比上次在红军大学见面时更加消瘦和憔悴。窑洞当中一个大木桌子，桌面上堆着好几摞小山似的稿子，徐梦秋在痛苦之中颇为得意地说："虽说我的腿疼得厉害，但已收到 20 万字的稿件，并分类摆放在这张大桌子上了。各位，这是我唯一的精神安慰。"斯诺关切地问："徐部长，您估计将会收到多少篇征稿？"徐梦秋高兴地一挥手："乐观地说，至少会收到 50 万字！"

他看见乔治和姬鹏飞笑眯眯地望着他，就说："今天，乔治博士在姬部长的陪同下来看我，我知道这是来为我解除病痛的。感谢组织关怀，感谢乔治博士！"

然后，徐梦秋面向斯诺，自豪地说："桌面上这 20 万字的稿子，每份稿子都很原始，也很粗糙，但是，这也就是它们的价值所在。每一篇文字，都是每个长征经历者感情的流露、意志的砥砺、信仰的升华！斯诺先生，通过你的笔和你的国际渠道，介绍出去，它们会轰动全世界！我相信，历史流逝得愈久远，它的光辉会愈发灿烂！我还特别向你推荐我们红军画家黄镇的长征写生画，独具魅力，也会震动画坛的。"

斯诺无比兴奋地翻看稿件的同时，乔治带了探针、镊子及碘酒等用品，再次给徐梦秋做检查，让他平躺在炕上，并嘱咐说："我的手或者器皿触碰你腿部的时候，你要是觉得痛，就喊出声，不需要咬牙忍着。"

经过一个多小时的检查，乔治对徐梦秋说："拖的时间过长，冻死的坏腿骨组织已深度溃烂，并有骨髓炎和脓肿窦道形成。"

在乔治为徐梦秋首次进行检查之后，有一次博古曾来看望徐梦秋，徐梦秋告诉博古，有点期望这个美国博士主刀为自己截肢。博古则说，这个洋博士，虽学历很高，但年轻，经验不足，组织上也在考虑你腿的问题。可徐梦秋觉得乔治这个博士不一般，还是希望由他尽快做这个手术。此时，他对乔治和姬鹏飞说："现在保安有 X 光机，有乙醚，有手术刀和手术室，要比长征中没有麻药为大英雄钟赤兵用锯子锯腿强多了！"

　　姬鹏飞、乔治两人与徐梦秋一起，商定了次日下午，在政府医务所给徐梦秋已坏疽的双腿施行截肢手术。

　　第二天，乔治主刀给徐梦秋做手术。在护士抬徐梦秋上手术桌之前，乔治说："徐部长，我毕业那年，日内瓦街头反希特勒游行队伍遭机枪扫射，我参加了救治伤员，为腿骨中弹的工人做过手术。"徐梦秋也对乔治说了鼓励的话。手术做完之后，乔治叮嘱说："你就静心养护伤口吧。手术后一个月内出现疼痛，是因骨折断端创面及软组织刺激等导致的，我们可以再进行 X 光检查，明确骨痂是否正常，骨折是否愈合。"

　　多日之后，手术切口愈合得颇好，徐梦秋感觉术后身体状况不错。姬鹏飞来招待所看望乔治，带来了周恩来从河连湾前线指挥部发来的感谢电。姬鹏飞转达，最近全国抗战局面将有大变化，一旦时机成熟，组织上考虑送徐梦秋去苏联装配假肢。同时，姬鹏飞还转达周恩来的指示，从西安渠道陆续运来保安的药品和医疗器材，以及大批后勤的军需物品，均由后方办事处安排，交由红一方面军最先参加三军会师的一师陈赓部队，携带到会师地点甘肃会宁，以供红二、红四方面军抢救长征待治伤病员，以及补充消耗。同时建议乔治随陈赓部队参加会宁大会师，并参与抢救伤病员。

　　乔治听了周恩来的指示特别高兴，心里热烘烘地翻腾着。他曾下决心，等斯诺走后，自己要留下来当红军、投身革命，但也曾反复、犹豫过，陷入深深的矛盾之中。这次顺利地为徐梦秋主刀截去双腿，他觉得自己在红军队伍中将有很多事可做。

　　姬鹏飞走后，乔治终于下定决心，留下来！这支队伍需要他！这时，外出找人复制《红军长征记》文稿的斯诺回来了，自己下决心留下来的事，就要和斯诺交心了。

　　对于乔治和斯诺两人在保安分别前真诚的交流，苏菲在回忆录里有翔实的记述：

　　　　经过一段反复的犹豫之后，一九三六年九、十月间，眼看着离开苏区的时间快到了，马和斯诺在苏区的访问结束之前，他终于对斯诺说出自己内心强烈的渴望："埃德，我想了很久了，我决定留下来。"

斯诺想了想，回答他道："你既然想好了，我也很赞成。不过，这里的生活实在很艰苦，长期住下来，能否适应？你想过吗？"马认真地说："这里的人能受得了，我也能受得了。我想，最重要的是，他们需要医生，我的事业应当在这里。"

斯诺很诚恳地说："乔治，决定了就这么办吧！我相信你的选择是正确的。"

马嘱咐斯诺说："你写文章的时候，千万不要提我的名字。因为上海有我很多朋友，如果国民党反动政府知道我在这里，我的那些朋友将会受到牵连。美国还有我的家人，我也不想让他们担惊受怕，招惹不必要的麻烦，我在红色根据地的事暴露了，他们的处境会很危险。"

斯诺表示对此非常理解，他请马放心，他一定会按照马的要求去做。

乔治和王汝梅都改名字，红军有了两个新战士：马海德与黄华

乔治为邓颖超看完病告辞的时候，斯诺送了一小袋巧克力给邓颖超补充营养，并介绍了在场做翻译的王汝梅："他是我在北平燕京大学的学生，叫王汝梅，去年'一二·九'运动的学生领袖。这些巧克力就是他刚刚从西安带给我的。"王汝梅迟疑了一下说："邓大姐，北平地下党的同志们说起您，都非常敬佩，叮嘱我代大家向您问好。我这次来到陕北苏区给斯诺先生当英文翻译，是北平地下党组织同意的。我离开时，就对组织报告，我可能不回去了。我想从此改个名字，便于以后有机会派我去白区工作，少一点麻烦。"邓颖超在北平、天津都念过书，大革命时期是平津地区青年运动的领袖，看着这个有北平口音的大学生，模样很年轻，于是，就有

了邓颖超与王汝梅下面的谈话：

"小伙子，你多大年纪？"

"23 岁。"

"哪年入党的？"

"半年前，今年元月 12 日。"

"想好了吗，改一个什么名字？"

"想好了，叫黄华。炎黄子孙的黄，中华民族的华。"

"好名字啊！也许将来组织真的派你去白区工作呵。"

邓颖超很喜欢这个年轻人，就有了这句"也许将来"的话。

走回招待所的路上，王汝梅对乔治和斯诺说："过两天我就要跟你们俩出发去宁夏前线考察了，我想提醒一下，我改名字了，今后你们就叫我'黄华'。斯诺先生，在你这次采访苏区和红军所写的文章及书稿中，如果涉及我，就写为'黄华'。"斯诺当然很高兴，表示说："黄华，我该祝福你，开始了你人生的新道路。我看到了中国的未来，就在红军和共产党身上。"

乔治也兴奋地说："斯诺，在我们俩一同进入保安的时候，我就对你说过，我找到人生的归宿了。什么叫'归宿'？就是到家了。我们到苏区第一个晚上，住在白家坪，招待我们的红小鬼告诉我，这个村子里的农民全姓白，是回族人。他本人也是这个村的。回族人多信奉伊斯兰教，毛主席让你读给我听的红军对回族人的宣言，这是我所知道的对回族人最好的政策。我们这两天结束在保安的访问，接着深入苏区西部——宁夏、甘肃地区。毛主席说了，这是中国回族人聚居的地方。回族中马姓是大姓，我就改个中文姓名，姓'马'，原姓'海德姆'取头两个字'海德'，我的中文姓名叫——马海德！"黄华听了，在一旁拍手叫好："马海德，中文读也好，叫也好，既顺口，又响亮！"乔治对斯诺说："你这次采访离开苏区之后，写文章也好，写书也好，既不要提乔治·海德姆，也不要提马海德。这是为了我在美国的家人，还有为上海朋友们的安全考虑。"斯诺答应了这两个他很亲近的人的要求，在为报纸写文章及出版社出书时，一直为他们俩保守姓名的秘密，一直到新中国成立之后，才在再版的书及新闻报道中，揭开这两人的姓名之谜。

在给邓颖超看病的这天晚上，吴亮平也随着王汝梅，跟斯诺、乔治一起去见毛泽东，算是翻译交班吧。毛泽东笑着对王汝梅说："你很年轻啊，你带来的北平、天津报纸杂志上关于去年'一二·九'抗日爱国运动的详细材料，乃至西方人士的报道，我都仔细看了。谢谢你，年轻人。吴亮平是我们红军的大秀才，你能来替代他，说明你也不简单。"接着，乔治和王汝梅将同时改姓名为马海德与黄华的情况向毛泽东做了汇报，并要求正式成为红军战士。毛泽东欢迎说："太好了！欢迎你们俩！我们红军正在'扩红'，一是扩充红军队伍，二是扩大苏区根据地。"毛泽东幽默地说："我毛泽东不走出自己的窑洞，也'扩'了两个'红'啊！"

由于吴亮平当晚还另有紧急任务，毛泽东就拿吴亮平说事。毛泽东问两个洋人："恩格斯写有一本很著名的书，书名叫《反杜林论》，不知你们俩读过没有？"斯诺说："我知道这是一本很有名的讲战争的书，还没有读过。"乔治说："我们上海国际马克思主义理论学习小组的必读书目里有这本书，我还没有来得及读。"毛泽东认真起来："闹革命，为什么要读这本书呐？因为《反杜林论》中所阐述的无产阶级关于战争和军队的基本理论原则，具有极重要的理论价值，为无产阶级军事科学的创立奠定了基础。这就是我们成立红军的理论根据。"

毛泽东说到此，指了指吴亮平，将吴亮平翻译《反杜林论》和接待斯诺两件事一并予以赞扬："吴亮平把25万字的这本书翻译到中国来，可谓功盖群儒，其功劳不下于大禹治水。"毛泽东称，大禹是用疏导的办法来治水，吴亮平把《反杜林论》从国外介绍到中国来，之后，把中国共产党、红军、中国革命的情况，再通过斯诺，介绍到全世界去，这样一来一往、一进一出，过程就像大禹治水一样。吴亮平被主席表扬得脸红了，说："我也没有想到，我翻译的书能起这样大的作用。"吴亮平半途告辞时，斯诺与他紧紧握手，乔治则向他行了一个军礼。

这天晚上，毛泽东按斯诺的要求，继续讲述自己的经历："我于1893年出生在湖南省湘潭县韶山冲。我父亲叫毛顺生，我母亲在娘家的名字叫文七妹。我父亲原是一位贫农，年轻的时候，因为负债过多而只好去当兵。他当了好多年的兵。后来，他回到我出生的村子，做小生意和别的营生，克勤克俭，积攒下一点钱，买回了他的地。这时我家有 15 亩地，成了中农，靠此每年可以收 60 担谷。一家 5 口一年共吃 35 担，即每人 7 担左右，这样每年还有 25 担剩余。我的父亲利用这些剩余，又积蓄了一点资本，又买了 7 亩地，这样我家就有'富'农的地位了。那时候我家每年可以收 84 担谷。当我 10 岁家中只有 15 亩地的时候，一家 5 口人是：我父亲、母亲、祖父、弟弟和我。我们又买了 7 亩地以后，祖父去世了，但又添了一个弟弟。可是我们每年仍然有 49 担谷的剩余，我的父亲就靠此渐渐富裕起来……"

当晚访问结束时，毛泽东对马海德和斯诺说："明天你们离开保安，有一支骑兵小分队送你们去西部前线，斯诺和海德姆。""不！"毛泽东笑着一挥手，"海德姆博士已经改名为马海德同志了。那边是甘肃、宁夏，我们新成立了陕甘宁省苏维埃政府，由李富春担任省委书记。在那里，马海德将会见到很多本家兄弟了。彭德怀司令的西征部队目前正在休整，等着红军另外两大主力在甘肃胜利大会师。斯诺，你会见到真正的红军前线部队，这是中央红军长征的主力部队。"

李长林护送斯诺、马海德及黄华回到招待所。道别之前，李长林拉着马海德悄声说："乔治博士，我觉得'马海德'这个名字很响亮，改得好。我告诉你，改姓名要像黄华一样，办手续报组织备案的。"

马海德很高兴："好！谢谢你提醒。"

马海德穿军装，斯诺拍摄毛泽东戴八角军帽军装照

去西部前线这天，吴亮平、李长林、胡金魁一大清早就来了，吴亮平是来送行的。李长林和胡金魁牵了两匹马走进招待所的院子，两匹马的背上，各放了一套叠得整整齐齐的崭新的红军制服，上面压着一顶缀着红五角星的八角军帽，下面压着一卷绑腿布。

马海德一看，兴奋得跳起来，在院子里挥着双手大叫："红军战士马海德

也有军装了！"

马海德和斯诺立即换上军装，在李长林、胡金魁的指导下，各自绑了绑腿。两人一下子就改变了外貌，成为红军的形象了。两人对看着，互相敬军礼，感到容光焕发，精神特别饱满。李长林笑眯眯地从自己腰间掏出两支手枪来，递给两人："毛主席考虑得很周到，发给你们自卫用，一人一支。"

两人接过手枪，更是高兴！军服和手枪，使这两个美国人心情特别好！眼前的这两匹马依然很瘦，但是，心花怒放的马海德已不在乎马的好劣，幽默地举着手枪说："好马用在战场上。我是红军战士了，要骑好马，咱就上前线缴获敌人的战马！"

陪同去前线做翻译的黄华也穿上了红军新制服，黄华上下看着身上的军服，自我调侃说："我这身军装，要比燕大的毕业证书强。"

马海德笑着对李长林、胡金魁说："长林同志、金魁同志，今后，你们无须再称我为乔治博士或者海德姆先生了，我有了中国红军战士的名字——马海德。"

李长林、胡金魁笑着称呼："马海德同志。"

马海德和斯诺一行人，临行前去向毛泽东告辞。这时，毛泽东已经起床，正在窑洞前的院子里晒太阳，他容光焕发，魁梧的身材，在晨光的映衬下，显得格外高大、英武。刚刚走进院子的斯诺以记者特有的敏锐，举起胸前挂着的照相机，将镜头对准毛泽东："毛主席，我给你照张相吧。"毛泽东微笑着点头应允。斯诺看见此时的毛泽东虽然身穿红军制服，却没戴红军帽子，就说："请你戴上军帽，照个全副戎装照。"毛泽东用手梳理了一下乌黑的遮耳头发，说："我长年不戴帽子，不晓得军帽放哪儿去了。"

斯诺坚持自己的要求："你身穿红军军装，当然要戴上军帽。"

李长林、胡金魁将自己的军帽递给毛泽东，都不合适。斯诺脱下自己的新军帽递给毛泽东，正好合适。在毛泽东戴正红五星八角军帽的瞬间，斯诺熟练地一按快门，毛泽东的全副红军戎装照就拍下来了。照完相，毛泽东走到正摆弄照相机的斯诺身前，将军帽端端正正地戴回斯诺头上，笑眯眯地看着斯诺说："斯诺同志，谢谢你。"

（1） （2）

图4-10 （1）斯诺为毛泽东拍摄的军装照；（2）毛泽东军装照刊登在美国《生活》杂志1937年1月号

斯诺将照相机的胶卷过一张之后，为马海德拍了一张红军军装全身照。将照相机递给马海德："你也帮我拍一张。"

马海德和黄华就是当年斯诺拍摄这张毛泽东戴八角军帽穿红军军装照片的见证人。这张照片是斯诺一生中最得意的摄影作品。当时，中国工农红军从南方江西苏区，突破敌人的层层包围和封锁，经历了艰苦卓绝、史无前例的二万五千里长征，胜利到达陕北地区，事件本身已经震撼世界。长征和红军的详细情况还不为人所知，使其越发神秘！全世界的目光都关注着中国的大西北，中国工农红军是一支什么样的军队？这支军队姓毛的领袖，到底是一个什么样的神奇人物？他到底是南京政府一会儿"抹红"报道的"赤匪之狂热头目"，还是一会儿又"抹黑"为"能呼风唤雨的蠢贼领袖"？后来，斯诺撰写的轰动世界的《西行漫记》一书里，就有了这张同样轰动世界的毛泽东戴红军八角帽的肖像照。

1972年2月，日内瓦湖畔斯诺的住宅。在斯诺临终之时，马海德守在病床前，中国首任常驻联合国代表黄华也赶到了。斯诺病床旁的墙上就张挂着那天马海德在毛泽东窑洞前所拍的"斯诺身穿红军军装照"，照片下面悬挂着当年斯诺的那顶八角红军帽。这是毛泽东戴过的帽子啊！斯诺最后对马海德说："海德姆，我很羡慕你当年留下来了啊！……"

图 4-11 ● 斯诺用过的红军帽

斯诺逝世后，斯诺后来的夫人洛伊斯·惠勒·斯诺，按照他生前的遗愿，将这顶八角红军帽赠还给中国，现陈列在中国国家博物馆，成为中国革命史上一件极其珍贵的文物。

行军途中，马海德抓紧做长征医疗卫生的调研

这支前往甘肃前线的骑兵小分队，虽说也是由李长林、胡金魁两人率领，但是队伍中大都是骑马作战的战士，行动要比安塞那支带有设备、器材的队伍精干和迅速。李长林作为指挥员想得很周到，让骑兵战士们分别驮着客人的一些行李，马海德和斯诺可以轻松地骑马。这样，能使马海德骑马的技术在一路上有所长进。

每次行军途中休息，晚上夜宿农户家，斯诺使用的机械打字机键盘敲击声特别响——"笃，笃，笃……"

这是出发之前，毛泽东给斯诺和黄华交代的一个任务：需要斯诺在路上，将毛泽东近几日回答斯诺提问中，关于中共中央对于抗日民族统一战线政策问题的所有阐述，尽快打出英文记录稿，每打出两页纸，就叫李长林派骑兵通信员快马及时送到毛泽东的窑洞来。毛泽东在吴亮平、陆定一的协助下，确认或者修改后，再返回给斯诺。这样，斯诺就可以按毛泽东审定的稿子，向外发出新闻稿或者写书使用。尤其是队伍在草原上休息时，斯诺使用打字机打字，在空旷、平坦的草原上传出的敲打键盘声，骑兵战士们都说很好听，是从来没有听过的"音乐"。

马海德听着这英文打字机声，内心忽然产生了压力。斯诺在忙着完成采访任务，那么，对于毛泽东给他这个医学博士的"特别委托"，虽然没有催促，但是，他必须抓紧！

自从马海德第一次见毛泽东，毛泽东给了他"特别委托"后，除与斯诺一起采访外，他一直以医学的眼光考察和审视苏区根据地和红军的医疗卫生工作。他不懂的情况，有热心的李长林、胡金魁，甚至吴亮平帮忙。这些天来，他大致了解了一些保安城及附近地区的医疗情况。

炮楼山脚的苏维埃中央政府大窑洞二层有一间诊疗室，医生张友连是长征时中央红军里总卫生部所属干部疗养连的医护人员，是红军自己培养的医生，在瑞金中央医院经过短期培训，就调来随部队长征了。经过长征锻炼，张医生虽然仅二十岁出头，但已成长起来，现在管中央老干部的医护工作，兼政府工作人员门诊。

保安古城街上，有两家中药铺、一个私人中医诊所。米粮山的红军大学有一间卫生室，由医学分校的医护人员值班。医学分校由红军总卫生部政委周光坦代理校长，总卫生部部长贺诚带着红军卫生学校跟随朱德总司令正在北上的红四方面军中。

马海德已经从多种渠道获知或感觉到，红军有一支不可低估的医疗卫生力量。长征到达陕北后，中央红军与红十五军团组成红一方面军，与陕北红军一起，加强了陕北地区的卫生工作，建设了三个后方医院。第一后方医院在永坪镇，第二后方医院在下寺湾，第三后方医院在清涧。红军卫生学校附属医院在瓦窑堡西边的小村子。这些医院都是中央红军到陕北之后建立起来的，设备都很简单，医护人员大部分都未经过正规训练，都需要加以整顿和培训，为即将开始的新战役做准备。

马海德想到，这次到甘肃西征前线将能考察红一方面军的医疗卫生工作，这使他很兴奋，心里充满期待。此行路程要比上次从安塞到保安长得多。夜里，骑兵队伍的战士们睡在农民的家里，他和斯诺像上次一样，坚持要露天而睡，每晚都由李长林或者胡金魁陪同。面对星空真是聊天的好机会，马海德的中国话虽说听起来还生涩，但已有了明显进步，他所提的问题和说的内容，对方大致能听懂。别人说话时，马海德也要求对方讲得慢一点，加以手势比画，他也大都能听懂。之后，马海德就不客气了，专门问长征中红军医务工作的相关问题。

第一天晚上，李长林来露天睡觉，马海德先请教李长林，怎么使用属于自己的那把手枪，怎么能够迅速拔枪射击。躺下之后，他问李长林长征中受伤的感受。李长林露出了左肩膀和右胳膊的两处伤疤，说："长征最惨烈的是突破湘江防线，我这两处同时负伤，血流不止。"马海德问："你伤得不轻，是怎么熬过来的？医护人员怎么抢救你，使你又生龙活虎了？你对医护人员有什么印象？"

李长林充满感情地回忆自己在抢渡湘江时受伤后的感受："我们通过的是敌人湘江封锁线，是长征以来的第四道封锁线，各军团与数倍于我们的敌人浴血奋战五昼夜，湘江水都是红的啊，我们付出了巨大代价才完成渡江任务。我的连队每三个战士中就有两个牺牲，我连续中弹，倒下来了，但是又自己挺身站起来，有战士来拉我、扶我。我喊道，别管我，你们只管自己，冲过去！过江之后，卫生人员已大量减员，为了尽量多地救治伤病员，首长命令各级卫生部门超额收容，我失血过多，也被收容救护。我昏迷醒过来时看到，四周伤员太多了！医护人员夜以继日地突击治疗，边行军、边打仗、边治疗，克服了许多难以想象的困难。他们用担架抬着重伤病员行军，我腿能走，就自己走。每到宿营地，无论白天黑夜，医护人员都要先为我们安排食宿，抓紧治疗，很少能有时间躺下休息，大多数人的背包半个多月从未离开过肩膀，实在发困，也只是坐着或靠着打个盹儿。

"1935 年元旦后的一个星期，我们攻克遵义城，部队休整了十余天，发给战士们每人两块光洋，到城里去改善生活。我却看到部队医院不能休息，又利用短期休整时间，进行全力突击治疗，将行军途中来不及做的手术都做了。湘江战役的伤病员有百分之八十以上治愈归队，于是我又回去接管了我的连队。"

1935 年 2 月，为抢救娄山关和遵义战斗中的重伤员，总卫生部贺诚部长指示医院抓紧战斗间隙，进行手术，挽救了很多指战员的生命。娄山关战斗中立大功的钟赤兵政委的一条伤腿，就是在这个时期锯掉的。李长林是这样结束这段叙述的："马海德博士，我是长征中受伤的过来人，古往今来的医生、大夫、郎中们，没有比我们工农红军万里长征的医务人员更伟大的嘞。"

红军医护人员为长征胜利做出了巨大贡献

次日，行军中午歇晌是在草原上一片树林里，斯诺一边嚼着干馍，一边敲着打字机赶录文件，黄华在一旁协助；李长林带两个骑兵去附近巡视；马海德则抓着胡金魁，询问其关于长征中红军卫生工作的感受。胡金魁问："昨晚，长林支队长是不是给你讲了他负伤的经历？"马海德点点头。胡金魁说："我没有在战斗中负伤。我们中央纵队医院的医护人员都和我们在一起。他们要比长征中一般的干部、战士辛苦劳累得多！晚上，我给你介绍。"

去甘肃前线要走十多天，马海德有机会与胡金魁交流。那天晚上露宿，刚刚打完字的斯诺也来参加交流。胡金魁侃侃而谈："我是1906年生人，家道贫苦，只读了两年私塾。13岁时跟随长兄胡福昌到吉安学裁缝，带动缝纫工人支持大革命，组织吉安工会，担任缝纫工会委员长。在江西苏维埃初期，在毛主席的小弟毛泽覃动员下，带领一大批缝纫工人参加红军，在红军总部组建了红一方面军被服厂，当了厂长。"

斯诺说："听战士们讲，江西苏区时代，你把你干了多年的被服厂带来参加红军，解决了中央苏区十万红军的服装问题，了不起啊！"胡金魁继续说，除了中央红军主力以外，成千上万的苏区农民也举家携老扶幼，跟着红军一起转移。造币厂、兵工厂、铸造厂、被服厂等拆迁一空，工厂都卸走机器，积累数年的军火库也搬空了，凡是能够搬走的值钱东西，都装在骡子和驴子的背上带走，组成了一支奇特的漫长队伍。这是一支拖后腿的大队伍，使得行进速度极其缓慢。当时的决策者在这支机器设备队伍后面，安排了中央教导师殿后。在突破湘江的大血战中，虽然在兄弟师团协助下，将一部分设备抢过了湘江，但教导师几乎全军覆没。黎平会议后，红军由毛泽东同志指挥了，毛泽东同志下命令轻装"西进"贵州，将所带的工厂重型设备统统扔到乌江里去。有人想不通，毛泽东同志说，今天扔了旧的坛坛罐罐，明天共和国要造更好的坛坛罐罐！随着征途的拉长，这些负担大部分都在中途的战事中扔掉了。成千上万支步枪、机枪，大量弹药、机器、设备，甚至还有大量银元，都埋在行军途中某地。就连最宝贵的印钞机和英国造机床，都扔进乌江去了。扔掉坛坛罐罐之后，红军快速西进，将北边埋伏的敌军重兵远远甩在了身后。

斯诺因为连日敲打字机，很累了，不久就呼呼入睡了。马海德则很精神地要求胡金魁讲中央纵队里医务人员的种种情况。

胡金魁阐述说，部队转战黔、滇、康、川时，在中央纵队中，为了在行军时及时治疗伤病员，医院医护人员分成消毒、换药、护理三个小组，每次出发前就做好一切治疗处置；并派出打前站的人，提前赶到预定的休息地点或宿营地，搭灶立锅，烧好开水，做好稀饭，使伤病员一到就能喝上水、吃上饭。到达宿营地后，第一件事就是找老百姓借门板、搭床铺，给伤病员安排住处，随后换药、用热水洗脸洗脚，照顾伤员开饭。医护人员在忙完一切，使伤病员躺下休息之后，他们才打理自己的食宿。天天如此，任劳任怨，忘我工作。长征中，医护人员全力细心的救治，拯救了许多红军战士的生命，保证了红军的战斗力，为长征胜利做出了巨大贡献。

马海德了解得越具体，越能感受到红军医护人员的艰辛，心里也越敬重他们。接着，他又问起长征途中那台英国造的 X 光机的事，胡金魁说："这是过雪山之前才扔掉的。这台英国造的 X 光机，可是我们军委总卫生部部长贺诚将军的心头肉啊。过一两个月贺部长跟随朱老总长征到达，你当面问他吧。"

马海德又问："毛泽东夫人贺子珍被敌机炸得重伤累累，是怎么救活的？"

胡金魁说："长征中抢救贺子珍，以及抢救周恩来等重要领导人的医护详情，过些天你到前线，问我们红一军团神医李治、戴济民吧。"

马海德与胡金魁谈得越深入就越兴奋。他已经对红军的医疗系统有了大致的了解。早在江西中央苏区初期，在毛泽东和朱德的亲自过问下，就开始组建红军医护系统。其中最重要的有两个单位：一是红军军医学校，后改为红军卫生学校；二是瑞金中央医院。从此，开始了共和国自己的医疗卫生事业，并保障了第一至第四次反"围剿"战争的胜利。在敌人开展第五次"围剿"中，这两个医疗单位随中央红军长征，在极为艰难困苦的情况下，转战云南、贵州、四川，爬雪山，过草地，终于保障了中央红军胜利到达陕北；之后，还胜利地进行了东征，现在正在宁夏、甘肃进行扩红西征，并准备迎接红二方面军、红四方面军，以实现红军三大主力胜利大会师。

这个晚上，马海德很难入睡，望着深邃的星空，他在想，在红军和老苏区医疗卫生事业的基础上，应该以红军长征的精神来写出这份红军及西北苏区根据地卫生调研报告。

斯诺笑称，"马海德"的含义是马姓的"来自海外的贤人"

红军的骑兵分队跑过，扬起的黄尘就像被一阵狂风吹起来似的。马海德和斯诺向甘肃前线进发的路途中，仍然是黄土高原，谷地显得更为宽阔，植被要比陕西稀少，黄土层更厚，水源显得更为匮乏。这个地区还有沙漠、绿洲、冰川和大山，并不断出现清真寺。

眼前又一个清真寺出现了。马海德望着，这是他和他的海德姆家族所熟悉的清真寺啊。他对斯诺说："哪里有穆斯林，哪里就有清真寺，也称礼拜寺，阿拉伯语'麦斯吉德（Masjid）'，也是叩拜之处的意思。这是伊斯兰教信徒礼拜的地方，也是甘肃、宁夏独特的风景线。"

斯诺对马海德说，北平的英国朋友曾说过，陕北是个穷地方，甘肃、宁夏回族聚居的地方就更穷，是中国最荒凉、最贫瘠的地区。"朱毛红军"从江西的苏维埃走到那里，扎下根来，在大西北建立苏维埃政权，背靠苏联，这就够南京的蒋介石头痛了。马海德问："这些天，通过在保安的访问得知，毛泽东就是在做你那英国朋友讲的事吧？那晚在窑洞里，毛主席拿出的苏区政府对回族人民的宣言，还是你给我翻译的。"

斯诺说："毛泽东和红军们是在做这个事，而且颇有成效。"

于是，斯诺就说起通过这些日子的访问，梳理出的红军现在的情况：1935年9月、10月间，先期到达陕北的红二十五军和红一方面军并没有停下来休整，同年12月中下旬，中国共产党在瓦窑堡召开政治局扩大会议，主要分析了华北事变后国内阶级关系的新变化，讨论了抗日民族统一战线、建立抗日联军和国民政府等问题，通过了《中央关于目前政治形势与党的任务决议》《中央关于军事战略问题的决议》，决定元旦过后，会合陕北红军，组成中国人民红军抗日先锋军，发起东渡黄河的东征战役。

东征战斗历时75天，红军涉足山西吕梁山系、汾河谷地以及同蒲路段范围内50余个县，作战100余次，歼敌2万余人，更可观的是红军扩兵8000余人，筹得银元30余万元，并缴获大量物资，经过长征严重消耗的红军得以补充，更重要的是东征扩大了政治影响，宣传了抗日主张，达到了预期目的。东征回师陕北后，毛泽东和红军领袖们立即部署红军西征事项。1936年5月间，中共中央在延川县大相寺村召开会议，具体制定向陕甘宁边区的西征战役。最后在甘肃地区迎接红二、红四方面军，促成红军三大主力胜利会师，以实现毛泽东"经营大西北"、推动中国全民抗日战争的战略方针。斯诺慨叹地说："在当今时代，我俩有幸结伴，如此亲近地访问毛泽东，在他那原始的古窑洞里，我俩一起听他直抒胸臆，谈他的身世经历，讲他的雄才大略。我突然觉得，这个世界就算真有上帝，恐怕也不会给我俩这么好的运气。"

中午时分，骑兵队伍又途经一个清真寺，寺旁还有一个不小的集市。李长林让队伍吃干粮，给马喝水。这一带盛产西瓜，胡金魁要到集市去买西瓜给大家解渴。马海德主动说："我祖宗是阿拉伯人，我还会讲一点阿拉伯语，我去吧。"身穿红军军装的马海德，与卖瓜的回族人，讲起他们的语言。卖瓜的回族人大为吃惊："红军也有穆斯林！"瓜农们每个人捐出一只大西瓜，合起来有好几个，这是大家的心意！马海德掏钱要给，瓜农们说不要。马海德说红军有纪律，坚持给了两块光洋。

当天下午，队伍进入了当时陕甘宁省苏维埃政府管辖的环县境内。在路旁村庄的墙壁上，有两条用阿拉伯文写的标语。马海德翻译成汉语：一条是"红军和回民是兄弟"，另一条是"打倒日本帝国主义"。李长林说，这是红军新解放的地区，新刷的大标语。

黄昏时分，路旁出现一个较大的清真寺，寺的附近有一支红军队伍刚刚来到，正停下来休息。李长林眼尖，马上就认出了领头的是周恩来。原来，周恩来代表中共中央去苏维埃省政府所在地河连湾，将红军西征指挥部设在那里，以部署红一方面军与红二、红四方面军会师的准备工作。两支队伍都赶了一天的路，大家都饿了，需要找一顿热饭吃。周恩来指指路旁这个清真寺，对马海德说："你不是阿拉伯人嘛，新解放区百姓对我们还缺乏了解，你去跟他们联系一下。"马海德说："清真寺是穆斯林每周聚礼、每年会礼时，大家齐聚一堂、共同礼拜的地方，是有能力解决我们这两支队伍一顿饭问题的。"周恩来对马海德笑着点点头。

在苏菲的回忆录中，谈到红军战士马海德初进当地清真寺的情形：

> ……当他们走到红军新解放的同心县时，遇到了要去环县河连湾的周恩来，大家肚子饿极了。当地老百姓回民多，又是新区，找饭吃很困难。后来发现有一座清真寺，想进去，又怕阿訇对红军不了解不予接待。这时候，同志们问马海德："你是阿拉伯人，你懂不懂伊斯兰教的礼节？"马海德用刚学的生涩的中国话说："当然懂了。"周恩来说："好，就派你为全权代表，去跟阿訇联系一下，给我们大家做一顿饭吃。"

马海德和周恩来来到清真寺大门前。按伊斯兰教的礼节，需要赤足进入清真寺。马海德将绑腿下的纳底布鞋脱了，赤脚进门。阿訇已经迎了过来，马海德用阿拉伯语打招呼，拜见阿訇，说明了来意。阿訇见马海德确实是穆斯林，而且门外跟着的周恩来气质不凡，满下巴络腮胡子，就也请周恩来进寺。周恩来脱掉布鞋，赤足走进寺内。沟通后，阿訇对马海德和周恩来说："本寺乐意为大家提供一顿晚餐。"

没几天，周恩来到了河连湾，对陕甘宁省委书记李富春、省苏维埃政府主席马锡五等人谈起了在清真寺吃的这顿饭。后来，担任省统战部部长的蔡畅来看望这个清真寺的阿訇，阿訇说有"两个想不到"，一是想不到红军里也有穆斯林，二是想不到中共领导人周恩来进清真寺也遵从教礼赤足进来，以前国民党官兵大皮鞋进来乱踏乱踩，还抢走银具、银饰。

伤病员和总司令同住的医院，恐怕世界上独此一家

斯诺在《西行漫记》中这样写道：

> 与陕西和甘肃无穷无尽的山沟沟相比，我们走的那条路——通向长城和那历史性的内蒙古草原的一条路——穿过的地方却是高高的平原，到处有长条的葱绿草地，点缀着一丛丛高耸的野草和圆圆的山丘，上面有大群的山羊和绵羊在放牧啃草。兀鹰和秃鹰有时在头上回翔。有一次，有一群野羚羊走近了我们，在空气中嗅闻了一阵，然后又纵跳飞跑躲到山后去了，速度惊人，姿态优美。

> 五小时以后，我们到达了豫旺县城。这是一个古老的回民城市，居民约有四五百户，城墙用砖石砌成，颇为雄伟。城外有个清真寺，有自己的围墙，釉砖精美，丝毫无损。

护送马海德和斯诺的骑兵马队，经过近 20 天的行军，终于来到被毛泽东称为"西征前线"的豫旺堡。600 多年前的元文宗天历元年，朝廷赐封安西王阿剌忒纳失里为豫王，乃筑豫王城。清顺治年间，以示"集市繁华买卖兴旺"之意，人们因"豫王城"谐音而改为"预旺城"，现称豫旺堡。豫旺堡古城，是中国丝绸之路上一座通往中亚和欧陆的边贸集镇，更是一座扼控边塞的军事重镇。美国友人到达的这天下午，豫旺堡古城东门外，彭德怀、聂荣臻、刘晓、李富春、左权、邓小平、陈赓、杨勇、杨得志、萧华、朱瑞等红军高级将领列队热烈欢迎。城门洞上还有英文欢迎横幅。

1936 年，是这个小镇最辉煌的时期：这里是西征红军总部和红一军团司令部所在地，西征红军司令员彭德怀和红一军团首长就住在这里。

斯诺看到，在豫旺堡高大结实的城墙上，红军的一队号兵在练习军号。城墙的一角飘着一面鲜红的大旗，上面黄色的镰刀斧头在风中隐现。

马海德到了这里，街头能听到他在贝鲁特常听到的阿拉伯语，闻到小

铺里传出的馕和烤肉的香味，看到了建筑工艺精湛的清真寺。

斯诺名著《西行漫记》之中被称誉"钻石般"最光辉的篇章，即关于中国工农红军悲壮而辉煌的战争诗

图4-12　城门口欢迎美国友人的横幅（斯诺摄）

篇，就是在"豫旺堡"这个地方写的。彭德怀率领的中央红军主力红一军团司令部就驻扎在豫旺堡。当时中央红军来到宁夏、甘肃最南段最险峻的山区，准备迎接红二方面军、红四方面军，筹备红军三大主力部队胜利大会师。彭德怀对马海德说："你要是早来两个月，就赶上中国第一个县级回民自治政府的成立了！这是要载入新中国历史的。"1936年6月，西征红军到达豫旺堡，先后成立了豫旺县苏维埃政府和我国第一个县级少数民族自治政权——陕甘宁省豫海县回民自治政府，当地雇农马和福担任自治政府主席和县游击大队队长。

欢迎仪式后，客人来到设在城隍庙内的红军总指挥部。彭德怀和聂荣臻等亲自带领马海德和斯诺进城隍庙里参观。该庙规模不小，前后两座大殿，大殿坐北朝南，是庙的中心建筑。前大殿是红军总指挥部开会议事的地方，墙上挂着军用大地图；后大殿是参谋及电讯机务使用的。殿前各有一座小阁楼，傲然立于五圣殿堂之上，香炉前有三道小门牌楼，西南部是戏台，山门前有照壁，布局严谨，气势宏伟。城隍庙是豫旺堡最为精美的建筑之一。在城隍庙前、后正殿和东、西两侧殿墙壁上，张贴着醒目的革命标语"红军是工人、农民的军队""欢迎回民群众来当红军""发展回民教育""红军不侵犯回民利益""抗日国民革命军不该进攻抗日红军，联俄联共一致抗日""打倒日本帝国主义"等口号。

马海德鼻子灵，就问："彭老总，我闻到了药味。"

彭德怀笑着说："马海德同志，果然是医学博士啊！不瞒你说，城隍庙是城里最好的建筑，大部分空间用来安排伤病员，他们住在左右十七间侧殿及禅堂等处。我们兵团的医护人员住在后寝宫。"斯诺说："彭总司令，

你这里虽说是红军总指挥部，其实，也是红军的野战医院。"马海德则说："我写调查报告，就称为'红一军团城隍庙医院'。"斯诺说："伤病员和总司令住在一起，这恐怕也是世界上独此一家的医院。"

聂荣臻补充说："庙里的这个戏台，还可以安排演出慰问一下伤病员。但给部队战士们和当地群众演出，就显得太小了，得在外面用大舞台。明天我们开欢迎美国友人的大会，就要用大舞台。"

彭德怀还让两个客人看了为他俩准备的住房——东侧殿的一间房，内室光线充足，有两张木床和两张木桌，收拾得很干净。聂荣臻说："人家说你们俩是'红军调查员'，各写各的报告，有什么需要的，尽管跟我说。"

参观之后，彭德怀在大殿举办酒宴，为远道而来的美国友人接风洗尘。席上，彭德怀说："我们红一方面军的师、团、部队所在的地区，你们都可以去，没有任何限制。"斯诺说："毛主席说豫旺堡是西征前线，我们怎么没有看到敌人，或者红白军对峙啊？"彭德怀开怀一笑："这里以前是国民党军占领的，红军两个月前打跑了白匪。现在这里是前线，红军和敌军就在这里犬牙交错地对峙。最近有一场仗要打。你们俩可以见证一下，敌军是怎样被打败的。"

筷子里夹着香嫩无比的羊羔肉，彭德怀称赞两个美国人都会用筷子，然后又说："我很爱吃豫旺堡的羊肉，啃这里苦碱土草的羔羊，要比关内的羊肉好吃。"

斯诺提了一个要求："毛主席给我们介绍了红军长征突破乌江、抢渡金沙江、强渡大渡河的著名战斗，我们俩可以见一见这些英雄吗？"斯诺拍拍身旁的照相机及电影摄影机，"我们还想给英雄们拍照，介绍到全世界去。"

彭德怀很高兴："好！我叫人把强渡大渡河的英雄们找来，你们见一见。"彭德怀转向马海德："你这个中东回民，也是美国回民，来到我们回族自治县，有什么想法或者要求？"

马海德说："我是医生，来苏区早就听说红一方面军长征医疗保障工作做得好，还有很著名的红医'四大金刚'，我很想见一见这些'金刚'，也考察一下军团，还有师、团的各级医疗卫生工作。"

彭德怀说："博士同志，好，欢迎你首先从这庙里的兵团医院开始调研考察，我亲自安排。但是，我也有个要求，请你答应。"

马海德问："总司令有何要求，尽管说。"

彭德怀先介绍酒席上一个戴着无檐白帽、腰插手枪的回族兄弟："这是县回民自治政府主席马和福，兼县游击大队队长。"马和福和马海德两人碰杯祝酒之后，彭德怀说："马和福主席，你身前这个回民原名叫乔治·海德姆，这次到了苏区，决定参加革命、参加红军，决定改一个中国回民的名字——马海德。毛主席同意了，周副主席也同意了，但是，马海德要当红军，得在红军总司令部这里办一个手续。博士，我将代表西线红军党委正式批准你加入红军，成为红军的一员，好不好？"

马海德说："好！当然好。经过红军党委正式批准，我就是真正的红军战士马海德了，完成组织手续了。"彭德怀说："是的！我将安排一个欢迎美国朋友的军民大会，在会场上代表红军党委宣布这个决定。"

红军赠给美国朋友两匹马，一匹叫"马鸿逵"，另一匹叫"马鸿宾"

1936 年 8 月 22 日，天气晴朗。在豫旺堡西南 5 公里外一个叫杨家堡子南塬的大草坪上，西征红军总指挥部为马海德和斯诺的到来举行了十分隆重的欢迎大会。西征红军前线总司令彭德怀、西征红军政治部主任刘晓、红一军团代理团长左权、政治委员聂荣臻、政治部主任朱瑞等红军将领们出席了欢迎大会，红一方面军各师团的代表和驻豫旺堡部队参加了大会。大会由刘晓主任主持。

大会场上，火红的军旗迎风招展，数千名红军官兵在四周整齐威武地列队。部队装备的英国的、德国的、捷克的、美国的机关枪、步枪、毛瑟枪、山炮、榴弹炮、迫击炮，都擦拭得乌黑发亮，在阳光照耀下，闪闪夺目。还有膘壮体健的战马组成的骑兵团队列。全场战士们个个面色红润，精神饱满，军容整齐，训练有素。好一个阅兵式的欢迎大会！

彭德怀首先用洪亮、热情的声音，代表西线红军官兵对美国朋友的到来，表示了最热烈的欢迎，并正式宣布：红军司令部党委正式接纳"黎巴嫩裔美国穆斯林乔治·海德姆医学博士"为中国工农红军红一军团军医马海德大夫！彭德怀简短有力的讲话数次被掌声打断。

数千人参加了这次红军欢迎大会，如彭德怀司令员事前对马海德说的："今后您就是红军马海德同志了，这是欢迎与接纳您成为红军光荣一员的正式仪式，是一个红军建军史上独一无二的仪式。"

马海德极其激动，热血奔涌。他就用刚学会的中国话说："同志们好！"并举起右拳，大声高呼——

"中国红军万岁！"

"中国革命万岁！"

会场上的官兵对马海德的中国话口号报以热烈的掌声。

斯诺在欢迎会上用英语讲话，由黄华逐句翻译。斯诺高兴地说："你们的斗争不是孤立的，全世界的无产阶级都拥护你们。我这次要把你们几年来艰苦奋斗的经过，去告知全世界无产阶级，最后你们应努力把（用）中国的革命模范来推动和领导全世界革命。"讲演结束时，斯诺激动地高呼："中国革命万岁！""红军胜利万岁！""世界革命成功万岁！"斯诺的讲话，在场的红军虽然听不懂，但经过黄华的现场翻译后，赢得了热烈的掌声。

当时，红一军团的宣传工作做得很到位，红一军团政委聂荣臻在大会后，向黄华要了准确的斯诺演讲稿。一两天后，在西线红军各连队驻地的墙报上，都摘要抄写了"斯诺演说词"。用毛笔抄写在杨家堡子一所民房黄土墙壁上的一段"斯诺演说词"墨迹，在岁月的腥风血雨中，被当地回族同胞用草泥遮盖，巧妙地躲过了"白色恐怖年代"，一直保存到20世纪60年代。

当时，在这个欢迎大会上成为"外国穆斯林红军战士"的马海德，在红军西征岁月里带动了许多甘肃、宁夏的回族青年参加红军。

大会接着举行向美国朋友赠战马仪式。大会主持人刘晓说，红一军团第四师抗日战线科科长卢仁灿，代表全师官兵，带来了赠送的礼物——两匹战马和一封赠马慰问信。当时，红一军团第四师驻地毛居井距豫旺堡比较远，只派了10多名代表，由卢仁灿科长带领，前来参加这个不同寻常

（1）

（2）

图4-13 （1）军民欢迎大会上的红军战士；（2）红军骑兵在欢迎大会上表演节目（斯诺摄）

的欢迎大会，从刚刚缴获的战马中精心挑选了一黑一黄两匹上等骏马，赠送给马海德和斯诺。这封信是由第四师师长李天佑、政委黄克诚和政治部主任舒同三位同志代表全师官兵签署的。卢仁灿宣读了这封赠马慰问信，信中说"这是不久以前在胜利的战斗中缴获白军马鸿宾部的"。（这封信的原件现存于中国人民革命军事博物馆。）

宣读完毕，在全场热烈的掌声中，卢仁灿将信送交马海德和斯诺。接着，两个红四师战士将两匹雄健的战马牵到大会主席台前。马海德和斯诺高兴得眉开眼笑。卢仁灿向马海德和斯诺高声说："我们请美国朋友为战马起名字！"

全场官兵高呼："好！"

马海德与斯诺欢笑着互望了一眼，马海德对斯诺打着手势，让斯诺来起名。

斯诺想了想，风趣地说："刚才卢科长介绍了，这两匹骏马是在战场上从马家军的手中缴获的，那匹黑色的就叫'马鸿逵'，黄色的叫'马鸿宾'，大家说，好吗？"

全场官兵齐整一致地高呼："好！好！好！"

当黄华将斯诺所起的两匹战马的名字翻译成汉语姓名并准确告诉全场官兵时，会场上立刻爆发出热烈的欢笑声和鼓掌声，全场几乎沸腾起来！马海德和斯诺各自跨上战马，绕场奔跑了几圈，他们俩骑马跑到哪里，哪

图 4-14 ● 斯诺骑着获赠的战马，与李长林及胡金魁合影（马海德摄）

里的官兵掌声和笑声就特别热烈。

最后，红一军团的战士们表演了队列、刺杀、射击等军事科目，红十五军团的骑兵队表演了马术劈刀。

马海德和斯诺看了红军这样的场面都觉得很振奋，除了拍照片，斯诺还用电影摄影机进行了拍摄。

黄华当时刚从北平来到苏区保安，为斯诺此次西征前线之行担任翻译，是马海德和斯诺西行的见证人。1992 年，在纪念尼克松访华 20 周年的一次外事活动中，黄华在人民大会堂对采访者回忆起西线红军为美国朋友所举行的盛大欢迎大会：

……临出发去西线之前，斯诺发生过改访兰州的一段插曲，引起中央领导的重视，周恩来亲自过问了豫旺堡的西线红军欢迎大会。这个插曲发生在斯诺与马海德正要出发去西线的那天上午，吴亮平这个年轻的中央宣传部部长，以一个久经锻炼的共产党员和老红军战士的巨大热情，在罕见地怒吼之后，很快冷静下来，忠告斯诺，让他回想一下这次能突破封锁来苏区采访是多么不容易，不要失去亲眼看一看真正的红军的机会，免得以后后悔一辈子。当时，要是斯诺不去了，同行的马海德说，他自己仍然会按毛主席、周副主席的安排去西征前线。吴亮平及时向周恩来汇报

情况，周恩来对斯诺、马海德西行的具体安排过问得很细。这促
使豫旺堡欢迎美国朋友的大会，增加了展示实力（武器）及赠送
战马这两项重要内容。豫旺堡的驻军没有骑兵部队，彭德怀就布
置了有骑兵部队的第四师选赠两匹好马。1972 年，斯诺在日内瓦
病危，驻瑞士的陈志方大使陪同我去探望斯诺。斯诺在病榻上就
回忆起了那次西行，回忆起了赠马的红军大会。斯诺去世之后，
斯诺的夫人洛伊斯·惠勒·斯诺就将那封赠马慰问信寻出来，赠
给中国，托陈志方大使带回北京。

当年，吴亮平终于说服了斯诺，还是与马海德一起，按毛泽东、周恩来
的安排，出发去西部前线。后来，斯诺深为感谢吴亮平。要是他一时糊涂
改访兰州，那就没有了震撼世界的《西行漫记》，那将是他终生的遗憾。
斯诺在《西行漫记》一书中写道：

> 我幸亏接受了他（吴亮平）的劝告。要是没有接受他的劝告，
> 我在离开保安时就仍旧不明白红军不可战胜的声誉从何而来，仍
> 旧不相信正规红军的年轻、精神、训练、纪律、出色的装备，特
> 别是高度的政治觉悟，仍旧不能了解红军是中国唯一的一支从政
> 治上来说是铁打的军队。

强渡大渡河的勇士，震撼了全世界

彭德怀说话、办事和作战都雷厉风行。豫旺堡欢迎大会的次日上午，
近 20 名红军战士精神抖擞地列队集中在东门外的宽阔草地上，接受马海德
和斯诺访问。上午的阳光照耀着他们一张张黑里透红的脸。彭德怀自豪地
告诉马海德和斯诺："他们就是去年 5 月间，我们红一军团强渡大渡河的
勇士们！"战士们整齐地回答："中国红军万岁！中国革命万岁！"斯诺高

图 4-15　斯诺（左三）与强渡大渡河的勇士合影（马海德摄）

兴地说："早上的阳光正好，我马上给勇士们拍照留念。然后，我们再进行采访。"斯诺请彭德怀总司令也站到队伍里去。彭德怀婉谢说："你们刚才已经为我照过了，现在是为我们的大渡河勇士拍照。"

斯诺将自己的专业照相机递给马海德，马海德挥手让李长林、胡金魁跟斯诺一起站到勇士队伍里去。最后，这张有名的《强渡大渡河勇士合影》，是马海德用斯诺的照相机拍摄的，队列中有19名勇士；李长林、胡金魁和斯诺站在队列最左边。该照片被斯诺使用在《西行漫记》之中，与斯诺采访强渡大渡河勇士们的文字编排在一起。该书在英国首次出版时，"有如石破天惊一样震撼世界"（英国《卫报》的书评）。这张原版照片，经斯诺原夫人尼姆·威尔斯捐赠，现珍藏在中国国家博物馆。马海德拍摄了这张照片，也亲身经历了这次对强渡大渡河勇士的访问。采访后，马海德感到格外激动乃至亢奋，大渡河勇士们的精神激励着他，使他因成为这支伟大军队中的一员而骄傲和自豪，他将要和他们一起为这支军队的理想不怕牺牲，奋斗终生。

斯诺与马海德采访了这些勇士之后，在《西行漫记》中写出了这样的文字——

泸定桥建桥已有数百年的历史，大渡河水深流急，河上所有桥梁一样都是用铁索修成的。一共有十三条长达一百多码的粗大铁索横跨在河上，铁索两端埋在石块砌成的桥头堡下面，用水泥封住。铁索上面铺了厚木板做桥面，但是当红军到达时，发现已有一半的木板被撬走了，在他们面前到河流中心之间只有空铁索。在北岸的桥头堡有个敌军的机枪阵地面对着他们，后面是一师白军据守的阵地。当然，这座桥本来是应该炸毁的，但是四川人对大渡河上少数几座桥感情很深；修桥很困难，代价也大，据说光是修泸定桥"就花了十八省捐献的钱财"。反正谁会想到红军会在没有桥板的铁索上过桥呢，那不是发疯了吗？但是红军就是这样做的。

本书将斯诺书中关于飞夺泸定桥的具体文字，浓缩及完善如下：

红军浴血突破蒋介石精心部署的湘江之围，奇兵进入贵州之后，蒋介石从此夜夜难眠，他自己乘飞机或命令空军侦察尾随云贵高原崇山峻岭中的红军队伍，重新亲自部署围、追、堵、截，但每每被红军突破。民国史料载，1935 年 5 月间，蒋介石又发现了红军在川西大渡河"逃窜"的确切行踪，极其兴奋，对亲信重臣何应钦说，"这下毛泽东要成第二个石达开了"。他除了增调中央军薛岳、刘湘部进"剿"，还命四川军阀头子刘文辉、杨森"严加堵杀，不得有误"。在蒋、刘通话过程中，蒋介石就曾让刘文辉将泸定桥砍断，但是，刘文辉连说"不行，砍不得啊"。泸定桥建于康熙年间，距民国已有两百多年历史，桥上还有康熙御笔提写的桥名。四川人对这座桥感情很深；修桥很困难，代价也大，据说光是修泸定桥"就花了十八省捐献的钱财"，因而刘文辉坚持不能予以毁坏。蒋介石听后，沉默不语，甚为恼怒。刘文辉便提出了一个折中办法：把泸定桥上的木板拆掉，剩光溜溜的铁索，他们怎能过来？ 5 月 25 日午后，红一军团先头部队赶到大渡河南岸，北岸守军是川军第四旅某部。双方隔河对射。

夜幕中，红军通过望远镜发现守桥的川军要放火烧桥，便立即展开夺桥行动，机不可失，必须在敌人援军到达之前把桥占领。先头部队征求抢夺铁索桥敢死队志愿人员，红军战士一个个都站出来，愿意冒生命危险夺桥！于是，在报名的人群中，挑选了勇猛精干的战士。他们腰上插了毛瑟枪、挂了手榴弹，背上有一把钢刀。面对百米多长的泸定桥，80 多米桥板已被敌人拆掉，只剩下 13 根乌青的铁索横在江面怒涛之上。勇士们紧紧地用手脚攀着铁索，在子弹呼啸声中，悬空沿着铁索一步一抓地前进。

敢死队员攀着铁索摇摇晃晃地艰难前进。负责掩护的红军集中机枪向敌军碉堡开火，子弹飞进在桥头堡上。敌军也以机枪回射，敌狙击手向着在河流上方摇晃着爬行前进的红军射击。第一个战士中弹，掉到了下面的急流中，接着又有第二个、第三个……但是，后面紧跟着的战士越来越多地爬近桥中央。当时，敢死队的红军勇士，冒着弹雨，陆续接近了桥头，终于有一个红军战士爬过了桥板，拉开一个手榴弹，向敌人碉堡投去，一掷中的。又有几个红军战士爬了过来。敌人从阵地出来，把煤油倒在桥板上，开始烧起桥来。但为时已晚，已有红军战士匍匐向前爬了过来，手榴弹一个接着一个投到了敌军机枪阵地。毛瑟枪响起来了，钢刀举起来了，冲到桥头的勇士们高喊着"冲啊"，发起了冲锋！敢死队将敌守军全部歼灭，完成了长征中飞夺泸定桥的壮举。

这时，南岸的同志奋起高呼："红军万岁！革命万岁！大渡河英雄万岁！"此时，白军已经仓皇后撤。进攻的红军全速前进，冒着灼人的火焰冲了过去，纵身跳进敌人碉堡，将敌人丢弃的机枪掉过头对准北岸公路上逃窜的敌军射去。

这时，更多的红军爬上了铁索，扑灭火焰，铺上了新板。红军大部队兴奋地一边放声高唱，一边渡过大渡河，进入了四川境内。5 日 26 日起，恼羞成怒的蒋介石接连派飞机轰炸泸定桥南北渡口附近的红军，在红军列队渡河的时候，这些飞机轮番轰炸，企图炸毁铁索桥，炸弹掉在河里，溅起一片片水花。毛泽东、朱德及周恩来等中共中央及红军领导人于 5 月 31 日上午通过了铁索桥。

史载，1935 年 6 月 2 日，中央红军各部队经泸定桥全部通过大渡河。斯诺后来还曾经回忆称，当初在保安访问了毛泽东及其他领导人时，他还难以确信红军是不可战胜的；后来，他来到豫旺堡，当面访问了强渡安顺场和飞夺泸定桥的红军战士们。"我对他们那样年轻感到惊讶，因为他们的年纪都不到 25 岁。我如果不到这里，就不会明白红军不可战胜的声誉从何而来，不会相信正规红军的精神、纪律，特别是高度的政治觉悟，不会了解红军是中国唯一一支从政治上来说是铁打的军队。"

斯诺的《西行漫记》，1937 年冬首次由伦敦戈兰茨公司出版，2 个月内 4 次印刷。此时，英国有个爱读书的上校——蒙哥马利，刚从海外奉调回国，接任以"钢铁师"著称的英国远征军第三师师长，在书店翻看这本新书，一翻开就是讲红军强渡大渡河上铁索桥战斗的章节，还配有红军勇士的照片，这吸引了他的注意。买了此书回去一阅，蒙哥马利被红军的精神深深吸引，内心极为震撼！他自己就是个勇猛无比而富于谋略的军官，在第一次世界大战中曾负重伤，差点送命。他将此书推荐给自己师部的同事看："你们也看看，这是一支什么样的军队，仅剩下几条铁索的桥也要冲过去！他们是不怕死，但是，他们是不是疯了？"从此，蒙哥马利身边行李箱里就有这本书。第二次世界大战初期，他参加指挥敦刻尔克大撤退，晋升为中将；不久，他在北非指挥英国第八集团军挫败德国"沙漠之狐"隆美尔，击碎了纳粹不可打败的神话，由此声誉大振，升为上将，并于二战结束前晋升为元帅。二战之后，蒙哥马利在其所著《三大洲》一书中称赞长征："这是本世纪最伟大的军事史诗，是一次体现坚忍不拔精神的惊人业绩。"

蒙哥马利密切关注着，强渡大渡河这支军队改名为中国人民解放军，所在国家建立了新中国。蒙哥马利元帅还带着这本关于红军长征的书，要来中国访问这支军队。虽经过一些坎坷，在中国与英国刚刚半建交（互派代办）不久，他于20世纪60年代初访问中国。毛主席两次会见这位著名的英国元帅，并安排他与北京军区司令员杨勇上将会见，一起阅兵。阅兵开始不久，杨勇陪同蒙哥马利从主席台上下来，到士兵方阵前看望士兵。蒙哥马利元帅拿过士兵手中一杆步枪，对杨勇说："我们两人比比武吧。"杨勇说："好，就比枪法吧。"元帅一枪射中远处钢靶的靶心，钢靶倒下了。杨勇笑了笑，一口气连打9枪，枪枪都中钢靶靶心。当晚宴席上，蒙哥马利拿出当年在伦敦买的那本斯诺的《西行漫记》，请杨勇将军签名。杨勇翻着书，找到那张合影照片，回答蒙哥马利的问题："美国记者斯诺等来豫旺堡采访大渡河勇士，为我们拍这张有19个战士的合影时，我23岁。"蒙哥马利感慨地说："我懂得了你指挥的志愿军为什么能将美军赶回朝鲜三八线了。"

戴济民的"大药幅布袋"使马海德折服了

在豫旺堡，"戴胡子"给马海德的印象太深了！他是毛主席亲自登门请来参加红军的医生，是红军中有名的"红色华佗"。

他留一把山羊胡子，身材精干瘦削，细框眼镜下的双眼炯炯有神，行为举止颇有几分道骨仙风。不仅红一军团的基层干部、战士，连彭德怀总司令都亲切地叫他"戴胡子"。红一军团的聂荣臻、左权等名将都很尊敬他。在豫旺堡前线的红军官兵中，数他年纪最大，他自我介绍说："我1888年出生，差一年多就活够半个世纪了。"他的真名叫戴济民，父亲是虔诚的基督徒，主张救世济民，就给他取了"济民"这个有使命感的名字。他是中国共产党第一代医务工作者，早在武昌辛亥革命爆发时，他就参加了革命军的医疗救护队。在豫旺堡，他担任红一军团卫生部医务主任，当时正在附近的某团部署作战卫生保障工作，接到彭德怀的指示之后，第二天下午就骑马赶回豫旺堡，当时马海德和斯诺刚刚采访完强渡大渡河的勇士们。斯诺在黄华协助下，忙着用打字机记录下他们的采访。马海德用生硬的普通话说："我可以用中国话跟戴主任交谈。"想不到，戴济民笑着用英语对他说："马博士，我可以用英语跟你交流。"

马海德与戴济民两人首先作自我介绍。戴济民说，他小学及中学都是在教会学校读的，在汉口大同医学校半工半读，攻读西医。因为教师用英语授课，所以学生们也能说英语。辛亥革命不久，戴济民到江西吉安办起了一家私立的惠黎医院。因医术高超，为人仗义，在吉安人缘很好，结识了担任吉安靖卫大队大队长的罗炳辉，相交颇深，成为无话不谈的知己。

后来，罗炳辉率部起义参加红军，仍与戴济民保持联系。戴济民早就听说了毛泽东的大名，红军攻占吉安后，他要罗炳辉请毛泽东到家中来做客。毛泽东欣然应邀，说："太好了，我的老乡病了，我正要找一个医术高明的大夫呢。"到了约定的日子，毛泽东一行在罗炳辉陪同下，到戴济民的家中来拜访，戴济民亲自到大门口迎接。一番握手及寒暄之后，毛泽东介绍了老乡周以栗的病情。戴济民当场问诊，开出了药方。宴席间，戴济民还建议说："红军是老百姓的队伍，我早有耳闻。但是，红军天天打仗，伤病员多，要多一些医生、多办一些医院才好啊。"毛泽东回答："是啊，我早就有这个想法，可是我们找不到医生，尤其是像你一样高明的医生啊。"毛泽东真诚地注视着戴济民。戴济民沉默了一会儿，说："若不嫌弃，我愿意为红军服务。"听到

图 4-16　戴济民

戴济民的回答，毛泽东端起酒杯："想不到我今天做客，竟得到一位'红色华佗'，欢迎你加入红军队伍！"

　　戴济民很快动员了城里的其他医生，在城郊青云山大庙里筹建了"工农革命红色医院"，戴济民任院长，并将自己医院里所有能为伤病员治疗用的东西全部贡献了出来。

　　马海德也介绍了自己立志当医生、半工半读学医，以及从上海开诊所到参加红军的情况。两人慨叹起来："真是巧，你我二人有两大共同点：第一，都是半工半读学医；第二，都是毛主席邀请来的！"两人相视大笑。

　　马海德和斯诺在豫旺堡访问的日子里，戴济民经常和马海德在一起。戴济民带着马海德参观城隍庙红军医院，从手术室、诊疗室、药料科、医政科及医护人员住处到每个病房，马海德看到医院各处都整齐干净、井井有条。戴济民还有意让马海德用半生不熟的中国话和医生、护士、司药、伤病员及护理员进行交谈，马海德的话语中夹杂着英语，戴济民就帮助翻译。马海德在药料科的厢房里，看见大板壁上高挂着两大面厚布幅，每幅有军用地图那么大，布幅上有七八排小布袋，每个小布袋上写有中文标志。戴济民告诉他，每个小布袋里装的都是加工好的中药或是药丸。马海德从没见过，就问："这是什么？怎么使用？"戴济民问："你在上海去过街上的中药铺吗？见过中药铺高大的柜子里一层层装药料的小抽屉吗？"戴济民笑着说："药铺的高大药柜子很多、很重，很难搬动，我们红军医院的中药柜子是大药幅布袋，是可以带到前线战地医院使用的，在两棵树之间就可以张挂起来使用。"

　　马海德学会这个红军医学新词："大、药、幅、布、袋！"并伸出双手

的大拇指："哇，太聪明了！"

戴济民还让药料科的李医生介绍长征路上医院是怎么解决药品严重短缺问题的。李医生说，为克服医疗物资严重短缺问题，戴济民主任带领医护人员千方百计想办法，就地取材，自己动手来解决难题。仅有的一些纱布、药棉、绷带等，都是用过再洗净，然后煮沸消毒后重复使用。用食盐水洗涤伤口，用红汞碘磺纱布换药。缺少纱布和药棉，就用土棉布加碱，放在锅里反复煮软，加漂白粉漂洗干净，再用食盐水消毒，以代替纱布；或者，把一般棉花弹散，撕成块状，用冷水浸成薄片之后用碱水煮，脱去油脂，再用漂白粉漂洗干净，加工成"药棉"。如果没有棉布和棉花，医护人员就撕自己的被子、被絮，经过消毒制成敷料。没有凡士林，就用猪油、牛油等动物油脂配制软膏。没有夹板固定伤员的骨折，就临时砍用树木、竹片代替。

马海德作为欧洲名校出来的医学博士，对长征路上这些关于救护必用药品、物品的动人细节，真是闻所未闻，听了极其感动！一天晚上，马海德终于开口问起去年在长征路上抢救周恩来的情况。

戴济民平静地回忆起给中央领导人抢救或治伤病的往事。自从江西出发以来，红一军团的医护力量担负着保证中央领导人及红军将领的重任。在突破湘江的血战中，杨成武、耿飚、聂荣臻皆中弹负伤，都得到了及时的救护。在红一方面军主力长征到达松潘毛尔盖，进入草地后最艰难的路程中，周恩来因工作繁重，操劳过度，感到不舒服，随队医生发现他突发高烧不退。第二天，周恩来体温更高，而且昏迷不醒。毛泽东和刘伯承、叶剑英等首长闻讯后骑马赶来看望。当时，红一、红四方面军会师后分手，傅连暲大夫随朱德红军总部南下了。戴济民回忆说："这时，毛泽东同志便给军委总卫生部打电报，将我从红一军团四师调来了。我骑马赶来给周恩来同志量了体温，发现已升至40℃。"

戴济民经初步检查后，得出的结论是患了痢疾。当时在红军中最常见的疾病是疥疮、疟疾、下肢溃疡和痢疾，而痢疾又是其中最危险的疾病。戴济民连忙派了几名警卫员轮流到雪山上取来冰块，用毛巾包起来，给周恩来做冷敷。为了进一步查明病因，毛泽东又找来红军卫生学校的校长王斌、教育长李治会诊。王斌带来了X光机、显微镜等。在化验中，戴济民、王斌等人发现了阿米巴原虫，结合高热多天不退、白细胞增高、皮肤蜡黄、肝大等症状，确诊周恩来患上了阿米巴肝脓肿。

于是，便用了治痢疾的药，同时继续用冰块冷敷肝区，引导炎症向下发展，以穿孔排脓。第二天，周恩来大便时排出了大量脓水，随之体温也开始下降，他终于转危为安。会诊后，王斌、李治返回了红军卫生学校，戴济民则留下来继续承担治疗、护理任务。在两个多月的时间里，戴济民一直守护在周恩来身边，寸步不离，直到周恩来痊愈康复。

周恩来不能再骑马了，只能躺在担架上。毛泽东非常担心，一再嘱咐彭德怀："周副主席不能再骑马了，要组织力量抬着他顺利过草地，不能有半点闪失。"彭德怀当即组织担架队抬周恩来过草地。担架队是从迫击炮连抽调的。彭德怀下了死命令："带不走的迫击炮都埋掉，宁可损失一百门大炮，也要把周恩来抬出去。"干部团团长陈赓自告奋勇当担架队队长，兵站部部长兼政委杨立三见人手不够，也主动加入担架队。戴济民对马海德回忆起这件事，眼圈都红了。

这时，马海德与戴济民已经相处得很融洽了。马海德问："戴主任，你这个基督徒是不是共产党员？"戴济民笑着回答："我是基督徒，也是中共党员。我参加红军不到一年，1931 年 3 月加入了共产党，担任红一方面军总医院院长。"马海德问戴济民："现在，我已经参加了红军，下一步，我想加入中国共产党，做一个像你一样的中共党员医生。你说可行吗？"

戴济民想了一想，说："马博士，虽然你是美国人，但是，你已经是中国红军战士了，要求加入中国共产党，那是理所当然的。"马海德笑了。

接下来，戴济民还带着马海德来到后大殿开着的一个后门，考察了红军医院门诊部，并介绍说，红军初到豫旺堡时，回族百姓用陌生的眼光看着来往的红军，那些穿红或黑缎子袄、戴白盖头的回族漂亮婆姨，倚在家门旁，看见有大兵上街，就赶快关门闭户。有一次，一个回族青年骑马摔下来，头碰到马车的尖角，血流不止，红军医生赶去救治，被伤者和亲属们拒绝了。不久，"戴胡子"用手术为清真寺的阿訇治好了多年的疝气和盲肠炎，阿訇现身说法，回族百姓才改变了看法，纷纷主动来红军医院看病。医院不收费，回族百姓就杀鸡宰羊送来，让医院一定得收下。戴济民为此请示彭德怀，在后大殿开了这个后门，作为红一军团医院的对外门诊部。

马海德也主动要求坐门诊，为当地的回族人民看病治伤。马海德还特别嘱咐当时值夜班的医护人员："晚上门诊若有事，可以来叫醒我。"

由于马海德大夫会说阿拉伯语，胡子也长长了，主动找"马胡子"看病的回族百姓就越来越多。"戴胡子"和"马胡子"一起上街，碰上阿訇会停下来说说话。那些回族漂亮婆姨看见两个"胡子红军"也有了笑脸。

周恩来特意安排美国友人访问徐海东和红十五军团

豫旺堡是红一方面军司令部的驻地。马海德和斯诺在豫旺堡访问期间，两人向彭德怀提出，需要深入前线的作战部队。彭德怀笑着说："你们两位是毛主席派来的'红军调查员'，我当然会安排你们去的。"也许是一种巧合，也许是历史的刻意安排，数天之后，8月26日，马海德和斯诺在早餐之后去前面大殿的彭德怀司令部，正好赶上几个红军领导在开会。散会后，那些参加会议的红军干部都还没有散去，彭德怀便邀请马海德和斯诺一起，在大殿里围桌而坐，吃起西瓜来。就在这时，马海德和斯诺注意到其中一个很年轻的将领，是这些天从来没有见过面的。彭德怀看见美国友人在瞧着那个年轻人，便开玩笑说："那个人是著名的'赤匪'，你们认出来了吗？"新来的年轻将领憨笑着，露出了掉了两个门牙的大窟窿，一脸顽皮的孩子相，大家不由得都笑了。

"他就是你们一直想要见的人，"彭德怀又补充说，"你别看他长得一副娃娃脸，蒋介石悬赏他脑壳的赏金和我一样高呐！"斯诺一听说，马上就认出来，惊喊："徐海东！"

斯诺说，就在最近，南京的飞机飞到红军前线上空散发传单，"凡击毙彭德怀或徐海东，投诚我军，当赏洋十万。凡击毙其他匪酋，当予适当奖励"。马海德看见这么一颗"很值钱的脑壳"，羞怯地长在一个孩子气的宽肩膀上。

彭德怀笑着说："对，徐海东！鄂豫皖苏维埃政府创始人之一，在红军

图 4-17　徐海东

中被誉为'中国夏伯阳'。"斯诺用英语悄悄告诉马海德："老弟，今天我们俩有福气了。"

确实，在中国革命史的领袖和中共军事领导人中，徐海东不仅神秘，而且大名鼎鼎。彭德怀开心地问翻译黄华："小伙子，他们俩刚才说什么'洋黑话'？"斯诺自己抢先用中文说："我是告诉马海德大夫，彭总司令这儿的西瓜特别甜。"在场懂英语的聂荣臻听了哈哈大笑。

彭德怀说："他要你们去访问他的部队，他叫徐海东。"

其实，马海德和斯诺到甘肃前线，除了访问彭德怀和红一军团的勇士们，也要访问徐海东的红十五军团，这也是按周恩来的指示安排的。这次从保安来甘肃前线采访，有了黄华做翻译简直如虎添翼。由于黄华是中共党员，又是北平学生抗日爱国运动的领袖，他来到保安之后，从各种渠道获得西北苏区根据地和红军的消息，要比马海德和斯诺多得多。在西行路途中，黄华帮助斯诺完成毛泽东要的关于其抗日民族统一战线讲话英文稿之后，还告诉了他好些红十五军团的信息。黄华特别说到，徐海东和红十五军团来到陕北根据地之后创造了很辉煌的战绩，得到了根据地干部和人民的交口称赞——"徐海东是最能打硬仗的传奇红军英雄"。

各路长征的红军队伍中，最早到达陕北根据地的就是徐海东的部队。1934 年 11 月至 1935 年 9 月间，原在鄂豫皖苏区留守的红二十五军，突破国民党 20 万大军的"围剿"，北进渡过渭河后，在陕西延川与刘志丹领导的红二十六军和红二十七军会师。按中央军委决定，合编而成红十五军团，军团长徐海东、政治委员程子华、副军团长兼参谋长刘志丹、政治部主任高岗。10 月 19 日，北上长征的中央红军部队也挺进到陕南吴起镇，准备与陕北红军会师。与此同时，国民党军对陕甘根据地的第三次"围剿"仍在进行之中，随着南来的红军征战到达陕北。9 月下旬蒋介石成立了"西北剿总"，自任总司令，并将在湖北"围剿"红军的东北军部队调到西北，张学良任"西北剿总"副总司令并代行总司令职权，在蒋介石倍加督促下，加快了"围剿"的步伐。东北军张学良部、西北军第十七路军杨虎城部、西北军阀马家军部、山西军阀阎锡山部，以及蒋介石增调中央军胡宗南、关麟征、毛炳文等部蜂拥而至，总兵力达 15 余万人。

在此情况下，红十五军团连同地方配合部队在内，也就 1 万余人。如何迎击数量和装备都占优势的敌军，如何巩固与扩大西北根据地，以此迎接中央红军到来，都令人格外担心。但徐海东却充满胜利豪情地说："东北军是我们在鄂豫皖苏区的老对手，我们熟悉它，知道怎么打它。军团主力隐蔽南下打击东北军，如能歼灭其一至两个师，很快打破敌人的'围剿'，整个陕北的战局就会发生重大变化。"

10 月 1 日，在陕西劳山地区打伏击，经过 6 个多小时的激战，全歼敌军一一〇师两个团，击毙其师长何立中和师参谋长范驭州，俘敌 3 700 余人，缴获战马 300 多匹及大量武器、弹药。紧接着，军团决定乘胜拔除正在修筑碉堡的榆林桥据点。10 月下旬发动榆林桥战役，共歼敌 1 个团，俘敌团长高福源及下属 1 800 余人。高福源是北平辅仁大学高才生，在东北讲武堂讲过课，是张学良的亲信，为人桀骜不驯，军团有人主张枪毙算了。徐海东听高福源的部下说"高团长在东北老家有老有小"，便狠狠打了高福源一耳光，说："这是你来陕北为蒋介石打红军赏给你的，"接着说，"念你打仗勇猛，可用来打日本鬼子！因此，我留下你脑袋请示中央。"（后来，高福源获释，携毛泽东亲笔信给张学良，在促进西安事变的和平解决中起了重要作用。）劳山战役和榆林桥战役大快人心！因此，周恩来对美国友人的访问安排中，就有访问徐海东红十五军的计划。

过了两三天，徐海东派了一支 10 多人的骑兵队伍来接斯诺、马海德一行去红十五兵团驻地、豫旺县城所在地下马关。接人的队伍有 10 多匹战马，加上斯诺、马海德一行五六匹马，组成了一个 20 多匹马的骑兵队伍。经 5 个多小时的行程，大家到了城墙巍峨的下马关。下马关是明长城固原镇的重要关隘，关城为明万历五年间所筑，城开有南北两门。徐海东把红十五军团指挥部设在下马关南门箭楼上。

斯诺整天缠着红色窑工徐海东，马海德则和钱信忠成了好友

徐海东司令与红十五军团卫生部部长钱信忠一起，在下马关南门口迎接两位美国友人。南门砖砌拱门洞上飘有一面红旗。看到走过来的队伍，徐海东说："好啊！美国友人的队伍给我们带来一只野羊，我们今晚接风洗尘就有野味了。"

斯诺是一个极其敬业的新闻记者，知道在徐海东身上有太多的新闻、秘史和传奇可挖掘。宴席后，斯诺带着黄华死命地缠着徐海东。马海德则与刚认识的钱信忠一见如故，从宴席开始两人就成了好朋友。两人的共同之处是都在上海当医生，从上海出来又都投奔了红军。两人不需要黄华当翻译，马海德的普通话不够用时，他们还可以用上海话交流。钱信忠是上海宝山人，家境贫苦，当过米店学徒，后来考上同济大学附属宝隆医院学医，这个医院是在沪行医的德国医生宝隆创办的。钱信忠学成后留在宝隆医院工作，曾对秘密在宝隆医院治疗的陈赓、程子华给予照顾，也为国民革命军第十四军第十师师长李默庵做过手术，后被李默庵邀请而从军，任国民革命军第十四军第十师卫生队队长。1932年，李默庵师长奉命"围剿"鄂豫皖苏区，钱信忠伺机脱离李默庵师部去投奔红军，经农民引路，找到当地苏维埃政府，被分配到陂孝北的红军医院工作。他救治伤病员成效显著，1932年12月，苏区成立红二十五军医院，共有30多名医护人员，钱信忠被任命为院长。

钱信忠极为崇敬徐海东，徐海东也极其信任钱信忠，相信他能在军团建立完整的医疗卫生保障系统，为部队作战打胜仗服务。钱信忠对军团下属的七十四师和七十五师的医护人员进行调整、补充，组建了师医院，团、营也相应建立了卫生队、医务所。

马海德在钱信忠的陪同下不仅参观了红十五军团医院及七十四师医院，还对军团的卫生工作进行了考察。马海德觉得红军的医疗机构都井井有条，为作战准备得很周全。钱信忠对马海德说："我是从德国医院学习出

来的，受德国医生影响，认为从事医疗卫生工作需要谨慎、细致、周到、大胆。"

斯诺、马海德在下马关访问、考察的 5 天，使《西行漫记》一书有了极具吸引力的一章——"红色窑工徐海东"。徐海东是湖北黄陂的苦窑工出身，由于贫穷，从小就受欺负，因此从小就有反抗之心。长大后，他参加了军阀军队，因为军队答应给他每月 10 元军饷，然而最终得到的却只是"挨打"。共产党宣传队来到这支军阀军队进行革命宣传，他很赞同共产党的主张。当时共产党宣传队有好几个人被军阀军队砍了头，使徐海东对军阀军队感到厌恶，于是就逃到广州，参加了张发奎将军的国民革命军第四军。因作战勇敢，他当上了排长。1927 年发生了四一二反革命政变，他不得不逃亡，于是偷偷地回到了黄陂。在黄陂期间，徐海东加入了共产党，并立即开始建立党支部。他把窑厂的工人几乎都组织起来，还有当地农民，成立了湖北省第一支"工农赤卫队"。

刚开始时，这支队伍只有 17 个人、1 支手枪、8 发子弹，那都是徐海东自己的。革命烈火烧起来了！

马海德和斯诺来之前的 2 个月，也就是 1936 年 6 月间，徐海东率领红十五军团攻占了豫旺县城下马关。按徐海东的说法："白匪说我的红军是娃娃兵，我 1 个红军抵得上 5 个白军。云梯刚刚搭上下马关城墙，马鸿逵的白匪就逃窜而去。"

因为访问徐海东是重点，第四天在司令部的采访会上，斯诺继续问徐海东："你家里的人现在在哪里？"徐海东很平静地说："我家的人全都被杀了，白匪一共杀死了我徐家 66 口人。"马海德几乎不敢相信自己的耳朵："全家 66 口人？！"

徐海东说："是的，被杀的有我 27 个近亲、39 个远亲。黄陂县徐姓的，只留下一个哥哥，他在四方面军。"他沉默了片刻，说，"蒋介石下的命令，徐海东的家乡被占领时，姓徐的一个也不能留下。"

传奇英雄徐海东背后的军团卫生部部长钱信忠

红十五军团司令部会议室里，徐海东说到"白匪一共杀死了我徐家66口人"之后，沉默了好一会儿，大家听到了南门城楼上传来的号兵们练习吹军号的声音。徐海东大着嗓门说："不能光谈我，光访问我，要是没有钱部长，没有程政委，我们红十五军怎么打仗？能从湖北打到陕南吗？没有医疗保障，我们的部队打三五次仗就拼光了。"这个时候，程子华政委说话了："毫不夸张地说，无论是中央红军，还是红二十五军，没有我们红军医疗团队的有效运转，要取得长征胜利，是难以想象的。在钱部长的主持下，我们红十五军团有一支十分优秀的医疗保障队伍。"

程子华说："广州起义时期我负伤较重，我和陈赓匿名在上海的德国医院养伤，那个时候钱医生在德国医院学习和服务，我们成了好朋友。几年之后，他在湖北山里请农民带路，要找红军当医生。后来的实践证明，钱医生不仅是优秀的医生，还是很有头脑的红军医疗队伍的组织者和管理者。"

马海德和斯诺也要求在场的钱信忠部长介绍情况。钱信忠说："为了扩充医护团队，在鄂豫皖苏区根据地时期，我们就动员中医医生、药剂师及有文化的战士，到传教士建立的医院里学习，有些特别优秀的医护人才，甚至被送到上海或北平学医。红军还开办制药厂生产西药、制作中草药，并建立起医生和护士的培训学校。所以红军自反'围剿'时代开始，就在战争中形成了一套我们自己的高效医疗动员和救护体系。"

程政委具体地说到，红十五军团队伍北上长征进入陕西，在陕西洛南县与敌军恶战，他和徐海东均受了伤，钱信忠指挥战士们抬着军首长行军、指挥作战。庾家河战斗中，亲临前线指挥的徐海东被一颗子弹穿透左眼底，从颈后飞出，顿时血流如注。幸亏钱院长在前线，立即实施紧急抢救，总算止住了血。徐海东头部重伤，钱院长采取保持静养、防止感染的办法，2个月后，徐海东就恢复了健康。这时，徐海东自己也大声插话说："我头部中弹的时候，要不是钱院长就在前线，有药、有手术刀，我

图 4-18 ● 钱信忠

早就没命了！"红七十八师师长韩先楚说："钱院长帮徐海东拣回一条命，因此两人的关系很好，徐海东经常带着钱院长一起到前线去察看地形，徐海东一旦确定战斗部署，钱院长就按作战要求设置医护点。"

带骑兵队去接美国友人的黄团长说："记者还应该知道的是，钱院长帮军团长拣回一条命外，还帮他捡了一个漂亮媳妇。"

钱信忠说话了："这媳妇不是捡的！是军团长缘分注定的。那次军团长伤到了头，我好不容易为他止住血。但是，他喉咙被淤血堵住，呼吸困难，生命危在旦夕。紧急关头，护士周少兰伏下身子，一口一口地将徐海东喉咙里的淤血吸出，他才慢慢有了呼吸。周少兰寸步不离地昼夜照顾他，熬了四天四夜，徐海东才奇迹般地活了过来。徐海东知情后，建议说，你周少兰是我徐海东的生命屏障，就改名为周东屏吧。去年长征到达陕北后，他们两人在永坪镇共结连理。"

次日，斯诺继续缠着徐海东，问各种刁钻问题，马海德却请钱信忠带他下团队、连队了解卫生工作。在团部医务所，马海德参观了有两个医护人员的简易卫生室，内有日常战地救护及普通疾病防治的常用药品，以及简单手术工具。马海德说："这要比我的红十字医药箱丰富和齐全。"

钱信忠还带马海德下到一个连队，全连正在练刺杀。李连长把唯一的高姓卫生员叫出来："拿出你的家伙给钱部长和客人看一看。"高卫生员打开了一个老式的蒙有一层牛皮的木箱子，里面是他的卫生员装备：一瓶碘酒、少量吗啡和鸦片片剂、一盒云南白药、一瓶高锰酸钾消毒剂、多卷消毒纱布和绷带、一把剪刀、一把镊子、一根探针，还有一束连根茎带干叶的草本植物。钱信忠说："连级卫生员可以对 10 个人进行急救。"接着，钱信忠又问："小高，你箱里这束干草是干啥用的？"高卫生员笑着回答："长城北边来的蒙医说，这种生长在沙漠上的草可以止血，我想试一试，有结果再向钱部长报告。"

钱信忠表扬了高卫生员，让他归队了。钱信忠对马海德说，红军医疗部门规定，连级卫生员在完成培训和配备装备后，禁止调动他们从事其他工作，连级卫生员也有权力调动连队其他普通士兵协助医疗护理。这就为第一时间处理、抢救伤员提供了先决条件。如此配置，使得部队一旦出现战场伤亡，就可以在前线得到紧急处理，随后伤员会被送到团级包扎所，最后再送到军级后方医院。马海德觉得，钱部长为前线作战抢救伤员考虑得很周到。

图 4-19　红军小号兵（斯诺摄）

　　临离开的前一天清晨，马海德和斯诺来到南边城墙上散步，沿着堞口，眺望西北方向蜿蜒的明长城，看见一队号兵正在练习吹号，旁边还插着一面红旗，被晨风轻轻吹拂，上面的镰刀斧头时隐时现，旗杆矛头上的红缨随风摆动，旗套上"中国人民红军抗日先锋军"一行字耀眼、醒目。斯诺想拍一张红军号兵吹号的照片，就对号兵教练说："请你站到这里来，对着红旗吹号。"这张红旗下红军小号兵的照片，就成了海外出版的《西行漫记》的封面。

　　第五天早上，马海德和斯诺要离开下马关了，徐海东和钱信忠仍然在古城南门送行，城门楼上，号兵们用 8 支军号，同时吹出一曲动听的送行号。

　　斯诺、马海德和黄华一行，采访完红十五军团回到豫旺堡，已经是 9 月初了，按照周恩来 7 月 9 日为斯诺做的 92 天访问计划，斯诺该踏上回程了。彭德怀告诉他们三人说："你们三个'新赤匪'要分手了。保安已经来电报了，斯诺近日动身回保安，毛主席还在等你。马海德和黄华，将跟随红一师陈赓师长，去参加红军三大主力的会师活动。"

　　晚年时黄华曾多次说过："应斯诺的邀请，担任其苏区之行的翻译，时间虽然不长，但对刚入党的我认识和终生投身中国革命，起了很大的作用。"他在自己的回忆录里这样写道：

帮斯诺做翻译，使我有机会接触所有他采访过的领导干部和战士，了解他们苦难的身世、艰险的战斗经历……由于红军采取灵活的战略战术，他们经常能以少胜多、以弱胜强、转危为安。红军指战员都是身经百战，经验丰富，对战胜蒋介石反动集团充满信心；他们胸襟广阔，不只关心当前的斗争，还关心国际反法西斯统一战线，如西班牙共和派反对佛朗哥的战争和埃塞俄比亚塞拉西皇帝反意大利侵略的斗争等；他们有勇有谋，无难不克，他们对中国会打败日本充满信心；他们把人民视同亲人，纪律严明，秋毫无犯，从而得到人民的热爱拥护。真是军民鱼水情啊！在苏区人民中、在红军战士身上，我的确发现了另一个中国，看到了中国人民的希望和力量！我太幸福、太高兴了！我更加坚定了在中国革命的道路上走下去的决心。

1936 年 9 月 7 日，在豫旺堡，斯诺要动身回保安了。他同彭德怀、左权等前沿指挥部的将军们一一道谢告别。在一起度过十分不寻常的马背生活的三个"赤匪"——斯诺、马海德和黄华就要分手了。马已备好，胡金魁、李长林及随行的骑兵小分队都在等候着。斯诺与马海德、黄华三人相互热烈拥抱，六只手掌紧紧地叠在一起，像在庄严地宣誓：为了新的中国，我们将坚决奋斗！

第五篇

见证红军三大主力会师和参加山城堡战役

赶到会宁城，马海德参与建立万寿寺
红军会师野战医院

　　9月30日天刚黑，在宁夏同心城，红十五军团军团长徐海东来到西门附近军团直属骑兵团驻地，给骑兵团团长韦杰下令：中央军委已经选定甘肃会宁县城为红军三大主力会师地点，命令我军团派出骑兵支队作为先头部队，务必抢在敌军王均、马鸿逵等部之前，偷袭抢占会宁城，为我三大红军主力会师打开通道。我军团所驻同心城，距会宁城300余里，距离最近，我军团主力七十三师及红一军团主力，今晚也同时出发进军会宁地区，到会宁城接应你们。徐海东对韦杰说："韦团长，这是我们红十五军团光荣的任务！"

　　韦杰率领骑兵团立即出发，星夜飞驰，半夜赶到会宁以北的打拉池隐蔽起来。次日，韦杰根据调查到的敌情——城内兵力有敌保安团400余人，国民党王均、马鸿逵部队正向会宁行进，尚未到达，并了解到早晚关闭城门的时间。韦杰召集干部制定攻城方案，并进行紧张的攻城准备和战斗动员。由于是为红军三大主力会师打头阵，战士们情绪十分高涨。

　　10月3日清晨5时许，骑兵团急行军进至城北约1.5公里的隐蔽地。韦杰用望远镜观察，发现城门已经打开，立即下达攻城命令。3名号兵吹响冲锋号，前卫连旋风似地进抵城门外两三百米处，以猛烈的机枪火力扫射欲关城门的敌人，前锋连冲入城内，迅速围歼据守城西街的敌人。韦杰率领两个连的骑兵冲入敌阵，挥舞战刀，猛冲狠劈，奋力追杀，仅经10多分钟的激战，就全歼保安团一个营和县常备队一部，击毙敌军13人，俘敌300余人，缴获长短枪300余支和大批弹药。在骑兵团占领会宁城的当天下午，国民党新一军十一旅从定西突进，企图夺回会宁城。驻守县城的红军骑兵团按照预案，先行撤到城外进行阻击。当天晚间，陈赓率领的红一军团一师和赵凌波率领的红十五军团七十三师主力，在会宁城西范家坡和西岩山上，与国民党新一军十一旅刘宝堂部队先后三次展开争夺县城的激烈战斗，击毙敌副团长张铭注，敌军余部溃逃。

图 5-1 ●陈赓

10月4日入夜，红一方面军一军团代理军团长左权、政治委员聂荣臻率领一师、二师，与红十五军团七十三师一同进驻会宁城，交接城防。红一师接运的大批药品、医疗器械，以及各种军需物资，也随着红一师指挥部运到了会宁城。师长陈赓见到了随同运输药品队伍而来的马海德和黄华。

马海德先是见到了军团政委聂荣臻，两人再次见面分外高兴。马海德笑着问："野战医院设在哪儿？也在城隍庙吗？"聂荣臻说："你问陈赓师长，这件事由红一师具体管。"刚走几步，马海德就遇见了陈赓，正要击掌祝贺，陈赓却将伸出的双掌突然间收回，笑着说："直罗镇战役，我左手拇指中弹，枪伤尚未全好。军团医院设在县城北门枝阳巷万寿寺，是周副主席亲自定的名称，不叫红一军团野战医院，确定叫'红军会师野战医院'。"马海德叮嘱陈赓："晚上你忙完过来，我给你看看伤口。"

马海德觉得周恩来将医院的名称考虑得很细致，同时觉得红二方面军和红四方面军长征苦战到此，队伍中应该有不少待治伤病员。于是，马海德带着黄华等策马赶到北门枝阳巷的万寿寺。寺内灯火通明，点着寺院的大蜡烛，以及部队带的汽灯、马灯，照着红一师的运输骡马队，正在卸下药品、医疗器械和军需物资，戴济民的卫生班子正在安顿医院各科室、病房、仓库及医务人员驻地等。

万寿寺始建于唐代，是达官贵人拈香礼佛的地方，后毁于战火，明清时代重建。万寿寺的主体建筑包括山门以内的三进院落、五个殿楼，殿楼由南向北依次为天王殿、大延寿殿、大禅堂、御碑亭、万寿楼等，各殿两侧有配殿、配房。大禅堂为念经的地方，院内有三座假山。东院为方丈院，即僧人生活区。马海德刚到不久，骑兵团及红军接应部队在奇袭抢占会宁城及之后的三次该城争夺战中受伤的数十名伤员已经陆续由担架队运送到寺里来了，马海德与戴济民打了个招呼，立即投入到抢救伤员的工作中。

这是马海德第一次在野战医院抢救伤员，比起在日内瓦大学医学院毕业那年抢救反希特勒街头游行的中弹工人，这次才是真正的野战抢救！受伤的红军战士大都很年轻，勇敢无畏。他们大多受的是枪伤，有重、有轻，也有从马背上摔下来的骨折伤。他让身边的护士处理轻伤员，自己为两个重伤员取了子弹头，用刚架好的 X 光机为一个娃娃脸的骑兵排长检查小腿骨折部位，及时清创并上了夹板。小排长问："洋大夫，我将来还能骑马吗？我太喜欢骑马冲锋杀敌了！"马海德问："你多大了？"小排长答："18 岁。"马海德笑着说："你还年轻，骨头嫩，恢复得快，将来还能骑马冲锋。"小排长向马海德敬了一个军礼。

这天，马海德诊治了多位伤员。夜深了，陈赓来看望他。陈赓用上海话对马海德说："老弟，等以后哪场大战役结束后休整时，阿拉返上海看孙夫人宋女士去。"这句话表明两人都与宋庆龄熟识。当初，陈赓被白匪关押在南京，是宋庆龄把他救出来的。后来陈赓先后两次腿部中弹，都是潜去上海，由宋庆龄联系医生治好的。

当晚，马海德给陈赓查看手伤，陈赓笑着说："这第三次负伤，是在去年冬的直罗镇战役，子弹打穿了我的左手拇指，指骨都碎了。还是'戴胡子'医术高，保住了我的拇指。"马海德叮嘱："你还是左手挂一个绷带吧。"陈赓说："快好了，我会注意的。"两人说话时，戴济民也走了过来，带陈赓和马海德巡视病房。争夺会宁城受伤的数十名伤员，都安排在万寿楼的病房。戴济民报告说："因抢救及时，大部分伤员这两天就可以伤愈归队，只有六七个重伤员，这几天可以让担架队运送到后方医院。"

躺在禾秆地铺上的骑兵小排长何岩发现陈赓来了，手一撑坐了起来，向陈赓敬礼："首长好！"马海德介绍说，已为这个战士装了夹板。陈赓说："何岩排长、韦杰团长都是长征中我的部下，曾在娄山关战役中，从关后攀山而上，化装成白匪军，袭击关顶守敌，立了功。去年会师后，徐海东要干部，就把他们支援给红十五军团了。你们知道吗，指挥骑兵团抢占会宁城的韦杰团长才刚刚 19 岁啊！"

当夜在万寿寺巡视一遍之后，陈赓说："红二、红四方面军会宁会师，初步估计有近 1 000 名伤病员要安排救治，这个万寿寺红军会师野战医院，应该可以安排 500 名伤员，戴主任，没问题吧？"

戴济民回答很坚决："保证能安排 500 人，明早我再落实。"

陈赓拿出两份红四方面军政治部印发的《会师宣传大纲》，一份给戴济民，另一份给马海德。陈赓不用就着马灯看，就可以背出其中两段：

      ——"蒋介石想阻拦我们的会合，企图消灭我们这一个，再消灭那一个的计划，完全失败了。我们三只铁拳在一条火线上合起来作战，一定有把握打更大的胜仗。"

      ——"我们红四方面军全体战士，准备好了用心地学习一方面军哥哥们的长处，希望我们一方面军的哥哥，能够纠正我们的缺点，多多指导我们。"

陈赓说："称我们为'一方面军的哥哥'呐。咱们要拿出哥哥的样子来。"

毛泽东对斯诺说：征集到 50 万字《红军长征记》，我在等你回来

9 月 7 日那天，斯诺在豫旺堡告别了马海德及西线红军领导们，动身返回保安。斯诺骑上徐海东赠送的宁夏良马，骑术大有长进。李长林、胡金魁等也换上了膘壮的马匹，去时耗了将近 20 天，返程只用了 10 余天。回来照样住在外交部招待所。9 月 23 日，返回保安的第二天晚上，毛泽东就接见了斯诺。毛泽东笑着说："好啊！你都晒黑了，我一直在等你回来。"毛主席先听了斯诺讲述的在前线红军部队采访的情况和见闻。斯诺兴奋地说："在豫旺堡，我和马海德医生交流，我们俩都有一个共同的认识：此行找到了人类解放的一个途径，找到了人类生命意义之所在，找到了真正'东方魅力'的故乡。"

毛泽东说："这是有真实体验才说得出的语言。"

斯诺扯了扯军装的领子，摘下红五星军帽说："我刚穿军装时，还不懂什么是真正的红军，这次去前线，见到了真正的红军，看到了中国新的力

量和新的希望，给我留下了刻骨铭心的记忆。毛主席，我对这身军装，很有感情了！一身军装难带走，在白区目标大。但是，这顶您戴过的八角红军帽，我怎么也得藏好带走，今后一生伴着我。"

图 5-2　斯诺的红军军装照

毛泽东说："我相信你还会回来的。"

斯诺说："今天白天我整理了一下来苏区 3 个月的收获，有我的十几本日记和笔记，30 卷胶卷——是第一次拍到的中国红军的照片和影片，还有好几磅重的苏区红色杂志、报纸和文件，真是收获满满。虽说这次没有见到朱德总司令，也没能等到见证红军三大主力会师，但是，随着中央红军胜利到达陕北，全世界都关注着中国红色的大西北，关注着中国红军，我要加快出书的节奏，使我这本书在海外及中国国内尽快出版！"

毛泽东连声说："好！好！但是，你需要在保安稍等些天，为了你和你所带的'宝贝'的安全。"

斯诺问："为什么？"

毛泽东说："蒋介石增加了'围剿'陕北苏区的中央军，胡宗南部队进逼陕南地区，重兵压境，我们的秘密通道形势紧张。斯诺先生，为了安全起见，还是等几天吧。"

接着，斯诺提出具体要求："主席上次对我们说过，您和杨尚昆主任要发动全军来写《红军长征记》，给全军各部队发了征文函，一定收到了许多亲历者的稿件，我可以读到它们了吗？"

毛泽东说："8 月 5 日，我和尚昆同志联署，向参加长征的同志发起征稿，书名暂定为《红军长征记》，快两个月了，稿子纷纷飞进了徐梦秋的窑洞。昨天，参加编辑工作的女作家丁玲告诉我，已经收稿 200 余篇，约 50 万字。她说内容相当可观，精彩的稿子数不胜数，这下可把我们那个徐主任累坏了。你当然可以复制带走。"

国共两党面临停止内战、合作抗战的大势要求，毛泽东刚刚为国共谈判草拟了《国共两党抗日救国协定草案》，总共八条，比较新的内容是"立即停止军事敌对行为""划定红军驻屯地区""改革现行政治制度""全国军队包括红军在内实行统一指挥与统一编制"等。

据《毛泽东年谱》记载，这个晚上毛泽东与斯诺谈话的主题，是阐述这些国共合作抗日的具体条件。毛泽东说，在日本帝国主义的侵略下，如果不同国民党合作，我们对日抗战的力量是不够的。毛泽东嘱咐吴亮平，将其阐述的联合抗战具体条件内容详细记录下来，协助斯诺整理出英文稿，再送回给毛泽东看一遍，以作订正，然后斯诺就可以带出苏区使用了。

谈话临近结束时，毛泽东对斯诺说："上次去前线之前，你要我回答的个人历史问题，我已答了一部分。但是，我觉得这样谈太零碎了，往后几晚，我索性撇开你的问题，将我的生平梗概告诉你们，我认为这样会更容易理解些，也等于我回答了你的全部问题。"斯诺赞成毛泽东这样谈生平。

档案表明，马海德没有参加斯诺最后几次对毛泽东的访问。《毛泽东年谱》作了如下记载："10月 连续几个晚上同斯诺谈个人历史和关于红军长征的经过。谈话通常从晚上九点多开始，持续到次日晨两点。"

经过当年春夏间周恩来与张学良在肤施的两次秘密会谈，红军与东北军达成了联合抗日的相关协议。根据周恩来、叶剑英的要求，东北军秘密援助红军一大批棉衣、粮食及武器弹药，这些军需物资是为即将到达陕北的红二方面军、红四方面军准备的。东北军的这些军用物资运送到保安地区后，由陈赓带领红一方面军一师部队接运往西线，准备三军大会师。

复制了《红军长征记》50万字的原稿，加上连续数个晚上听毛泽东整体谈个人历史，斯诺就更着急了！自从回到保安以来，斯诺就急于离开西北苏区，急于将采访获得的"世界上最宝贵的第一手材料"写成文章、写成新书，到纽约、伦敦见报及出版。由于蒋介石重兵压境，李克农劝他说："你的安全第一，晚几天吧！"但他等得很心急。

毛泽东的心情也一样，期望斯诺早早到北平、上海，早早将红军、长征和中共抗日民族统一战线政策宣传出去，造成广泛影响。10月10日这天下午，毛泽东得到消息：10月7日，红四方面军先头部队到达会宁；10月9日，朱德、张国焘等率红四方面军直属队进入会宁。红四方面军5万多红军，自然解除了白匪重兵的压力！这就是说，斯诺可以走了！这天下午，毛泽东自己走下炮楼山，来到外交部招待所看望斯诺。

斯诺深为长征的伟大壮举所感动。在当年西安事变前夕，斯诺平安回到北平。1937 年 1 月 21 日，他在北京协和教会作报告时说："共产党的长征，这段历史太伟大了，我不能用几句话来叙述它。共产党中有几十个亲历者合写了一部 50 余万字的《红军长征记》。"毫无疑问，《红军长征记》的征集、编辑为斯诺后来撰写《长征》提供了第一手真实素材。斯诺根据采访毛泽东、周恩来、彭德怀、徐海东等的记录，结合已经看到的《红军长征记》征文初稿，撰写了长篇报道《长征》（ *Long March* ）。《长征》最早以两期连载的形式发表于 1937 年 10 月和 11 月美国出版的《亚细亚》（ *Asia* ）杂志。接着，斯诺将其综合写成《西行漫记》，使红军长征的故事广为流传，深入人心。《西行漫记》成为人们了解 20 世纪中国和中国革命的必读书。

唯一参加红军三大主力会师的外国人——马海德

会宁县的文庙，应该是西北甘肃、宁夏地区最大的文庙了。1936 年 10 月 10 日傍晚，天还没黑，文庙大成殿前用红色大门板搭起的主席台上，摆着从大成殿里搬出来的条形红木大供桌，作为大会的主席台。主席台上方挂着"庆祝红军三大主力会师联欢大会"的大横幅。会场周围张贴着"中国工农红军万岁""热烈庆祝三大主力红军胜利会师""红军绝对保护工农利益""工农穷人们为自己的解放，快快自动参加红军""反对日本帝国主义侵我中华"等标语。会场布置得简朴、庄重。

选择在傍晚隆重召开联欢大会，是因为在这个时候，国民党的飞机没法来骚扰。斯诺虽然写了关于红军长征的书，但他留下了两大遗憾：一是没有采访过红军总司令——朱德；二是与参加长征的红军三大主力会师"擦肩而过"。德国人李德因在江西苏区领导中央红军时犯错误，导致红军蒙受重大损失，只能在保安窑洞里闲居及反省。唯一参加红军三大主力会师的外国人，就是美国医生马海德。

马海德参加会师的事情，在会宁县人民政府 2018 年 7 月 6 日发布的《红军会宁会师志》中有所记载：

> 十月十日傍晚，红军总司令部、总政治部和红一方面军、红四方面军，联合在会宁县城文庙大成殿广场，召开庆祝红军三大主力会师联欢大会，大会由红四方面军政治部主任李卓然主持。在主席台就座的有朱德、张国焘、徐向前、陈昌浩、陈赓、马海德等。红一方面军一军团一师、二师，红十五军团七十三师和红四方面军各部队的代表及城区部分群众共七百多人参加大会。
>
> 大会首先由红军总司令朱德宣读中国共产党中央委员会、中华苏维埃中央政府、中央革命军事委员会发来的《中央为庆祝一、二、四方面军大会合通电》，接着由红四方面军总指挥徐向前、政委陈昌浩和红一方面军一军团一师师长陈赓分别代表一、四方面军讲话。

按照红军前敌总指挥部的安排，红军三大主力的大会师涉及近 10 万红军，将为中华民族的抗战形势翻开鼓舞人心的新的一页。具体实施，因地制宜，首先是会宁城红四方面军到达会师，紧接着是将台堡红二方面军到达会师。

会宁大会师开会前，部队首长们在文庙大成殿前拍会师合影照；会后，红军宣传队演出了自编的文艺节目。大会向党中央发了致敬电。徐向前、陈昌浩、李卓然联名致电毛泽东等中央领导人——"红一、红二、红四之三个方面军的大会合已胜利实现了。""在会宁我们已经与红一师的战士们携手见面了。他们英勇杀敌的气概、和蔼亲诚的态度使我们景仰、钦佩。"

此前，先期到达会宁的红一方面军，为迎接红二、红四方面军到来做了充分准备。10 月 6 日，陈赓在设于小学校的师部驻地召开会师工作干部会，马海德也参加了。陈赓在会上说："数万军队汇集在会宁两三条街的古城，这将是史无前例的。会宁一带淡水缺乏，当地老百姓多是靠水窖集存

雨水来解决吃水问题。还有一个住房问
题。江南地区10月还穿单衣短袖，西北
地区10月就已寒风袭来，该穿冬衣了。
我们一师党委决定，为节省水源，红一
方面军守城部队大部分撤出县城，到县
郊农村解决住宿问题，留师部机关、少
数部队及红军会师野战医院等做接应工
作。接应部队除向老百姓购买粮食外，
自己将每天三餐改为两餐，尽量节约使
用窖水，把更多粮食、水和住房留给我
们四方面军。"

图 5-3　朱德

　　在会师之前，接应部队还连夜打草鞋、搓毛线，打毛衣、袜子和手套，
后勤部门和野战医院想方设法做接待伤病员的准备。

　　10月7日，红四方面军先头部队进入会宁城，红一方面军接应部队及
时送来了粮食、肉、菜及柴草，还有数量可观的冬装，包括红军被服厂赶
做的冬装，战士亲手制作的毛衣、毛袜、手套、鞋子等。有的毛衣、手套
上还绣有"欢迎阶级兄弟""会师留念"等字样。红四方面军指战员收到
这些礼物深受感动，许多人舍不得穿戴，珍藏起来留作纪念。

　　10月9日，中央革命军事委员会主席、红军总司令朱德，西北局书记、
红军总政委张国焘率红军总部机关，红四方面军总指挥徐向前、政委陈昌
浩率红四方面军总指挥部到达会宁城。同日下午到达会宁的，还有随红军
总部长征的红军大学等学校的3 000多名学员。因教职工和学员人数多，
县城住房不足，驻地被安排在会宁城西北的重镇甘沟驿。

　　10月10日，在红军大会师联欢大会的主席台上，马海德挨着陈昌浩
入座。陈昌浩比马海德大不了几岁，却担任红四方面军政委，很善言、活
跃。陈昌浩见马海德讲中文不利索，就主动用英语和他交流。马海德拿出
陈赓给他的那张油印传单——红四方面军政治部印发的《会师宣传大纲》，
称赞道："你们四方面军的这张传单，写得很有水平，很有感染力，语言很
生动形象，比如说三军会师，是三只铁拳握在一起！"陈昌浩听了很高兴，
说："这是我口授的稿子！"

图 5-4 ●陈昌浩

马海德由衷地说:"红军都会合了,以后我要向你学习啊。"说话间想起陈赓说的"大小帽子"的说法,动作迅速地换了两人头上的军帽,他感觉红四方面军的军帽确实要比红一方面军的帽子大一圈,接着,又迅速地换了回来。陈昌浩乐了,笑着说:"博士想跟我换军帽?"马海德愉快地答道:"我以为政委高官的帽子是呢子的,原来不是,也是普通布的。"两人由此熟识起来。

马海德与陈昌浩同去甘沟驿的古城看红军大学

在大会主席台上,陈赓对马海德说:"我是红一方面军接应部队管住房的。会宁城里住不下,明天,我就将红军大学分配到城西郊的甘沟驿古镇去了。大学校长是刘伯承将军,他目前人不在'红大'。马海德博士,你帮我去甘沟驿看一下大学。"马海德答应了。

当晚,马海德与陈昌浩要分手时,马海德提出要求说:"跟随四方面军长征的红军大学昨天进城了,因人多城里住不下,就安排住到城外去了。政委能安排我去看一看吗?"陈昌浩问:"你有马吗?"马海德说:"有,上个月徐海东送我的,是一匹好马。"

10月11日一大早,天高云淡,陈昌浩带着约10个骑兵,来到万寿寺红军会师野战医院。陈昌浩说:"'红大'驻地甘沟驿,是个有名的古驿站,我也想去看看。"马海德告诉他:"前月我们刚到保安,毛主席就曾安排我和斯诺到米粮山的红军大学去参观,那里办得红红火火。"

甘沟驿是一座建于明代的古驿站,还是一个商贸发达的镇子,有座颇具规模的古城。古城内有好几座庙宇,在鼎盛时期曾有大量驻兵。"红大"教职员工及学员到达宿营地,在古城的几个庙里安顿下来。红四方面军"红大"校长刘伯承，此时已被红二方面军贺龙接去指挥打仗。但是，校领导班子按刘伯承指示办事，由校政治部宣传人员配合群工干部，立即在当地群众中调查研究，进行各种宣传，动员青年参军，与群众亲切交谈，帮助群众做好事。陈昌浩与马海德检查了"红大"的住宿情况及群众工作，发现他们贯彻"三大纪律八项注意"，工作做得有声有色。

在同去甘沟驿一个星期之后，陈昌浩见到马海德，告诉他说，"红大"在甘沟驿驻扎后，充分发挥甘沟驿抗日农民协会作用，请他们积极配合，和红军一起登门到户，宣传抗日救国的道理。"红大"的医生、护士还为两户有重病的当地农民治愈了疾病。军民同心协力筹集粮食20多万斤、猪20头、羊30多只，保证了"红大"师生在甘沟驿驻扎期间的给养。同时，筹集了大量木板、木椽、麻绳等物资，为部队北渡黄河做准备。"红大"在驻甘沟驿的20天里，还开展了各种教学活动。当地有100多名青年积极报名参加红军。

10月13日，红军总卫生部部长贺诚、医护人员和卫生学校200多名学员，红四方面军卫生部部长兼总医院院长苏井观、政治委员兼总医院政委徐立清，总医院下设的一、二、三所，红军著名医生傅连暲等到达会宁县，立即同马海德以及红一、四方面军医护人员一起投入应急治疗工作，为红四方面军800多名伤病员和在会宁战斗中负伤的指战员进行治疗，20多天共救治伤病员近千名。

马海德与红军医生同行们一起救治长征路上的伤病员，许多伤病员的经历使马海德深受教育和触动。最使马海德感动的是红二方面军十六师政委晏福生"死而复生"的经历。

那是10月初，红二方面军到达甘南，向会宁地区挺进时，遭遇胡宗南主力阻击，晏福生率十六师掩护主力安全转移，自己右臂被炸伤，鲜血直涌。警卫员扶他到隐蔽处包扎伤口，出来发现敌兵追至。晏福生命令警卫员带着文件包和武器快去追部队，警卫员不肯。晏福生严肃地命令："包里有密电码本和机密文件，绝不能落到敌人手里！我命令你，立即离开我去追赶部队！"警卫员含泪向追敌投了两颗手榴弹，乘着硝烟冲了出去。红六军团政委王震得知晏福生负伤下落不明的消息，立即派出一个营打回罗家堡去找，没找到。军团长陈伯钧在当天日记中写道："十六师政委晏福生同志阵亡。"红六军团渡过渭水到达目的地后，为晏福生开了追悼会。王震沉痛地说："向晏福生同志默哀三分钟。"

其实，晏福生没有牺牲。警卫员走后，他挣扎着躲进一眼破窑洞。天黑后，他才出来敲开了一间茅屋门。房主见晏福生负了伤，扶他进屋，给他做饭。第二天，晏福生用身上仅有的两块银元找房主换了一身旧便衣穿上，左手拄棍，艰难地向北追赶部队。四天后，晏福生来到渭水河畔，迎着湍急的河水蹚去，负伤的右臂经河水浸泡，疼痛万分，他咬紧牙关，顽强地向对岸游去。被南岸巡逻的敌兵发现后，他冒着弹雨，奋力爬上北岸，摆脱了敌人。

由于伤口浸水感染，溃烂化脓，更加疼痛难忍，但晏福生仍以惊人的毅力，经过半个月的跋涉，终于在通渭县境内追上了红四方面军三十一军的一支部队。该军军长萧克原是晏福生的老上级。战友重逢，格外激动。萧克见他的伤势很重，就送他到红四方面军总部医院治疗。由于医院随战事天天转移，他的臂伤未能得到及时治疗，伤势恶化，必须截肢。长征到山丹县后，被称为"一刀准"的红四方面军卫生部部长苏井观为他做了截肢手术。红二方面军、红四方面军会师后，军团长陈伯钧才获知晏福生"死而复生"的消息。

将台堡会师，马海德终于见到了贺龙

在10月10日会宁城的红军大会师联欢会上，马海德以为能见到贺龙，那时他和斯诺一进苏区，就曾听过李长林讲的贺龙一把菜刀震动全国的故事。他在主席台上没有见到贺龙及红二方面军的首长，也没有见到红二方面军的部队。陈赓告诉他："我们所宣传的红军三大主力会师，包括红一方面军与红四方面军在会宁城的会师，还有约本月下旬在将台堡举行的红一方面军与红二方面军的会师。将台堡距会宁城不远，红一方面军的代表是左权代军团长和聂荣臻政委，你跟我一起去就可以见到贺龙。"

将台堡！多好听的地名。马海德问黄华这个地名是什么含义。黄华说，将台堡肯定是一个古代的军事要塞，依照字面的解释，该是古代将军聚会的城堡，或是皇帝会见将军们的城堡。在万寿寺红军会师野战医院，一个熟悉当地历史的老方丈给马海德介绍了将台堡的历史。

战国时期秦国所建的恢宏的长城，在这里向东转折。古代修长城的民工，都是从东边中原地区城乡征募来的百姓，他们将葫芦河边这个地方作为务工歇息饮水之处，称为西瓦亭。这一带水草丰茂，河流纵横，早在西周时期，养马业就非常发达了。威武征战一生的秦昭襄王来视察长城，看重当地人的彪悍、马的精壮，将其改名建成将台堡，作为他点良将、阅骑兵的地方，于是，将台堡就成了一个军事要塞。

秦国之所以能够一统天下，和这里为其源源不断地输送精良战马不无关系。汉武帝时代，干脆把这里作为组建骑兵的基地。汉军之所以能够击败匈奴，骑兵发挥了巨大作用。唐朝时期，葫芦河一带的养马业到了极盛时期。贞观初年，唐太宗出台完善马政管理制度，监牧制就是其中之一，将台堡一带被列为唐代重要的监牧地区；贞观二十年，唐太宗到灵武会盟，专门到将台堡视察马政。

马海德和黄华听了，除了想见贺龙，也很向往唐太宗到过的将台堡，称它是中国历史上一块不俗之地。

1936 年 9 月下旬，红一军团一师师长陈赓在进军会宁途中，派出萧锋政委率领的三团作为先行部队，来到将台堡开展红军会师的筹备工作。一个星期以后，红二方面军先头特别支队也来到将台堡，两支先头部队会合。将台堡是陕甘宁红色根据地的边缘地区，老百姓不喜欢背枪的队伍过往，却都知道红军是纪律严明的军队，因此群众基础较好。10 月上中旬，红军先头部队在将台堡发动群众，建立苏维埃政府及农会组织，为红军三大主力会师做好了充分的准备。

10 月中旬，在各路部队到达最多的时候，有红二方面军总指挥部及红二军团的部队，红一方面军一师、二师的部队，古镇街头院落到处都有红军露营，为使指战员们不着凉、不受冻，苏维埃政府及农会组织群众将房檐下或者院子角落避风的地方打扫干净，铺上麦草，让过路红军宿营。

红二方面军刚从南边征战过来，指战员们衣着单薄、身体虚弱，有部分病弱战士及女战士掉队，特别是后期到达的红二方面军部队，多数人衣衫褴褛、面黄肌瘦，有的战士身披毡片，光脚行军，队伍中有大批伤病员急需休养治疗。群众看在眼里，疼在心上，腾出窑洞，让出水窖，拿出灶具给红军，红军则主动帮群众劈柴、挑水、推磨。红军的一言一行让群众深为感动，他们把红军当自己人，用自家种的麻给红军战士编麻鞋，宁可自己吃菜喝汤，也要节省粮食给红军伤病员吃，不少农户主动腾出热炕让红军伤病员住，为伤病员洗衣做饭，帮他们尽快恢复健康。

10 月 22 日，红二方面军总指挥部到达将台堡，同红一方面军二师胜利会师，马海德也随同红一军团领导人来到了将台堡。这一天，红二方面军领导人贺龙、任弼时、关向应和跟随红二方面军行动的原红军总参谋长刘伯承，以及红六军团领导人陈伯钧、王震，红一军团领导人左权、聂荣臻、邓小平与红二师师长杨得志、政委萧华等会面，马海德也在其中。贺龙和马海德两人相互行军礼、握手，贺龙笑着说："我听说红一方面军有个很厉害的洋博士，是你啊！"

会师活动中，红一师三团政委萧锋代表红一方面军，把数万斤粮食、5 万块银元、20 头肥牛、200 只肥羊、1 000 套棉衣、数百张羊皮、2 万斤羊毛和 3 架缝衣机赠送给红二方面军。贺龙总指挥笑着对左权、聂荣臻说："谢谢一方面军同志的关怀。多年来盼望见到中央红军，今天终于实现了！请你们回去代向毛主席和其他同志问好。"参加会师的红军部队和当地群众近 12 000 人。

当晚，在将台堡东侧广场召开了规模盛大的会师联欢会，欢庆胜利。中国工农红军长征至此胜利结束。

在河连湾吃法式西餐的马海德遭聂荣臻"考问"

红军三大主力在会宁及将台堡的会师，标志着蒋介石"围剿"红军的失败。蒋介石极为恼怒，飞到西安，调动各路大军，亲自部署，妄图"剿灭"红军于立足未稳。蒋介石认为"目前已是'剿匪'的最后五分钟，胜利已然在望"。集结于陇中、天水的国民党部队以东、西、南三路大军，向静宁、通渭、会宁的红军围攻。

将台堡红军会师的第二天，根据敌情及国内大形势的发展变化，三大主力集结的红军需要打一仗，中央红军总司令部移至环县以北40里的河连湾村。在筹备及进行三大主力红军会师期间，河连湾一直是中央红军的前沿指挥部，中央军委副主席周恩来一直在这里坐镇指挥。10月下旬那几天，红军三大主力的领袖人物云集河连湾，准备把握时机，在环县境内打一仗。周恩来、林育英与会师到来的朱德、张国焘、彭德怀、任弼时、贺龙等共同研究，决定在北边打一场山城堡战役，部署具体作战方案。马海德也随军来到了河连湾，见到了周恩来，两人都很高兴。周恩来告诉马海德："前两天，接到刘鼎电报，说斯诺已经安全到达西安。这几天，斯诺准备在访问张学良之后就返回北平了。刘鼎让我告诉你。"

马海德从将台堡会师之后，随红二方面军行动，在河连湾住在贺龙司令部驻地。一天大清早，马海德与黄华到村子外面散步，在河边草地上，遇见贺龙和警卫员正在遛马。贺龙性格豪爽，一见面，就将烟斗从嘴里抽出来，开口"将"了马海德一军："老马，人家说你骑马都不敢放开跑。"马海德笑着回应："司令是不是想看洋鬼子从马背上摔下来的洋相？"贺龙捋了一下胡子，说："老马，我有一匹好马，就是性子烈一点，你敢不敢骑，如果你敢骑它跑一圈，我就送给你。"

马海德很要强，明明弱点被贺龙说中了，但也豁出去了，想不到竟然从贺龙手中赢得一匹好马！

苏菲在晚年回忆录《我的丈夫马海德》中有记载：

> 这次见到贺龙之后，他感到贺龙的性格，真像一条豪放不羁的巨龙，那么豪爽刚烈；他的心地又像清澈的池水，那么明净宽阔。马海德一下子就爱上了这位传奇式的人物。后来，他就主动随二方面军活动。在接触中，粗中有细的贺龙，不知道从哪里知道了马海德骑马不敢撒开跑的弱点。有一天，他故意将了马海德一军。他对马海德说："老马，我有一匹好马，就是性子烈一点，你敢不敢骑，如果你敢骑它跑一圈，我就送给你。"马海德满不在乎地问："什么样的马？"贺龙打了个手势，警卫员就牵来一匹浑身油光光的高大枣红马，背上已经备好了马鞍。马海德虽然心里嘀咕，可是话已经说到这儿了，便硬着头皮说："没问题！"接着，他就壮起胆子骑上去，双腿使劲一夹，两手一抖缰绳，那匹马就放开四蹄，趴、趴、趴跑起来了。马海德在马上咬紧牙关，抓紧缰绳，两脚紧蹬着马镫，终于跑回到原地。当马海德从马上跳下来时，贺龙爽朗地笑着竖起大拇指："好样的！这匹马就送给你了。"从那以后，这匹马就成了马海德的主要交通工具。

当时，河连湾是中共陕甘宁省委、省苏维埃政府所在地。红军高级将领们在此研究山城堡战役作战方案。当时的陕甘宁省委书记李富春与担任统战部部长的蔡畅，是一对曾留学法国的夫妻。他们说"洋博士来到山里根据地是贵客"，蔡畅要亲自动手为马海德做一次法式西餐。女主人很热情，在这深山沟里想方设法备料，做成一顿法国美味。晚上吃法式西餐时，主人还叫来了曾在法国一起勤工俭学的聂荣臻。聂荣臻说："我们的留法同学周恩来、邓小平因为在为打最后一场胜仗操心，让我代表他俩来。"用餐之间，马海德请教聂荣臻："聂政委，我是头一次随军打仗。虽然我是医生，但我也关心打仗问题。敌军共5个军的优势兵力，比我们红军三大主力至少多10倍，一路尾随追击，妄图趁红军立足未稳又十分疲劳之际，将我们一举歼灭。我们怎么打败他们？"

聂荣臻笑了，"考问"道："我们三大主力，从各苏区长征到陕北根据地，都是以少胜多打过来的。大家称你是我们的'红军调查员'，你说我们这次该怎么打？或者会怎么打？"

面对红一军团政委的笑问，马海德搔了搔头："聂政委考我啊，待我想想……"想了片刻，他回答说："我们能打败白匪军，有三条：第一，红军战士有强渡大渡河那种战无不胜、不怕牺牲的精神力量；第二，陕甘宁边区是我们的根据地，我们熟悉这里的沟沟梁梁，我们有根据地群众的支持；第三，诱敌深入而歼灭它一两路最凶的敌军，以最小代价、最快速度把包围的敌人全吃了，其他路敌军就会因害怕而败退，蒋介石的布局就会让我们给破了。"

聂荣臻为马海德的回答鼓掌："看来，马海德像个红军了。"李富春和蔡畅也乐了，笑着称赞说："我们的法式西餐没白做啊。"

马海德跟随红二方面军参加山城堡战役

马海德得到了贺龙给的枣红马，陈赓见了，骑上跑了一圈，大赞说："兄弟，这真是一匹好马，要好好伺候它，打仗的时候，它就会好好伺候你。"

山城堡地处干旱地区，饮水有极大困难，百姓是用雨水存窖作饮用水的。这种窖水如果不放茶叶，能喝出羊屎的味道来。枣红马不喜饮窖水，只有部队行进到有泉水的地区时，才能解渴地喝泉水。马海德每次获得泉水，宁可让枣红马先喝、多喝，自己后喝、少喝。隐蔽的时候，枣红马也很懂事，马海德搂住它的脖子轻轻抚摸，它就不会出声。

在筹划山城堡战役时，贺龙很忙。一天早上，马海德到村边遛枣红马，马儿突然在空地上兜圈子、打响鼻儿、尥蹶子、摇尾巴，原来是贺龙来到马海德身后了。马海德笑着说："怪不得，老主人来了，它高兴呐！"贺龙贴着马背、马脖子亲热了一会儿，说："老马同志，马上要打仗了，它能帮你忙的哦。它会躲避敌机空袭。"然后，贺龙打了一个响指，身后一个警卫员"小鬼"吹响了短促号音的空袭警报，贺龙伸手将缰绳越过马头，稳稳地搝紧。这时，枣红马屈下一条腿，接着又屈下另一条腿，然后，它臀部着地，侧身躺在地上，一直侧躺着，直到警卫员发出解除警报的长号音，它才跃身而起。

11月中旬，经过运筹与调动，红军三个方面军主力均按作战计划到位，集结于山城堡南北地区隐蔽静待战机。11月19日，前敌总指挥彭德怀在陕甘宁省委军事部长萧劲光陪同下，到山城堡部署作战。马海德跟随贺龙的红二方面军指挥部及第六军团，奉命隐蔽于洪德城毛居井及以北。

马海德第一次参加红军的战役行动，心情十分亢奋。那匹枣红马跟随他多日，已经彼此很熟悉了。11月20日，国民党中央军第七十八师主力部队抢功心切，气势汹汹地来袭！敌军先头部队贪图泉水水源，快速抢占进入山城堡地区，该部敌军孤立突出，两翼暴露出来。

红军隐蔽埋伏两天多，战机终于出现了！21日下午，彭德怀一声令下，红军发起进攻，红十五军团和红一军团第二师，向山城堡西北之哨马营方向进攻，断其退路，其他各部红军向山城堡进逼。是日黄昏，红一军团第一、第四师和红三十一军一部，乘敌第七十八师主力二三二旅变换阵地之机，从南、东、北三面向山城堡猛攻。最激烈的战斗发生在当晚。正值严冬，西北高原夜间十分寒冷，红军指战员们有的还身着单衣、脚穿草鞋，冻得浑身发抖。但是，战斗打响后，红军将士怀着革命理想和对胜利的渴望，充分发扬不怕疲劳、不怕牺牲、连续作战的优良传统，一声令下扑入敌阵，发挥了红军夜战、近战优势，借夜色勇猛穿插分割，与敌人肉搏拼杀。红军干部带头冲锋、身先士卒，为战士们作出了表率。经过一整夜战斗，天亮时，敌第七十八师主力二三二旅几乎被全部歼灭，大量武器、弹药被红军缴获。

天刚亮时，国民党中央军第一师第一旅增援山城堡敌残军，经过红二方面军第一军团的埋伏地段时，双方交火，打得很激烈，天上还有敌机扫射轰炸，很快就有红军战士伤亡。在此紧急关头，马海德毫不犹豫地和黄华一起，顶着弹雨硝烟，用自己的马去抢运伤员，枣红马也很懂事配合。一路上，马海德镇定沉着，勇敢地抢运伤员并细心照料，在前方医护所，还亲自给伤员做手术，取子弹。洋大夫的表现，给周围的战士们很大的鼓舞。有指挥员表扬马海德，他回答说："我是医生，又是红军战士，这是我应该做的。"

图 5-5 庆祝山城堡战役胜利的场面

11 月 23 日，庆祝山城堡战役胜利大会在山城堡关帝庙里举行。朱德、彭德怀、刘伯承、聂荣臻、左权、贺龙、任弼时、关向应、萧克、王震、徐海东、程子华等三个方面军的首长出席了会议。马海德作为这次战役亲历者，也与红军指战员一起激动地庆祝着胜利。马海德在会上见到了陈赓。陈赓指挥红一师参加了核心歼敌的夜战。陈赓说，胡宗南所谓天字第一号"精锐"第一军，白天打阵地战还有一套，可是，夜战碰上我们红军这些夜老虎，他们就成了绵羊了。

是役，红军共歼灭胡宗南部第七十八师二三二旅和二三四旅两个团，连同何家堡战斗，萌城、甜水堡战斗，共歼灭和俘虏国民党军 15 000 余人，缴获枪炮无数。是役，是红军二万五千里长征的最后一战，也是第二次国内革命战争的最后一战，在中国革命史上有着极其重大的意义，为促进国共两党合作奠定了基础。

朱德在庆祝胜利大会上讲话时说，三大红军主力西北大会师，到山城堡战斗结束了长征，给追击的胡宗南部队以决定性的打击。长征以我军胜利敌人失败而告终。

开国上将、亲身参加山城堡战役的原红一军团第二师政委萧华，为纪念红军长征 30 周年创作的《长征组歌》，于 1965 年 10 月在舞台上甫一亮相，就以磅礴的气势、动人的情怀、悦耳的曲调迅速风靡全国。其中，第十一组《会师献礼》对山城堡战役有精辟的概括：

> 顶天地，志凌云。山城堡，军威振。夜色朦胧群山隐，三军奋勇杀敌人。火光万道迎空舞，霹雳一声动地鸣。兄弟并肩显身手，痛歼蒋贼王牌军。旭日东升照战场，会师献礼载功勋。

山城堡大捷，是中国共产党历史上参战将领最多的战役。十大元帅中，有 5 位与山城堡战役结缘，他们是朱德、彭德怀、贺龙、聂荣臻、刘伯承，还有 4 位大将、30 位上将、60 位中将参加了此次战役。

当时有这样的说法，解放军总政治部曾为这些元帅、将军举行专场演出。贺龙拿到红底烫金字的请柬时，高兴地打电话给总政治部主任萧华，问道："有没有给'洋博士'（马海德）发请柬？他是在我红二方面军参加山城堡战役的。"

打完山城堡战役，马海德参加傅连暲的"同心婚礼"

本来，马海德是准备在山城堡战役之后和李富春的队伍一起从河连湾返回保安的，但是，他在山城堡见到朱德总司令并交流后，行程有了变化。

马海德告诉总司令："我和你的老乡阚思俊接触最多，受他的影响。他带我从上海来保安，一直送我到肤施。"朱德听了很高兴，说："哦，我那小老乡，他现在叫刘鼎，好后生啊，我没有看错人。这次三军会师之后打最后一仗时，刘鼎就立了功啊。张学良支援的两万套军棉衣和十万发子弹，马上在山城堡打仗中起了作用。"

当听了马海德汇报的沿途考察红军医疗卫生情况后，朱德说："主席给你的任务很好。红四方面军一路跟我长征走过来，我推荐你在返回保安的路上，去考察一下红四方面军兵站医院，并去直罗镇访问战役的后方医院，这次山城堡战役，重伤的战士运往那里救护，况且直罗镇那一带的群众基础很好。"马海德在跟朱德辞别时，朱德笑眯眯地对他说："去直罗镇之前，到豫旺堡停一下，我们红军的宝贝医生傅连暲要娶媳妇了，你跟我去喝喜酒啊。"

当时，正在朱德身边的孙仪之给了马海德一张手绘草图，说："这是军委总卫生部正在使用的战役救护伤员线路示意图。马博士同志，你去看看也好，到处都需要你这样的人！"马海德打开那张并不大的纸，是一张《山城堡战役中兵站线医院部署示意图》。图中的示意符号，他看得懂，就是一连串地名，除了"山城堡""河连湾"的中文地名他见过，其他的地名他都不认识。他赶忙去找黄华帮忙，将线路图上的地名逐个弄清楚，也用中文读音重复了两遍。他和黄华本来已经走到关帝庙门口了，又返回去，找到了孙仪之，对他说："孙大夫，你帮我转告朱总司令，这线路图上的军医院也好，兵站医院也好，我都去看一看。"

图 5-6　傅连暲

马海德把喝喜酒的事也去报告了贺龙司令。贺龙听了说："好事！吃了红军傅大名医的喜酒之后，你不跟我的军部去保安也行，但你的安全我得负责，不然，我没法向毛主席交差啊。"不一会儿，一个很年轻的骑兵小分队队长来找马海德行军礼报到："报告，红二方面军司令部骑兵小分队曹岭队长向博士报到。从现在起，我们分队八名骑兵听你调遣。"

马海德作为医生来到西北苏区之后，在做医疗卫生调查访问期间，不断听说红军大名医傅连暲的业绩和轶事，很乐意参加这场有意思的婚礼。原来，长征中这段红军军医的姻缘还有着动人的故事。

这年五、六月，红二、红四方面军甘孜会师后挥师北上。经过傅连暲亲自面试挑选，红军总部运输连有四个年轻姑娘到他办的医训班当学员。17岁的陕北农村姑娘陈真仁，活泼能干，也被选上了。她们向傅连暲报到的当天下午，部队就开拔从甘孜北上了。傅连暲在卫生所办的医训班只有14人，医疗条件很差，卫生所除傅连暲外，只有2名医生。卫生所的全部家当中，比较显眼的是五匹马，那也是张国焘特别给傅连暲的卫生所调拨的。除傅连暲和警卫员各一匹外，另有两匹分别用来驮载药品和其他物品。卫生所有四只药箱，药箱已基本空了，只得靠沿途向藏民要点藏药和采集一些中草药为指战员们治病。傅连暲亲自带着她们去向藏民要或者购买藏药，教她们了解这些藏药的功能效用，还带她们去山野里分辨和采集中草药。

日久生情，傅连暲与陈真仁在长征途中相知、相爱了。三军会师之后，当长征即将胜利结束时，两人向组织写了结婚申请报告。朱德总司令批准说："同心城这个名字好，你们就在同心城举行婚礼吧！愿你俩喜结同心，白头到老。"

婚礼由朱德主持，在同心城清真寺旁边一家回民院屋里举行。婚礼那天，朱德特地买了两只羊送来。晚上，红军总部的大师傅准备了十多种菜，这在当时的条件下，算是十分隆重和丰盛的。婚礼上，朱总司令和几位领导同志都作了热情洋溢的发言。马海德也来祝贺，并赠送了礼物。大家一看是洋人，一定要马海德讲话，马海德很高兴地用夹生的陕北话讲了几句，获得热烈的掌声。

这个简单而热闹的婚礼充满了喜庆的气氛。婚礼刚刚结束，部队突然接到急行军命令，于是连夜紧急出发，因为胡宗南的部队在南面有异动，尾随追上来了。

马海德为什么要赶往河连湾的红一军团野战医院

马海德很高兴接受朱德总司令嘱咐的工作，参与山城堡战役并打了一个胜仗。红军三大主力联合作战，夜战、近战、肉搏战，围歼胡宗南的嫡系中央军，但因武器装备、弹药的劣势，红军也付出了重大的伤亡代价。

《山城堡战役中兵站线医院部署示意图》表明，三支红军主力联合作战，由彭德怀担任前敌总指挥的指挥部，按既定计划统一部署、统一指挥。同时，也统一指挥和安排伤员救护工作，提前将各兵站医院收容的重伤病员转送到下龙湾和王家坪的后方医院，空出床位随军行动。

在山城堡战役打响之前，红军总卫生部将卫生机构作了统一调整和部署，从山城堡战场起，经吴起镇到后方医院的沿途，都设置了卫生机构。在紧靠作战区的黑城岔设置了伤员转运站，红一军团野战医院部署在河连湾，红十五军团野战医院部署在萝卜原，在张木岔和铁边城各部署了一个兵站医院，在姬家元、张要崄、墟沟门、高家塔各部署一个兵站医院分所。

战斗打响以后，各师、团卫生人员都逐级前伸对伤员进行抢救、包扎和后送，经过后送路线上各级卫生机构的治疗，所有伤病员都安全地送到后方医院，圆满地完成了这次战役的医疗救护后送任务。因此，马海德对

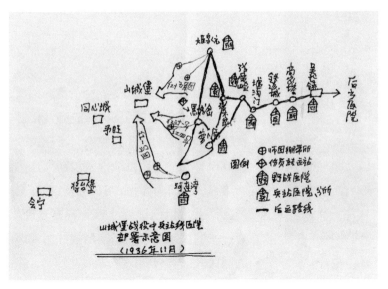

图 5-7　山城堡战役中兵站线医院部署示意图（1936 年 11 月）

黄华及曹岭分队长说："我们按总卫生部所作的战役伤员抢救及后送的统一路线跑一遍，是很光荣的任务，我们要完成总司令交付的任务。"

　　马海德一直为完成这次山城堡战役的后续医疗任务而激动。斯诺离开之后，他不仅参加了三大主力会师，而且参加了作为长征最后一战的山城堡战役。他所在的红二方面军部队，虽然是执行打阻击的任务，但也打得很激烈，他也亲身上战场参与了救护工作。战役打下来，他很明白，在山城堡城内外承担围歼中央军任务的是红一方面军陈赓师长的红一师和杨得志师长的红二师。在庆祝胜利大会上，他没有找到陈赓，但在关帝庙会场见到了杨得志师长。杨得志感触很深地对马海德说："马海德同志，你是红军的医学博士，我跟你说，这个仗从夜里一直打到东方发白才见分晓。我赶到现场时，只见山坡、山沟、大道、小巷全是被硬砸死的敌人尸体。当然，我们也付出了很大的代价，牺牲了很多同志。不少同志是和敌人同归于尽的，有的手里紧攥着手榴弹，胸口却插着敌人的短刀；有的身下按着敌人，背后却立着敌人的刺刀；有的和敌人紧紧相抱，看起来干瘦的手指，却牢牢地掐着敌人的脖子……这就是我们的战士，这就是我们的光荣，这就是我们的骄傲，这就是我们的胜利！"

　　杨得志师长说得多悲壮感人啊！马海德明白，红一军团红一师和红二师付出的代价最大，牺牲的人数最多，重伤员也最多！于是，马海德和黄华带着小分队，日夜兼程，赶到河连湾的红一军团野战医院。该医院是由

图 5-8 ● 姜齐贤

红一军团卫生部部长姜齐贤负责。上次，马海德与斯诺去豫旺堡访问时，姜齐贤正好去保安接收西安渠道的药品和物资，不在司令部。这次战役，红一军团野战医院设在河连湾西边的一个村子里，有窑洞、有平房。姜齐贤一见到马海德就告诉他说："上次你离开豫旺堡之后，有好些回民来城隍庙，指名找红军大鼻子姓马的回民大夫看病呐！"马海德笑了："是吗？我以为我去了一趟，是带动了当地不少回民青年参加红军呢。"姜齐贤说："你虽没去多少天，可是影响却不小。有妇女病人来找你看病，说回族婆姨的病，还是找红军回民大夫看方便一些。"这次，在河连湾野战医院，马海德住了好几个晚上，为不少山城堡战役的重伤员做了手术。有的手术是马海德主刀的，有的手术是马海德与姜齐贤一起做的。

西北的夜晚很冷，姜齐贤和马海德在一起烤火取暖聊天。姜齐贤要比"戴胡子"年轻多了，比马海德年长几岁，是一个外科高手。姜齐贤说自己是国民党海军军医学校毕业的，后来，还到北平医专进修过。他回忆说："我当了国民党军队的医官，乐得被红军俘虏，就当了红军，获得了新生。"

马海德认真地问："你是共产党员吗？"

姜齐贤说："跟'戴胡子'一样，是当红军第二年入党的。"

在河连湾期间，马海德亲眼看到，东北军用卡车运来的物资是王以哲第六十七军军部从豫旺堡运来的，有药品、床单和棉衣等。姜齐贤告诉马海德："山城堡战役打响了，胡宗南要抢占豫旺堡，彭老总指示我们将豫旺堡让出来，并通知王以哲东北军迅速进占。"马海德笑了："我懂了，胡宗南感到东北军在跟他'抢功'，下令其部队孤军深入抢占山城堡，这就被我们'包了饺子'。"王以哲军部送来的药品中有不少麻醉药、止血药等，让马海德及姜齐贤能够多为几位重伤员动手术。

马海德风雪中遇上老熟人胡金魁，得知斯诺的最新消息

12月12日，西安事变爆发，张学良、杨虎城把蒋介石抓起来了！消息当晚传到了河连湾。马海德觉得西北和全国的抗战形势将会有重大变化，自己必须加快目前的工作节奏，以尽快赶回保安。

西安事变三四天后，马海德一行的马队离开河连湾，赶往北边的黑城岔。黑城岔是从甘肃进入陕北的门户，总卫生部在这儿为山城堡战役的伤员设了一个中心伤员转运站，由红四方面军的医护人员负责管理。从北线姬家元来的红十五军团伤员，以及从南线河连湾来的红一军团伤员，与红四方面军的后送伤员共同使用这个转运站，向陕北后方运送伤员。红军三大主力的卫生部门合力为战役服务，这在以前也是从未有过的。

12月中旬，马海德一行前往黑城岔。尚在半路上，老天就变脸了，乌云低垂，寒风扑面，一场大风雪来了。好在骑兵小分队的战士们都有棉衣棉帽，马匹都是精壮的战马，能在大风雪中前行，只是行进速度缓慢一些。

天已经黑了，风雪还没有停。马海德一行来到了黑城岔，只见这里有古城断墙，山坡上还有一排排窑洞。城墙边有哨兵拦住马队，由于没有接头的口令，马海德让黄华去说要找人。黄华先说找"苏井观部长"。哨兵又问："还有谁吗？"马海德就说："丁世芳主任也行。"回答是："两个首长都不在。"由于人马不少，惊动了大窑洞里的人，出来了两三个穿军棉衣的。其中为首的同志吃惊地喊到："马海德博士！怎么是你啊！毛主席的客人，快进来。"

原来，这个人是胡金魁！他是苏维埃中央政府管接待的副处长兼外交部招待所所长。窑洞都是连通的，炕烧得很暖，热乎乎的，里面住了不少伤病员及客人。大家先喝了些热水暖暖身子，然后就聊了起来。胡金魁介绍黑城岔伤员转运站的负责人是红四方面军卫生学校的医务主任陈志方，

图 5-9 ● 陈志方

这里是由红四方面军卫生部负责的。因苏井观及丁世芳等领导带着一些医务骨干，跟随徐向前、陈昌浩的部队西渡黄河去河西走廊作战了，陈志方便带了卫生学校的医护人员来支持和接管伤员转运站。这是马海德与陈志方的初次见面。

陈志方是学医的高才生，也是从上海出来参加红军的。他们俩都没有想到，在此后的革命和人生节点中，彼此还有戏剧性的相遇。

胡金魁告诉马海德和黄华："上个月我将斯诺平安送到西安，他访问了张学良将军后就返回北平了。"胡金魁在西安见到了美国女记者史沫特莱。他说："这个美国女记者又泼辣、又厉害，得知你改名马海德并留下来当红军后，死缠着我，非要跟我回保安，还说和你是上海的好朋友，她要和你一起当红军！"胡金魁说自己做不了这个主。于是，她就去找周恩来。周恩来对她说："目前还不行，以后可以安排你去采访红军。"她问为什么。周恩来告诉她，目前局势尚未稳定。

马海德问："你怎么会出现在黑城岔？"

胡金魁说："我也要问同一个问题。马博士，你为什么会出现在黑城岔？"

原来，两人都是为了山城堡战役。马海德是考察战役伤员后送路线，胡金魁是带领张学良将军的特使慰问参战的红军部队。胡金魁刚从西安来，陈志方也和马海德一起，要听西安事变的最新消息。胡金魁说，南京政府主战派与主和派闹得不可开交；而张学良则将驻防红军的第六十七军从肤施和洛川调往潼关，以应对南京政府军。这几天，陕北红军将接收肤施，中共中央还派徐海东红十五军团等南下，向东北军靠拢。张学良为了庆祝山城堡战役的重要胜利，公开派出了亲信张处长和孙秘书，开了司令部的两部卡车，满载慰问品和其他军需物资，来苏区慰问红军参战部队。这是国共斗争十余年来，红军首次公开接受国民党军的慰劳品，尽管只是局部、象征性的行为，但它预示了一个新局面即将开始。

后来，据杨尚昆回忆，山城堡战役后不久，担任红一军团政治部主任的邓小平患了伤寒，非常严重，已经昏迷不醒了，什么东西都很难吃进去，只好煮点儿米汤喂他。正在那时，张学良派他的副官来慰问红军，送来的两车慰问品中，有吃的，还有香烟和其他物资，其中还有一些罐装炼乳。聂荣臻随即决定，把炼乳全部留给邓小平。这些炼乳为挽救邓小平的生命发挥了重要作用。

马海德问起了刘鼎。胡金魁说，西安事变之后，刘鼎几天几夜都没睡觉，张学良与毛泽东、周恩来之间的电报，你来我往，日夜不断，都是由刘鼎执掌的电台经手。说到刘鼎，话题又转到斯诺。胡金魁说，在返回西安的路途中，斯诺曾将在苏区采访获得的"无价之宝"（多本笔记、中共的长征书稿、几十筒照相胶卷和数盘电影胶片）丢失了！

马海德和陈志方都大声喊了起来："怎么能搞丢啊？怎么回事？"

胡金魁说，陪同斯诺从保安到了洛川，由于西安城门已经有蒋军参与守卫，一般的军车都要被严格检查，斯诺这样的洋记者若被蒋军查出，将会惹出大祸！只有张学良批准的自己司令部的专车，才能免予检查。因此，在洛川又等了好几天，刘鼎好不容易拿到张学良亲批的专车手令，由刘鼎押车去洛川，接上斯诺和胡金魁。为了防止车子在路途中被查，斯诺看见车厢里有很多麻袋，装的大多是坏了待修的枪支等武器机械之类，就找了一个麻袋将他的"宝贝"全装进去，混在车厢里的麻袋堆之中。专车驶到西安附近的咸阳县时，停入一个军需仓库，将麻袋都卸掉了。专车快到西安城北门时，斯诺才想起没有将"宝贝"麻袋留下。这下他可急坏了，这可是宣传红军和共产党的无价之宝啊！刘鼎叫司机转回咸阳去仓库里寻找，司机说累了不愿掉头。很少生气的刘鼎大怒，命令司机立刻掉头！经过一番折腾，斯诺和刘鼎终于在军需仓库找到了那个"宝贝"麻袋。当时天已经黑了，这辆张学良专用车一驶进西安城北门，城门就关闭了，全城开始戒严。

陈志方听了这段惊险的经历后，评论说："要是这些东西真的丢失了，中央和红军的损失可就大了！"并对马海德说，"要是当时你还跟斯诺在一起，这样的事就不会发生了。"胡金魁问："为什么？"陈志方说："因为马海德是经过多年医务训练的医生，已经养成遇事小心、谨慎、细致的习惯。

马海德会想起这些不能丢失的'宝贝'，就像我们做手术时，绝不能将剪刀、缝针忘在伤员身体内一样。"

马海德带着敬畏的心情，来到著名的吴起镇

马海德一行到吴起镇这天，中午刚过。已经不下雪了，蓝色天穹下，山川沟壑到处白茫茫一片。阳光下，着灰蓝色军装的骑兵马队骑着十多匹红马、白马、黑马、棕色马，显得特别英气俊勇和精神抖擞。对面山头上，有牧羊人望见了山这边马海德的一溜红军马队，即兴唱起了一首高亢的陕北山歌：

> 骑马要骑大红马啊，唱歌要唱红军歌。
> 横刀立马当英雄啊，千里取胜是将军！

黄华和小曹队长一起，将对方山歌的中文意思告诉了马海德。马海德有了回唱陕北山歌的冲动，但当时他的中文水平还组织不起应答的语言文字。他还是忍不住亮起嗓子，对山野大声喊出："吴起镇，你好！——"

马海德带着骑兵小分队离开黑城岔之后，在萝卜原野战医院工作了两天。萝卜原野战医院是红一军团管理的机构，由戴济民手下的医生负责，他们与马海德在豫旺堡考察时就认识。马海德在这里帮助他们处理了一些手术难题，使几个重伤员得以安排后送。离开了萝卜原，马海德按伤员后送线路，途中检查了张木岔兵战医院和铁边城兵站医院，最后一个地点是吴起镇后方医院。吴起镇后方医院设在老根据地吴起镇，群众基础很好，由红军卫生学校管理，目前由学校的医务主任戴正华具体负责。

马海德是带着敬畏的心情来到著名的吴起镇的。

早在保安的窑洞里，毛泽东给他和斯诺充满感情地讲述红军长征历程时，就重点讲起过吴起镇，说这是中央红军经过一年胜利到达陕北的标志

性地点。斯诺曾问："标志着什么？"毛主席兴奋地说："标志着红军长征到了落脚点了！我们突破'天险'腊子口，顺利抵达甘肃南部小城镇哈达铺，部队烹羊宰牛进行休整。我从报纸上获悉：刘志丹领导的红二十六军在陕北控制着五六个县大小的苏区根据地，先期到达陕北的徐海东红二十五军也有精兵数千，蒋介石正派大军'围剿'。我很高兴，马上召开团以上干部会议，宣布我们首先要前往陕北，同刘志丹领导的红军会合。我还说，从江西算起到现在，我们已走过十个省。再走到山那边，就进入第十一个省——陕西省了，那里就是我们的根据地，我们的家！"斯诺问："这个镇子姓吴？或者镇上的居民都姓吴？"毛泽东笑着解释说："吴起，是两千多年前中国古代一个著名的将军，他带兵征战到此，人们就将这个古镇以他的名字命名。"毛泽东叙述说，10月间，部队到达吴起镇，由彭德怀将军指挥，在这个镇子附近的山沟里打了一个胜仗，将尾追的马家军消灭了。毛主席风趣地说："我就将长征的吴起镇战役称为'割尾巴战役'。"湖南口音的"割"字，马海德和斯诺都没听懂。吴亮平解释："这是刀'切割'的意思。"听到这个比喻，斯诺还形象地做了一个割尾巴的动作，惹得在座的人都忍不住大笑起来。马海德记得，当时自己还评论说："彭德怀将军就是当今的吴起喽。"

吴起镇就在前面。马海德还对黄华、小曹队长等回忆起毛主席谈吴起镇时，对这个镇子有两个很深的印象：一个是在镇子的墙壁上，看见了张贴已久的《陕甘边苏维埃政府布告》，上面署名"主席习仲勋"；另一个是所住窑洞主人热情款待的羊肉臊子剁荞面，称其为长征以来吃的最可口的一顿饭！

马海德一行得到了吴起镇后方医院负责人戴正华和当地农会郭主席的热烈欢迎。戴正华介绍说，农会郭主席是曾经跟随刘志丹、习仲勋闹革命的老游击队员。他还告诉马海德，政府胡处长专程派了一个骑兵通信员给吴起镇送信转马海德收，信已经先到了。原来，马海德在与胡金魁分手的时候，胡金魁还给了他好些东北军的慰问礼品，有几大箱饼干、牛肉罐头及圆筒盒装香烟等，以供沿途使用。12月下旬初，胡金魁回到保安，派了骑兵通信员给吴起镇送信，告知马海德一行将要来考察后方医院，并请吴起镇的同志转告马海德，肤施城已经由红军接管，改名为"延安"了，党中央即将迁往延安。

黄华称赞胡处长是办事好手，心很细。在去山坡上的后方医院时，马海德与戴正华交流起来。戴正华说："胡金魁处长送来的消息很振奋人心。西安事变使红军得以接管延安，下一步就是党中央进驻延安了。"马海德说："今年7月，刘鼎送斯诺和我经肤施去白家坪时，就告诉我们，毛主席早就看上肤施了。"

大革命时期，戴正华就在黄埔军校担任军医。北伐以后，在广东国民党总兵站医院任内科主任，后来成了国民党军队军医。他回忆说："后来，国共分裂了，所在部队被派去苏区打红军，我被红军俘虏了。很高兴啊，就等于解放了！"马海德问："为什么？"戴正华露出笑容："红军好些名将当年在黄埔军校当学员，我都为他们看过病。这些进步的共产党学员的精神力量早就吸引我了。"戴正华大约比马海德年长10岁，没有老革命的架子，很随和，两人很谈得来。马海德对戴正华说："想不到红军里有这么多上海医生，我觉得我来晚了，要是我从日内瓦大学医学院一毕业就到苏区来当红军多好啊！"

说话间，马海德也向对方提出党籍问题，问："戴主任，你是哪一年参加红军的？"戴正华说："1931年当上了红军。"

马海德又问："哪年加入共产党？"

戴正华答："当红军第二年，1932年。"

马海德诚恳地接着问："戴主任，你是红军的老医生了，你给我参谋一下，我是今年6月离开上海，7月来到保安参加红军的，我不想等到第二年，我今年就想申请入党，你看行吗？"戴正华听了，笑着朝他竖起大拇指："当然行！我看你要求很迫切。你一个美国医生，积极申请加入中国共产党，当然好！"

戴正华带着马海德及黄华，走到吴起镇后山，观看了医院三四排整齐的窑洞，问候了住院的伤员。这些伤员是在山城堡战役中与中央军夜战拼搏时受重伤的，大都在手术之后，正在康复。他们也特别去看了好几家住着红军伤员的老百姓窑洞。马海德觉得特别新鲜，也很震惊！他说："我真想不到红军能将医院办到老百姓家里来。世界上，只有中国红军才有这样的医院！"戴正华说："朱老总说，我们的红军是中国工农红军，是为工人农民大众谋利益的军队。"

马海德参观了有三孔窑洞的张家。张家腾出一孔窑洞给两个重伤员住，张大爷家人和医护人员一起照料伤员的起居生活，不怕脏，不嫌累。马海德问候了两个伤员，赠送了一些牛肉罐头。他还和房东张大爷握手并聊天，给张大爷赠送了两盒圆筒香烟。张大爷对马海德说："红军洋大夫，我想让我小女儿跟着医生、护士学习，让她将来也当红军大夫。"

戴正华给马海德介绍，红军去年长征来到吴起镇，虽然打了胜仗，但也付出了代价，牺牲了好些战士，还有好几百人受伤，有轻有重。当时的野战医院开挖了一些窑洞，伤员还是住不下，老百姓就接纳一些伤员住到家里。当时野战医院是与红军卫生学校一起开办的。我们是右路军的红军卫生学校，1935 年 6 月，红一、红四方面军两大主力懋功会师之后，党中央右路军北上，张国焘左路军南下。红军大学和红军卫生学校也分成北上和南下两部分。10 月，中央红军长征到达吴起镇，周恩来指示红军卫生学校恢复教学，配合吴起镇战役，边办学、边救护伤员。师生们的积极性很高，学员们通过战地救护实践，学到了很多东西。半个月后，轻伤员都出院归队了，部队带着重伤员迁往瓦窑堡。红军卫生学校也在瓦窑堡正式复课。没多久，总后勤部在吴起镇办了一个军服厂，就设在野战医院用过的几排窑洞里。山城堡战役打响之前，军委总卫生部就安排红军卫生学校重返吴起镇，恢复开办野战医院。

马海德一行在吴起镇逗留了三天。其间，郭主席带领马海德去毛主席住过的砚洼山麓窑洞那家农户看望，赠送了两盒夹心罐头饼干，房东也做了同样的羊肉臊子剁荞面款待。吃面的时候，马海德向郭主席问起毛主席所看过的《陕甘边苏维埃政府布告》的事，郭主席说："哦，那是我们根据地'娃娃主席'签发张贴的政府布告。政府为农民们办事，经常用布告告知大家。"马海德问："为何叫'娃娃主席'？"郭主席说："那是指习（仲勋）政委。我今年 33 岁，他今年该 23 岁了。他 15 岁入党，是我在游击队的老上级，19 岁的时候就担任中国工农红军陕甘游击队第五支队队委书记。边区成立苏维埃政府，大家选他做主席，我们称他为'娃娃主席'。"

郭主席还兴奋地说："毛主席来的第二天，咱们游击队负责人张明科和红二十六军骑兵团龚（逢春）政委快马赶来，向毛主席、张总书记等领导汇报，当地领导内斗搞肃反，抓了好人要杀！毛主席当即说，赶快'刀下留人，停止捕人'。"

由农会郭主席和戴正华带领，马海德一行爬上吴起镇西面五里沟的平台山（现称胜利山）高处，重温了中央红军长征最后进入陕北的那个漂亮胜仗的情景。当时的战役前沿总指挥是彭德怀将军，素以凌厉的战术和敢打硬仗的作风闻名。毛泽东当时为彭德怀写了一首诗——《六言诗·给彭德怀同志》。马海德问："谁懂这首诗，在这个战役现场朗诵多好啊。"

当时，戴正华、黄华和农会郭主席三人，各用方言一起在山顶朗诵：

> 山高路远坑深，大军纵横驰奔。
> 谁敢横刀立马？唯我彭大将军！

马海德极其动情地要求三人再来一遍，他要跟农会郭主席学陕北当地方言朗诵，小曹的骑兵分队八位战士也一起加入进来。他们的朗诵声，在五里沟山谷里回荡。

第六篇

初进延安

马海德从前线赶回保安，毛泽东、朱德已去延安

这支骑兵队从吴起镇出来后，一路向东疾驰，过沟过峁，经过沙坪、高家湾，在化子坪住了一个晚上，1937 年 1 月 23 日到达瓦窑堡。吃过午饭，护送马海德的骑兵小分队曹队长看看天色，征求马海德意见："马博士同志，到保安，快马也得大半天路，是不是在瓦窑堡也住一晚？"

虽是数九寒天，大家都骑马跑得热乎乎的，喝了热面汤后更热了。马海德擦着脖子上的汗，心想：西安事变是很大的事，毛泽东、周恩来和中共中央、红军，以及苏维埃政府，面对新形势，将有很多事要干啊！看得出小曹队长的神态也是赶路的意思。马海德一挥手，用夹生的陕北话说："我能行。三军大会师时，我能骑马一天跑一百多里呐。没事，上路！"

小曹队长年仅 20 岁，却是骑了 4 年马的老红军了。他指挥着给马匹饮了水，补充了一点精料。他还帮黄华察看所骑的马匹，表扬说："马博士是个好骑手。你这北平来的大学生，也从马背上折腾过来了，骑得还不错。"大家又精神抖擞地上路了。小曹说："到保安，还有五十多公里，不远了。"

马海德要重回保安了，心里很感慨！他急于回到保安，想见到毛泽东、周恩来、朱德等领导人，汇报这些日子他的经历与见闻。他打算花几天时间，写完并交出毛泽东特别委托写的苏区卫生调研报告，他还想同时递上自己要求加入中国共产党的正式申请书。

马海德当天半夜回到保安，仍然住在外交部招待所的小院。次日，胡金魁也从洛川办事回来。胡金魁告诉马海德，毛泽东、朱德、博古及张国焘等中央领导人，最近已经随着中共中央机关动身前往肤施。中共中央进驻后，取原延安府名，改肤施县为延安市。接管延安后，党中央派出以王观澜为团长的工作团，陕北苏维埃政府派出以曹华山为首的工作组到延安，连同延安城防司令员兼政治委员黄春甫一起，成立了延安市苏维埃政府和延安抗日救国会。胡金魁说，现在中央苏维埃政府机关仍然在保安坚持日常工作。据说，西安事变后，关于西北的中央苏维埃政府是否成为西北联合抗日政府，或者成为一个特区，国共两党正在谈判之中。马海德问：

"周恩来副主席在不在保安？要是在，请安排我向他汇报。"胡金魁告诉他："周恩来副主席、叶剑英总参谋长目前正在西安，率领中共代表团跟国民党、东北军及十七路军各方进行着紧张的谈判。马博士，你此次西行收获很大。时间不短啊，我看你骑马大有长进。这些天你先休息，整理你的卫生调研报告。我向上级汇报一下，有消息我会通知你。"

隔了一天，胡金魁就来见马海德，传达了周恩来副主席发来的两条指示：一是，王稼祥准备秘密去沪医治伤病，马海德可去为他检查一下病情；二是，同意史沫特莱本月底不经保安而直接去延安，马海德可以在延安参加接待。马海德问："我曾经在访问王稼祥时为他看过病，现在他在保安还是延安？"胡金魁说："还在保安，准备从这儿经洛川、西安去上海。"

王稼祥是中国工农红军总政治部主任。马海德觉得王稼祥是红军中典型的知识分子类型的领导人——儒雅学者、红色教授，能讲一口很流利的英语、俄语。毛泽东在向他和斯诺介绍中共领导人的谈话中，对王稼祥的马克思列宁主义理论功底颇为赞赏，称赞他是"能将洋理论注重结合中国实际"的干部。1936年7月下旬，马海德在保安初次为王稼祥检查身体和看病。参加长征的王稼祥，是中央领导人中的重伤员，腹腔内的一些碎弹片和腐骨无法取出来。长征途中，他的腹部伤口一直流脓，医生只好插上一个橡皮管子，使脓液排出体外。由于没有止痛药，只能用盐水消毒，每天换药时都疼得大汗淋漓。长征途中多是坎坷的山路，每逢到了险要路段，王稼祥为了减轻担架员的负担，经常硬撑着下来自己行走或者骑马。有一次他自己起来活动时，橡皮管子掉进伤口，到贵州乌江畔，蛔虫从伤口中爬出，演化成脓毒败血症并发起高烧。爬雪山时，他坚持在警卫员的搀扶下一步一步地走了过来。他几经病危，都被抢救过来，身体略有好转又继续坚持工作。王稼祥在红军中有很高的威信。

马海德初次检查王稼祥的伤口时，非常吃惊："这么重的伤，居然能走完长征，要有多么顽强的意志啊！"斯诺也称赞说："此人真是了不起啊！"

马海德很尊敬王稼祥，每次来看望时都带烟来，两人一边抽烟一边聊天。

初到保安的十多天里，一想到拖着病体的王稼祥，马海德就经常晚上来王稼祥的窑洞，帮他检查伤口。有一次，马海德弄到了进口止痛药，特意给他送来。

这一次，王稼祥即将秘密去沪治伤病，马海德再次为他检查伤口，还专门带了两听筒装烟给他。检查中，马海德已经感觉到其腹部伤口内似有异物。王稼祥说："就是为此，中央很重视，毛主席、朱老总才特别批准我去上海做手术，还说如果在上海没法治，就去苏联治。中央也下了决心，派军委总卫生部贺诚部长陪同我去治病。"

马海德说："这说明中央决心很大。你很年轻，治好了病，将重担子挑好。"

王稼祥说："我腹部的伤口，是1933年第四次反'围剿'时被敌机所扔炸弹炸伤的，当时数日昏迷不醒，就是贺诚部长守着我，救活我的。但是，腹中可能碎弹片不少，病根未能除尽。"

初进延安，马海德和李德两个"洋红军"合住在一个窑洞里

延安北门，马海德见了特别舒畅！半年之前，他就是从这个北门徒步走向苏区的，现在又从北门骑马回来了！1937年1月下旬的一天下午，马海德一行的马队通过北门进了延安城。他在马背上挥动双手，激动地笑着，喊道："我走的时候，是国民党的肤施城；哈哈，我回来的时候，已经是共产党的延安城了！"

他们一行寻到钟鼓楼下北大街的"西北旅馆"，延安接管委员会在此挂牌办公。这个接管委员会主任是王观澜，副主任是李富春。当天值班的领导就是李富春。李富春热情地称马海德为"河连湾的老朋友"。李富春说："正等着你来给延安办医院呐。"之后又介绍说，"延安城本来人口就不多，中共中央及所属机关、学校等进驻延安，住房和窑洞都远远不够。机关干

图 6-1 ● 初到延安的马海德

部和部队战士都被动员起来挖窑洞，甚至雇了民工来加快进度。窑洞开挖没多久，目前先安排你和李德顾问合住在凤凰山的一个窑洞里。"

马海德没有想到，一到延安，就和德国人李德合住一孔窑洞。

苏菲在《我的丈夫马海德》中，记述了刚进延安时，供给部给马海德发了一床过冬用的锦缎红棉被，是镇压恶霸地主没收的，马海德觉得太奢侈了，要拒收。

供给部从打土豪没收恶霸地主的财物中，找出一床红线绨面的棉被子，发给了乔治。他觉得太奢侈了，急忙对送被子的人说："我可不要这样好的被子，快拿回去吧！"送被子的同志说："这就是组织发给你的，你不要给谁呀！我放下啦。"说完就跑远了。乔治只好把它收藏起来，他想："这是红军打土豪的胜利果实，可不能随便使用啊！"

马海德正抱着这床大红被子，李德过来摸了摸红红的线绨被面，说："一般老百姓哪有这么好的被子，不用白不用啊！"马海德不爱听这样的话，就白了李德一眼。

两人共用的这孔窑洞分内外间。李德先来好几天了，住了内间，马海德住外间。

两人在保安仅见过一两次面，相互之间没有什么交流。李德是红军军事顾问、红军大学教员，身后老跟着个警卫员，帮他拿皮包、点香烟什么的，架子颇大。李德问："你俩结伴来的，斯诺走了，你干嘛还不走呢？"马海德说："他是国际记者，职业就是到处跑的。我是医生，红军缺医生，我已经决定留下来给红军看病了。"现在两人里外间同住一个窑洞，相互交流就少不了啦。一问起来，李德长马海德 10 岁，马海德就尊他为红军前辈，说："李德顾问，大家说，你来当红军好几年了，我当红军刚刚半年，你是从有名的伏龙芝军事学院出来的，请您指点和照应啊。"

马海德听毛泽东说过李德烟瘾很大，就掏出香烟来，一同抽烟好聊天。

马海德有意选择性地告诉对方自己的一段经历。马海德说，来中国后在上海开了一家私人诊所，有机会认识了宋庆龄女士，得到了她的信任。有一次，宋女士说，她有一对朋友，是外国夫妻"牛兰夫妇"，在共产国际的上海联络站工作，因有人无意中泄密，被英租界逮捕引渡给国民党当局，关押在南京的国民党监狱里。内线传来消息，两人坚称自己是德国人，上海租界坚持证明他们来自苏联。可是两人平时交流都用德语，在上海的四岁儿子也只会德语，不会俄语。国民党当局居然连夫妇俩的真实身份、国籍都查不出来！宋庆龄特意委托马海德代表她，前往监狱看望并为两人看病。宋庆龄说："你暗示共产国际正在设法营救，并告诉说，他们的四岁儿子现在很好。"宋庆龄为牛兰夫妇发起了声势浩大的声援，谴责国民党当局和英国警察无故羁押。爱因斯坦、蔡特金、高尔基、史沫特莱、萧伯纳、罗曼·罗兰、德莱塞、杜威等国际知名人士联名抗议，使营救牛兰夫妇的行动演变为一次世界性的运动。共产国际派出要员到上海，组织营救牛兰夫妇。共产国际特意先后派出两个人，每人携带两万美元，从被关东军占领的东北进入中国。这两个送钱的人互相不知道还有另一个人也在送钱。据说，这是为了预防一个人出问题，牵连另一个人。

李德摘掉眼镜哈哈笑，问："宋先生告诉你钱都收到了吗？"

马海德微笑着答："应该收到了，要是中途出了岔，奥托·布劳恩也不会到瑞金去穿上中国红军军装了。"

听了这段经历，李德从此不敢盛气凌人、小视马海德了。他对马海德说："我就是那位送钱人奥托·布劳恩。牛兰夫妇，丈夫雅各布·鲁德尼克，出身于乌克兰工人家庭，妻子达吉亚娜·玛依仙柯，出身于德国贵族家庭。我跟达吉亚娜曾经是同学。"

马海德抓紧写苏区卫生调研报告和入党申请书，请吴亮平翻译

马海德到达延安的次日一大早，吴亮平就来看望他。两人在窑洞外的山坡上散步，望着对面的宝塔山。吴亮平告诉他说："老朋友，毛主席知道你来了，叫我先来看你。"马海德兴奋地说："你报告主席，他叫我写的苏区卫生调研报告，我快要写完了。我目前还不能用中文写文章，是用英文写的。"吴亮平说："真好！还像上次一样，我给你当翻译。"马海德突然严肃起来，脸都涨红了："亮平同志，我想写入党申请书。我们俩是老朋友了，你也了解我，我想请你做我的入党介绍人，你愿意吗？"吴亮平也很高兴："OK！我当然愿意。"马海德有点激动："我为我作为一个美国人能申请加入中国共产党而激动。"吴亮平也很兴奋："好，那你要好好读一下党的章程，要是其中有什么中文词汇你还不怎么了解，就请教黄华。"

接着，马海德说："亮平部长，这两天到了延安，觉得党中央坐镇延安，今后将有很大发展。我准备对延安做一些考察，在报告中对延安卫生事业发展工作提出一些建议。"吴亮平很感兴趣，说："太好了！这正是时候。在延安的工作需不需要我配合？"马海德说："不用了，我有黄华配合就行了。"

马海德还谈到了同住窑洞的李德顾问。吴亮平说："这种窑洞，是分配给有家室的高级干部住的。到延安之后，李德在瑞金娶的夫人肖月华，正式向组织提出与李德离婚，虽然尚未批准，但是肖月华不再和李德同住。目前，暂时安排你和李德住一段时候。"马海德说："我知道了，我会跟他好好相处的。"吴亮平接着说起关于李德的话题："遵义会议之后，李德失去了军事指挥权，基本无事可做，不服气，很为失落，经常借故发脾气。"马海德想起昨晚的谈话，微微一笑："他是共产国际的人嘛。不过在窑洞里接触下来，还是可以适应的。"马海德接着说："我到苏区这半年来，无论是红军将领还是连队的战士，都会很沉痛地跟我谈起这个德国人，说他如何使中央苏区和红军遭受重大损失。"

"王稼祥告诉我一件狠狠剋李德的事。"马海德笑着说。遵义会议以后，一次在宿营地，李德违纪要房东家杀鸡吃，并喝酒，被中央纵队秘书长刘英当面批评。李德见这小个子女红军胆敢来批评自己，暴跳如雷，骂起人来，争吵中竟然拔枪对房顶放了两枪。王稼祥听到枪声，赶到现场，用俄语把李德严厉地训斥了一番。这个洋顾问一声不吭，从此不敢再借故闹事。吴亮平听了哈哈大笑："想不到你也知道啊。"

吴亮平说："遵义会议之后，洋顾问李德被安排随红一军团行动，虽是冷眼旁观，但他亲眼看见了军队在毛主席领导下转危为安，态度明显有了变化。1935 年夏天，红一、红四两大方面军草地会师之后，党中央开会决定北上抗日，毛泽东率红一方面军和红军大学作右路军北上，张国焘率红四方面军作左路军北上。到阿坝之后，张国焘发电报坚持要南下。9 月 9 日这天，为南下北上差点冲突起来。"

吴亮平告诉马海德说，当时，红一方面军的队伍已经北上行进，红五、红九军团走了很长距离，红一军团也到达甘肃迭部县俄界村。党中央和毛主席殿后，能直接指挥的只剩下红三军团。此时，党中央处在随时都可能被张国焘胁迫的危险境地。红四方面军参谋长兼红军大学教育长李特飞马追来，将红四方面军总政委陈昌浩的亲笔信送给彭德怀，传达命令，要求红三军团和红军大学停止北进，转头南下。红军大学学员接到命令后，也出现了不同意见，有的主张北上，也有一部分主张南下。当时带领教导营担任后卫任务的黄克诚，见李特鼓动学员南下，前去对李特摆事实、讲道理，劝他们跟随中央北上，说明南下没有出路。但是李特根本不听劝解，一面高喊"不要跟机会主义者北上，南下吃大米去"，一面执意要求率红军大学学员南下。当时，毛主席来了，同李特说了一些很感动人的话，并说："我们先走一步，你们随后再跟上吧。"毛主席也劝彭德怀不要同李特争执，说："陈昌浩送信来，你就打个收条给他，说后会有期吧。"这时，李德骑马带着警卫员来了，他不客气地用俄语批评李特，李特和李德当场就用俄语争吵起来。经过毛主席晓以大义和李德的批评之后，李特没有再为难毛主席和中央红军，仅带领部分红军大学中的红四方面军学员南下了。

吴亮平还告诉马海德："当时我也在。那是个早晨，两人用俄语互骂声在草原上传得很远。事后，毛主席在一次常委会上表扬李德，说李德在中央苏区犯了错误，但这次表现得很好，站在了正确的方面，让李特放回了红一方面军的干部。"

马海德对延安实地考察，在调研报告中提出对卫生工作的建议

吴亮平走后，马海德当天就去找黄华，对延安进行实地考察。半年前，他和斯诺匆匆路过这里，夜宿一晚，对这个古城没怎么在意。现在，肤施已经正式改名为延安市，他带着使命感重新看延安，感觉自己参加中国革命的一番新事业将从这个千年古城开始。

马海德的窑洞在凤凰山山腰间。这天太阳刚升起时，李德尚在酣睡，他已出了窑洞，在凤凰山的半山腰登高俯瞰，眺望朝阳照煦下的延安。延安古城在群山的拥簇下犹如一朵莲花，群山是花瓣，古城就是花心。接待处的人昨天告诉他，从他住的窑洞开门就可见延安这座"莲花城"。嘉岭山（宝塔山）下有南河注入，形成两水分隔三山的地形。边塞老城位于凤凰山下，隔着延河的是清凉山，隔着南河的是宝塔山。他在晨光中清晰地望见延安老城，方形城郭完整，城墙完好。他看到昨天骑马进城的北门，看到城内最高的建筑物——三层的钟鼓楼，还有大东门、小东门的城门楼子，延河里取水和蹚水过河的人。宝塔山、东山、新民村、龙湾、白家坪……，延安真美！他望着，望着，心中未免激动起来，预感此后自己一生最重要的岁月，将和这片热土紧密地结合在一起。

马海德和黄华进城后，先到城中心最高的建筑——钟鼓楼。楼的底层是石块砌成的拱券洞，马车可以通过。南北洞长四丈多，南洞口上有"塞北咽喉"四个大字，延安主要的南大街和北大街穿此洞连接通行。红军于1936年12月中旬接管延安，中共中央于1937年1月13日进驻延安。中央进驻半个月以来，延安热闹起来了，行人熙熙攘攘，与马海德半年前所见的冷清的街道、闭门的商户形成鲜明的对照。

马海德走在商户林立的南大街上很显眼，来往行人中有个女人用英语叫他："Haide Ma"。原来是李富春的夫人蔡畅，她上街来买东西。蔡畅告诉马海德，现在，不打土豪了，土豪欢喜；保护商人，商人欢喜；取消苛捐杂税，老百姓欢喜；延安市面上"苏票"和"白票"都可以通用，西安人也欢喜。

图 6-2　延安南大街

马海德不懂票子的事，蔡畅告诉他，"苏票"就是西北苏区的票子，"白票"就是国统区的票子。马海德乐呵呵地说："蔡大姐，长征胜利和西安事变之后，我们红军真是可以大有作为啊！"

南大街有两间药铺，看样子生意还算兴隆。北大街有一家吴姓老中医开的私人诊所，马海德带黄华进去跟吴老大夫聊了好一会儿，得知延安城目前没有医院。民国初年的时候，西方来陕北传教的基督教会、天主教会都张罗过要办慈善医院，但都没有办起来，只有教堂可以自己收治两三个病人。张学良在此设军部，说要开办一家军民医院，也没有兑现，只是在东北军驻延安的团部院子里有一个军医室。马海德问："城里老百姓怎么看病？"吴老大夫说："陕北地瘠民穷，延安城只有三千余人口。一般小病痛，忍忍多喝水；实在不行，就来药铺或诊所抓药；要是得了需要住医院才能治好的病，那就得富人出南门，穷人走西门。"马海德追问："啥叫走西门？啥叫出南门？"吴老大夫回答说："你俩可以去西门、南门实地瞧一瞧。"

马海德真的去西门看了。延安老城，四个城门齐全，南、北城墙紧靠凤凰山，在北瓮城门西角处修有拱券石洞，通西沟，叫小西门，看不见行人，只有野狗在此徘徊，寻啃骨头。黄华向城根蹲着的一个背着麻袋的老人打听。老人是为殡葬打工揽活的，他回答说，过去城里死了人，都是从小西门送出来，所以延安城日久的习惯是"小西门，送死人，活人谁敢走西门"。

马海德和黄华在南大街小饭馆里吃了碗面当午饭。黄华说："吴老大夫说富人出南门，就是指有钱人去西安城住医院治病。"俩人吃罢，又去南门看了看，那里让他们大吃一惊！南面通往西安的公路上，人流如潮般涌进延安南门！他们大都是青年男女，背着行李的，挑着担子的，拄着木棍的……一张张青春的脸，充满着朝气，充满着希望。他们没有叫苦喊累，有的唱歌，有的朝城门挥手，有的呼喊"延安到了！"再远望，长长的公路曲曲弯弯地伸延至远处的山坡上，路上的人流络绎不绝。

马海德一回头，望见延安城南门城门上面刷着"拥护抗日民族统一战线"一排大字标语！马海德的眼睛湿润了，对黄华说："咱俩要比他们来得早啊！"

接下来，马海德加快了节奏，用英文写完了苏区卫生调研报告。他还想到，全中国各地的爱国青年都来了，自己虽比他们大部分人来得早，但是，自己还不是中国人，还是一个黎巴嫩裔美国人，是美国国籍，得先加入中国国籍，然后，加入中国共产党。这就更坚定了他献身中国革命的信心。两天后，他完成了苏区卫生调研报告，里面也添加了对延安医疗卫生工作的建议。写完当晚，他翻来覆去，兴奋得睡不着。

马海德提交苏区卫生调研报告，并提出加入中国共产党

马海德好不容易等到天亮，一起床就拿着英文调研报告文稿，一溜小跑来到山脚下，跑到周恩来的窑洞，一进门就交上调研报告，说："周副主席，去年底，我还在保安，就写完了《苏区卫生调研报告》；到了延安，又进行了补充，请您收下。"

周恩来正在早起办公。他接过一翻，满脸喜悦，说："马海德同志，您辛苦了！坐，请坐呀。"马海德涨红着脸，将心愿说出来："我想加入中国国籍！请您批准。"周恩来听到这个突如其来的要求，愣了片刻，很快就理解了。他亲切和蔼地说："你一个美国人，万里迢迢来到中国投身革命事

业，我们非常感谢和欢迎。你提出加入中国国籍，表达了你对在苦难中革命的中国人民的真挚感情，我很珍惜。目前我们的红色根据地只是中国的部分地区，还谈不上国籍的事。不过，等到中国解放了，成立了新中国，我一定批准你第一个加入中国国籍。这是我郑重的承诺。你觉得怎样？"看着周恩来讲这番话时真诚的神态，马海德站起身，戴正红军帽，向周恩来郑重地行了一个军礼，然后喜悦地握住周恩来的手说："中国老话，君子无戏言啊！"周恩来也握紧马海德的手说："一言为定！"

图6-3 《中革军委卫生顾问海德同志视察红军卫生工作的意见书》（周幼马供图）

马海德高兴地冲出了周恩来的窑洞，本想走进相邻的毛泽东的窑洞去报告，突然想起现在刚天亮不久，太早了！深夜工作的毛主席可能刚入睡。想到这儿，他又折了回来，走到旁边朱老总的窑洞。警卫告诉他说，总司令一大早就出门了。马海德走着走着，突然拍了一下脑袋，后悔刚才向周恩来表示要加入中国国籍的时候，应该补充表达要加入中国共产党的强烈要求。想到这儿，他立即去牵出枣红马，飞奔到中宣部机关去找吴亮平。吴亮平问："看你这么高兴，延安卫生调研的大事做完了？"

马海德乐呵呵地说："亮平同志，不仅写完了调研报告，刚才还交给周副主席了。下面我要办的是递交入党申请书，请你这个介绍人签名同意啊。"吴亮平十分热情地说："你不是已经读过党章了吗？只要是拥护党的纲领、章程，愿意为共产主义奋斗终身的人，党都欢迎他成为一名共产党员。你可以正式写入党申请书，写完就交给我，我愿意做你的入党介绍人。"

马海德当天下午就用英文写完了入党申请书。傍晚时分，他兴奋不已地跑去将入党申请书双手递给吴亮平，并向他行了一个军礼。吴亮平也回了一个军礼。马海德走到山下毛泽东住的窑洞时，正好遇到晚饭后刚走出窑洞的毛泽东。毛泽东说，他已经安排了明天晚上由吴亮平来给他翻译报告的内容。马海德真诚地说："我不知道我写得怎么样，但是，主席，我是用心去写这份报告的。"毛泽东朝他挥了下手，"来延安之后，我发现黄昏到延河边散步是一种享受。咱俩河边走走去。"

毛泽东一边走，一边对马海德说："恩来看了你的报告，说马海德到底是博士，在进行深入调研的基础上，还提出了你的想法和建议。恩来没想到你刚到延安，就进行了延安的医疗卫生状况调研。他说你在报告中提出，一个只有三千来居民的古城，一下子来了好几万人，背枪的、办公的、求学的、营商的，还有络绎不绝从各省来此参加抗战的知识青年们。山城突增这十倍以上的人口，住的、吃的、用的等不属于本报告范围，但他们遇到感冒、骨折、中风、肠胃病、肺结核和生娃等情况，总得有我们及时建立起来的有效的医疗卫生机构过问。我们共产党和红军，不能像国民党的高县长一样，让老百姓看不起病就'走西门'吧……"

马海德笑了："周副主席也知道延安的'走西门'咯？"

毛泽东说："我也知道了，朱老总也知道。常委们开会要研究你的报告。马博士，你知道吗，对陕北来说，延安是个大地方哟，是陕北的大城市，比保安大多了、好多了啊。我们得开一个卫生工作会议。"毛泽东点燃了一支香烟，说："我不说了，你谈谈写这份卫生调研报告的体会吧，我就边抽烟边听你说了。"

马海德说："主席，感谢您给我写调研报告的机会。在红军三大主力的各项卫生保障工作调研中，感人的事数不胜数！我就先说说上月在吴起镇听说的关于红军厕所的故事吧。"

马海德简要地叙述了关于红军厕所的故事。长征中红军的每一支部队到宿营地，都要按部队卫生规定挖厕所，厕所与宿营地之间必须达到规定的距离；住一两天开拔以后，部队必须将厕所掩埋。毛主席所在的红一、红三军团组成的陕甘支队，在突破天险腊子口后，到甘南哈达铺休整两天，在此进行卫生整顿，对个人卫生、驻地环境卫生都提出了严格要求。哈达铺商贸发达，物质条件好，部队伙食有了很大改善，指战员体力有所恢复。之后行军经过回族聚居区，击溃了尾随的敌骑兵，越过六盘山，到达陕北吴起镇。这一路上的行军卫生和医疗救护卫生工作是长征以来做得最好的，并形成了严格的制度。红一军团第一纵队在青石嘴宿营之后，检查出有一个连队的厕所没有掩埋，部队开拔已经走出半里多路，仍然派人转回去掩埋好。这件事给沿途回族居民留下很好的印象。

毛泽东高兴地笑了，问："部队返回埋厕所的事，你也知道了？谁主管的？连我都没听说。"马海德说："红一军团卫生部部长姜齐贤、野战医院院长姬鹏飞。"

毛泽东说："应该好好表扬这个连队。"

马海德说："主席，我像斯诺一样就此评论一下：经历长征磨炼的这支军队虽然很穷，穷得只能用盐水来消毒伤口，但这是世界上最讲卫生的军队，也是最有前途的军队。"

史沫特莱来到延安，也要求入党，毛泽东叫马海德去劝她

女人的记性好。马海德夫人苏菲出生于 1920 年，在她百岁高寿时，还清晰地记得她在延安鲁迅艺术学院加入中国共产党的时间是 1943 年，当年她 23 岁。她也清晰地记得丈夫马海德入党的时间是 1937 年，当时马海德 27 岁。夫妻俩感情很好，在家里不时相互调侃。马海德说他比苏菲觉悟高，因为他比她入党时间早，而苏菲则笑着反问："我 23 岁入党，你 27 岁入党，我当然比你早。"老实的马海德就没词儿了。

苏菲所著的《我的丈夫马海德》中有一段关于马海德入党的记述：

1937 年 2 月 10 日，是马海德终生难忘的日子。这一天，美籍黎巴嫩人马海德，光荣地被中国共产党正式接纳为党员了。在印着金黄色镰刀斧头的鲜红党旗下，马海德举起右手宣誓："我要不惜牺牲一切，包括自己的生命，为共产主义事业奋斗终身！"那字字诚恳、声声有力的誓言，发自马海德的肺腑。此时此刻，

他的心激动得"怦怦"直跳，眼睛里闪着幸福的泪花。他说："从此我能够以主人翁的身份，而不是作为一个客人置身于这场伟大的解放事业当中，我感到极大的愉快和幸福。"

就在 2 月 10 日这一天，吴亮平正式通知马海德："中央常委会讨论了你的苏区卫生调研报告，大家都说你调研深入，实事求是，在准备参加抗日战争的大形势下，你所提的建议对中央部署医疗卫生工作很有帮助。与此同时，大家一致同意接纳你为中国共产党党员，而且赞同毛主席的提议，任命你为中央军委总卫生部顾问。"

就在马海德为此激动不已的时候，延安来了一位马海德熟悉的美国记者——史沫特莱。史沫特莱常说，是她带乔治·海德姆去见宋庆龄女士的。1936 年夏天，史沫特莱获悉乔治和斯诺冒着很大的风险进入西北苏区，她就在秋冬间独自闯来西安，找到她熟悉的刘鼎，坚决要求去苏区。正巧，斯诺访问结束回到西安。看到斯诺给她展示的毛泽东、周恩来及红军将领和勇士们的众多照片，看到斯诺身穿红军军装、头戴红军八角帽的照片，史沫特莱说"我的血都沸腾了"，死死缠住刘鼎要去保安！就在这时候，西安事变发生了，史沫特莱觉得这是"上帝在照应她"。

就是因为这个契机，史沫特莱留在了西安。当蒋介石被抓之后，她参与了张学良司令部办的一个电台，每晚向世界进行 40 分钟的英语或德语广播，她担任电台英语播音员，概述当天西安事态的发展，并报道与事变有关的内容。她的报道在上海甚至海外引起了不小的骚动。西安的广播使史沫特莱成为一个国际人物，并永久地被贴上了"中国共产党的辩护人"标签。周恩来到西安后，她当面向周恩来要求去苏区访问。

在延安的著名中国女作家丁玲，是史沫特莱在上海鲁迅家里认识的左翼作家。1937 年 2 月初，受任弼时委派，丁玲来到红军所驻的三原，迎接史沫特莱。史沫特莱乘坐红军卡车奔赴延安，并被安排住在延安交际处院内的一间平房里。史沫特莱提出，想先去看看在延安的两个外国朋友，一个是共产国际的李德，另一个是美国医生乔治。很快，她就被领去凤凰山的窑洞群中，走进了李德和马海德合住的窑洞。

羊皮大衣、貂皮帽子、高筒马靴，这身时尚的全套皮冬装，在延安的灰蓝色军棉衣中显得格外引人注目。她一进窑洞，李德大吃一惊。马海德微微笑着说："早知道你要来。"史沫特莱跟俩人拥抱之后，上上下下地打量着他俩身上的灰蓝色军棉衣、脚上的老布鞋、绑得很规整的绑腿。她哈哈大笑起来："哈，我来中国那么些年，就想穿上红军这套军装，登在《纽约时报》上，那会成为世界上最时尚的服装！"她问："'朱毛''朱毛'，朱德和毛泽东也住这山上吗？"马海德笑着点点头。她又问："去见了'朱毛'，会发我一套你们那样的军装吗？"李德说："来到延安，应该可以。"

她迫不及待地要求这两位朋友带她去见毛泽东和朱德。他们来到山脚下毛泽东的窑洞里，毛泽东正在与客人谈话，他停下来，与史沫特莱握手并表示热烈的欢迎，说改日另约时间专谈。接着，他们又到相邻的朱德窑洞访问。后来，她多次采访朱德，并征得其同意，撰写了一部朱德生平传记——《伟大的道路——朱德的生平和时代》。

史沫特莱在延安所写的一篇文稿，是用这样的文字记述朱德的：

> 在中国的几年里，我从报纸上读到过太多有关朱德的消息。这些消息中，对他的称谓并不那么好听。因此，在最初的想象里，我将见到的朱德一定是个"坚强英勇、脾气暴躁的革命者"；但是，在延安我首次见到的朱德五十多岁了，相貌和蔼可亲，额角布满皱纹。他看起来确像"红军之父"。

在当晚送史沫特莱回交际处时，李德告诉她："乔治·海德姆已经改了一个中国名字，叫马海德。你来这几天，马海德正有很大的好消息。"史沫特莱望着马海德问："乔治，你怎么不告诉我，让我也分享一下你的好消息啊？——看在我俩第一次见面，我就介绍你进国际马克思主义学习小组的份上。"马海德红着脸说："我刚刚交了两份材料，一份是我写的苏区卫生调研报告，另一份是我写的加入中国共产党的入党申请书。"史沫特莱真诚地拥抱了他，说："当年在上海一见面，我就知道你会很优秀的。祝贺你，为你高兴！"

史沫特莱很快就领到了全套红军军服。她立即穿起来，跑去山上找马海德，让马海德为她拍照。马海德说："你头发很好看，不用戴帽子吧。"他伸手要去摘掉她的八角军帽。她闪过身，严肃地护着帽子说："谁要拿走我的帽子，连我的头一起拿走才行！"

在延安的日子里，史沫特莱经常处于激动与兴奋之中，延安让她看到了中国革命的希望。她也像马海德一样，强烈要求加入中国共产党。毛泽东、朱德、周恩来告诉她，她应该留在党外，以便于做更多的工作。她听后感到极为痛苦和伤心，放声大哭起来。毛泽东知道后，让马海德去劝她，告诉她，中国共产党和中国人民永远将她当作其中的一员。

1949年10月，史沫特莱在美国得知新中国成立的消息，她准备取道英国来华，以完成她的首要任务——朱德传记。但此时，她却因胃溃疡出血导致健康状况恶化。1950年4月，她病危前在伦敦致友人的信中写道："在这个世界上，除了中国，我的心灵在任何地方都未能找到安宁，我希望我的骨灰能和死去的中国革命者同在。"不久，她去世了，她的骨灰被运到北京，安葬在八宝山革命公墓。马海德也参加了有党和国家领导人出席的骨灰安葬仪式，并在仪式上作了真挚的追悼讲话。

甘谷驿红军卫校第九期开学，毛泽东邀马海德骑马同去

1937年3月中旬的一天，经过合并整编的红军卫生学校已经迁到延安附近的甘谷驿。此时，第八期军医班学员毕业，第九期开学，同时又招收了第十一、十二、十三期学生，学校规模扩大，师资教员增加了。王斌校长和孙仪之副校长两人特地到凤凰山来，请毛泽东去作讲话。这个时期，毛泽东心情很好，他说："我再忙也得去。快要对日作战了，这是我们红军卫生学校开学和扩招，要多培养一些医生、护士，准备打仗！"

去甘谷驿的前夜，毛泽东跟马海德打招呼，约他一起去，并说："你这个军委总卫生部顾问也要露一下脸啊。"马海德说："甘谷驿这个镇子在延

安东边，三十多公里，不远也不近，我们乘汽车去吗？"当时红军已经有卡车可以使用。毛泽东说："我跟校领导说了，我们骑马去。汽油宝贵，要留待打仗使用。"马海德想起在去保安的山路上，红军战士曾说，毛主席主张"好马要用到战场上"。1937年春节之后，在西安事变和平解决、实现国共第二次合作的新形势下，全面抗战的大好局面打开了，红军转入了积极准备参加抗日战争的新阶段，毛主席现在时时刻刻都在考虑对日作战的大事小事了。

马海德跟随毛泽东骑马出去，一路按照毛泽东骑马的节奏并辔而行，可以聊天。毛泽东与马海德就有了这样的对话——

毛泽东："你参加了山城堡战役，知道它的意义吗？"

马海德："长征最后一战，消灭中央军一个旅加一个团。"

毛泽东："那只是战场上的战果！你知道吗，该战役酝酿的时候，国共两党已经在南京进行谈判了。蒋介石说，红军部队可以参加统一改编，条件是：部队人数保留三千人，给军费，给装备，政府另派军官，红军师以上干部都出国留学。"

马海德："那是蒋介石妄图在谈判桌上消灭红军。"

毛泽东："山城堡战役我们狠狠教训了蒋军，蒋介石从此不敢再提了。经过几轮谈判，基本达成协议，红军保留三个师，每个师一万五千人，政府给军费，给装备。"

马海德："好啊！逼蒋抗日，真是打出来的。主席，真要对日作战了？！"

毛泽东："我感觉战争越来越近了。日军已经迫近山西省，预判是我们红军不久就要东渡黄河到前线作战。"

马海德："是的，山城堡战役等于是红军一次战役的演练，从前线作战抢救，到战地包扎所，到野战医院，再到兵站医院转运，最后到后方医院，卫生保障是成功的。要是在山西对日作战，伤员抢运过黄河，至少要有两三个兵站医院，最后才能送到延安的总后方医院。"

毛泽东笑了："你已经成熟了！"

说话之间，他们已经来到延安东边约十里的一个山沟，名叫柳树店村。毛泽东说下马看一看。这里柳树成林，一条小溪从山沟流入延河，两三个层叠的山崖，后山顶上有一座古庙，近处的山崖脚下有几孔当地农民的窑洞。毛泽东和农民打了招呼，说想看一看老乡的窑洞。村干部老姚认出是毛泽东来了，高兴地引毛泽东、马海德等参观了三处民居窑洞。毛泽东高兴地对老姚说："这三孔窑洞都是'立土'，后面两个山崖也是'立土'吗？"老姚说："主席，咱们柳树店村前后沟的山梁全是'立土'，五里外的李家村山梁才是'横土'。"毛泽东说："姚老乡，我不懂看风水，但是，柳树店村真是好地方，怪不得后山有一座庙。"

毛泽东、马海德一行人上马继续前行。

马海德虽说住过不少陕北窑洞，但还真是不懂"立土"或"横土"窑洞，只好请教毛泽东。毛泽东说："在陕北，打窑洞是个技术活。首先是选址，要先分清这山坡的土质是'立土'还是'横土'。土窑打在'立土'上就结实，几十年不塌；要是打在'横土'上，就容易垮塌，需要再打上'建子'来加固。"

马海德问："我们住的凤凰山是'立土'，还是'横土'？"

毛泽东笑了："李富春秘书长是我们红军的窑洞专家了，你可以去请教他。现在延安住处奇缺，加征民工打窑洞的事归富春管。五块钱可以打一个窑洞，一般标准的窑洞挖一个礼拜就能完工。"

毛泽东换了话头，希望马海德继续讲讲他在三大红军主力部队进行卫生调研的事。马海德就说起甘肃会宁城太小，住不下过万的红军，陈赓就让红一方面军到城外另找住处，也将红军大学和红军卫生学校安排到城外几十里远的甘沟驿去驻扎。第二天，陈赓特地派马海德去甘沟驿看望。陈昌浩知道了，热情地提出陪他一起去。听到这儿，毛泽东就说："你和陈昌浩相处得也很好啊！"马海德说："是啊，他也是欧洲留学的精英，一路上话题挺多的。"后来，毛泽东安排陈昌浩做马海德的第二位入党介绍人。

下午赶到延长县的甘谷驿镇，王斌校长和孙仪之副校长已在镇口等候毛泽东一行。王斌介绍说，从古代至现代，甘谷驿皆是官府干线邮路必经之地，至今还保留着驿站的门楼、院子和窑洞等。王斌领着毛泽东一行走向路边一座教堂。教堂似乎很新，是哥特式的天主教堂。高大的窗户，上面的玻璃是彩色的，很鲜艳。王斌说，教堂是西班牙人的主教前几年刚建的。1935年，陕北红军解放延长县后，教会搬走了，教堂就停止了活动。孙仪之说，红军东征时，由于战事，伤员较多，在甘谷驿周边有三处分院用来救治战斗中受伤的战士，这里是后方总医院，成为红军伤员康复的地方。毛泽东说："有人跟我说甘谷驿是个好地方，我今天终于来了。"毛泽东确实很高兴，他见到了中央红军长征中的很多老朋友，戴正华、李治、李维桢和张伯华等名医教员。他特意将马海德介绍给他们，说："你们是我的朋友，我今天介绍一个洋同行给你们，在欧洲学医来华的博士，也是我的好朋友。"

这天，在天主教堂里，毛泽东给红军卫生学校学员作报告，回音很好，大家听得很清楚。

"……你们在党的领导下，从江西中央苏区的'卫生小学'，经过二万五千里长征的锻炼，现在成长为'卫生中学'；我们的军队从无到有，从小到大，是因为我们能为人民谋利益，为全国广大工农群众所拥护，我们一定能够战胜敌人，建设一个新中国！你们卫生学校也是这样，将来一定会发展成为一个'卫生大学'！"

马海德是延安远近闻名的"万能博士"

马海德和李德合住的窑洞，属于中共中央机关最初入驻凤凰山时的窑洞群，大约是第三排窑洞，窑洞编号已经不可考了。这两个洋红军最初在延安城挺显眼的，不仅是因为这两个大鼻子洋人穿军装、扎皮带、佩手枪，还因为这两人都各有一匹雄俊伟岸的高头大马，马海德的马是枣红色的，李德的马是茶棕色的。两个人都爱骑马。李德自诩在苏联当过骑兵军官，长征中已经证明其御马技术高超，当敌人追来时，能够不下马贴身藏在马背侧面躲避追兵子弹。李德现用的这匹茶棕色骏马，是他从吴起镇战役中剿灭马匪骑兵的数百匹战马中亲自挑选的。当时，彭德怀有些不乐意，聂荣臻说服彭老总不要跟洋顾问计较。长征到了瓦窑堡，红军大学正式上课，毛泽东推荐他去当教员，讲"苏联红军骑兵战术"。到了延安之后，大家发现李德清高、孤僻，不大愿意与红军指战员及一般干部学员们交往。只见其每到下午就牵马出来，或是到延河河滩上疾奔猛跑健身，或是到附近乡下跑马游玩，弄一点好吃的改善生活。自从发生了去西安的周恩来车队在劳山被土匪袭击的事件，李德遛马的范围就被局限在延安城墙附近了。

马海德给人的印象不同。他终日骑在马背上忙碌，身上常挂着宋庆龄女士赠的红十字救护箱，马背上还驮有一个装药的帆布包。在延安，马海德每天骑马外出的频率是非常高的。因为他为人治病、救死扶伤的责任心特别强，且延安当时医生数量少，他又随叫随到，哪里有病人需要，他就骑着枣红马尽快赶到。在窑洞里，在大树下，在延河边，他随时随处给人看病。当时，中央机关和红军总部初迁延安，为加强中央机关和学校的医疗保健工作，中央从红一方面军抽调红军名医傅连暲到延安，负责在城北西川兰家坪一带的山上设立一个"中央总卫生处"，并担任处长。中央总卫生处初建时，傅连暲手下仅有其带来的 3 个人，1 名医生、1 名护士、1 名司药，既要巡诊，又要门诊，还有 3 间病房收容急症病人。红军总部进驻延安，在郊外拐峁镇一个地主的旧院子里也设了一个卫生医疗所，以收治军委直属单位伤病员为主。中央组织部的干部休养连迁入延安，干部分配工作职务，连里的医护人员划归军委总卫生部领导，将休养连改名为"拐峁红军直属医疗所"，由蒲荣饮、徐根竹分别任正、副所长，杜国兴任政治指导员。中共中央雄踞延安，面向全国，医疗卫生机构仅有兰家坪中央总卫生处和拐峁医疗所，是远远不能胜任宏图大略之需要的。

面对中央机关过万的干部和学员，这样的医疗所怎么能适应呢？延安接管部门负责人兼中共中央秘书长李富春说，中央是有考虑的，打算组建一个中央苏维埃医院，军委系统组建一个红军总医院。但是，刚到延安，肯定需要优先解决吃饭和住宿的问题。

作为医学博士的马海德，到延安不久，无论是机关干部或学员，还是延安城内外的百姓，都亲热而充满信任地称呼他为"万能博士"。有史料这样记述红色延安初期的马海德：

他骑在马背上跑到这儿，跑到那儿，大声唱着农民的小曲。
他大胆地和农村女孩开玩笑，因为她们在公众场合很腼腆，不习
惯于随便说笑。马海德不但被群众接受，而且完全被当作自己人。
他说他一生从来没有这么快活过。

马海德不断地为人看病，他那红十字救护箱的药从哪儿来？常用药当然靠
兰家坪中央总卫生处和拐峁医疗所提供。中央总卫生处的司药陈真仁是傅连暲
的新婚夫人，马海德刚在同心城参加过傅名医的婚礼，与活泼的陈真仁很熟悉。
陈真仁不仅提供药，还将不便来就诊的乡下病人或郊区的干部病人点给马海德
去诊治。马海德笑着跟陈真仁开玩笑："陈大司药，你想把我累死啊！"

陈真仁却笑着答："谁叫你改姓马，又真有一匹好马！"

西安事变之后，刘鼎建立的西安红军秘密交通站得以公开，改名为"红
军西安办事处"。马海德以军委总卫生部顾问身份，去西安办事处采购及
转运红军急缺的医疗用品，用卡车运回延安，除了分配给红军部队以准备
对日作战，也分配一部分给中央总卫生处和拐峁医疗所。这些大事加上频
繁为军民看病，马海德真成了延安的大忙人。

马海德的儿子周幼马出生在延安，从小目睹父亲忙忙碌碌的身影。他
这样回忆自己父亲在延安的情景：

> 延安人更愿意把马海德当作一个万能的博士。马海德常常被
> 拉去出诊看病，甚至是修钢笔、修眼镜。延安人朴实地认为你是
> 博士嘛，就是什么都能干。而马海德待人和蔼可亲，也总是有求
> 必应。"陕北好地方，小米熬米汤……"这是马海德骑在枣红马
> 外出时常挂在嘴边的一首陕北民歌。

1937年4月下旬，马海德骑着马从北郊的吴家峁为老乡看病回来，在
凤凰山下看到两个牵马的红军战士挺眼熟，正迟疑地想着是谁，其中一位朝
他敬礼喊着："马博士同志，我俩等你好一会儿了。"马海德认出来了，这是
贺龙司令部的小曹队长。马海德赶快下马。小曹给马海德递上一块扁圆形的
墨玉，乌亮、晶莹、墨黑，可拿在手上把玩。小曹说："贺老总送给你的墨

玉请柬！"枣红马认识小曹，任小曹搂着脖子亲热。马海德问："贺老总啥意思？去年底送我这匹枣红马，我还没表示感谢呢。"小曹笑着说："贺司令驻兵富平，富平墨玉被称为陕北宝石，送它给你代替请柬。"马海德问："何事相请？"小曹说："红二方面军为抗日大练兵，在今年五一国际劳动节举行的全军运动会中，有一项卫生大比赛，特别邀请马海德博士参加。朱总司令听汇报了，很赞同。"马海德笑着问："怎么不是篮球比赛，贺司令是好手，我也是好手啊。"小曹说："卫生比赛之后才是篮球赛。"马海德很高兴地接受了邀请。当晚，马海德去看望朱德总司令。朱德笑着鼓励马海德："我刚从贺老总那里回来，你是我们军委总卫生部顾问，卫生比赛不请你，请哪个啊？红二方面军在长征中的体育运动会就办得很好，是他们的一个光荣传统。"

　　山城堡战役之后，按中央军委部署，贺龙率红二方面军入驻三原附近的富平县重镇。富平在地势上属陕北高原南端，是与关中平原交接过渡的地方。毛泽东曾说"三原和富平，是我们延安的门户"。春节过后，红二方面军补充兵源，"扩红"增加了数千陕北新兵，并响应中央军委号召，积极大练兵，随时准备开赴抗日前线。

马海德去富平参加红二方面军五一运动会

　　1937 年 4 月 30 日一大早，小曹的骑兵马队带着嘉宾马海德，从延安南下，路经三原，西行到达富平县著名的庄里镇。刚到司令部门口，贺龙就走出来迎接了。马海德刚一下马，他的枣红马就仰着脖子欢声嘶叫着，朝老主人贺龙撒欢儿奔去。贺龙则抽出嘴中的烟斗，望着自己的爱马，一手搂着它的脖子，另一手用烟斗嘴捋着它的鬃毛。马海德看着，这一人一马的感情很深啊！贺龙俯身提起枣红马的马蹄来察看铁掌，说："博士来得好，正好我要为它的两只前蹄换蹄掌呢。"

　　马海德说："朱老总说，富平的庄里镇地扼西安和延安交通要道，决不能落入蒋军之手，毛主席和他就下令贺胡子部队主力南下进驻庄里镇。"

贺龙指着远处说："富平是名将之乡。秦朝统一六国的大将王翦就是富平人，他出征时，马车的车厢里有个箱子装满竹简书。近代著名爱国将领胡景翼也是这儿的人，胡将军在此修建了藏书楼，这是我没想到的。春节时我在毛主席窑洞的桌面上，看见摆了一套《孙子兵法》。我向主席求借，他说，书是不能借的，尤其是此部兵书。"

马海德笑着说："我知道主席为了这套《孙子兵法》，特意向西安、南京拍发了密电。他刚到手的书，舍不得。"

贺龙哈哈笑："博士同志你想不到吧，胡景翼将军的儿子胡希仲在他父亲建的藏书楼里为我找了一套《孙子兵法》，赠送给我了啊！"

马海德说："贺老总，我读中国古文的水平还不过关，我一定要刻苦用功，争取读懂李时珍的《本草纲目》！"

贺龙说："五一国际劳动节到了，我们将在庄里镇西边的石川河滩举行阅兵和运动会，战斗剧社将表演抗日救国的文艺节目。运动会中有卫生比赛项目，需要你这位卫生博士来当评委并进行指导啊。"

马海德说："红军运动会有卫生比赛，很新鲜！怪不得朱老总说你很有一套。"

贺龙说："博士同志，你没有赶上我们谱写人类史诗的双脚长征。"马海德说："幸好我赶上了三大主力会师，也赶上跟贺老总参加山城堡战役。"贺龙说："你没有见过我们在艰苦而漫长的征途中有很多苦中作乐的事情。体育活动就是很重要的一项，成为红军缓解压力、保持作战状态的重要方式。"

马海德说："我一直很爱好体育，比如打篮球、游泳、爬山等。"

贺龙说："有人告诉我，你是很优秀的篮球中锋，你们的杂牌球队将红军大学林彪率领的红大篮球队打败了？"马海德笑了，客气地说："那是参观红大时的一场友谊赛而已，不在乎输赢的。"

贺龙一挥手，让李副官拿来一个篮球。

摆在马海德面前桌上的，是一只打过几块补丁的篮球！这只篮球磨损得很厉害，勉强可以辨认出，补丁有三小块黄色牛皮、一块黑色牛皮。马海德作为篮球运动员，用手抚摸着这只经历过长征的篮球，用手指按压，弹性不足。贺龙笑着说："长征开始时，我司令部驻扎在湖南一个中学里。

学校的体育教师——高个子王诗带着这个篮球参加红军。长征每到一地宿营，王诗就和我一起发动士兵来打篮球。在贵州地界，王诗因遭蒋军飞机轰炸牺牲了，篮球也中弹破了几个窟窿，再也没法充气了。我和战士们掩埋了王老师，带着王老师的这只血染的篮球继续长征。后来我们在球里填满了麦秆，用碎皮子将它补好了！"

贺龙有点动感情了，他让在司令部负责保管这只篮球的李副官将红二方面军在长征中开展体育活动的经历讲给马海德听："就在长征途中极端困难的条件下，我们红军战士们为了缓解紧张情绪、活跃部队生活、与百姓联络感情，仍然开展了各种形式的体育活动，尤以在陇南山区哈达铺开展的体育活动最为典型。那是在去年9月，我们红二方面军走出'天险'腊子口，司令部设在哈达铺下街，部队在此地休整，开展了形式多样的体育活动。首先是球类活动。战士们每到晚饭后就会带上这个打着补丁的篮球，在开阔地分成两组，运球、传球、抢断球，但是不能投篮。"

马海德激动起来："这只篮球也和人一样，经历了这么多磨难啊！"

"为什么不能投篮呢？"马海德又疑惑地问。

李副官说："因为当地根本没有篮球架。不过大家聚在一起传球、抢断球也是乐呵呵的。我们还进行田径运动和其他身体锻炼。哈达铺没有铁质单杠，我们就在训练场地栽两个桩，桩上凿洞，再穿进去一根粗硬的木棍，做'上翻''挂膝上'等动作。跳高也是同样的道理，我们把绳子拴在木桩上拉平，用'跨越式'往上跳。跳远不受器材的限制，我们就比赛原地跳和跑动跳，看谁跳得远。有一天，贺老总提出爬山也作为训练项目，发起了向哈达铺附近金布川山的挑战。贺老总与战士们一块儿往上爬。"

庄里镇西边的石川河河面比较宽，在枯水季节，河滩就更显得宽阔。五一国际劳动节这天，河滩上红旗飞扬，红二方面军举行了万余名战士参加的武装阅兵。部队正步齐行，走过主席台时，齐声呼喊着抗日爱国口号，气壮山河！阅兵后，战斗剧社表演了好几个抗日救国的文艺节目。

马海德和胡景翼将军的儿子胡希仲等作为嘉宾，一同在贺龙陪同下观看了阅兵，极为振奋。马海德觉得士兵们表演的《飞夺泸定铁索桥》十分精彩。运动会中有卫生比赛项目，厕所加盖、班级理发、搭收晒衣架等集

体比赛，让人觉得新鲜有趣；还有用 50 匹马进行的骑马战地救护演练，更
是让全场欢叫声、掌声不断。

运动会中还举行了一场篮球赛，红二方面军司令部篮球队对胡希仲率
领的立诚中学篮球队，马海德和贺龙都作为司令部队的球员参赛。洋红军
马海德表演了投篮技术，频频投中，双方观众都给他报以热烈的掌声。在
当晚的宴会上，胡希仲兴奋地一定要和马海德干杯。

海伦为斯诺书稿的不足访问延安，并提出
为马海德写传

马海德参加贺龙部队五一国际劳动节运动会后回到延安，就遇上斯诺
的夫人——海伦·斯诺，也是一名美国记者，发表文章署名为尼姆·韦尔
斯。她经历千辛万苦，终于来到延安。海伦丈夫"斯诺"的名字，就是她
在延安的特别通行证。当时，经过国共谈判，西北的中央苏维埃政府已经
正式改为"陕甘宁边区政府"，从保安迁到延安办公，延安就是边区的首府。
政府的外交招待所改名为"延安交际处"，金城为处长，胡金魁是副处长。
交际处的早期驻地就在城内大东门北侧，有三个招待所。其中第二招待所
的条件、设备好一些，是一个坐东向西的临街小院，里面设有三间"特级"
客房，海伦就被安置在招待二所，是延安外宾的最高待遇。海伦本身是作家，
也在北京大学任教，会说一些基本的普通话，再加上有斯诺的老熟人胡金
魁的帮助，她采访重要人物变得容易很多。胡金魁还从各地来延安的知识
青年中，为她物色了一个英语翻译，这使她的采访更为方便。

马海德一见海伦就笑着说："你长得这么美丽，怪不得我和斯诺从第
一次在火车上见面开始，他就几乎天天念叨你。"海伦笑着说："是吗，你
一定也天天念叨你的漂亮太太！"马海德说："他没告诉你我还单身吗？"
海伦说："他好像说过。不过你长得如此英俊，在这儿肯定有美女盯着的。
哈哈。"

马海德说自己在这里是主人，邀请海伦吃饭，他们便来到延安钟鼓楼下南大街的一个有名的餐馆。马海德真是很高兴，从去年10月与斯诺分手到现在已经半年了，终于可以从海伦这里直接得到他的消息。海伦告诉马海德，斯诺离开保安后，在西安采访了张学良，他预感到西安会有大事发生。斯诺离开西安回到北平，整理苏区行的材料，应北平西方进步人士组织邀请，发表了关于苏区行的演讲，大受好评；还写了两篇关于红军长征的长文，发表在美国的报纸上，特别引人关注。

马海德关心地问："斯诺没有在文章中或者在演讲中提到我吧？"

海伦说："他没有公开讲到你，只是对我讲，他很喜欢海德姆，说你这个人就是好吃，嘴太馋。"

马海德乐得拍桌子大笑！海伦告诉他，现在英国和美国的著名出版商要为斯诺独特的苏区行和介绍红军长征的报道出一本有影响的书，伦敦的出版商预付了不菲的定金。不过将书稿综合起来看，斯诺当时采访时间太短、太匆忙，标志长征最后胜利的红军三大主力会师都没赶上，好多红军著名将领和英雄也没有见到，特别是没有见到朱德总司令。为了弥补斯诺的遗憾，海伦就于上月（4月）下旬离开北平，历尽艰险来到延安。

马海德问起："斯诺是怎么写毛泽东个人生平的？毛主席用了好几个晚上对斯诺和我讲述了他的经历，并且说这是首次对记者谈个人经历。"

海伦说："在我这次出发来延安之前，我和他还为怎么表现毛泽东的生平进行了激烈的争论。"

马海德很感兴趣："你们夫妇俩怎么争论的？"

海伦说，关于将来书稿中毛泽东讲自己经历的一段，两人存在争论。斯诺认为，应该删除一些文字，采用采访者自己的语言来叙述，简单点。海伦不赞同斯诺的主张，她非常坚持用毛泽东的原话，并说，自己采访到的，一字不落记下来，将成为这部书的精华。以后，人们会通过这段话，了解这位影响整个中国的领导人。斯诺最后妥协了。为此，海伦这次也要补充访问毛泽东。

据《毛泽东年谱》记载，1937年5月15日，毛泽东在延安与美国记者尼姆·韦尔斯谈话（尼姆·韦尔斯是海伦·斯诺当记者时所用的笔名）。韦尔斯专程为毛泽东带来的珍贵礼物，就是斯诺在保安为毛泽东拍摄的那张戴八角帽的军装照片，是在北平照相铺子冲洗出来的。

海伦显然被马海德的魅力吸引了。她在后来所写的书中这样描述马海德：

> 马海德不是一个平凡的人。他敏捷、聪明，而且容易交谈。他讨人喜欢、机智，富于幽默感。他还有责任感，看上去自信而有决断力，不像是个要别人批准才去做事的人。

海伦想，马海德在红军、在延安的经历，就是一本很有意思的书。于是，海伦当面问他："海德姆，我是不是要写一本有关你的生活和经历的书？"

马海德明确表示："我反对！绝对反对！"

海伦问："为什么？"

马海德说："现在有太多的事情做，谁有时间去追忆往事？"

海伦并不死心。过了些天，她又提起要写关于他的书的事情。马海德坚决地说："我反对写我自己，也不需要别人来写，即使将来在我最后的岁月里，也不会答应坐下来，让一位传记作家对我进行采访。"

延安上空出现日军侦察机，预示战争正在迫近

当两架日军侦察机突然在延安城上空出现时，引起了城里民众的惊慌，街上的老百姓赶快匍匐在地上。不过，飞机并没有投下炸弹。日军侦察机在西北延安城上空出现，表明对日作战已经临近了！曾在苏联空军学院学习的刘鼎，在西安事变和平解决以后，回到了延安。这天，刘鼎看见日军侦察机在延安侦察，就给朱德写了一份报告，分析说：这说明日军已经侵入山西境内，在山西某地建立了军用机场，并说明日军轰炸机的轰炸半径已经覆盖了延安。因此，刘鼎建议，延安作为中央驻地，必须及时采取防空措施。

日军侦察机出现的这天傍晚，马海德特意跑到城东关交际处招待所，看望他的两个熟人——史沫特莱和海伦。海伦外出采访还没有回来。史沫特莱则对马海德说："一个多礼拜以来，我一直在找朱总司令，好继续我对总司令的访谈，不能中断啊，可是一直没消息。直到今天中午，我才从收音机的外国英语广播中得到朱的消息，他代表红军在南京与蒋介石谈判呐。"

马海德感兴趣地问："外国电台具体是怎么个说法？"

史沫特莱说："英国 BBC 报道称，8 月 11 日，红军总司令朱德应邀前往南京，就红军整编和对日作战战略问题，参加了南京国防会议。这次会议，朱德向内战时期的敌人、现在的抗战友军的将领们，论述了以正面防御、运动战和游击战进行抗战的战略。会后，南京当局已将由正面防御、运动战和游击战组成的抗战战略写入《国军战争指导方案》。"

马海德说："既然外国电台都报道了，朱老总应该快回来了。"

马海德早就知道朱德、周恩来和叶剑英飞去南京，跟蒋介石谈判。他还知道，天津失守后，蒋介石密电点名邀毛泽东、朱德、周恩来去南京出席国防会议，共商联合对日作战问题。中央开会反复研究，决定毛泽东暂时不宜去。对于朱德去不去南京，意见不完全一致。有同志认为蒋介石心机叵测，朱老总是"红军之父"，不能出意外。朱德自己则认为，目前日军已经铺开战场，他去南京较为有利。因为蒋介石虽然明白日本不允许其有限妥协，但是，防范中共的心结很难打开，要促使其最后下决心联合红军共同抗日，我们很有必要再促进一下，发力再推一把。在朱德的坚持下，中共中央同意派朱德、周恩来、叶剑英前往南京参加国防会议。

两人说话之间，海伦背着照相机兴冲冲地回来了。原来，中午日军侦察机的出现，让海伦想到要将巍峨凝重的延安古城拍摄保存下来。如果战争真的降临，日军的轰炸机恐怕将炸毁这座千年古城。于是，海伦趁今天阳光还好，在胡金魁所派小勤务兵的协助下，用母亲赠给她的柯达相机，为完整的延安古城拍摄了三筒胶卷，才哼着小曲回来了。事实正如海伦所担心的，次年冬，日军飞机大肆轰炸延安城，以此来报复八路军在山西前线重创日军。延安古城的城门、钟鼓楼、南北大街等全部毁于日军的炸弹。正是海伦·斯诺当年拍摄的三筒胶卷，为今天的延安保存了珍贵的、完整的古城人文影像。

海伦拍了拍胸前的相机："延安古城，全装在我的相机里了。"

马海德和史沫特莱都为海伦的想法和做法拍手叫好。

海伦因为这天凌晨刚见过毛泽东，带来了她所得到的最新消息。毛泽东告诉她说，朱德去南京开了会，红军还是没能改编，蒋介石有意拖延，也不任命总司令，军队还沿用旧称号"红军"。南京要委派他们的人担任红军总

图 6-4 海伦执红军大刀与彭德怀合影

司令和政治部主任，毛泽东坚决说"我们不同意"。

史沫特莱很关心地问海伦："你知道朱老总现在到底在哪儿吗？"

海伦说："毛泽东说，朱德从南京回来之后，已经回到红军前敌总指挥部所在地——泾阳县云阳镇，枕戈待旦，随时出征。毛主席说，红军总是整装待命，求战心切，一声令下，5 分钟内就可以开赴任何前线；并说，朱德已发电给蒋介石，表示'德等改编完成，待命出动，誓以热血为国效死'。"

这些天来，马海德特别兴奋。几天前的一个黄昏，毛泽东和他在延河沙滩上散步时，说起朱老总已去南京跟蒋介石开会，说明红军改编的日子很接近了。马海德说："我感到浑身热乎乎的，很想跟红军主力上前线。"毛泽东问："你也想去跟日本鬼子拼刺刀啊？"马海德说："是啊！像最勇敢的红军战士一样跟日本鬼子拼刺刀。"毛泽东则笑着问："让你到军委总卫生部当顾问，是要在卫生部当一个拼刺刀模范啊！"马海德马上意识到自己肩上的责任很重，立即说："随着红军三大主力改编后挺进华北抗日最前线，将揭开我军在抗日战争时期部队卫生工作新的一页。"毛泽东说："你要考虑的是，一旦战争在山西前线打响，我们在山西目前没有根据地，前线伤员怎么救护？野战医院怎么设立？怎么将重伤员抢运过黄河？渡过黄河之后，在边区，从黄河渡口到延安后方医院，沿途要设立几个兵站医院？要留守部队和当地怎么配合？"

马海德、海伦及史沫特莱都要去山西抗日前线

这天，天已经黑下来了。可是，在山边挖防空洞的劳作还没有停，人们点着蜡烛或油灯继续挖。招待所的院子里已经有许多人在等候了。当时，延安城里没有几台收音机，每晚8点，招待二所都会将电子管收音机摆在院子里，为大家播放一个钟头的新闻。来听抗战新闻的，有不少干部、学员和居民，大部分是各地涌来延安的知识青年，他们正在招待所等候谈话，然后分配工作或去学习。

1937年7月7日，日本帝国主义阴谋制造了卢沟桥事变，发动了旨在灭亡中国的全面侵华战争。延安高层领导人和红军将领，各机关干部、学校学员，乃至城里居民，都高度关注日本侵略军对华侵略，以及国共合作推动全民族抗战的形势。

日军对华北地区的侵略和"蚕食"越来越厉害。蒋介石的抗日态度尚不清晰，对于国共谈判已经基本达成的协议，也没有最后拍板签字。日军凭借着长期战争准备和精锐武器，加上当时国民党大军南撤，华北各地旧政府人员仓皇逃散，仅两三个月内，晋察冀三省的广大地区开始遭受日寇的殖民统治。7月30日，日军占领天津。8月13日，日军进攻上海，淞沪大会战就此爆发。南京已经处在日本侵略军的威胁之下。这时，蒋介石迫于战争的压力，与中共达成协议。红军在泾阳县云阳镇改编后设立统一的总指挥部，中国工农红军改编为国民革命军第八路军，由朱德、彭德怀分别担任正、副总指挥，并于8月22日正式颁布任命。不久，又改称第十八集团军。至此，国共两党军队合作抗日正式开始。此时，华北战场处在十分危急的关键时刻！

刚刚在云阳完成改编的八路军三大主力，从8月下旬开始渡过黄河。

林彪率领的八路军主力一一五师首先于8月中旬从泾阳县云阳镇出发，8月31日由韩城县芝川镇渡过黄河。

紧接着，贺龙率领的一二〇师于9月3日从富平县庄里镇出发，沿一一五师行军路线渡过黄河。

图 6-5　八路军总部东渡至黄河东岸

朱德率领八路军总部于 9 月 16 日也从韩城县芝川镇渡口乘木船渡过黄河。

刘伯承率领的一二九师于 9 月 16 日从泾阳县桥底镇出发，经韩城县芝川镇，正准备于 9 月底渡过黄河。

中央军委总卫生部根据朱德、彭德怀指示，派出一个以原红军卫生学校师生为骨干的前线医疗队，跟随八路军一二九师渡过黄河，开赴山西前线。

9 月 25 日这天，就在一二九师运动到韩城县芝川镇准备登船渡过黄河的时候，电报传来，先期东渡黄河的一一五师在林彪、聂荣臻的率领下，在平型关打了一个很漂亮的胜仗。这是八路军出师华北抗日前线的第一仗，是七七事变后中国抗战取得的第一个歼灭战的胜利，它粉碎了"皇军不可战胜"的神话，打乱了日军的侵略计划，压制了日本侵略军的嚣张气焰。

八路军开赴抗日前线首战告捷。消息传到延安，军民士气大振，钟鼓楼下南大街有不少商户放鞭炮庆祝。毛泽东也签发电报指示："我一二九师（缺一个团）接电立即出动，经临晋渡河到侯马上车，在太原补充衣、弹，速开正太路南北地区。"以原红军卫生学校师生为骨干的前线医疗队，随八路军一二九师渡河上前线。马海德医生亦获准参加这支前线医疗队，满足了他要去山西抗日前线的愿望。

正在延安采访的海伦和史沫特莱得到消息，红军主力部队改编为八路军三个主力师，已经陆续横渡黄河，进入山西对日作战。两位洋记者十分兴奋。当时，在延安人人要求上前线，不愿留在后方。她俩很熟悉的丁玲正在积极组织"山西前线服务团"。该团组织了 30 多人，大多是不久前从白区来延安抗大的学员。这时，马海德参加的前线医疗队临近出发，他赶到招待二所，找她俩告辞。马海德说："我去年参加山城堡战役是打白匪军，这次，可是去打日本鬼子！我又可以大干一场了！"

马海德走后，海伦和史沫特莱又激动、又着急，都想要上山西前线。海伦在延安采访已近 5 个月了，毅然决定要到山西前线去当一名兼职战地记者。史沫特莱则决定要到山西前线实地采访朱德总司令，她认为这样写出来的传记才精彩生动。负责延安接待的胡金魁对她俩说："我只是管延安接待的事务而已，你们俩要去山西前线，我没法进行安排。你们俩热情可嘉，得自己想办法。"

于是，海伦想起去找毛泽东批准。海伦在后来出版的《续西行漫记》中这样回忆："我想到山西前线去当战地记者，为此我去和毛泽东商议。他疑惑地上下打量着我，劝说了一番，最后还是同意了。我带着他签发给政治部的正式证件，着手准备远行。"海伦当然不能走横渡黄河的路，保卫局新派了得力的警卫员郭慎华及一队战士，先送她到西安，再设法从西安去山西。海伦于 9 月 18 日这天到达西安，住进八路军办事处（简称"八办"），正好丈夫斯诺来到西安，就张罗着先返回北平，将斯诺的书稿整理完成之后再去山西。海伦的山西之行，最终没有成行。

当时海伦在延安停留了近 5 个月的时间，收集了丈夫没来得及采访到的包括朱德等红军将领的情况，累计采访了不下 65 位有名有姓的人物，特别是同毛泽东进行了 5 次难忘的长谈。她的采访是完全真实的一手材料，经过整理，补充进斯诺署名的《西行漫记》书稿里，提升了这本书的价值。

关于 1937 年 9 月间毛泽东为海伦亲笔写给八路军政治部的介绍信，在 1979 年 2 月邓小平副总理访问美国期间，海伦·斯诺将这封保存了 42 年的信函交给了邓小平。

马海德与史沫特莱在山西八路军总部石拐镇相遇

1937 年 10 月初,马海德和医疗队到了山西前线,沿途在山西组织抢运伤员过黄河,由黄河渡口的兵站线分程接运去延安后方医院。一周前,马海德随医疗队已经赶到五台山石嘴镇的八路军总医院,参与伤员救护,并加强从五台山到黄河边兵站医院线路的力量部署。接着,他和带队的孙仪之等接到电报去八路军总部开会。赶到八路军总部驻地——五台县南茹村,见到了朱德和彭德怀。朱德说:"你们来得很及时,我们打了胜仗,但伤员也不少。我们要将伤员运回陕北自己的根据地,不能再从黄河南边渡河了,总部安排了伤员回运,将在晋西北一二〇师驻地附近的渡口过黄河,由贺胡子负责安全;对岸是佳县和米脂,再经绥德运到延安,沿途的兵站医院已经在运作。"

朱德想起什么事,又笑着对马海德说:"你进步很快,中国话讲得相当不错了,就用不着翻译了。"马海德说:"我已经知道总司令看中黄华了,他在我身边当翻译,我感到屈才了!"朱德说:"我得感谢你。黄华到我身边当秘书,再加上从燕京大学拔了两个'萝卜'过来,我一下就得了三个燕京大学高才生啊!"

彭德怀则笑着鼓励马海德:"马博士同志,我们八路军里没有几个医学博士啊,沿途要注意安全,敌人的子弹不长眼睛,我们自己额头上和心里头,该是长眼睛的。"马海德说:"太行山太险太奇,随处都可以藏身。请首长们放心。"

马海德在跟随八路军作战过程中及时抢救及运输伤员,对太行山的体会很深。陕北黄土高原山体多是黄土层,太行山是地壳骤变形成的石英晶体岩层。纵观太行山脉,东伟奇、西平缓,大块岩体断层,山体褶皱变形,悬崖陡壁到处皆是,显得太行山巍峨崎岖,地形极其险峻,被称为"天然堡垒"。八路军在此打游击战,消灭敌人很有优势。朱德总司令率领八路军总部于 9 月东渡黄河,在与战区最高长官阎锡山会面以后,就钻进了太行山这个"天然堡垒"里。首先,朱德在五台山雄险隐蔽的南茹村,指挥了八路军三大主力渡河后的早期作战：首战平型关，奇袭阳明堡敌机场，参加忻口战役，连战皆捷；接着，八路军又连续进行了七亘村、广阳、黄崖底等战斗，不断取得胜利。

11月初的一天，马海德在一二九师的五台县耿镇战地医院给伤员检查伤口及安排运送，当晚接到通知：马海德随师领导们赶去晋中和顺县石拐镇的八路军总部开会。当时徐向前留守师部。马海德随刘伯承师长等首长走了两天山路来到五台山。问起石拐镇，当地山民说，"石拐石拐，见石就拐，小石拐三拐，大石拐五拐，不拐出不来"。刘伯承说："朱老总将总部设在此，交通线上大同、忻县等地城里的日军惧于五台山山势地貌太险恶复杂，只好望山兴叹。这种地方实在是我们八路军创建敌后抗日根据地的理想地区。"这次东渡黄河以来，马海德跟随一二九师做了一段时间战时卫生工作，跟刘伯承有了具体接触，深感刘伯承向来很有战略眼光。果然，朱德总司令召开的石拐会议要贯彻和讨论的，就是关于八路军三个主力师将在山西和整个华北地区扩散开来，创建敌后抗日根据地。

11月8日，太原失守，华北战局发生了重要变化，国民党军在山西已不可能再进行有组织的抵抗。至此，根据华北抗战形势出现的重大转折，中共中央军委、毛泽东连续发出关于八路军重新调整战略部署，开展敌后游击战争的指示。11月11日，八路军总部在石拐镇召开领导干部会议，因涉及战略转折，总部首脑及三个师师长都参加了，史称"石拐会议"。

马海德等一行也应召到总部汇报工作，并听了11日下午彭德怀副总指挥传达的会议精神，山西进入了以游击战为主的新阶段。朱德、彭德怀根据毛泽东和中央军委新的部署，迅速将部队由集中配置改为分散配置。一一五师活动于晋东北，控制五台山、恒山，着手创建晋察冀抗日根据地。一二〇师活动于晋西北，并分兵一部到冀西沦陷区，坚持长期的游击战争。一二九师进入正太铁路以南的平定地区，然后着手创建以太行、太岳山脉为依托的晋冀豫边抗日根据地。这样，八路军实施了在山西乃至华北大规模的抗日战略。从此，八路军成为华北抗战的主要力量。朱德在石拐镇八路军总部会议上作出部署：除了聂荣臻率领的一部留在晋察冀创建根据地外，一一五师主力迅速转移到汾河流域和晋南，开展群众工作，组织群众武装，并留一部在太行山，配合一二九师在晋东南创建根据地；一二〇师仍在晋西北同蒲铁路北段进行游击活动。

　　在石拐镇，马海德见到了聂荣臻。山城堡战役前夕，在吃了蔡畅做的"河连湾法国西餐"后，马海德就跟聂荣臻很熟悉了。马海德说："聂政委，你留在山西，担子很重啊！"聂荣臻说："亲爱的马博士，上帝让你此时出现在石拐镇，是不是让你跟我一起干？我是晋察冀根据地新官上任，招揽人才，首先招你这个博士同志啊！"马海德笑着说："我百分之二百地同意。毛主席点你的将有手续，电报文件传达了。聂司令点我的将，也得有个批准手续啊。"聂荣臻问："此话当真？"马海德回说："一言为定！"后来，据说聂荣臻真的发电报给毛泽东，拟将马海德留在晋察冀。但是，延安方面对此电一直没有回复。

　　马海德听了传达的中央指示之后，明白在今后一段不短的时间内，八路军的主要工作是在山西和华北地区创建抗日根据地和开展游击战。这就需要相应加强延安和陕北后方医院的建设，为在山西和华北地区坚持抗日战争的八路军建立强大而完善的后方医疗卫生保障。

　　12月下旬的一天，八路军总部从石拐镇搬迁至洪洞县辛村乡马牧村。马海德与医疗队在山路上抬着前线下来的一批重伤员，在大山里穿行，向晋西北一二〇师某部驻地转移。马海德在忙碌中听有人说，前面部队中有一个女洋八路，也在扛担架运伤员。马海德赶过去一看，原来是史沫特莱。在前线相遇，两人都很欣喜！马海德看她消瘦了不少，显得个子更高了。

　　史沫特莱告诉马海德自己从延安来山西的经历。9月初，在马海德随医疗队出发之后，她就去找毛泽东，问："哪一样事更重要、更值得去做呢？——是留在延安写朱德的传记好，还是去山西前线报道这场战争好呢？"毛泽东回答说："这场战争比过去的历史重要得多。"

　　史沫特莱认为，毛泽东的建议与她的想法不谋而合，她敏锐地觉察到这场战争将是中国历史上一次极为重要的转折。但是，她因为在延安骑马摔下来，背部伤痛，无法随丁玲组织的"山西前线服务团"去山西。于是，在毛泽东的安排下，她于9月中旬离开延安，战士用担架抬她到西安八路军办事处，找了一家教会医院住院诊治。拍片结果表明，背部骨头没有受伤，但肌肉严重挫伤、骨膜破损，需要静养一段时间。看到当地报纸所报道的八路军抗日的惊心动魄的事情，她躺不住了，身体稍好一点儿便坐火车离开西安，进入山西境内，找到了八路军的队伍。她告诉马海德："我从车站出来，看到两支部队，一支向北进，另一支向南走，都穿一样的国军灰军装，都是国军了。哪一支是八路军？哪一支是政府军？"她问路边的老乡，老乡说："日本鬼子在北边，往北走的国军是八路军，往南撤退的国军是政府军。"马海德听了，哈哈大笑。

1937年12月这天，马海德和史沫特莱在山西的山路上相遇并分手之后，两人就再也没见过面。

马海德和医疗队护送着一批伤员，从晋西北一个叫克虎寨的渡口西渡黄河，回到陕北。

史沫特莱在1938年1月离开山西前，经与朱德商量，以八路军总司令朱德的名义，写了一份英文文稿《请支持中国八路军反法西斯战争的呼吁书》，在反法西斯的相关媒体、刊物、共产国际的通信文件上刊载。她回到上海时，又在英文版《中国呼声》月刊发表了此文。美国和加拿大共产党看了这份署名朱德总司令的呼吁书，决定派遣诺尔曼·白求恩大夫组织一支战地医疗队前往山西的八路军抗日前线。

第七篇

白求恩与马海德

马海德极为焦急，无论美国还是延安都不断得到白求恩的死讯

　　篮球赛是延安的主要体育活动。马海德从山西回到延安的第二天下午，就参加了一场篮球赛，中央机关队对留守兵团队。这两支篮球队都是延安篮球界的强队，比赛互有输赢。中央机关篮球队的场外指导是李富春；留守兵团是八路军一二〇师的部队，场外指导是留守兵团司令员萧劲光。有时候贺龙师长来延安开会，也会争取进场比赛投几个球。

　　军民们都爱看篮球比赛。这次马海德上场一看，少了一个运球的好手——廖承志，顶替他的竟然是老熟人刘鼎，运球过人的技术不逊于廖承志。刘鼎说："我从西安回来，上级建议我按专长开办一个延安摩托学校，专门搜集

图 7-1 贺龙（前排左一）看篮球赛

战场缴获的卡车、摩托车等战利品，修好马达，重装汽车。学校就设在延河边上的几个平房里。中央领导用车都从这儿派出。"马海德说手痒，很想在延安开一次摩托。这场球打到一半，毛泽东也来看球赛了。如今是数九寒天，毛泽东穿着棉军衣，棉裤左膝盖上有个大补丁，是被烟灰烧了窟窿后补上的。李富春注意到毛泽东来了，就和他交流了几句，之后毛泽东就走了。过了一会儿，马海德被换下。李富春悄声对马海德说："毛主席找你有事，让你去他的窑洞。"

　　马海德迅速穿上棉衣，来到毛泽东的窑洞。警卫员给他倒了杯热茶。毛泽东先听马海德讲述其在山西前线的经历和体验，之后说到聂荣臻现在

的担子很重，因为创建晋察冀抗日根据地是一件极为艰辛而且重要的工作。马海德说："聂荣臻对我说，要是我能留下就好了。"毛泽东笑着说："找你来就是为了此事。"马海德惊喜地问："是让我去山西吗？"毛泽东说："现在我可以答复他聂司令，我将给他一支加拿大和美国两国共产党派来的援华医疗队。"马海德更为惊喜："从北美洲来的！"毛泽东告诉他说："这是宋庆龄先生策划、联系的，是纽约一个有共产党背景的国际援华委员会派遣来的，到中国共产党部队抗日活动地区做医疗援助。这个委员会还计划对中国的抗战给予援助，包括医药、医疗方面的援助。这次来的医疗队，为首的白大夫，是世界著名的胸外科专家，刚刚参加过西班牙反法西斯战场医疗救护工作。"马海德问："太好了！什么时候到延安？"毛泽东说："武汉八办的电报说他们已经从汉口乘火车，在郑州转上去西安的火车了。由中央军委总卫生部接待，你负责，就不用英语翻译了。"毛泽东笑着告诉他："你刚才在篮球场没看见小廖吧？这支医疗队是小廖到香港接待的，小廖现在担任八路军驻香港办事处主任。宋庆龄先生也从沦陷的上海脱险到了香港。"马海德高兴地说："有宋女士和小廖在香港，八路军抗战将获得国际反法西斯组织、朋友以及广大海外侨胞的大力支持。"毛泽东对马海德说："宋先生和小廖你都认识，你要在香港这条线上加强联系，多做工作。"

马海德兴奋了一个晚上。次日一大早，他就到军委总卫生部去了解具体情况。总卫生部部长姜齐贤将桌上的电报及材料给了马海德，说："这支白求恩大夫率领的援华医疗队，部里明确了，就归你具体接待了。"

亨利·诺尔曼·白求恩，加拿大共产党员，著名胸外科医师，毕业于多伦多大学医学院。1936年秋，西班牙反法西斯战争进入保卫马德里的关键时刻，白求恩受加拿大共产党的派遣，活跃在西班牙内战前线。有材料显示，白求恩和助手们在西班牙创造了战地医疗史上的崭新纪录：伤员的死亡率降低了75%。马海德刚从山西抗日战场回来，深知这个"75%"对于伤员生命的重要含义！

白求恩于1937年5月底从西班牙反法西斯战场回到加拿大轮休，在家乡稍做休整，就开始在加拿大各地进行预期7个月的旅行演讲，号召民众支持西班牙人民，反对美、英等西方国家对西班牙的"禁运"。演讲旅行途中，他听到 7 月 7 日驻华日军发动了猖狂的侵华战争，便立即关注在中国发生的事件，发现从街头买的多份加拿大与美国报纸，都在报道中国人民在自己的土地上抵抗日本侵略者。美国共产党与加拿大共产党坚决支持中国人民抗击日本法西斯入侵。白求恩本来准备回到西班牙前线，但一批新的美国医生刚刚启程去西班牙，而且他从不久前美国报纸刊载的埃德加·斯诺所写的《西行漫记》和史沫特莱写的《中国红军在前进》，了解了毛泽东领导下的中国红军的二万五千里长征，深知中华民族是一个伟大的民族，中国人民抵抗日本法西斯的战争正在如火如荼地进行，他热血沸腾，向往着与中国人民并肩战斗。

白求恩得到消息，国际援华委员会决定派一个医疗队到中国山西去，要和中共八路军游击队一起战斗。白求恩主动发电报到纽约，向国际援华委员会请求到中国去。1938 年元旦刚过，白求恩带领这支加美援华医疗队，从加拿大温哥华港乘坐"亚洲女皇号"邮轮驶往香港，和白求恩同行的还有年轻的护士琼·尤恩和美国医生帕森斯。琼·尤恩曾经在山东省一家教会医院工作多年，开过诊所，很能干，会讲中国话，是白求恩的助手、向导兼翻译。

1938 年 1 月 22 日，白求恩一行乘坐邮轮抵达香港。他们在香港没有停留，直接奔赴汉口。白求恩到汉口后，住在加拿大传教士卢茨的家里。外国的来华医疗队都归口中国红十字会救护总队管理，主管人是林可胜医学博士。林可胜是中国杰出的科学家之一，中国红十字会救护总队总队长。抗战爆发，他不惜牺牲他的生理学研究工作和获得更大专业成就的希望，致力于红十字会组织工作。

白求恩是个急性子，住下次日，即去江滨道上的中国红十字会救护总队队部报到。在二楼总队长办公室，他与身穿救护总队蓝制服的林可胜见面了。两年多以前，两人曾在莫斯科的国际生理学大会上见过面，林可胜是中国代表，白求恩是加拿大代表。林可胜关于中国生理学研究进展的发言新颖独到，给白求恩留下了深刻的印象。当时，两人的交流没有谈到战争，这次反法西斯战争背景下在汉口见面，白求恩与林可胜一见如故，很谈得来。白求恩说："我在多伦多大学学医刚二年级，一战爆发，我就参加加拿大远征军来到法国前线,做的就是伤员救护。"林可胜也说：

图 7-2　林可胜

"一战爆发，我正在爱丁堡大学医学毕业班，志愿入伍在英国印度远征军廓尔喀团当准尉军医，教授新兵战地救护训练。"巧了，两人参战经历都一样，都曾在一战中做过伤员救护。更巧的是，白求恩的英语稍带苏格兰口音，林可胜说的更是苏格兰口音很重的英语。白求恩问林可胜："怎么回事？我祖父就是苏格兰的移民。林总队长，你呢？"林可胜说："我7岁的时候，家里让我跟随一个苏格兰传教士到爱丁堡读书，从中学读到大学毕业。哈，现在中国话我不会说，只会说苏格兰英语。"

俩人这一沟通，增进了感情。白求恩对林可胜说："我的医疗队是北美洲共产党组织派出的，我是共产党员，要求到八路军前线做救护。"林可胜表示支持，介绍他到八路军驻武汉办事处联系。当时，史沫特莱参加了中国红十字会救护总队，在队部帮忙做宣传，她上楼来见到了白求恩。史沫特莱说自己年初刚从八路军抗战的山西前线回来，"朱德总司令率领的八路军作战英勇，但缺医少药，将特别需要您带领的加美援华医疗队的支持！我会将情况告诉中共周恩来将军，希望您也去找周将军见面。"史沫特莱特地将白求恩医疗队的情况通知了武汉八办。白求恩找到在汉口日租界中街89号的武汉八办，登门要求与中共驻汉口的代表周恩来见面。那天，周恩来早已出门，白求恩就带领医疗队在武汉参观了国民党政府军的两个伤兵医院，了解伤员救治情况。

当时，汉口频频响起空袭警报，日军飞机一大多次轰炸。这大，八路军办事处的王炳南来到红十字会救护总队队部和白求恩联系，晚上安排他与周恩来见面。周恩来用英语向白求恩和他的医疗队表示欢迎。白求恩向周恩来介绍了西班牙的战况和北美大陆人民反法西斯的情况，并要求立即到八路军抗日前线去。周恩来对他说，那里的条件很艰苦，担心他不能适应，希望他先在武汉工作一个时期，这里也是前线地区。白求恩认为最缺乏医疗医药和人文关怀的是八路军，因而明确地说："我是共产党员，要到中国

共产党领导的根据地去。延安，我要到延安去！"《周恩来年谱》对白求恩
见到周恩来这天有如下记载：

> 会见加拿大共产党员诺尔曼·白求恩率领的加拿大—美国援
> 华医疗队，感谢他们援助中国革命，说："我们没有什么东西可奉
> 献给你们，只有艰苦的工作；你们也不能得到别的什么，得到的
> 只能是伤病员的感激之情。"

在白求恩的积极要求下，周恩来让王炳南负责白求恩一行去延安的安
排工作。当时，八路军一二九师一名团政委邱创成来武汉办事正要返回山
西前线，周恩来同意让邱创成护送白求恩一行去延安。

白求恩一行与死亡赛跑，从汉口到西安
竟然费时近一个月

马海德从这年2月下旬一开始，就在为白求恩一行的到来做准备，还联
系好了胡金魁，在接待贵宾的交际处二所为客人准备了房间。可是2月底过
了，到了3月初，还没有白求恩到来的消息。马海德未免焦急和纳闷起来，
是不是途中出了什么变故？马海德自己在两年前也曾从郑州乘火车到西安，
一个晚上就到了。姜齐贤也很焦虑，就指示马海德赶快联系西安和汉口。

武汉八办电复：白求恩一行携带准备送给延安的宝贵医疗器械和药品，
2月22日傍晚由八路军团级干部邱创成护送，北上离开汉口车站。

3月11日，西安八办电复：2月下旬以来，联合医疗队没有到八办来。
因西行铁路潼关段常遭日军飞机袭击轰炸，有的路段已经停运。

姜齐贤急了！马海德急了！经与总部作战部联系，自去年11月阎锡
山放弃太原以来，国民党政府军大部分与难民潮一起退至黄河以南，山西
大部分城镇和黄河以北地区已被日军占领。经过郑州、西安的陇海铁路虽

在黄河河道以南行驶，但火车频遭日军飞机及黄河以北日军大炮阻击。而且，从潼关至西安，如今已由中央军代替东北军，与我军尚无内部沟通。情报部门报告，日军确有进攻陕北，在政治上打击共产党的计划。没有确切消息，难以作为！延安方面发电报给西安八办，西安八办的林伯渠主任组织多方查询。3月下旬之初，林伯渠通过关系得到了一份1938年3月12日的《芝加哥论坛报》，上面有一篇文章说，加美援华医疗队成员都已经死亡，并且还刊登了白求恩大夫的照片。姜齐贤看了之后说，大洋那边来的报纸不能做实证，只能做参考。

3月22日黄昏，西安八办发来电报称，白求恩一行历经近一个月的坎坷，终于到了西安。

中加两国建交时，白求恩用过的手术器具被作为国礼由加拿大赠送给中国，白求恩母校多伦多大学加强了白求恩日记、书信、生平史料及其创作的文艺作品等的搜集。该大学所收藏之白求恩日记，记述了白求恩"失踪"将近一个月的历险经历。该日记披露，在汉口，同行的美国医生帕森斯听说八路军游击区太艰苦，要留在国统区。白求恩则不惜跟这个美国医生分道扬镳，坚持要去延安。在白求恩要求下，这位美国医生同意将医疗队从美洲带来的医疗设备及药品都留给白求恩带去延安。白求恩临行前还向林可胜要了中国红十字会救护总队的蓝制服。

火车离开郑州之后，途中三次遇日军飞机轰炸，前方铁道被炸断待修。带队的邱创成决定放弃火车，改徒步行走。邱创成是八路军某团政委，27岁，参加革命11年了，是经过长征考验的红军干部，白求恩很信赖他。于是他们与难民、国民党政府军溃败士兵混在一起，一路到了潼关，途中还遭遇过日军飞机的扫射轰炸。白求恩看见了壮观的黄河很兴奋，不断拍照。

邱创成找到了八路军后勤物资转运站。站领导验看了武汉八办开的介绍信，并告诉他们，在潼关为八路军领到的军棉服、大米、医药用品等军需物资，要通过铁路货车运送到山西临汾地区的八路军一二九师部队去，他们可搭乘该列货车。在难民大潮中，邱创成护送白求恩和琼·尤恩好不容易才挤上列车。各车厢里挤满了难民和他们的箱箱袋袋，甚至还有鸡、鸭、猪、狗等。邱创成凭着身上的军装，好不容易找到一节当仓库用的货厢，里面装了大半车厢货物。

这个半空的仓库货厢，已被三个穿八路军装的姑娘占据。她们拿着武汉八办开的介绍信，要去延安抗大读书。白求恩望着战乱中三张充满朝气的青春笑脸，短发、大脚、合身的军装，显得很是可爱。这两拨人经过沟通，六个人在车厢里相处融洽，只是晚上睡觉时，三个姑娘挂了一张床单隔开。遇上日军空袭，列车停下，大家下车散开去田野里躲炸弹。货车时走时停，却不影响这两拨人开联欢会表演节目。白求恩弹四弦琴，唱西班牙国际纵队的战斗歌曲；邱创成掏出口琴吹苏联歌曲。

1938 年 3 月 4 日，是白求恩 48 岁生日。这个要去八路军抗日前线的世界名医，就这样在战乱中度过了一个很独特的生日。琼·尤恩晚年回忆道，"对我们这样一个非同寻常的旅行团，任何西方人都会目瞪口呆。"经过两天多行驶，这辆破旧的潼关线列车进入临汾车站。城里百姓大都已经撤走了，街上只有正在撤退的士兵。白求恩从当地教会留守的人那里得到消息，日本人在十多公里外，很快就会打过来。邱创成也得到消息，一二九师师部已经撤离洪洞，来的这趟车已经不回潼关了，怎么办？邱创成决定往回走，绕道渡黄河去陕西。

邱创成找来几个八路军战士，将医疗队的行李和药品等搬到另一辆货车上。装大米的车厢里，人只能在一袋袋大米上休息。火车开动，走了不久，就在一个叫高显的小站停下。司机罢工，下车走了，剩一个司炉不会开车。这个小站离黄河渡口还有相当远的距离。琼·尤恩称，邱创成是一个非凡的人物，他和八路军部队立即组织了一支有 42 辆骡马大车的运输队，运输从货车上卸下来的大米、军装和医药用品。这些军需物资对八路军来说，无疑非常重要！当地部队派了一个李副官带领一队"红小鬼"押运，白求恩医疗队就跟随这支骡马大车运输队一起行走。

可是，军需物资运输队离开铁路及高显小站之后，在沿途北上去山西地区的路上，遭遇到潮水一样的由山西难民、晋军败兵组成的南下人流。骡马大车组成的军需物资运输队逆人流行进，加上白求恩大夫具有高度的人道主义精神，坚持要为遇到的伤病难民及溃兵治病，行进缓慢。一路上，白求恩的大车成了流动救护车，为伤员取子弹、处理骨折、包扎伤口，甚至为大腿生蛆的难民动手术截肢等。

邱创成体会到，白求恩大夫是个好心的医生，从不拒绝任何来求助的人。他们从临汾绕道而行，四十余辆骡马车在尘土飞扬的大路上延伸开来，形成了可以被敌人从空中攻击的巨大目标！日军飞机发现了这支逆流北进的骡马运输队，扫射投弹，并派骑兵追击，情况十分危急。幸亏邱创成指挥得当，护送的八路军战士又大都是经过长征的红军，白求恩也是经历过战场的老军医，即使运输队被炸，有一些骡马中弹，近二十头骡马被炸死，数人受伤，邱创成和带领车队的李副官仍能及时重整车队，鼓舞士气上路，并连夜赶路。白求恩在日记中写道："我们和紧随的日军没有一点遮拦，这实在令人毛骨悚然。"终于甩开日军追击后，队伍在前线附近抢滩成功，再次渡过黄河，进入陕西境内。

上岸后，日军追兵只能隔着黄河开炮。白求恩一行在渡口旁难民窑洞里等待了四天，也是他救治伤病难民的四天。难民们排着队等洋大夫治伤看病，白求恩都会仔细嘱咐琼·尤恩怎么用药。西安八办派的卡车来了，遗憾的是，人到了，相当一部分医疗设备及药品都在日军追击下丢失了。卡车往西行驶了两天，他们终于到达西安八办，受到林伯渠主任的热烈欢迎。林伯渠欣喜地说："你们终于'冒出来'了！我们还以为你们已经牺牲了，都通知你们那边了。"

两天后，从五台山到西安参加作战会议的朱德热情地会见了白求恩一行。朱德用英语说："欢迎你啊！延安在等待你！我们前线在等待你！"他们在西安休整了十余天，其间，白求恩除购置药品、器械外，还给办事处的工作人员诊治疾病。在一间简陋的地下室内，他为秘密共产党人张克侠完成过盲肠手术。在西安，又有一位加拿大籍外科医生理查德·布朗加入了这支加美援华医疗队。理查德是加拿大圣公会派驻河南的传教士，有丰富的外科手术经验，听说白求恩来了，就向医院请了三个月假，一同去延安。

3月31日下午，白求恩一行到达延安。马海德和姜齐贤部长带着欢迎队伍，在延安城南门口隆重迎接他们。

初见毛泽东，白求恩就掏出了加拿大共产党党员证

　　在延安城东关的交际处二所安顿下来之后，马海德带领白求恩一行在南大街一家饭馆吃特色面条。琼·尤恩对马海德说："这种宽面条吃起来不像面条，而像别的什么珍馐美味一样。"饱餐一顿之后，白求恩一行应马海德邀请到他的窑洞里喝咖啡。咖啡端上来，马海德说："这是美国咖啡，日本天皇的礼物，但是在山西成了八路军的战利品。我刚从山西回来，得以用它款待你们。喝了咖啡提神，今晚夜深时毛主席会见你们。毛主席在长征中养成的习惯是夜里工作，白天睡觉或者行军。"同窑洞的李德也参加了他们谈话。

　　白求恩称赞咖啡味道很正，问马海德："你是美国人，怎么到欧洲去学医？"马海德说："我在美国要报考医学院校，当然很想在美国读医科。报考的时候，我还研究过你的母校。多伦多大学很著名啊，发现了获得诺贝尔奖的胰岛素。"白求恩听到马海德很了解并欣赏他的母校，非常高兴，问："你为什么没报？要不，咱俩现在就成校友了。"马海德说："我是中东黎巴嫩移民后代，爸爸是钢铁工人。受美国政府教育政策的限制，我只能选择去中东老家的贝鲁特美国大学。"白求恩赞扬他说："你成了医学博士之后，选择来中国，选择当红军，我认为这是个了不起的选择！"琼·尤恩说："我喜欢中国，曾在山东教会医院服务。因此报名参加援华医疗队，重返中国，跟着我们著名的外科专家一起。"

　　琼·尤恩在晚年所写《白求恩随行护士自述：1932—1939》中，对白求恩与毛泽东见面的情景有真实生动的记述：

　　　　毛主席一面微笑着向我们走来，一面说："欢迎，欢迎！"他向白求恩大夫伸出手来，白求恩大夫也伸出手去，接受他的欢迎。主席的双手修长细腻，像女性的手一样柔软。他们无言地互相对视了一会儿，然后像兄弟似的拥抱。主席的额头很宽，黑发浓密。当我们在桌子边——他和秘书刚才工作过的地方——坐下时，他

那感情丰富的嘴角洋溢着微笑。那位秘书能说一口流利的英语，因此就不用我担任翻译了。毛主席只说中国话，而且似乎也没有兴趣学习外语。说了几句关于天气的话以及我们在路途的艰苦日子后，白求恩大夫便把加拿大共产党党员证交给毛主席。他的证书印在一方白绸上，上面有党书记蒂姆·巴克的签字，还盖有印章。毛主席以一种近乎崇敬的态度郑重地接过去，说："我们将把你的组织关系转到中国共产党，你就是我们中的一员了！"这时，毛主席也问了我一句："你的中国话说得这么好，是从哪儿学的。"过了一会儿，毛主席站起身来走到可以看到白求恩大夫侧影的地方，问我："你看白求恩大夫长得像不像列宁？""像呀，只不过白求恩大夫的后脑勺比列宁的好看。"我说。

中方的档案有记载，白求恩从贴胸的衣袋里掏出党员证，郑重地交给毛泽东。毛泽东双手接过党员证，看了看，亲切地点点头。他意识到，这不仅是一位普通共产党的证明书，也是一位伟大的国际主义战士火热的心啊！毛泽东询问了白求恩一路上的旅行情况，又问到他过去在西班牙战地医疗的事，白求恩一一做了回答。他兴奋地说："根据我在西班牙的经验，如果能在战场上立即给伤员们治疗，我敢说，百分之七十五的伤员一定能得到抢救。这就是说，医疗队必须到前线去，到战壕附近去。"毛泽东一面听，一面满意地点头。

毛泽东在谈话时，喜欢在窑洞里走来走去。在谈到解放区的发展时，毛泽东告诉白求恩："日本帝国主义在中国战场的暂时优势正在消失，解放区人民的抗日情绪越来越高。除了有训练的军队之外，共产党武装群众，在农村里组织了很多游击队。人民一起来，日本侵略者就要完全陷入人民战争的汪洋大海之中了。"

在谈话的过程中，他们一边喝茶，一边吃着花生和葵花子。

白求恩聚精会神地听着，他深深地被毛泽东的精辟分析，被根据地军民英勇抗日的伟大气概所感动。他挥动着手臂，向毛泽东请求："我要到前线去，到晋察冀边区去。"他说："我16岁时，参加第一次世界大战就是中尉军医了！一个军医的战斗岗位应该是离火线最近的地方。在那里，我能使多数伤员迅速恢复健康。"毛泽东听了点点头,高兴地说:"你的想法很好,八路军前线很需要你这样高明的大夫。"并且关心地说,"前线很危险,任务重,条件差,生活艰苦,要注意自己的身体……"

谈话进行了 3 个小时。最后,白求恩再次说:"我这个加拿大共产党员转成的中共党员军医,强烈要求到前线去!"毛泽东答应说:"你是世界著名的外科大夫。在延安由马海德博士带着你,军委总卫生部会安排你的工作。"毛泽东送白求恩一行到窑洞门口,并且再次向白求恩致谢。

白求恩在激动与亢奋中丝毫没有睡意,回到东城的住处,立即敲起随身带来的打字机,把这次会见的情况详细地记录下来。他这样写道:

> 我在那间没有陈设的房间里和毛泽东面对面坐着,倾听他从容不迫的言谈的时候,我立即回想到长征,想到毛泽东和朱德在那伟大的征战中怎样领导红军经过二万五千里长途的跋涉,从南方胜利到达大西北高原的黄土地带。由于他们当年的战斗经验,使得他们今天能够以游击战来困扰日军,使侵略者的优越武器失去效力,从而拯救中国。我现在明白,为什么毛泽东那样感动每一个和他见面的人。这是一个巨人!他是我们世界上最伟大的人物之一。

后来,毛泽东在文章中写道:"白求恩同志是加拿大共产党员,五十多岁了。"其实,白求恩出生于 1890 年 3 月 4 日,比毛泽东大 3 岁。那次见到毛泽东时,白求恩刚满 48 岁。他后来对聂荣臻说,他是在来西安途中遭日机轰炸下火车,与八路军战士们在与死亡赛跑的二十多天中度过 48 岁生日的。直到逝世,他还不到 50 岁。白求恩刚刚死里逃生,在延安见到毛泽东时,他很消瘦和憔悴,显得苍老,所以给毛泽东留下"五十多岁"的印象。毛泽东还在回忆白求恩的著名文章中写道:"我和白求恩同志只见过一面。后来他给我来过许多信。"《毛泽东年谱》记载,确实只见过一次,即上述白求恩到达延安当晚的会见。但有趣的是,跟随白求恩的护士琼·尤恩回忆,他们至少见过三次面。除了那次正规接见,白求恩跟布朗医生还在一个电影晚会上见到毛泽东，毛泽东在电影放映结束后，向大家介绍白求恩及布朗等人，白求恩还即兴演唱了一首英文歌。另一次，是白求恩去晋察冀之前，在延安五一国际劳动节大会上毛泽东讲话时他们又一次相见。这些都记录在尤恩出版的回忆录里。

聪明的白求恩换了一种要求工作的说法：我手痒痒了

　　白求恩在延安，几乎所有的活动都是在马海德的陪同下进行的。马海德和白求恩都是医学博士，但白求恩获得博士学位后就离开校门当了军医，在第一次世界大战的战火中，亲身经历了从军医到救治重伤员的过程。近年他又在西班牙战场上发明了战地输血技术，及时拯救了无数伤员的生命，在世界战场救护及胸外科领域具有显赫的地位，深受马海德崇敬。马海德很高兴地接受毛泽东及中央军委的指派，接待白求恩，陪同及引导他参观延安的医疗卫生机构。

　　马海德陪同白求恩见过毛泽东后，已是4月1日凌晨，两人各自回去补觉了。马海德囫囵睡了两三个小时，就起床下山去了。他并不想去唤醒白求恩，但是老熟人胡金魁告诉他，白大夫房间里的打字机已经"笃、笃、笃……"地敲响了几个小时，他顶多睡了个把小时。马海德一进房间，白求恩就停了下来，很高兴地站起来活动双臂："见了毛主席，睡不着啊！就起来记下这个伟大时刻的体会，也要寄给加拿大共产党领导人，报告情况。好！我准备好了，咱们去参观吧。"

　　马海德带着白求恩上路了，觉得他精神抖擞，情绪很高。马海德介绍，中共中央接收延安刚刚两年。延安城原没有医院，中共中央和红军就是从中央带进延安的两个医疗所起步，正在建设两个医院，一个是宝塔山下的陕甘宁边区医院，另一个是八路军军医院。"今天先看边区医院。院长傅连暲，是红军长征前江西瑞金中央医院院长。"马海德还说，"傅院长是很虔诚的基督徒。"白求恩说："信基督教的人大都有善良的心！但是，院长是共产党员吗？"马海德说："傅院长还不是共产党员。"白求恩停步凝思片刻，反问："一个基督徒，跟毛泽东、朱德全程长征二万五千里，还不能成为共产党员？马海德博士，你是共产党员吗？"马海德说："去年2月，我27岁，加入了中国共产党。"白求恩说："好啊，小伙子！这么年轻就是党员了。我是前年——1935年，45岁才入党。"

到了边区医院，傅连暲院长让金茂岳大夫带着白求恩等参观。医院是中国红十字会重点援助的医院。金茂岳原是中国红十字会第二十三医疗队的骨干，这年初，刚刚经西安八办林伯渠主任介绍来延安。金茂岳是医学博士，毕业于齐鲁大学医学院。当时齐鲁大学和加拿大医学院在业务及教学上有密切联系，医学制度一样，有相同的诊断、治疗方案和操作制度。加拿大政府的卫生系统给齐鲁医学院毕业的学生也授予和他们毕业生同样的医学博士学位。金茂岳和白求恩提起在加拿大知名的老罗大夫，他们都认识，俩人热烈地谈起来，共同语言就多了。

大家回办公室休息时，白求恩说："这个地方很好，比马德里好。这里的病房是窑洞，不怕敌人轰炸。"大家听后都笑了，窑洞病房还成了"优点"。最后，白求恩也向傅连暲要求："傅院长，我和金大夫都是通过中国红十字会渠道来的，也都刚刚经林伯渠主任介绍，你给金大夫工作了，也给我工作吧！"

参观回来的路上，白求恩拍了拍身上的西服，再看看马海德的一身军装，说："你看，西服在延安穿着多别扭！我是军医，应该像你一样穿上八路军军装或者是红十字会工作服。"随后，马海德领着白求恩一行去参观了郊区的拐峁医疗所，也参观了八路军卫生学校。参观回来，聪明的白求恩换了一个要求工作的说法："马海德同志，我是军医，我手痒痒了！好多天不接触伤员和病人，不做手术，就痒痒了！再这样下去，我会生病的。"

马海德请示了姜齐贤部长，同意为白求恩安排一两次手术。当晚，马海德还向毛泽东汇报了白求恩所问及的关于傅连暲、关于基督徒及共产党员的谈话。

白求恩离开延安前往晋察冀之后，1938年9月7日，傅连暲加入了中国共产党。两个介绍人：一个是毛泽东，一个是陈云。

白求恩在延安做的第一例手术，马海德和在场大夫连连赞叹

两三天后，白求恩再次到边区医院时，穿着一身合体的像军装一样的蓝色工作服。这是中国红十字会救护总队统一的工作制服，不同的是，他的工作帽上没有国民党青天白日徽章。他找胡金魁要了一顶红军八角帽做样子，自己用红布在工作帽前缝了一个五角星。左臂上戴了一个八路军的白底蓝字臂章，脚上穿的是草鞋。他是光脚穿草鞋的，这对一个长年穿皮鞋、袜子的外国人来说，很不简单！

白求恩见了金茂岳，如老朋友般谈了几句。他问金茂岳是不是也从汉口乘火车到西安，有没有遭到日军飞机轰炸，家属来了吗……金茂岳说，家属都来了，两个孩子进了干部子弟学校。后来，金茂岳回忆白求恩时，写道："看到白求恩穿中国红十字会工作制服、着草鞋，我心里很惭愧。我当时还没有他的那个觉悟，我穿的是西服、皮鞋。"

白求恩和马海德在金茂岳的陪同下，去窑洞病房查看病人。白求恩对病人，一个一个地仔细查问，然后把查问的情况详细记在他随身携带的本子上，再作出诊断和处理。每一个过程都是他亲自操作，绝不马虎。查到最后一个病房，发现是几个日本战俘，他先是一愣，然后就对这些战俘伤员进行了细致的检查和治疗。

出了病房，站在窑洞门口，白求恩就问马海德："我们这里怎么还有日本伤病员？你们给他们治疗？"马海德说："我们不仅给他们治病，还让他们上学呢，专门为他们办了日本工农学校。"傅连暲院长也补充说："我们党有俘虏政策，优待俘虏。因为他们也是劳动人民，是受日本帝国主义的逼迫到中国来打仗的。我们要团结他们、爱护他们，还要帮助他们、教育他们，让他们和我们一起打日本帝国主义。"白求恩听了这些话，赞扬地说："中国抗战一定胜利！因为中国有这么好的领导机构，有这么好的俘虏政策，还有这么好的窑洞不怕轰炸。真是伟大！伟大！"白求恩扭头对马海德说："马博士同志，你记住啊，我的参观安排上，还要加上一个日本工农

学校。"

第二天，边区医院约请白求恩做两个手术。傅连暲带了几个主要大夫在旁边观摩学习。白求恩对手术要求非常严格。他先给一个伤员的腿部创口动手术。他动作利索，刀口很准确。手术做完，护士给伤员绑扎绷带；他一看，很不满意，说："我来。"他把手套一脱，把绷带解开重新包扎了一遍，动作迅速熟练。躺着的伤员伸出了大拇指，马海德、金茂岳等大夫都啧啧称赞。术间休息喝水时，马海德对金茂岳谈了自己观摩的体会："刚才这个伤员的腿部手术虽然是普通手术，但我们看到，白求恩大夫表现出的是顶级外科大夫的水平，准确、迅速、麻利。"

休息过后，接下来做扁桃体摘除手术。病人是联防司令部（留守兵团）司令员萧劲光的女儿萧平。金茂岳大夫对白求恩说："我对这一病例仔细诊断后，认为该做扁桃体摘除手术。但是，我不是耳鼻喉科大夫，不会做这种手术。我和傅院长商量，决定委托您做这个手术，我给您当助手，向您学习啊。"白求恩笑着点头说："OK！ OK！"

白求恩进行手术操作时，马海德和傅连暲也在场。萧平躺在手术床上。护士把消毒锅端来，拿出器械：1 个开口器、1 把刀子、2 把小镊子，还放了 2 块纱布、2 个棉花球。白求恩让护士给病人全身麻醉。病人失去知觉后，他迅速用开口器把病人的嘴一撑，用纱布拉出舌头，刀子两边一划，用手迅速把扁桃体取了出来。没有器械，没有局麻，做的是全身麻醉，不仅金茂岳，连马海德和傅连暲看了都出了一身冷汗。金茂岳对白求恩说："我还以为你要用耳鼻喉科的器械做手术呢。"白求恩说："我是外科大夫，也可以搞耳鼻喉科。"他又指着自己的头和手说："金大夫你看，有了这个和这个就行了。"意思是，有了这个（头）去想一想，有了这个（手）去解决问题嘛！白求恩大夫说得轻松，在场的大夫却受到深刻启示。

听了白求恩的话，大家连连称赞。马海德很惊讶和敬佩："我真没有想到你用手指头做手术。"金大夫则说："我平时做手术只想在手术室，总想依靠现成的器械和设备。"白求恩笑着说："框框把你卡住了，要打掉它，要根据条件解决问题。"后来他还讲，一个大夫只要想到病人，想给病人解决问题，就会费尽脑筋去想办法。

图 7-3 ● 白求恩鸟瞰延安

　　医院为白求恩大夫做两个手术预留了整个上午的时间，岂料他仅用一半时间就做完了。从医院出来，马海德提出领白求恩参观一下延安古城。白求恩很乐意。

　　白求恩在延安期间，毛泽东要求马海德每天都到他的窑洞来打一转，汇报一下尊贵客人的访问情况。毛泽东极其重视白求恩，有一次在常委会上说："白求恩大夫是世界六大胸外科名医之一，大名鼎鼎，而且难得的是，他还是一个共产党员，因此，我们要好好向他学习，也要爱护他，保护好他。"

　　白求恩住在城东关交际处招待所，离宝塔山下的边区医院很近。他将这个医院称为"宝塔医院"，有事没事就会对马海德说："马海德同志，走，咱们上宝塔医院去。"马海德说："咱们歇一下吧。"他问马海德："你比我年轻多了，就累了？"马海德就不服气地站起来，"好，走！"白求恩对马海德说："我作为一个军医，最离不开两个地方：一是战场，二是医院！为什么？因为这是两个有伤病员的地方。"

　　有一次白求恩来到边区医院，巡看了一遍病房之后，问傅连暲："傅院长，你们有没有干部？送一部分干部来，我给检查一下。"傅连暲除了是院长，还身兼中央总卫生处处长职务，就说："好，这是难得的机会。"

白求恩为抗大写了报告文学，要为抗大三个女生画一幅油画

　　那一天，工作结束后，马海德带着白求恩逛延安。从北门逛到南门时，看到有三位鲁迅艺术学院的画家师生正在墙上画打日本鬼子的宣传画，白求恩兴致很高地看师生作画。白求恩对师生们竖起大拇指，并请求让自己

在旁边墙上也画一幅，为首的老师很赞同。白求恩立即卷起袖子，接过刷子和颜料桶画起来，画的是一个戴有八路军臂章的铁臂，将两个小鬼子击倒在地上。马海德为白求恩画墙画拍了一张照片。虽然耽误了午餐，白求恩却很高兴。在街上吃面条时，白求恩乐滋滋地告诉马海德："马博士，我不只是医生，还是画家，我为加拿大国家博物馆画过壁画呐！"

刚到延安时，白求恩就对马海德说，他的要求是去医院接触伤病员和参观抗大。那天，在去抗大的路上，白求恩对马海德说："我对抗大的印象，最强烈的不是史沫特莱的文字报道，而是我亲历的一次感受。从汉口去西安，日军飞机狂炸铁路，我们不得不半途转乘军运货车去山西。冷风从车厢满是弹孔的厢顶、厢壁吹进来，但却并没有影响我们医疗队一行三人和三个青春女孩一起联欢。我们挤在那堆货物中的有限空间里，轮流唱起各自喜欢的歌曲！那三个女孩，短发、笑脸，穿着合身的军装，唱着抗日游击战的歌曲。我问她们去哪里，三人齐声回答了很响亮的两个字——'抗大'！"

马海德告诉白求恩："前年我和斯诺在保安，参观的是'红大'——红军大学。去年搬到延安来，就发展成现在的'抗大'了。7年前，毛泽东、朱德在江西苏区创建中国工农红军学校，两年后的1933年扩建为红军大学。1934年10月中央红军长征，红军大学一边征战一边办学。红军长征到达陕北后，根据形势需要，中共决定以中国工农红军学校为基础，于1936年6月1日在陕北保安创办了中国抗日红军大学，1937年迁校至延安，改名为中国人民抗日军事政治大学，这就是'抗大'。白大夫，你来参观正赶上今年4月开学的抗大四期，是抗大空前大发展的一期！全国各省来的学生有五千多人啊。这真是抗大的黄金时期，毛主席刚刚为第

图7-4　抗日军政大学校门

四期抗大题了字：'学好本领，好上前线去'！"

白求恩笑了："天啊，小小的延安城，抗大就有五千学生！同我们医疗队一起来延安的那三个女生，肯定是抗大四期的新生，她们说是武汉八办介绍来的。我们医疗队也是武汉八办介绍来的。我在西安听林伯渠主任说，进抗大的也有国民党将军，连张学良将军的两个弟弟都进了抗大学习呢。"

这天，罗瑞卿等学校领导在校门口迎接白求恩一行。他们先介绍了抗大的历史和现在的情况，接着领着白求恩一行参观大礼堂、室内及室外课堂等。大操场上有两三百人在军训操练，有两三个露天教室正在上课。老师有一张放教案的木桌，学生们每人坐一张小板凳在听课。一行人还参观了女生大队的学习和生活，看了她们的窑洞宿舍。每个窑洞至少住八个人，没有口红，没有香水，每人每个月只有一元钱的生活费，用来买肥皂和牙膏。在一个窑洞前，有几个女学生在唱《抗大校歌》，白求恩还请她们教他，学用中国话唱了两句：

> 黄河之滨，集合着一群中华民族优秀的子孙；
> 人类解放，救国的责任，全靠我们自己来担承……

后来，白求恩在写作中记载，抗大有许多非常漂亮、聪明的东方女性，让他大开眼界。这些抗大女生们毕业之后，将去前线发动群众，或者去敌后组织武工队。

午后，抗大邀请白求恩演讲。抗大的英语翻译是黄华的燕京大学同学，英语和普通话都说得很标准、流利。坐在古寺庙前抗大主席台上的条凳上，白求恩对马海德耳语："我做大手术从不紧张，第一次面对如此多听众的大场面，真有点紧张。"白求恩站到主席台前，刚要开讲，全场就爆发出极其热烈的掌声。下面从白求恩自己的记录中摘引一段内容：

> 我曾经到过世界各地的许多大学，有的年轻，有的历史悠久。
> 我了解加拿大的大学，从西海岸的不列颠哥伦比亚大学，到东部
> 的达尔豪西大学；但我从来没有见过一个这样的大学。那些学校

都是同一种模式，只是成立的时间有所不同。我去过美国著名的
哈佛大学、耶鲁大学、普林斯顿大学、约翰斯·霍普金斯大学、
哥伦比亚大学、芝加哥大学和斯坦福大学，还去过英格兰和苏格
兰的大学，也曾去过巴黎、马德里和维也纳的大学。他们都大同
小异——有着同样的仿古哥特式建筑或罗马式建筑，一样薪金不
足的教师讲授同样的课程。远离生活，脱离现实，不关世事。当
他们脚下的土地在战火中颤抖的时候，他们的目光仍然盯着过去。

　　无论是哪个国家或是哪个大洲，那些大学里的学生彼此都没
有太大的差别。他们在大学学习的是一代代积累下来的知识，都
是关于过去的知识。他们学习科学、历史、文学和艺术，以走进
社会生活，改进自己的经济地位和为社会服务。但是，他们没有
学习过这样的课程，学校也没有提供这样的课程；他们投入了现
实的世界，但是却不了解他们所生活的，以及与之相同的数百万
或数千万人必须生活的这个世界。然后，他们的教育才真正开始
了！这也是每个成年人必须接受的教育。他们要学会如何适应这
个时代，如何把个人的问题和全世界的问题融为一体。但是，在
这个大校里，每一门课程，每一种新知识，只有经过检验、证明
和评价，才能作为真理接受下来。……

台下近千师生和马海德都被白求恩为抗大做的演讲迷住了，社会思辨
逻辑性强，富于革命穿透力，整个演讲很有激情。他不仅是个世界名医，
还是个很有头脑的政治活动家和宣传家。

在返回城里的路上，白求恩的思维很活跃，话也很多："马大夫同志，
今晚开始，我就要为抗大写一篇报告文学，寄去纽约或者多伦多发表。标
题就是：关于世界上最独特大学的故事。延安虽是千年边陲古城，抗大却
使我这个西方人感受到延安之年轻！感受到延安是未来中国的缩影，年轻、
热情、勇敢，而且快乐。"

马海德插不上嘴，很感动地听着白大夫充满灵感的话语。

白求恩说："抗大的年轻人给了我极深的印象。这些年轻人将是他们祖
国的救星。他们的精神将激励难以计数的后继者。"

马海德感兴趣地问:"你看到货车厢里那三个女生了吗?"

白求恩不无遗憾地说:"我想找到她们三个,但战乱中没有留姓名。校领导说,第四期一共招了654个女生,编为8个大队。由于学员空前增多,延安校舍已容纳不下,有一半学员分在瓦窑堡及蟠龙的分校。"白求恩突然一挥手,说:"我想为她们三人画一幅油画,名为《战乱中的三个抗大女生》或者叫《希望》。在日军飞机狂轰滥炸中,我看到的这三张充满抗日激情的青春面孔,我要用油画永远保留对她们的回忆。"

马海德作为白求恩与毛泽东及中共领导机关的联系人,其中有一项很具体的事务性工作,就是为白求恩收信、发信,以及向邮局或有关部门查询如纽约国际援华委员会早就寄出的医用器械和药品到没到,给援华医疗队的计划汇款到没到等等事项,甚至白求恩买照相器材的事,也由马海德经手。参观抗大十多天后,白求恩兴冲冲地递给马海德一个中型牛皮纸信封,里面的文稿很厚。他急切地说:"我刚刚写完抗大的报告文学,快帮我寄出,争取早点在国外发表。"

有记载表明,白求恩写抗大的报告文学《世界上最独特的大学》,发表于1938年8月2日加拿大的《号角日报》,应该是同年四五月间在延安写完的。1938年是白求恩写作最高产的一年。这篇延安抗大的报告文学可以视为他在中国期间的代表作。他大量发表作品,是想通过西方报纸来宣传延安和抗日。他在美国的刊物上还发表了一篇表现抗战中国的报告文学《黄河》,甚至还根据真实生活写了一篇关于敌后武工队的小说、一篇讨论侵略战争引发感情冲动的随笔。马海德往太平洋对岸寄文稿时,对白求恩说:"白大夫,你是一位真正的艺术家、记者和作家。我看了一下你的稿子,很有思想和文采。"白求恩却说:"严格意义上说,我只是一位资深的文艺发烧友兼写作爱好者。我每天大量写的是医务工作记录,给领导人的医务月报或者详细的笔记。"马海德说:"你不是说要为三位抗大女生画油画吗?要不要为你从上海买油画颜料?"白求恩说:"我是一位无师自通的画家,创作过博物馆的大型壁画,那些即兴创作的油画还曾被邀参加过展览会,我也有很多人物肖像作品。为抗大女生画油画,得另找作画的时间和环境。印象太深了,我一定要画她们三个女生的。"

　　马海德在延安接待白求恩的两个多月里，他们几乎天天在一起。他了解白求恩酷爱照相和拍电影，曾经拍摄过西班牙内战的影片。在中国的日子里，他也拍摄了一些中国抗战的影片，为这段历史留下了可贵的影像记录。20世纪末，白求恩的母校多伦多大学的出版社，出版了一本以白求恩本人作品构成的传记。从数量上看，仅1938年白求恩留下了的作品，在该书中就有127页之多，占全书的三分之一；而他在1939年山西前线的作品只留有少量，仅占该书的27页。

白求恩暴怒后对马海德说，我是诺尔曼·白求恩，怎能不上前线

　　中央军委总卫生部部长姜齐贤在马海德的陪同下到窑洞看望白求恩，亲自给他做工作，说明了战争的残酷、条件差、吃住都不方便等情况，并告诉他说，毛主席再次强调，白大夫留在延安可以主持八路军军医院或者延安中央医院，培养更多医生。但是这一切理由都没能说服白求恩大夫。他还说，你们就是请毛主席找我谈话也不行。他仍坚决要求去山西，上战场！军委总卫生部的领导们开会研究了多次，大家对白求恩的请求有分歧，有的说他医术高超，延安需要他，有的说敌后太艰苦，他都已年近半百，跟我们延安五老——董必武、林伯渠、徐特立、谢觉哉、吴玉章差不多，身体需要照顾。马海德转达了军委总卫生部的意见。当白求恩知道要特别照顾他，留他在后方时，骤然发火，在窑洞里跳了起来，抄起圈椅，砸向窗户。椅子砸断了窗棂。他大声吼叫着："我不是为了被照顾而来的！什么咖啡、嫩牛肉、冰激凌、钢丝床，都见鬼去吧！我需要的是伤员，战场上的伤员啊！"白求恩的暴怒，结束了总卫生部领导们的讨论，大家异口同声地对他说："好，好，你上前线！"

　　白求恩发火砸窗子的这天晚上，马海德来看他。在窑洞里喝咖啡的时候，两人都没有说话。喝完咖啡，马海德邀白求恩一起出去走走。俩人出

图 7-5　白求恩的祖父：诺尔曼·白求恩

了窑洞往高处走，到了很高的坡地上，坐下来，延安城夜里的灯火尽收眼里。尽管不像有供电的城市辉煌，但是，延安古城加上周边山上密密麻麻、层层叠叠的窑洞灯火，使延安的夜晚有自己独特的魅力！两人默默地眺望着，好一会儿，白求恩说话了："马大夫，我可以向大家道歉，但是你们也要向前线的伤员们道歉！你看，延安这片灯火，我特别喜欢，我喜欢延安的一切！但是，在当前残酷的战争时期，我作为一个外科大夫，离不开战场，离不开前线。你知道吗，我的祖父是加拿大有名的外科医生，就叫诺尔曼·白求恩。不只加拿大，连美国的医院都特别邀请他去做大手术，我们苏格兰老家也请他回去讲学。祖父是我们诺尔曼家族的光荣！八十年前，欧洲有一场极其残酷的战争，即索尔费里诺战役，法国、奥地利交战双方在战场上死了数万官兵。那时，我祖父正在法国，人类的良心和人道主义驱使他自发前去战场参加救护伤员，将奄奄一息的伤兵从尸体堆中救活过来。索尔费里诺战役促成了红十字会国际委员会在日内瓦成立，我祖父就是加拿大红十字会最早的会员。我出生的时候，父母给我起的名字是亨利·尼科尔森·白求恩，八岁时我了解了祖父的故事，就要求改为我祖父的名字'诺尔曼·白求恩'，我立志长大要成为祖父那样的外科医生……"

马海德听了白求恩这番发自肺腑的话，深受感动。马海德在日内瓦攻读博士学位的时候，就读过亨利·杜南的《索尔费里诺回忆录》。老诺尔曼·白求恩曾和亨利·杜南一起在索尔费里诺战场抢救伤员……

当晚夜深，马海德去毛泽东那里汇报。毛泽东被深深地感动了，说："他上前线了，我们要配合他，支持他，一定要想办法全力保证他的医疗队工作。马海德同志，你给香港的廖胖子发电报，要求香港八办为白求恩的加美医疗队筹集医疗物资。"延安的电报打到了刚刚建立的香港八办，中央要求香港八办想方设法，积极筹集医疗物资。廖承志与担任宋庆龄秘书的廖梦醒商量，打算专门成立一个支援白求恩大夫的小组，保证白求恩在前线需要的医药和器械。这个小组成为香港八办最早成立的一个机构。

军委总卫生部决定同意白求恩大夫的医疗队到前线去，并且按照白求恩的要求，医疗队的正式名称确定为"加拿大美国援华医疗队"，组织成一个流动医院，为山西的八路军抗日前线服务，医疗队成员有诺尔曼·白求恩（兼队长）、医生理查德·布朗、护士琼·尤恩。经过在延安一个多月的相处，白求恩和马海德互相已经很了解了，关系也非常融洽，白求恩很希望马海德同去。马海德也很想去，与白求恩商量了自己作为军委总卫生部顾问全程陪同的问题。马海德说："我去有三大优势，有利于充分发挥医疗队在晋察冀根据地和山西前线的作用。"马海德所称的"三大优势"是指：一是在八路军任职的美国医生，能说中文；二是人头熟，与晋察冀军区主要领导人、八路军总部领导人及战斗部队指战员都熟悉；三是已经去过山西前线抢救伤员，并参与组建伤员回运线路的沿途兵站医院与野战医院。

在筹备白求恩山西之行期间，马海德积极准备卡车，张罗药品及设备。白求恩本人对毛泽东及中共中央能批准马海德一起去山西前线有相当的信心。在河南行医多年的教会医生理查德·布朗中文造诣很高，他引用了一句中国古代成语，说："马海德博士能一起去山西，白求恩博士就能'如虎添翼'了！"尤恩懂中文，拍手说："对，是这样。"白求恩忙问："我不懂，是什么意思？"尤恩解释说："这个成语，说你是老虎，马博士是你的两个翅膀，要飞起来了！"白求恩哈哈大笑，伸出两臂做起飞状："哈，我成了会飞的老虎啦！"

4月底，医疗队上前线的准备工作即将结束，马海德来到毛泽东住处，请主席考虑他跟白求恩医疗队上前线的请求。毛泽东已经知道马海德当晚来的目的，就将他晾在一旁，仍然伏案写文稿。往常马海德一进窑洞，毛泽东就会停笔和他聊一会儿，这晚却埋头工作不理他。马海德见状，只好对伏案的毛泽东认真阐述自己去的"三大优势"。毛泽东听罢，从桌面上拿起一封电报递给他："马海德博士，今天下午刚从武汉八办发来的电报，你看一看。马海德只有一个，我们一时也没法再找一个马海德来接待印度派来的援华医疗队啊！要是英国或者新西兰也有医疗队来援助我们，怎么办？"

马海德展开电报一看，是王炳南从武汉发来的：近日我们从武汉报纸上读到印度派遣医疗队来华援助中国抗战的消息，经与中国红十字会救护总队总队长林可胜核实，确有其事。我们在汉口正做相应的接待准备。毛泽东还说："决定派总卫生部部长姜齐贤带队送白求恩上前线去，够高规格了吧？"马海德一下就领悟了毛泽东的意图和自己肩上的担子，说："主席，我明白了，我留在延安。"毛泽东叮嘱说："你虽然不跟白求恩医疗队上前线，但跟白求恩的联系照样由你负责。我们除了要千方百计保障他在前线的医疗物资供应外，他跟他的组织、朋友及亲人的联系不能中断。"

次日，马海德告诉白求恩："您和医疗队离开延安之后，一切联系仍由我负责。另外，据中国红十字会的消息，印度将派遣一支医疗队来华援助，武汉八办已通知延安，做好接待准备。毛主席说，我们不能再让新来的医疗队途中经受白求恩受过的坎坷了。"

白求恩说："太好了啊！印度战友要来参加救护了。你留在这儿工作很重要。林可胜跟我一样，在上次世界大战就参加抢救伤员了。印度战友来了，一定通知我啊。"白求恩虽说很想与马海德同行，但也理解延安的安排，只好用工作来安慰马海德说："我们医疗队从美国购买的医药物资还在运输途中。虽然这批物资从香港转运已经有一个月了，主管的穆瑟医生让我们不要担心，因为物资从香港运到西安也需要很长时间。等物资到了西安，你去领回来最合适。"

白求恩在延安的短期停留结束了。经过认真准备，1938年5月2日，八路军总部用延安唯一的卡车送白求恩去前线，车上装载了二十余箱医疗器械与药品，其中还有一台小型X光机。马海德及时发电报通知了沿途各兵站医院所在的军分区。在贺龙部队的接送和护卫下，白求恩医疗队一行东渡黄河，并穿越日军封锁线，于6月17日抵达五台山金刚库晋察冀军区司令部，随即开展了大量的战地救护工作。

姜齐贤陪同白求恩去了前线，回到延安后向毛泽东、朱德、林伯渠等领导进行了汇报，马海德参加了此次汇报。大家都对白求恩大夫高度赞扬。毛泽东说："这个世界名医，心地极善良，毫不利己，专门利人，值得我们所有的同志学习啊。"后来，毛泽东写了《纪念白求恩》的文章，"毫不利己，专门利人"这八个字的核心评语，就是在这次汇报会中萌生的。

马海德虽未能跟随白求恩去山西前线，失去了一个向世界名医学习的宝贵机会；但是，经过毛泽东的点拨，他更明确了自己不仅是一名医生，肩上还担负着"军委总卫生部顾问"的重要责任，更明确了毛主席跟白求恩的直接联系。白求恩在极其艰苦的山西前线之后勤保障，乃至其与家人、加拿大党组织、纽约援华委员会及海外宣传报刊等的联系工作，均由他负责，他不能有丝毫的懈怠。本书为马海德写传，马海德与白求恩的关系应该是本书极其重要的内容。但是，在作者调研过程中，苦于国内的相关机构，如延安的史志部门、河北的白求恩国际和平医院、山西的八路军总部纪念馆及白求恩工作过的地区之历史研究部门等，关于马海德与白求恩关系的史料，可以说是凤毛麟角，即使有一些简短文字，也多是二三手材料。有幸的是，经作者团队多方寻找，终于在纽约哥伦比亚大学中国史料馆和白求恩母校多伦多大学，寻获了白求恩1938—1939年两年间在华的多种档案原始材料。这些珍

图 7-6　位于白求恩家乡的白求恩纪念馆

图 7-7　1979 年，马海德向蒙特利尔图书馆赠白求恩纪念册（苏菲供图）

图 7-8 ● 1979 年，马海德向白求恩纪念馆赠中医典册（苏菲供图）

贵史料在 20 世纪七八十年代不幸失落到海外，包括白求恩通过马海德转交写给毛泽东的多封信件，在山西的白求恩与在延安的马海德之间来往的许多英文书信（多的时候一个月就有两三封），白求恩在华写作而发表的多篇作品，有报告文学、散文、诗歌及随笔，还有白求恩在中国的珍贵摄影作品等。

1979 年，马海德在加拿大出席纪念白求恩的讨论会，瞻仰了白求恩家乡的白求恩纪念馆，赠送了中国中医文献和白求恩画册。

第八篇

接待印度援华医疗队，组建白求恩国际和平医院

为接待印度援华医疗队，马海德有缘又得到史沫特莱的帮助

　　1938 年六七月间，毛泽东、朱德明确了由马海德负责接待印度援华医疗队工作，马海德的积极性很高。他对印度了解不多，知道印度是英国殖民统治区，英语是主要语言。为了做好接待工作，他发电报给武汉八路军办事处，请王炳南提供印度政府和人民支持中国抗战及派出援华医疗队的相关中英文材料，越丰富越好。王炳南是周恩来的得力秘书，西安事变期间，正好史沫特莱在西安采访，两人都在德国留学过，因而交往就多了。5 月底，王炳南提供给延安关于印度将组织医疗队援华的消息，就是史沫特莱提供的。史沫特莱年轻的时候，在纽约曾经因为参加支持印度民族独立活动，被美国当局关进监狱，此后，与印度有了缘分，出狱之后，访问过印度，结识了不少印度朋友，与印度报界关系不错。史沫特莱与王炳南在汉口常见面，史沫特莱说起 1937 年底她在五台山时，曾经建议八路军总司令朱德从山西八路军总部向印度国大党主席尼赫鲁发出一封呼吁支持八路军抗战的信，想不到国大党在印度真的发起了援华活动，规模很大，波及全国。

　　不久，王炳南专门来找史沫特莱，告诉她白求恩一行已经到达五台山八路军总部了，马海德已经在延安接待了白求恩医疗队。王炳南请史沫特莱为白求恩医疗队募集医药用品及资金，同时请她为马海德汇集印度派出援华医疗队的消息。史沫特莱兴奋地告诉王炳南，她是怎么介绍马海德与宋庆龄认识的往事，对促成印度援华医疗队来华的事，她格外热心。

　　1938 年 8 月底，马海德收到了从武汉回来的八办同志捎带来的一个牛皮纸大信封，里面大部分是印度及我国国内英文报纸剪报，也有数份武汉的中文报纸剪报，还有印度驻华使馆的英文简报。内容讲的都是印度国内关于中国抗战的各种消息报道、评论等。大信封里还附有王炳南写给马海德的信，称这些材料是美国记者史沫特莱女士提供的，她还是中国红十字会在武汉很得力的义工和宣传者。马海德收到这封信及报纸材料，很激动，不免想起当年在上海法租界的霞飞路德国书店翻看书籍时，那个亲切招呼

他的史沫特莱，那是他和她的首次见面。

马海德很快研读了这些材料，当晚，就拿着信和报纸材料去见毛泽东。窑洞里，毛泽东正在写文章，搁下笔听他汇报。马海德兴奋地说："去年底，朱总司令给印度国大党领袖尼赫鲁发去了一封呼吁印度支援中国八路军抗战的信。"毛泽东说："我晓得那封信，是史沫特莱为朱老总英文加工的。好事情啊！这封信吁请国大党筹募资金帮助八路军战士战斗下去，提供医疗物资和手术器械，派遣有经验的战地医生和护士。"马海德说："尼赫鲁收到朱老总的信，有了实质性的行动，除在印度各大城市掀起声援中国抗日的浪潮外，他们还通过了派遣医疗队援助中国抗日的决议。"毛泽东听了为之一振："国大党是印度执政党，做出这样的决议不简单啊！"毛泽东拿过马海德递给的材料翻看着，十多份报刊材料，大部分是英文的，有的还配有印度举行"中国日"的街头游行照片。

毛泽东看了看马海德那张兴高采烈的脸，想了想，说："马博士同志，你是讲英语的，这是一件外交的活儿，不妨试着干一下。"马海德问："试一下外交的活儿？"毛泽东笑着说："不是写一份你拿手的医学报告，而是将你手中这些印度方面的材料，综合起来，写一份关于抗日战争中的中印关系，以及印度派出援华医疗队前前后后事情的外事报告。"马海德搓着手，正在考虑这种没干过的事。毛泽东笑了："写完之后，可以请吴亮平指导修改一下。"马海德问："活儿干完，交给谁？"毛泽东说："交给朱老总啊，这是朱老总给尼赫鲁的信的情况反馈，也给军委总卫生部，当然也给我啊。"

马海德接下这份外交工作，足足花了两天时间，再请吴亮平指导了半天。他对吴亮平笑说，"比做一次大手术还费劲"。他完成了外事报告——《印度国大党三次举办"中国日"活动以及印度决定派出援华医疗队》，高兴地哼起了陕北小曲。在这份"报告"中，马海德对所熟悉和敬仰的宋庆龄女士，还多花了一些笔墨。

这份"报告"要从宋庆龄与印度国大党领导人尼赫鲁的关系说起，他们都是具有世界眼光的政治家。早在大革命时代，宋庆龄就出任广州国民政府妇女部部长，关注中国及世界妇女之命运。她很早就关注印度局势。1924年，她在日本神户发表演讲时，提到印度的妇女"也开始起来维护她们的权利"。1927 年，宋庆龄有关妇女训练班的谈话在印度报刊发表，引起史沫特莱重视。同年，宋庆龄在苏联访问，出席 11 月间在莫斯科举行的东方国家代表团会议并讲话，指出："我们必须联合起来，努力推翻拥有世界强权的外国帝国主义。我们同样必须再广泛了解彼此的斗争，彼此失败和成功的原因，最终通过这样的联合，我们可以使所有被压迫的人民获得自由。"她的话引起了包括印度在内各国与会者的强烈共鸣。尼赫鲁感到美丽的孙夫人是"全世界的上乘人物"，从此"一直抱着同她再见的愿望"。

印度处在英国殖民统治下，伦敦是印度政治活动的神经中枢。1937 年间，有两件事在伦敦的印度政治家圈子中产生了很大的影响。其一是斯诺介绍中国工农红军进行红色革命的著作《西行漫记》首次在伦敦出版后，引起了极大的轰动，并连续再版；其二是发生了七七事变，中国抗战爆发，印度的政治家们纷纷关切邻居——中国的命运。曾经帮助过西班牙反法西斯斗争的爱德尔大夫来到伦敦，他倡议向中国派出援华医疗队，为此相关人士在伦敦成立了印中委员会。1937 年 9 月 14 日，时任国大党主席的尼赫鲁向新闻界发出声明："对中国这一悲剧不能袖手旁观，因为这也许会对印度本身产生相当大的影响，我们必须组织抗议活动……"

朱德称赞马海德，想不到你这医学博士也懂外交

下面的文字是 1938 年 9 月中旬，马海德所写的第二份印度援华医疗队外事报告的主要内容。

印度国大党专家委员会从数百名援华志愿报名者中，挑选了约五十名候选者到孟买进行会晤，最后根据他们的能力、经验和健康状况及医疗队员年龄要求，精心挑选了四位，加上带队的

爱德尔大夫，共五位大夫组成了这支印度援华医疗队：队长爱德尔，副队长卓尔克，队员柯隶尼斯、巴苏和木克吉。卓尔克大夫年纪最大，快六十岁了，经验丰富，医龄最长，其余队员都是不到三十岁的年轻人。队员组成结构很有意思，五个成员代表着不同的思想，其中卓尔克是虔诚的甘地主义者，木克吉是民族社会主义者，柯隶尼斯、巴苏是有共产主义思想的人，担任队长的爱德尔大夫是尼赫鲁的妻弟，是反法西斯主义的国际主义者，是参加过西班牙内战的老战士。

援华医疗队五人的经费由国大党负责筹集。

援华医疗队五人携带筹集到医疗物资是：54箱药品、一些医疗器械、1架轻便X光透视机、2台显微镜、1辆防弹救护车和1辆卡车。

1938年9月1日，在孟买欢送大会之后，援华医疗队自孟买巴拉德码头乘坐"拉吉普塔纳（王子）号"邮轮来华。孟买的华侨们和中国驻孟买领事馆代表也到码头献花欢送。还有消息称，这班客轮海上航程17天，华侨商会领袖赠送了两本伦敦版的斯诺所著畅销书《西行漫记》，以供医疗队在旅途中阅读，了解中国。

据悉，印度医疗队除了参加救治我国受伤将士工作之外，还承担了了解中国如何战胜强敌，以及了解中国各方面情况的任务。

早在半月前，马海德递交了第一份印度援华医疗队外事报告，朱老总首先看了马海德写的这份外事"报告"，大为称赞，"想不到你一个医学博士也懂外交"。

姜齐贤则笑着说："怪不得人家称赞我们卫生部里'金刚'多，有'名医金刚'，还出了'外事金刚'哪。"毛泽东则说："但愿马博士为八路军多引进几个'白求恩'啊。"印度各大城市声势浩大的"中国日"游行，以及从全国选派援华医疗队上前线救护伤员的事，引起了中共中央高度重视，审视上次白求恩大夫的加美援华医疗队的到来，那是白求恩大夫自己到汉口，上门找到武汉八办去联系的。因此，这次接待印度援华医疗队，周恩来和博古在武汉明确了由王炳南负责接待。

王炳南出身于西北豪门世家，能说流利的英语、德语，还有德籍夫人王安娜配合，因此深得周恩来重用。在延安，毛泽东、朱德明确由马海德接待国际医疗队。在接待白求恩一行中，马海德表现出他周全、细致的斡旋才干，也深得毛泽东器重。中央领导重视了此次医疗队接待任务，没想到刚过了十余天，马海德就根据武汉方面王炳南发来的电报，写出了第二份印度援华外事"报告"，其中报告了上述最新消息。

此后，马海德根据王炳南不断用电报、电讯发来的印度医疗队来华的新消息，给军委总卫生部和中央领导人呈送简报，数期简报介绍了如下内容：

——9月14日，"拉吉普塔纳号"邮轮经过科伦坡、槟榔屿、新加坡，抵达香港九龙码头，国民政府驻港外交代表俞鸿钧、印度侨民代表和香港多个华人组织到码头欢迎，香港八办代表连贯也去医疗队驻地探望和欢迎，当爱德尔队长谈到朱德将军写给尼赫鲁的信时，连贯说："朱总司令和八路军战士们将会在前线欢迎你们。"

——宋子文和中国红十字会会长负责人举行了欢迎茶会。宋子文说："孙夫人宋庆龄女士是尼赫鲁先生的朋友。她说她将要在抗战的国境内，在医疗队到中国的第一站——广州，欢迎你们。"

——他们还在香港会见了斯诺先生，他们都阅读了《西行漫记》，因此对斯诺特别表示敬佩。斯诺告诉他们："我书上写的朱毛红军已经在抗日战争开始时，改编成为八路军，我相信你们会到西北和华北前线去做医疗救治服务，我也向你们致敬。"

——9月17日，他们从香港乘坐法松号班轮到达广州，他们从船舷上就看到了被日机炸得遍体鳞伤的华南重镇——广州。

宋庆龄、广东省及广州市领导人、各机关团体代表及印籍侨民等两千余人到广州码头欢迎。在码头，宋庆龄、何香凝等人登上班轮，对印度医疗队来华服务的热情和精神表示敬佩和感谢。医疗队成员看到宋庆龄"很年轻，风度迷人，讲一口漂亮的英语"，而且"衣着朴素，丝毫没有中华民国国父夫人的架子。"翌日是九一八事变七周年，医疗队队员们一早醒来就听到了空袭警报，警报过后他们去瞻仰了中山纪念堂、黄花岗七十二烈士墓和十九路军抗日阵亡将士墓并献了花圈。晚七时，广州市民举行了抗日火炬游行示威，穿着军装、背着步枪的青年高举火把，还有一队卡车跟着，每辆车身两侧贴着打击日寇的爱国招贴画和漫画……宋庆龄与群众一起行进在游行队伍中。这壮观的场面给医疗队队员留下了深刻印象。巴苏医生向宋庆龄谈起医疗队打算去中共领导的军队中工作。宋庆龄听了很高兴，说："医疗队可在汉口由史沫特莱安排会见周恩来，医疗队可向周恩来提出到延安去。"

——9月29日，医疗队到达汉口，会见了周恩来、叶剑英和史沫特莱。根据周恩来的建议，医疗队被中国红十字会救护总队编为第十五救护队，先后在国统区汉口、宜昌、重庆等地工作。在为国民革命军救助伤员时，他们感觉国军并没有全力抵抗日本侵略军，医疗队更向往斯诺描写的朱毛红军改编的部队。早在来中国之前，医疗队就听说八路军与国民党军队不同。因此，他们渴望到共产党领导的敌后战场去。在重庆，医疗队下榻在加拿大驻华使馆，为了表达与中国休戚相关的决心，特意请中印文化协会主席——佛学家谭云山教授为每一位印度大夫取了一个中国名字，每个人的名字后加一个"华"字，"华"是中华的华，也有"花"的含义，大家都说好。名字顺次为安德华、卓凯华、柯棣华、巴思华和慕客华，后来在使用过程中逐渐变为爱德华、卓克华、柯棣华、巴苏华和木克华，并将巴苏华称为巴苏。在重庆，他们又第三次向董必武提出了去延安的请求。为了使自己的体力能尽快适应战场生活，年轻的柯棣华每天都要背着背包练习徒步行军。

——国民党当局不希望医疗队去延安，医疗队为此受到了"惩罚"。重庆当局医务署的官员表示："如果印度医疗队迫切希望到西北去工作，他们可以去，但我们主管部门不承担任何责任。"意思是，重庆当局不打算解决他们去延安的交通运输等问题，也不支付必要的费用，甚至路途安全也不管。那么，他们所携带的五十多箱药品和 X 光机的运输，以及卡车、救护车的汽油都得由医疗队自己解决。医疗队本身的费用已经都由印度国大党负责，再增加预算外的开支当然是困难的。更使他们觉得可笑的是，他们还收到了所到之处服务过的宜昌等地来电，要求医疗队归还在当地的费用，竟称那是"借款"。

这天，朱老总看了马海德发的简报，得知重庆政府对印度医疗队来延安的刁难，甚为生气，带着秘书黄华来到城外清涧的军委总卫生部，找

图 8-1　广州码头上热烈欢迎印度援华医疗队的群众

图 8-2　印度援华医疗队在重庆改名加"华"后的合影

姜齐贤部长和马海德商量应对办法——如何促进印度医疗队尽快来延安。马海德说："宋庆龄女士的知交路易·艾黎正在重庆，正在想办法。"朱德说："今早我已发电报给董必武，请他为印度朋友想一想办法。"

印度医疗队来延安受阻，爱德华略施小计，重庆当局送来了汽油

正在重庆的路易·艾黎，其建立的"工合"组织（工业合作社）经过不懈努力，获得了民国政府行政院批准，在西北甘肃开办工厂及学校做基地，也在各地办工厂，并争取到行政院院长孔祥熙批的一笔经费。经过斡旋，滞留重庆的印度医疗队得到了孔祥熙院长的接见，孔祥熙想说服他们放弃去延安的打算。孔祥熙说："那儿除了荒瘠的高原之外，什么也没有。他们没有足够的粮食和水。另外，你们是从气候温暖的地区来的，要去那极其寒冷的地方工作，你们会受不了的。"可医疗队仍然坚持要去，队长爱德华说："孔院长，国大党是印度执政党，党的决议派我

们医疗队到中国抗日前线救护伤员，不能因为气候寒冷我们就不执行党的决议。"

滞留重庆期间，因神经性湿疹发作而中途去香港治疗的爱德华大夫，在香港得到宋庆龄的保卫中国同盟与廖承志主持的八路军香港办事处协助，补充购买了大批医药用品回到重庆。路易·艾黎为"工合"业务，也决定陪同医疗队前往延安。医疗队正要出发时，国民党当局仍然不给汽油，医疗队的大卡车与救护车没法开动。爱德华队长是个国际政治活动家，足智多谋，想了一个避免与当局正面冲突的办法，去邮局往印度发国际电报，内容如下："因需自费上抗日前线服务，乃要求国大党总部给汽油或者多汇款来买汽油。"爱德华对队员们说，这封电报肯定是发不出去的，因为这是让重庆政府在国际上丢脸的事，并且暴露国民党在抗日战争中排挤共产党的事实。果然，这封电报没能发出去，此事被上报到蒋介石那里，蒋介石获悉生气了，斥责说："有损我国际尊严，不要自找外交麻烦。"于是，重庆当局给医疗队送来了急需的汽油，还为医疗队每个队员办理了去前线的"安全许可证"。

主管接待印度医疗队的马海德，得到王炳南在重庆八办发的电报：（1939年）1月17日，医疗队终于携带医疗物资出发了！在离开重庆3个星期之后，经停西安，进入边区向延安行进。这段日子，马海德几乎日日夜夜关注着医疗队的行程，医疗队经过两个星期到达西安。西安八办发来电报：医疗队乘着一辆标有印度国大党党徽标志的救护车到达西安八路军办事处，八办举行了很热烈的欢迎会，双方都表演了文艺节目。马海德终于放下心了！

关于印度医疗队到达延安，受到热烈欢迎的情景，马海德自己有文记载：

　　一九三九年二月十二日，医疗队终于克服重重阻挠和困难来到延安。这天，延安刚刚下过一场大雪，陕北高原的早春是相当冷的。两千多人的欢迎队伍刚刚集结，天空突然传来飞机声，日军又来空袭了。我不由暗暗担心：又是严寒，又是空袭，真够这五位印度大夫受的。

　　我的担心显然是多余的，当空袭结束，医疗队五位大夫在中国共产党人的老朋友路易·艾黎的陪同下向我们走来时，我看到他们每个人脸上都显得兴奋而又坚毅。人们紧紧地握手、拥抱，用双语互致问候，表达钦敬之意。这时候列队两边的群众响起了雷鸣般的欢呼声。到延安来的外国人，他们并不是第一批，但先前来到的都是来自西方国家。迎接来自地处近邻并和中华民族有着同样遭遇的印度人，这在延安却是第一次。印度援华医疗队的出现，正是被压迫人民和被压迫民族相互同情与支持的象征。

　　印度医疗队受到了延安军民特别热烈的欢迎，延安城里的街巷挤满了欢迎的人群，有秧歌队，有群众演出，医疗队可以看见踩着高跷的演员们踏着节奏欢迎他们。毛泽东会见了医疗队全体成员并出席了欢迎晚会，邀请五个印度大夫坐在自己身边。抗大的师生们演出了一台节目，其中有活报剧《印度大夫上前线》，扮演印度大夫的五个演员下巴上都贴了锡克族的大胡子，全场都哈哈大笑。毛泽东也大笑起来，乐着指着身边的印度贵宾说："他们都是光下巴，没有胡子啊。"印度医疗队五个大夫还集体演唱了《义勇军进行曲》，观众们第一次听印度味的中国抗战歌曲，都热烈地鼓起掌来。他们在红色根据地的抗战医疗服务就这样开始了。

　　马海德像去年接待白求恩一样，带领他们参观延安的各个医疗卫生单位，以及抗大、鲁艺、女大、陕公学等机构，陪同他们考察和访问，以及参加与延安各界人士的座谈。医疗队大夫们知道了马海德不久前接待过白求恩的医疗队，而且获知白求恩一行已经在晋察冀前线开展了战场救护工作。爱德华对马海德谈起前年在马德里反法西斯战场，他和白求恩大夫都是国际纵队的医生，都很勇敢和负责，称赞白求恩医术精湛高超，善于动脑子，在战场上经常有些即兴的小创造，称赞白求恩做手术"精确、迅捷、干净"。爱德华很是羡慕白求恩"抢在我前面了"，很想带领医疗队立即上前线，再次与白求恩一起战斗。马海德告诉印度医疗队，因为日军加强封锁边区，以及黄河解冻的春汛冰凌大水，需要等待一段时间才能东渡黄河上前线，目前医疗队在八路军医院、甘谷驿第二野战医院参加救治从山西前线运回来的重伤员，并做好上前线的准备。

（1）   （2）

图 8-3 ◇ （1）毛泽东在窑洞里会见印度援华医疗队队员；（2）毛泽东与印度援华医疗队队员合影

　　对印度医疗队每个人的情况熟悉之后，细心的马海德对姜齐贤部长提出：请部里研究一下，有共产主义思想并年轻的柯棣华、巴苏华适合上前线；因为敌后根据地条件太艰苦，考虑到年龄原因，队长爱德华、副队长卓克华和木克华，适合留在延安八路军医院及八路军卫生学校参加工作。军委总卫生部经过研究，同意了马海德的意见。后来，爱德华队长再三提出上前线，领导同意了爱德华的要求，印度医疗队三个大夫一起准备上前线。

　　为了等待合适的出发时间上前线，印度援华医疗队一直在八路军军医院工作了大半年。他们天天忙于看病、动手术和讨论医学问题。其中柯棣华最为活跃，与马海德交流得也最多。柯棣华外出巡诊，再远的路也不拒绝，那就需要学会骑马。于是，马海德教柯棣华骑马，笑着鼓励："你别看我现在是个好骑手，当初也跟你一样。我刚到苏区时，骑上马背老怕摔下来，结果就会滑下马背，所以你掉下来几次也正常啊！"后来，马海德回忆柯棣华跟他学骑马，写道："开始，他不善骑马。经常被马鞍磨破胯部皮肉，可他不声不响，后来竟骑得很熟练了。"

　　这次，路易·艾黎陪同印度医疗队到延安，与马海德分别三年后又见面了，两人一见面就激动地拥抱在一起。艾黎应邀住在马海德的窑洞里，马海德高兴地告诉艾黎："从前年 2 月起，我就已经是中国共产党党员了！"看见他跟人交流能说很流利的陕北普通话，艾黎觉得"他已经完全适应了

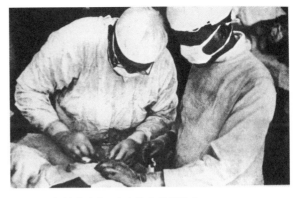

图8-4 柯棣华（右一）在为伤员做手术

当地的生活，工作十分愉快"。他要帮助印度医疗队熟悉边区情况，安排他们参加工作，还要给边区军民治病，总是从早忙到晚。艾黎住在马海德窑洞里看到，几乎每天深更半夜，都有人提着一盏拴在小木棍子上的纸灯笼，来找马海德出急诊，马海德则每次都乐哈哈地背起药箱，跟着来人去治病。艾黎看到马海德踏着积雪，深一脚浅一脚地走在陡峭的山间小道上去出诊，就会守在灯下等他回来。

有一次，艾黎问："乔治，你不觉得累吗？"马海德则开心地说："路易，我觉得我现在的生活很充实，非常有意义。去年白求恩大夫来延安，也是我接待的，现在他在前线工作得很出色，常给我写信。在延安，从毛主席到战士、百姓，都像家人一样喜欢我，支持我的工作。"

艾黎像慈父一样关心马海德的婚姻大事。一次，艾黎看见同窑洞的李德带了一个女人出去了，就问："你都快三十啦，看上什么美女了吗？"马海德笑着说："我带白求恩去抗大、鲁艺，他对我说延安美女如云，我要是逮着一个啊，他就从前线赶回来参加婚礼。"艾黎哈哈笑："逮着没有？"马海德双手一摊："一是我太忙了，二是缘分还没到。"艾黎与马海德的感情很深，有一个星期天，马海德去找总参谋长叶剑英借了猎枪，陪艾黎去延安城南七里铺杜甫川打猎。想不到马海德这个老外，也懂了不少延安史籍典故，对艾黎介绍说，中国唐代大诗人杜甫避战乱路过延安，就曾歇脚住在这个山村，后人就称这儿为杜甫川。我跟毛主席来这儿寻古，这里还有中国历史上的大名人来此题壁刻字。这个山坡拐沟，茂密山林里有野兔和山鸡，是个打猎的好去处。

两人边打猎、边畅谈，涉的范围很广，从毛泽东、抗战、上海、宋庆龄，到中国的未来……艾黎告诉马海德，日本人占领上海时，宋女士身陷危境，是他和她假扮"洋情侣"才闯过日军关卡，送她上了德国邮轮脱险去香港避难的。说起宋庆龄，艾黎说："等我去香港见到宋庆龄女士，一定将你在这儿工作的详细情况告诉她,她一定会很高兴！"马海德说："要代我感谢她推荐我到保安参加红军,这才有了我的今天。"马海德还强调说:"你对她说,我现在很投入地在建八路军军医院,收治前线下来的伤员,但是,我们缺医少药,很迫切地希望得到她和保卫中国同盟对八路军卫生事业的大力支持。"

艾黎在延安与马海德分手时,马海德请他将自己写的八路军战士英勇杀敌、伤员抢救缺医少药的文字材料转交宋庆龄。艾黎一看,材料是英文手写的,就将自己用的英文打字机留给马海德使用。

八路军军医院创建起来了,马海德的枣红马换了两次铁掌

马海德在筹备欢迎印度医疗队这段时间,眼界大为开阔。毛泽东由于长期在窑洞下半夜、寒夜右手持笔伏案写文件、书稿和讲稿,导致右肩经常疼痛,马海德经常夜里去给毛泽东理疗,得以听闻到毛泽东思考当前战争重要问题的只言片语,或者听到毛主席跟其他领导人讨论问题的谈话,这些经历均启发了马海德的思路。这段时候,由于战争形势的发展,抗战已经进入一个新阶段,虽然困难增多,毛泽东却不止一次地谈到"我们有可能在黄河以东建立大块抗日根据地""注意培养基干兵团和基干游击队"。这些日子,虽然马海德夜里在为毛泽东理疗,但是,毛泽东的关于抗战的思考也启发着马海德。

马海德每晚回到窑洞,虽已夜深,但难以入眠。他在思考——由于敌后抗日根据地扩大了,八路军和游击队的队伍也扩大了,从1937年秋八路军富平改编,三个师出兵时部队四万五千兵力左右,到1939年秋,仅两年时间,八路军兵力已达二十万人。八路军游击战和运动战的配合,使战争深入发展、战事频繁,山西甚至河北游击区,伤员增多,沿黄河一线的伤病员不断被送到陕北绥德、清涧、延川的第一兵站医院和甘谷驿第二兵站医院,重伤和高干伤员则转到延安治疗。这样一来,延安初期的拐峁

医疗所，医疗救助任务日益繁重，很难完成救治任务。马海德迫切地感到，八路军的战时医疗卫生工作，必须有大发展，以适应战争形势发展的需要。否则，八路军总部仅凭拐峁医疗所，怎么能承担八路军医务工作的重担？必需创建八路军军医院。

图 8-5 饶正锡

马海德将想法向姜齐贤、饶正锡、王斌等军委总卫生部领导做了汇报，得到了他们的认同。饶正锡大力支持，首先表态说："马海德同志的提议很及时！我们太需要办一个有国际反法西斯背景的医院了！"姜齐贤也说："八路军在极困难的情况下对日作战，我们后方的医疗保障工作，再大困难也要战胜，没条件也要上！"他们一起商量向中央提议，在拐峁医务所的基础上，创办八路军军医院！毛泽东、朱德十分赞同，中央军委总卫生部很快就通过了创办八路军军医院的具体计划。当时，在军费很困难的情况下，军委批准专项费用："法币八千余元，分内、外、妇产三个科，开设有手术室、化验室、X 光室等"。这时，赶上印度医疗队到来，由印度大夫们担任外科工作，带来的器材充实医院的基本设备。全院可收治病人 120 余名；当时，全院工作人员 112 名，医生 9 名、护士长 1 名，从八路军卫生学校调来一批护士，一共有护士 45 名，其余为行政事务人员。"

经过积极紧张的筹备，1939 年初，八路军军医院在拐峁正式建成，由苏井观任院长（这年秋由鲁之俊接任），汪东兴任政委。同年 5 月 2 日，八路军军医院举行揭幕典礼，军委副主席王稼祥和总参谋长滕代远、总后勤部负责人张令彬等相关领导人前来祝贺。在揭幕典礼上，马海德还邀请印度医疗队五位大夫与军委领导人在最前排就座。柯棣华悄悄对他说："马博士，成立军医院，我看你是最忙的人。刚才我去马厩放马的时候，发现你的枣红马右后掌快磨损完了，你要赶快去换掌啊。"马海德马上表示感谢。

马海德为八路军医院的成立，从城里到拐峁，日夜来回奔波，他的坐骑——枣红马都换了两次蹄掌了。整个建院工作，除雇请民工在拐峁后山挖一排窑洞之外，直属医疗所的全体工作人员齐上阵，自己动手挖土、和泥、打土坯。马海德非常积极，挥锄头挖土，用木锤打土坯，这使当地村民看了既吃惊又感动："连洋八路也干这粗活！"在他的影响下，村支书也带年轻人参加了劳动。整个冬天，大家就在半山坡上盖了两排平房，作为医院的高干病房。这其中还有个插曲：原来的拐峁医疗所仅有5个护士，军委总卫生部决定从八路军卫生学校抽调刚毕业的40个护士来军医院，这批护士将是医院的生力军！由红军卫生学校改名的八路军卫生学校，校长王斌于年初已经调任八路军总卫生部任医务主任，由教育长李治代理校长。学校在延安城西南方向一百公里的鄜县张村驿，王斌刚要自己回学校去挑选护士人选，正好因有别的紧急公务，需要推迟数天才能前去。马海德就主动提议："王主任，我代替你跑一趟，就不用耽误数天了。"王斌说："那要难为你去一趟，来回就是两百公里路啊。"马海德说："建院工作，赶一天是一天，早一天建成就早接纳前线伤员啊。"王斌说："我写个条给你，让李治代校长，还有管护士的黄树则教员协助你。"

　　马海德很久没有骑马跑这么远的路了，他这次骑马去张村驿共用了三天时间，路途一天，在学校落实人选工作一天，回来一天。姜齐贤部长在抽调护士的报告上签字之后，马海德又去联系总部的大卡车，亲自将护士们接到拐峁来。马海德知道毛泽东与李治在长征路上关系很好，在将护士们安顿好之后，已经是晚上了，他到毛泽东的窑洞去为李治捎话。毛泽东看见他风尘仆仆的，就问："去哪里回来？"马海德："张村驿卫生学校。"毛泽东说："一百多公里啊，没吃晚饭吧？"马海德笑着点点头。毛泽东就喜欢马海德这使不完的劲，叫警卫员去拿了三个馒头来。毛泽东看着他喝水吃馒头的时候，自责地说："博士同志，战争打起来再忙，也不能将办医科大学的大事给耽误了呀！你说是不是啊？那年在保安我一见你，就说起要办医科大学，你都把报告写了，我们不能忘了啊，一定要抓紧！但是医科大学不能办在张村驿，一百多公里，太远了，中央领导和外面来的专家，要去上一堂课都很不方便。医科大学还是要办在延安城近郊，得找个地方啊……"

白求恩国际和平医院，凝聚着马海德许多心血

八路军军医院揭幕开办，这是边区报纸上很重要的新闻，引起了延安军民的关注。开办初期，不仅城里，还有整个延安来看病的军民、干部学员真是不少！八路军军医院虽说离城里三十里路，在延安没有公交的年代，去一次也不容易。它不仅接收八路军伤病员，给干部看病，也免费给城里百姓、乡下农民看病，这在延安的历史上是从未有过的。

医护人员的工作很忙，根据最初两个月的情况统计，就医的患者日平均达 178 人。八路军军医院还为中央领导和军队高级干部检查身体和治疗疾病。有一次毛泽东来医院看望某个住院干部，被来看病的李姓大爷看见，回到城里说开了，"我去看感冒咳嗽，碰见毛主席，他跟我打招呼。"这件事成了报纸一则小新闻——《李老汉看病碰见毛主席》。过了不久，出了一则《八路军拐峁医院洋大大多》，讲八路军军医院里印度大夫、加拿大大夫、美国大夫、德国大夫等，初具国际和平医院的样子云云。

在延安城街上能遇到毛泽东、朱德，在当时是很平常的事。实际上，毛泽东在军医院出现，是因为周恩来骨折住院，他两次前往探视。八路军军医院揭幕不久，1939 年 7 月 10 日，周恩来到中央党校作报告，所骑的马受惊，马前身陡然昂起，将周恩来从马背上摔跌在路旁岩石上，伤到了右臂。受伤后，周恩来忍受着剧烈疼痛步行来到党校会客室，由中央卫生处派来的医生作了简单的包扎，打上了石膏。此后，他带着伤胳膊继续工作。由于第一时间处理时，未经 X 光机透视，就包扎打石膏，没有完全治疗好，一个多月后，他的肘部已经不能活动，疼痛不已。在毛泽东、朱德催促下，周恩来住进八路军军医院治疗。8 月 18 日，鲁之俊与爱德华、柯棣华和巴苏华三位印度大夫一起会诊，再次对周恩来的病情进行了检查，取下石膏后才发现骨折处的愈合很不理想，右臂肌肉开始萎缩。尽管进行了按摩和热敷，周恩来的右臂仍然无法伸直，只能处于半弯曲状态。马海德常来看护周恩来，与邓颖超轮换守护、陪同。8 月下旬，中共中央决定送周恩来到苏联治疗。一架专机 C-47 送周恩来、邓颖超等从延安经

图 8-6　延安白求恩国际和平医院

新疆飞往苏联。

在边区和根据地的医院，条件普遍简陋，但位于拐峁的八路军军医院是延安条件较好、医生水平较高的医院，所以拐峁八路军军医院与甘谷驿第二兵站医院，除收治驻陕甘宁边区的军委机关和各部队的伤病员外，还收治从山西、河北等前线部队送来的伤病员。华北各抗日根据地把延安这两所医院当成大后方医院。

白求恩医疗队一行三人，加上马海德合计共四个洋大夫，到拐峁医疗所，两次认认真真地诊看每一个伤员，被传为"洋大夫在延安"的佳话。接着来了印度医疗队五个大夫，正赶上八路军军医院的组建，由在西班牙反法西斯战场救治伤兵的爱德华队长担任外科主任，专门负责外科；医院揭幕的 5 月间，朝鲜的方禹镛医生又来医院工作，他是从日本东京大学医学院学成归来的资深名医，出任内科主任。接着，7 月间，德国医生汉斯·米勒受宋庆龄发起的"保卫中国同盟"委托，将国外援助中国抗战的 600 箱医药用品和 1 辆大型救护车，千里迢迢从香港经大西南山区送到延安来。

米勒到延安后，没有休息，立即投身到医院工作中。

接着，朱老总又从晋察冀根据地要来奥地利年轻医生傅莱。

此间在医院工作的中国医生团队，大都是西安事变后国共合作统一战

图 8-7　周恩来从苏联治疗回来后进行臂力锻炼

线形成后，来自全国各省市的医界骨干，其中有廖由洁、汪石坚、肖志功、许若维、刘景晏、魏一斋、曲正、邵达、刘允中等。

这年 11 月间，军委总卫生部领导及各处室负责人开会，在讨论 1939 年八路军卫生工作年度总结时，饶正锡提出："延安群众都说我们拐峁八路军军医院像个国际医院的样子，我们是不是需要将这个医院正式改成'国际和平医院'？"对于这个提议马海德说："我很赞同。这种意见已经不止一两个同志提议过，社会上也有此类提议，是不是我们军委总卫生部形成共识之后，正式给中央打报告改名？"

就在这时，1939 年 11 月 12 日，白求恩大夫为帮助中国人民的抗日战争，在山西前线以身殉职。一直负责与白求恩保持电报及信件联系的马海德，在悲痛中郑重提议："为了纪念这位伟大的国际主义战士，继承和发扬白求恩精神，为隆重悼念和学习白求恩大夫，我建议将八路军军医院，正式改名为'白求恩国际和平医院'！"军委总卫生部通过了马海德的这个提议，12 月 1 日军委总卫生部拟文专项呈报中央军委，获准正式改名。改名决定通过不久，根据形势的发展，后来又加改"总"院，即"白求恩国际和平医院总院"。

在延安城遭日军飞机大轰炸之后，毛泽东从凤凰山搬到杨家岭。一天下午，毛泽东与马海德一起散步，听取马海德的工作汇报。马海德说："军委

图 8-8 ● 汉斯·米勒

总卫生部前天得到一二〇师卫生部电告，印度医疗队爱德华、柯棣华、巴苏华三位大夫，以及德国米勒大夫已经渡过黄河，到了师部所在地，即将进入太行山前线地区。"毛泽东叮嘱说："你是这些外国大夫们中的'老延安'了，他们都是我们八路军的'宝贝'，你虽然不能到前线去，但是一定要跟他们保持密切的联系，对他们倍加爱护。"

毛泽东在离开之前，又给马海德叮嘱了两条：一是，拐峁医院改了个好名字，但是，那个地方太小了。你曾经跟我骑马去看过一个叫柳树店的地方，是城东北郊的一个好地方，我们已经安排在山后建了一个兵工厂，山前那个大弯弯是办医院的好地方。二是，这次米勒从香港孙夫人那里过来，他说孙夫人的'保盟'总部有个得力的骨干是英国记者贝特兰，年轻、活跃、能干！这次米勒押运的医疗物资，就是这个贝特兰跑了好几个国家为'保盟'搞来的，你要加强与孙夫人的联系。马海德说："主席的叮嘱我都记住了，贝特兰来延安时我在山西。主席跟贝特兰的抗战谈话在延安发表了，我学习了两三遍了，那是很重要的谈话，是抗战纲领性的文件。"

白求恩国际和平医院命名之后，由于八路军的快速发展壮大，医院的床位已不能适应形势发展的需要，军委总卫生部随即决定将医院由拐峁迁移到柳树店，重建新址。同年 10 月 13 日，在柳树店新址举行了新院落成典礼，朱德、王稼祥、萧劲光等领导到会并讲了话。白求恩国际和平医院迁移后，拐峁八路军军医院旧址改设为白求恩国际和平医院分院。这个时期，由塞克作词，向隅谱曲，为医院创作了《白求恩国际和平医院院歌》，全院医生、护士等职工都爱唱，马海德嗓门大，唱起来声音特别洪亮、激昂。在中央大礼堂表演节目时，白求恩国际和平医院的合唱队就由马海德领唱。马海德领唱有点洋调的陕北味，颇受欢迎。

战士们拿宝贵的生命，抵抗日本强盗的猖狂；

为打倒日本帝国主义，为争取中华民族的解放；

环境越艰苦难当，我们要越加努力学习白求恩的榜样；

消灭人类的痛苦，做和平战士的保障。

1943 年春，抗战进入后期，因院址还是不能满足医院需要，医院又迁移至刘万家沟，将原柳树店旧址改为白求恩国际和平医院第三部。迁移新址后，医院新建了手术室、病房、工作人员休息室，并添置了各种用品等，建设历时七个月，花费延安币 26 万多元，终于使白求恩国际和平医院成为当时延安具有正规化设备的一流医院。白求恩国际和平医院在延安先后驻扎在三个地方，长达七年之久，都凝聚着马海德的心血。

抗战后期，八路军各师及前方根据地的一些领导同志到延安向军委汇报工作，军委总卫生部常常安排他们到医院检查和治疗疾病。如刘伯承、陈毅、徐向前、贺龙、陈赓、续范亭、关向应等，都在白求恩国际和平医院治疗过。毛泽东、周恩来、朱德等中央领导经常到医院来看望伤病员。贺龙来检查身体，又为马海德带了一匹好马相赠。陈赓来住院，马海德认真为其反复检查腿部旧伤，给他看宋庆龄寄来的中国保盟的刊物和资料。陈毅千里穿越封锁线来延安参加七大，毛泽东特别向马海德介绍了陈毅。陈毅住进刘万家沟白求恩国际和平医院，马海德与在延安的沈其震博士（军委总卫生部副部长），一同去为陈毅检查身体诊治内病，幽默的陈毅乐呵呵笑说："一个日内瓦医学博士，一个东京医学博士，你俩进窑洞一现身，病魔鬼怪就吓得从我身上逃跑了！"马海德从此结识了陈毅，与陈毅同住在刘万家沟，听他介绍新四军的医疗卫生工作，以及沈其震、崔义田、罗生特等人的生动抗战医疗故事。

宋庆龄在香港成立了保卫中国同盟，特邀马海德担任延安联络员

1939 年冬，艾黎从甘肃的"工合"基地回到重庆。八办的王炳南告诉他，白求恩大夫在山西前线为抢救伤员做手术没戴手套，不幸因指伤感染而去世。为纪念白求恩，八路军军医院改名为"白求恩国际和平医院"。

艾黎、斯诺在武汉时，曾匆匆见过白求恩大夫一面，对这个加拿大医生急于去八路军前线留下了很深的印象。艾黎记得，在延安住马海德的窑洞时，马海德几乎天天都会说起白求恩，并很遗憾没能跟白求恩一起上前线。

艾黎从重庆搭飞机到达香港启德机场，飞机刚降落，他就直奔太平山干德道十一号宋庆龄的寓所。艾黎将延安见闻，特别是与马海德见面及谈话的情况告诉了宋庆龄，并将马海德用英文写的《八路军前线救护伤员医疗服务急需援助》，以及正在延安筹办八路军军医院的情况，一并告诉了宋庆龄。

宋庆龄因此更有了一种紧迫感。

宋庆龄自从在上海脱险来到香港，日夜思虑为抗日战争争取国际援助。她说，她"要办的第一件事"，就是要在香港成立一个国际性的、能与海外沟通的、支持中国长期抗战的组织，以争取广泛的国际援助。虽然国共合作抗战局面的形成，使宋庆龄为之兴奋，但出于对蒋介石的透彻了解，她颇为担心纸面上的一些承诺会成为肥皂泡。西安事变和平解决后，蒋介石回到南京就将张学良将军扣留了。宋庆龄觉得，蒋介石对八路军军饷、弹药和医疗供给的许诺是难以真正兑现的。随着抗战的深入进行，宋庆龄已经清楚地看到，苏联、英美等国给中国抗战援助的物资也特别有限，因此，八路军与新四军得不到急需的援助。

开始时，香港八办成立了援助白求恩大夫医疗队的小组。廖承志对宋庆龄说，仅有这个援助小组远远不够，可在此基础上成立一个规模更大

的组织，以便向公众征集援助，并和海外的援华组织取得联系。廖承志进一步对宋庆龄说："这个组织必须是能够冲破蒋介石政府阻挠的民间组织，它能够和国际友人、海外侨胞和他们的援助机构进行联系和交往，成为捐赠者、援助者，成为与中国抗战第一线军民之间的桥梁。我认为这个组织必须由在海内外有很高声望的人来领导，叔婆，不，这次应叫你孙夫人，这个人非你莫属啊！"宋庆龄觉得廖承志说的有道理，这又是国家与民族抗战的需要，于是就说："让我考虑一下，我们该怎么做吧。"

这时，去山西采访过八路军作战、写过战绩报道的英国记者贝特兰，经周恩来推荐来香港找宋庆龄。贝特兰主动对宋庆龄表示说："夫人，我不是旁观者，我在山西亲眼看到八路军条件非常艰苦，缺医少药情况严重，但他们却奋勇杀敌。我决定把宝贵的青春献给中国人民抗战事业，您有什么工作，就吩咐我去做吧。"

宋庆龄觉得，自己应该挺身而出，担负起争取国际援助、支持艰苦抗战的人民军队这一重任，这是她义不容辞的！她首先从抗日民族统一战线出发，建立一个国际性救援机构，并邀请宋子文担任这个机构的会长，定名为"保卫中国同盟"（简称保盟），保盟的宗旨是争取国际社会对中国抗战的援助，与国际反法西斯统一战线结合起来，所以它是一个国际性的组织。宗旨明确了，于是"保卫中国同盟"的工作就开始了。

年轻的贝特兰，被特邀负责编辑保盟的机关刊物《保卫中国同盟新闻通讯》（简称《保盟通讯》）。贝特兰在负责编辑的多期英文《保盟通讯》上，亲自撰稿，先后发表了《关于国际和平医院的报告》《穿越中国战场、随救护车赴西北的行程》《同日本摊牌？》《纪念白求恩》《日本在华北的进攻》等多篇战地报告和文章。其中《关于国际和平医院的报告》，就是贝特兰根据马海德托路易·艾黎带给宋庆龄的八路军医疗工作需要援助的材料撰写的。

"保卫中国同盟"于1938年6月建立。宋庆龄在国际上享有的崇高地位使她具有很强的感召力。《保盟通讯》的真实报道，使八路军、新四军及抗日根据地的抗战业绩得到了广泛宣传。因此，保盟很快就得到了美、英、法、加、澳等国的许多群众团体和正义友好人士的积极响应，多个国家的援华团体纷纷成立，与保盟建立了联系，并不断地提供重要的援助。各国援助机构及海外侨胞们的援助物资，纷纷从各种不同渠道运送到香港。

图 8-9 "保卫中国同盟"成立时，宋庆龄与部分成员合影

捐助款项设有"廖承志先生""保卫中国同盟""孙夫人宋庆龄"等银行账户，但大量的各类救援物资运到香港之后，怎么从香港转运给八路军、新四军及抗日根据地却成了很重要的问题。

"保卫中国同盟"在香港组建后，延安国际和平医院也几乎同时成立，宋庆龄女士通过去延安的爱泼斯坦给马海德捎信，邀请他加盟保盟并担任该组织在延安的联络员，以便及时反映延安及抗日根据地需要国际援助的各种情况，宋庆龄邀请马海德加盟保盟并担任联络员的深意还在于，国际和平医院是保盟重点援助对象。

保盟和香港八办在战争初期，从香港发运援助物资到内地，再发往西北、延安、山西五台山等地，要跨数省并经过很长的路程，那不是一件容易的工作，需要各城市的八路军办事处接应才能转运。以发往延安的物资为例，开始时，香港发的物资过了九龙海关，由云广英担任主任的广州八办接应，经铁路运到汉口，由李克农担任主任的武汉八办接收，再安排火车转到西安。西安八办是一个很大的转运站，再派出卡车运往延安。头几批医疗器材设备、医药用品，还有八路军在港采购的百部军用电台等，就是通过这个渠道运输的，沿途尚未出现大的麻烦。

1938年秋，广州、武汉先后沦陷，随着战局变化，需要开辟大西南通道，从香港经北部湾海路到安南（越南）海防港登岸运入镇南关，这是一条国际路线，虽然路线绕远了，但相对安全。只是，经广西、贵州、四川、陕西这一段，山区路途长，且皆是国统区，那时抗战正在深入，国共间摩擦渐增，困难相对增加。因此，使用新西南通道后，大批国际救援物资装船时，宋庆龄都要亲自到码头检查的。

1939年初，加拿大温哥华华人爱国者同盟捐赠了价值150万元的五个卡车底盘给保盟，要求运送给西北的游击战士们。这批卡车底盘经海轮运到香港之后，保盟从基金中拨款5 500元港币安装了车身，并将纽约华人救济协会、大不列颠中国运动委员会、温哥华医药救济委员会等各地救援机构所提供的药品、医疗器材、食品、毛毯、棉袄等，加上香港本地团体捐款购置的专用物资，装满了整整五大卡车。

宋庆龄找史迪威将军，苦心安排大型X光机走"空中通道"

最大的一次国际救援物资运送，是在1939年夏天，保盟聚集了12辆卡车和600箱医药用品到延安国际和平医院，其中还有将英国工业家约翰·桑尼克罗夫特捐助的一辆附有手术间的大型救护车送至延安。当时，需要有外国专家沿途押车，以对付国统区可能遇到的麻烦。于是，贝特兰和德国医生汉斯·米勒不畏艰险，自告奋勇，跟随物资船和车，沿途护送。

马海德通过艾黎交给宋庆龄的"关于八路军医院和伤兵救护急需国际支援的材料"，经整理成专文《关于国际和平医院的报告》，并在英文版《保盟通讯》上发表。之后，保盟从美国、加拿大的反法西斯国际组织获得约200箱药品及医用手术器械等捐赠物资，连同新加坡华人组织捐献的一台英

图 8-10 宋庆龄与英国友人捐赠的大型救护车

国制造的大型 X 光机，共装了三大卡车，由香港经海防港、桂林走大西南运输通道运往前线。当时，蒋介石掀起反共逆流，制造皖南事变，大搞国共摩擦，对边区及其他抗日根据地进行严密封锁。这支三大卡车组成的车队，历时两个多月才到达重庆。

在皖南事变时期，国民党的关卡不准保盟的运输车队前往西安、延安。重庆八办却想方设法，将 200 箱药品及零散医用器材化整为零，分期、分批、分头运往边区。那台英国制造的大型 X 光机暂时滞留重庆。

1941 年 12 月，香港沦陷，宋庆龄撤至重庆，挂念着怎么将滞留重庆的英国造大型 X 光机运往延安。国民党特务在重庆制造白色恐怖，宋庆龄秘书兼保盟办公室主任廖梦醒及其他工作人员经常被保密局特务跟踪。宋庆龄不惧死亡威胁，克服困难，在重庆自己的两路口寓所恢复了保盟总部的工作。

保盟从重庆给敌后根据地运送物资是一件极为困难的事，不仅要经过艰难的长途跋涉，还要通过国民党严密的军事封锁线。当时，除大型 X 光机外，滞留重庆的新募集的物资还包括：给部队用的外科手术用具和药品，给伤员和孩子们的鱼肝油和奶粉，给前线战士的军毯、手套、冬衣等物品。保盟想办法利用一切可以利用的交通条件，包括来往于延安和重庆间的汽车和美国飞机来为根据地运送物资，还请外国记者、国际组织代表等国际友人帮助代运，由八路军谈判代表团代运等。为了物资在途中安全，宋庆龄常常在托代物资的外包装上加盖上自己的印章，所以当时这些物件上常常显著地写着"孙夫人寄"的字样。为了避免国民党社会局的干预和特务的捣乱，保盟向银行提取国际援助汇款的工作，常常要宋庆龄请外国朋友出面帮助。孔祥熙的美国顾问艾德勒先生曾帮助廖梦醒在银行提取了一笔巨款。艾德勒是管理美国援华款项的平准基金委员会的美方代表，他和当时在中央银行研究处工作的冀朝鼎合作得很好，因此，廖梦醒为保盟

顺利地提取了现金，大部分资
金是给延安白求恩国际和平医
院的。

林伯渠与宋庆龄相熟多年，
托廖梦醒捎话给她：陕北是有 X
光机的，不过都比较小，经常
出现错误，容易引起误诊，给
治疗带来诸多不便。宋庆龄一

图 8-11 运往延安的大型 X 光机

直记在心上，苦于这台大型 X 光机体积大，也很重，一直找不到合适的方
式运到延安去。

1944 年的夏天，美军观察组进驻延安，重庆的驻华美军总部每周都
有军用飞机去延安，宋庆龄决定走"空中通道"。于是宋庆龄指示廖梦醒，
去找史迪威将军的副官杨孟东上校。杨上校是一位出生在夏威夷的华侨，
十分景仰孙中山先生，并深得史迪威的信任。杨上校把宋庆龄女士的话捎
给史迪威将军：八路军的抗日根据地不仅要面对日本侵略军，还遭到国民
党军队的封锁，武器、弹药和医药用品严重缺乏，将军所管理的美国提供
给中国租借法案的援助和军事装备，根本到不了敌后根据地，宋庆龄认为
重庆当局的封锁是"不人道的封锁"。于是，史迪威将军当即下令用军用
飞机空运 X 光机去延安，将军下令把一架军用飞机的舱门拆开加大，才使
这台大型 X 光机得以顺利装机运往延安。

一天以后，X 光机安全抵达延安，周恩来亲自电谢保盟并感谢宋庆龄
女士的大力援助。

这台大型 X 光机一直在延安郊区的刘万家沟白求恩国际和平医院总院
使用。抗战胜利后国共内战时期，医院及设备跟随彭德怀的西北野战军部
队撤出延安。新中国成立后，这台大型 X 光机在西安的中国人民解放军第
四军医大学一直使用着，直到 20 世纪 80 年代初，才作为革命文物捐献给
北京的宋庆龄故居。

马海德健在时，就爱带儿子周幼马或熟人朋友去纪念馆看这台凝聚着
光荣历史的 X 光机。他总说："那个时候，对于总人口已达九千万的我们，
这台大型 X 光机是解放区的第一台和仅有的一台啊！"

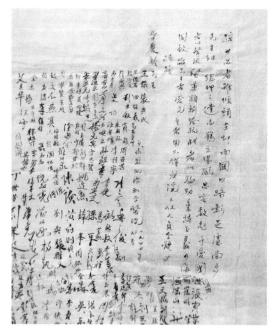

图 8-12　1944 年，延安白求恩国际和平医院全院医护人员及病人给宋庆龄的《致敬信》

马海德所说的"那个时候"，真可谓是白求恩国际和平医院的全盛时期，它在国际友人和国外爱国华侨中有着相当大的影响。抗战时期，马海德一直担任着保盟在白求恩国际和平医院的联络员。据保盟的史料，宋庆龄和保盟成员经过艰苦工作，在重庆期间给国际和平医院的资助至少有 65 万美元和 1.7 亿多元法币。1943 年国际和平医院收到保盟送去的物资，虽不到一吨，但都是珍贵的外科手术器械和磺胺药物。抗战后期，宋庆龄接到"白求恩国际和平医院"字样的纪念章，以及所有医护人员及住院病人签名给宋庆龄女士的《致敬信》。

宋庆龄收到后，还为鲁之俊院长送了一张她亲笔签名的照片。抗战胜利后的 1945 年 12 月，宋庆龄在所写的《保卫中国同盟声明》中，对在抗日战争中支援过我们的朋友们说："这种支援对保卫中国的作用，不亚于以飞机、坦克和枪支的支援。"

马海德被推荐为边区参议员，却主动举荐印度大夫巴苏华

马海德进延安不久，就认识了回族阿訇马生福，他是伊斯兰教在延安德高望重的领袖人物。马生福年岁不轻了，患了多年大关节病，有次大发作，痛得很厉害，派快马两匹请马海德去诊治。这是马生福的老毛病了，多年

来没法根治，由于认识了同是信奉伊斯兰教的马海德大夫，就请马海德诊治。马海德虽然没法为他根治，但是每次帮他治疗后，都会有很长一段时间不发作。心地善良的马生福借这次马海德来治病的机会，高兴地告诉他，边区参议会正在酝酿第二届参议员名单，鉴于马海德的贡献及特殊身份，他将以边区参议会议员、边区政府委员、边区民族事务委员会委员、回民救国会主席的"四重身份"，正式推荐马海德大夫为第二届边区参议会参议员。马生福说，春节期间，他已经将他的意见口头告诉了林伯渠及李鼎铭，两个老领导人对马海德印象都很好，表示赞同他的推荐。

边区参议会换届，关乎延安的民主政治建设，这是1940年间延安的热点话题，很受人们重视，老百姓的代表能同政府讨论政治和民生工作，历朝历代都没有过。边区报纸上也常有相关消息及报道。

马海德是个大忙人，且常在延安中央领导人身边做保健工作，常听到领导人讨论民主建设这个话题。毛泽东就常去参议会礼堂演讲。可是，马海德大约觉得自己是做八路军医疗卫生工作的，与抗战医疗卫生相关的大事小事都归他操心。而且，他觉得自己已是中共党员了，担任着军委总卫生部的顾问，对于别的政治上的事，他并不很在意。于是，马海德去找吴亮平，吴亮平笑着告诉他："延安不能像重庆那样，由我那个姓蒋的奉化老乡一个人说了算。因此，我们党就在边区的政权里，设立了一个人民参政机构，让人民参政、议政，这就是陕甘宁边区参议会。"

这个边区参议会，也可以说是新中国成立后的人民代表大会制度的雏形，它不仅是边区人民的民意机关，而且是边区最高权力机关，已初步具备了人民代表大会的职能。位于延安城南关，距边区政府百米左右，可容纳一千二百多人开会的边区参议会大礼堂，整面墙用研磨石块砌筑，在延安城里显得恢宏大气。

吴亮平说，马海德不方便自己出面去了解情况，隔了两个多星期，他就为马海德找来一份在酝酿中的草案材料。材料中说，为了陕甘宁边区的知识分子充分享受民主权利，将在边区参议会第二届选举和聘请中，初拟六位属于自然科学研究会方面的参议员人选：赵一峰（边区政府建设厅工业局局长）、鲁之俊（白求恩国际和平医院院长）、马海德（军委总卫生部顾问）、翁远（八路军制药厂主任）、何穆（中央医院院长）、金茂岳（中央医院妇科主任）。

吴亮平很高兴地递给马海德材料："看，有你的大名啊，提前祝贺，你要成为边区参议员了。"马海德拿过来，一看见自己名字在列，并没有显出喜悦与兴奋，就说："亮平，谢谢你了。我细看看，考虑一下。我那个马生福伊斯兰大哥，真是太够朋友了。"

说起马生福和马海德，是延安城里两个最有名的马姓伊斯兰教信徒。30 岁左右的马海德是身穿八路军装的"洋回族"，年近花甲的马生福是"本地老革命回族"。马生福身材高大魁梧，留着一副长髯，显得潇洒飘逸，外貌像关云长。两人都富有口才，语言风趣幽默，极有感染力，且皆乐于助人；马海德总是乐于为人看病解难，马生福对《古兰经》颇有研究，传经诵教，从 20 世纪初就在关中颇有名气。两人还有一个共同点，就是进延安之前，都对红军和革命做出过自己独有的贡献。

马生福老家在平凉新正县，与志丹县相邻。刘志丹带着红军陕甘游击队来新正县这一带宣传进步思想，马生福受到感召，开始投身革命。从此每逢礼拜，他不仅传经诵教，同时大力宣传革命思想，教育回族青年积极参加革命。在他的宣传下，王世平、王世英等当地青年组织了一支回民游击队，走上了革命道路。

1934 年间，红军游击队伏击进犯苏区的马鸿逵部队的一个骑兵连，击毙、击伤敌军 7 人，俘虏 16 人。为了瓦解敌人，教育感化士兵，马生福等受党组织委托出面联系，将死者拉回他的龙嘴子清真寺，按照伊斯兰教仪式予以安葬，将全部俘虏送往国民党山河镇的敌团部驻地，以当地伊斯兰教阿訇的身份说明情况，并宣传了共产党的主张。这个做法在马鸿逵部引起很大反响，不久就有士兵携枪向红军游击队投诚。马生福还以阿訇的身份掩护了被敌包围于龙嘴子清真寺的当地地下党领导人和回民游击队队长，帮助他们安全脱险。马生福为革命做出了贡献，受到中国共产党党组织的高度赞扬。

1939 年冬，延安成立了陕甘宁边区回民抗日救国协会，马生福被选为会长。成立当天，穿军装的马海德出席成立大会，还用阿拉伯语讲了一段全民团结抗战的话，获得热烈鼓掌。

马海德心里感激马生福阿訇对自己的工作与人生的关心，想另找机会感谢这个既从政又诵经的老人。他看了这份有六个参议员的备选名单，名单里的人，他都认识，大都很熟悉。马海德在一一过目：

赵一峰，北洋大学的优等生，是一个曾经被宋子文看重的经济学专家，全国经济研究会研究员，在向大西南撤退过程中接受林伯渠的建议，担任主管经济的林伯渠的秘书，现任边区工业局局长，并推荐其任参议员，加大边区工业局局长的活动空间，对战胜战时困难、搞活边区经济很有好处。

六人名单之中，除了赵一峰是经济专家之外，其余五人，都是医疗卫生系统的人，足可见延安各界对医疗卫生工作的重视。

——鲁之俊，很年轻的白求恩国际和平医院院长（比马海德还年轻五岁），医学博士，医术精湛高超。中央领导人们都喜欢请其看病，为周恩来治骨折时，他组织了印度三位大夫的会诊。推荐其任参议员，是军委总卫生部讨论过的，是众望所归，也是白求恩国际和平医院工作的需要。

——翁远，经过长征考验的中草药药物专家，八路军制药厂制药科主任。目前抗日战争中担负着提供抢救伤员药物的重任，推荐其任参议员，是军委总卫生部讨论过的。

——何穆，在法国图卢兹大学攻读肺结核病治疗，获博士学位，中央医院肺科专家。因条件艰苦，在八路军部队及延安地区，肺结核病十分严重。1938年夏天，他手提一架军用X光机，带着重庆八办吴玉章主任的亲笔介绍信，历经重重坎坷来到延安，当时马海德跟着林伯渠、萧劲光、姜齐贤等领导同志前去热烈欢迎。他在筹建延安中央医院中立了大功，为延安肺结核病的防治起到了决定性的作用，推荐其任参议员，是理所当然的。

——金茂岳，中国红十字会抗战救护队第二十三队的核心骨干，齐鲁大学医学博士，中央医院妇科主任。长征胜利到达陕北后，中共中央及红军入驻延安，80%以上师团干部陆续结婚，妇产科的工作是重要的工作，推荐其任参议员，也顺理成章。

马海德看到自己成了边区参议员备选人，且是马生福、林伯渠联合推荐，知道了他们的出发点，无疑是对的，国际渠道、国际人士对中国共产党、八路军和边区建设的支援，需要在边区参议会中有代表性人物。但是，马海德反复思量，如果白求恩健在，他是最合适的。目前看，从印度援华医疗队的五个大夫中物色一位任陕甘宁边区参议员，将更有国际意

图 8-13 ● 1981 年，印度援华医疗队巴苏华来华访问，马海德（中）陪同叶剑英（左一）、聂荣臻（左三）、彭真（右三）等领导人亲切会见

图 8-14 ● 马海德陪同印度客人到中国的博物馆参观，亲自介绍毛泽东当年接见印度客人的情景

义。马海德比较了他熟悉的这五个大夫，觉得信仰共产主义的巴苏华大夫更为合适。

想好了之后，马海德不再找人商量，就径直骑马去王家坪找朱德总司令。因为朱老总与印度援华大夫最有关联，朱老总将山西八路军抗战前线急需国际医疗援助的信件，发给了印度国大党领袖尼赫鲁，国大党回应，派出了这支由五个大夫组成的印度援华医疗队。马海德说："我们应该选其中一个印度大夫进入边区参议会任参议员"，他并没有谈到自己被推荐为参议员的事。朱德很高兴地再次称赞马海德懂外交，懂国际影响，他完全赞同马海德的提议。1941 年 11 月间，陕甘宁边区第二届参议会大会正式召开，那份自然科学研究会入选参议员的六人名单中，其他五人姓名不变，就是马海德的姓名换成了印度援华医疗队的巴苏华大夫。

马海德说过要感谢马生福，也在同一年兑现了。马海德在一次为毛泽东进行肩部关节炎理疗之后，请求说："我以延安回族的名义，请主席为还在建设中的延安清真寺题寺名。"毛泽东欣然同意，认真地题写了"清真寺"三个字，并落款。从此，这座明代石牌坊寺门正面所刻的毛主席题字，不断吸引众多人驻足瞻仰；其背面就是延安清真寺首任阿訇马生福用阿拉伯文题写的"清真寺"字样。

20 世纪 80 年代初，巴苏华到中国访问，马海德亲到首都机场迎接，并陪同巴苏华会见了叶剑英、聂荣臻等我国领导人。

第九篇

美满姻缘·首长保健专家

马海德与苏菲第一次直接见面，应该是医生跟病人的见面

1940 年春节，延安城庆祝春节的盛况是史无前例的。中央机构、大学或其他有礼堂的单位，基本都举办了春节文艺晚会。晚会表演结束之后的最后一个项目，几乎都有通宵的活动，那就是交谊舞会。西安有报纸这样报道："当国府西安城里还按古老传统，大街小巷、各街各户围炉守岁的时候，北边红色延安，城里、城外通宵达旦地大跳交谊舞，高干、官兵、师生、市民，男同志草鞋、布鞋、皮鞋踏节拍领步，女同志草鞋、凉鞋上绒线红球随旋律跳跃，伴奏乐器大多是手工制作，最能营造舞场气氛的定音鼓、爵士鼓，是用废弃美孚油桶改做的……"

那时，由原基督教堂改建的中共中央办公厅大礼堂、城东门外桥儿沟原天主教堂改成的鲁艺大礼堂、城南门外的自然科学院礼堂、城西门外延河两岸的王家坪八路军总部大礼堂、女子大学礼堂或操场、蓝家坪的马列学院大礼堂、中华全国文艺界抗敌协会延安分会所属的作家俱乐部等等，几乎逢节假日或周末都会开放举办舞会，春节开办得更火热。

马海德当红军六个年头，已经是外来的"老陕北"了，说话满口陕北腔，一首陕北民歌常挂在嘴边：陕北好地方，小米熬米汤。他笑称自己是"当红军的哥哥"，看见大姑娘就喊人家"妹子、妹子"的。他高鼻子、深眼窝，总是一身八路军的灰色军装，扎条宽皮带，脚穿长筒皮靴，很英俊，而且总是乐呵呵的。怪不得他的好朋友路易·艾黎到延安见了他，说他该娶个延安美女做媳妇了。延安医生太少了，他又是医学博士，人缘好，认识人多。高层有关心他的领导说，好多医生都成家了，桥儿沟鲁艺知识分子多，美女多，派个差使给他跑鲁艺吧。主管的人想了想说，桥儿沟在城东十多里外，鲁艺是缺一个校医，马海德是单身汉，还有匹马，就让他去"兼职"吧。

马海德去鲁艺兼职，这一"兼"就兼出一段美好而浪漫的姻缘。

鲁艺成立于延安时代的 1938 年 4 月，报纸和文件上正式的说法很长，"鲁迅艺术学院，是抗日战争时期中国共产党为培养抗战文艺干部和文艺

图 9-1 ● 鲁艺新学员周苏菲

工作者而创办的一所综合性文学艺术学校"。延安人说起延安八大院校时，会调侃地说："鲁艺是当代革命的才子佳人聚集的地方，桥儿沟那里有一座气氛浪漫的中世纪城堡式的大礼堂，每到新年之际，这里都举办稀奇迷人的化装舞会"。当时，有丁玲等文艺人士带头，南京、上海等地大批文艺工作者陆续来到延安，为鲁艺的开办创造了条件。

年轻美丽的周苏菲从上海来延安可不容易，这个浙江舟山周家造船厂老板的千金小姐，为逃避包办婚姻赴上海，一边读高中，一边加入左联领导的话剧艺术供应社，参加进步剧目演出。七七事变爆发后，周苏菲随艺术供应社部分同志撤离了上海，经香港、安南转至云南昆明，通过地下党组织介绍，参加了昆明抗敌后援会，从事抗日救亡活动，并一心向往到革命圣地延安的鲁艺学习。1938 年 8 月，她终于来到延安，正赶上鲁艺更名，加上了"文学"两个字，全称为"鲁迅艺术文学院"，而且学校加强专业化学习，各系学制一律从 6 个月延长为 3 年毕业。她被录取编入文学系二班。

周苏菲刚到鲁艺不久，就因其美貌倾倒了桥儿沟，被民间评为"鲁艺校花"。大家都爱将这个学员的姓氏去掉，说叫她"苏菲"更浪漫，正好配得上这座洋教堂。这个时期，马海德博士已经是校医了，应该知道了这个校花。鲁艺有一座天主教堂和五十多孔石窑洞，学校的卫生室设在教堂旁边的平房里。

苏菲与马海德的第一次见面，是病人跟医生的见面。此后，苏菲去学校卫生室找马海德看病，拿过两三次药。看病接触中双方互有了好感，后来两人关系是在交谊舞会中推进的。

天主教堂春节舞会成就了马海德、苏菲的爱情佳话

马海德在欧洲读大学的地方，就是在交际舞很盛行和普及的日内瓦城，他也是出众的舞场明星。有一次在延安南门体育场开大会时遇见黄华，当时他是朱德的秘书。黄华告诉他："朱老总有一次在王家坪的舞会上对人说，我们军委的马海德大夫的舞姿是最出色的。"马海德在延安最高级别中央大礼堂，以及王家坪八路军总部的舞场都跳过舞。但由于桥儿沟距城里十多里路，晚上跳完舞夜深回城不方便，所以他以前没有到桥儿沟参加过鲁艺舞会。1940年的春节晚上，他参加鲁艺的舞会，应该是心有期待的。

苏菲回忆被马海德拉进舞池跟他学跳舞的情景，是这样生动描述的：

图 9-2 ● 马海德、苏菲这对舞伴，从年轻跳到老

　　1940年春节的晚上，那大概在 2 月份吧，有个跳舞晚会。马大夫跳舞是跳得最好的，"三步"，这个舞步像波浪似的，特别漂亮。虽然没有好的衣服，但穿军服跳的舞姿特别优美。他从我旁边走过，我们就是看热闹。后来他就跟我打招呼，跳到我面前，他说："我可以请你跳舞吗？"我说："我不会，我不会跳。"他说："我教你。"他拉着我的手，愣是把我拉下海了。跳着跳着，我学得很快，因为我什么音乐都懂啊，所以这个节奏很容易就掌握了。接着，第二个舞曲他又过来请我跳。跳舞时，马大夫说："你的手真漂亮，像玉雕出来的。"我回到窑洞后，我还没有注意

过自己的手像他说的那么漂亮，我就举起手来，看看手，琢磨自己的手。

　　春节舞会后，苏菲回到窑洞睡不着。她和林兰是两人合住一个窑洞，里头还有一个窑洞，是一个孕妇——李大姐住在里头，那晚上她没有去参加舞会。苏菲和林兰正要入睡，窑洞里头的李大姐哼哼哟哟地叫起来，就要临盆了。苏菲和林兰马上想到要找医生来接生啊，就想起了马大夫。刚才舞会散了，苏菲和马大夫分手时，他说今晚太晚了，他住到萧三那儿去。她们是住在山底下，苏菲和林兰两个人拿着两个电棒，就急忙上山去找马大夫。不知道萧三的窑洞在哪儿，夜深了，数十个窑洞怎么找？两个年轻姑娘找不到医生，又想到大姐要生孩子，急得蹲在一个窑洞门前就哭了。

　　真巧，这个窑洞就是萧三的窑洞，马海德和萧三听见门口有动静，就打开窑洞，一看是苏菲和林兰两个人蹲在那儿哭呢，就问为什么哭啊。两个姑娘一看正是马大夫，高兴极了，告诉他大姐就要临产了，拽着他就要走。马大夫说自己不会接生，没有接过生，也不是这方面的医生。苏菲和林兰才不管，说："你总比我们强！"拉着他就跑，他也只好跟着她俩下山。苏菲给马大夫当了一回助手。黎明时分，一声响亮的啼哭划破天际，一个新生命顺利来到了这个世界。

　　这个春节是马海德和苏菲最甜蜜的爱的时期！从看病，到教跳舞，再到一起接生，就在一个短促的冬天，他俩的姻缘美满了。马海德去世之后，被评为"感动中国"著名人物，《凤凰卫视》先后两次为马海德和苏菲做专访，一次是陈晓楠采访苏菲，一次是鲁豫采访苏菲，因为女性对爱情幸福的感触特别细腻，问得也很到位，苏菲的回忆也特别感人：

　　　　我和马大夫全然没有困意，他邀请我到延河边散步，山坡上朝阳悄悄升起时，我俩已沉浸在融融爱意之中。他问我："能答应和我结婚吗？"我说同意。他二话没说，扭头就跑，跑到马棚骑上他的马，一口气跑到八路军政治部。大概是早晨七点，他冲了进去。王稼祥是政治部主任，他冲进去时，王稼祥还在床上呢，就赶快起来。他冲王稼祥的第一句话就是："结婚！我要结婚了！"

图 9-3　马海德与苏菲新婚照
（苏菲供图）

图 9-4　马海德与苏菲老年照
（苏菲供图）

屋里人都一愣，问他跟谁结婚啊？他说苏菲！苏菲哦，当时还是
小有名气的。我们结婚了，那时在延安结婚一般没有什么仪式，
组织批准后，就把女方的被褥抱过去，两个人就开始一起生活。

　　21 岁的苏菲与 30 岁的马海德，在延安开始携手人生旅途。得到王稼祥
的批准后，他们又到边区政府正式登记，领到结婚证书。马海德非常开心，
幽默地说："这是中美合作的早期成果！"结婚证是在一张纸上，分左右两
联，本应裁开，男女双方各执一联。但是，马海德坚决不让撕开，对苏菲说：
"我们一辈子也不分开。"不久，马海德就发电报给路易·艾黎，通报喜讯
并说要办婚事，艾黎汇来两百块钱。

　　苏菲回忆，她与马海德于 1940 年 3 月 3 日举办了一个简单的婚宴，
马海德在城内的饭馆摆了十桌宴请宾客，每桌十人，毛泽东、王稼祥等应
邀出席，吴亮平、黄华、刘鼎等好友都前来祝贺。俩人的美满情缘，一直
持续了半个世纪。1943 年，他们的儿子出生了，随母姓周，名幼马。

　　幼马刚出生时，为了加强白求恩国际和平医院的力量，马海德被军委
总卫生部调到了该医院工作，家也从城里搬到医院所在的刘万家沟。由于

苏菲产后需要人照顾，马海德因繁重的工作不能亲自照料，组织专门安排年轻护士张淑娟来担负这项特殊的护理任务，称为"特别护士"。

张淑娟抱着学习的态度，来到马海德的家——位于刘万家沟、靠院部的西北部的一孔石窑里，很简陋，除了1张双人木板床、1张桌子、2把椅子、1张靠背椅之外，再无别的摆设，他的书籍堆放在桌子和床上。为了挡风，门上挂着破旧的布帘。窑洞内用旧铜盆生了木炭火取暖。毛泽东有时来医院看望病人，就在马海德的这个窑洞里接见要求见他的医护人员。这次任务，使张淑娟觉得马海德是一个模范丈夫，她对马海德与苏菲的家庭生活有这样的记述：

> 在当时的艰苦条件下，女同志生产是很辛苦的，我只能帮助做些勤杂家务而已。做了爸爸的马海德则是早出晚归，很少在家，他一心扑到医院的工作上，因为那里比家里更需要他。在马海德心目中，病员的需要就是对他至高无上的命令。不管是风里雨里，也不管是和苏菲团聚的时刻，只要有病员让他出诊，他便立刻骑马出发。马海德同志不愧为一个优秀的革命战士，一个好医生，而且他还不愧为一个模范丈夫。他对妻子非常体贴，对儿子也十分喜爱，一有空闲，他总要和孩子亲热地说几句话，时常逗得苏菲和我都开心地笑起来。

马海德和毛泽东的肩周炎：金大夫成了毛泽东演讲的话题

1942年前后的好长一段时间，毛泽东得了肩周炎，也就是人们常说的"五十肩"，痛起来很厉害，伴有胳膊麻木。说起这个病因就复杂了，1937年1月进驻延安时，办公厅为毛泽东选了凤凰山脚下一个李姓地主的院子，有三孔合适的窑洞。主席很高兴，说要比保安时期在山上的一孔石窑洞

图 9-5　马海德陪毛泽东打乒乓球

强多了。当时，有某个信风水的干部说，这个住宅有点阴，毛主席不当一回事，笑着说："我们革命就是阳克阴嘛。"当时，西安事变和平解决，抗战和革命面临新局面，那些年，毛主席在这个窑洞里写了好多重要文章。因为毛主席都是在阴冷的下半夜长期伏案执笔手书，落下了右臂的肩周炎。

　　在进延安前夕，马海德博士负责毛主席及中央领导人的医疗保健工作。自从当年与斯诺一同连续访问过毛泽东以后，马海德与毛泽东之间已经很熟悉了。毛泽东很赏识马海德对事业的执着追求和对中国革命的真诚投入，以及乐观幽默的天性。一般人跟毛泽东见面，会显得拘谨放不开，而马海德则无拘无束很放松，因此，毛泽东喜欢同他争论问题。这种天南海北、海阔天空地神聊和争论，常使两人各有意想不到的收获。正因为这样，只要两人几天不见面，毛泽东就会派人把马海德请来，同他共进一餐，没有什么山珍海味，就是馒头、一盘肉丝炒辣椒、一碟焖白菜，加上餐桌上很有"味道"的对话。

　　接触多了，毛泽东的肩周炎使马海德十分操心。长期战争环境中，毛泽东养成了夜里办公、白天睡觉的习惯。如果白天有会议或其他事情要办，他就不得不少睡。马海德深知过度疲劳、睡眠经常不足会引起免疫力下降，健康就会受到影响。毛泽东要把对党和国家的重要问题的思考写成文章或者讲稿，思想高度集中，一是对于胳膊上的小病小痛不在乎，二是不讲节奏，握着笔就几个小时连续写，什么感冒之类的小病，也不在乎，还要坚持工作。领袖到底是领袖，不能强制性地要求。这样一来，马海德所能采用的保健措施，只能是对症调理了。为此，马海德可没少动心思。

　　马海德常去毛主席窑洞，除了为主席理疗、按摩、用毛巾热敷、陪他去延河边散步，还教他活动肩臂的健康操，动员毛泽东去看文艺节目或跳舞，和主席打乒乓球等，这些措施使得主席的肩痛得以缓解。

　　毛主席身边医生多，傅连暲、黄树则也具有丰富的保健经验。傅连暲是中央医院院长，专门派了护理工作能力很强的护士长——何奇，经常去

图 9-6　金茂岳

给主席做治疗。李鼎铭老先生中医经验丰富，也去给毛泽东治过肩周炎。毛泽东服中药后好了一段时间，但不久，肩周炎又发作了。不少在延安的医生都回忆过在延安给毛泽东治疗肩周炎的经历。从国统区到延安的名医金茂岳博士是中央医院主任大夫，傅连暲也让他去给毛主席看过肩周炎。金茂岳是著名的妇产科专家，但他不是治疗肩周炎的专家。然而，他是个很用心、很细致的人，听毛主席叙述完症状，并给主席做了检查后，金茂岳说："主席，您患肩周炎，很可能就是因为劳累和受风引起的，我给您开一些药，再配合按摩、针灸治疗，会好的。"说着就注意观察主席的居住环境。

主席的窑洞很简陋，外面靠门口有两把椅子，里面靠墙为办公桌，对面是阴凉的防空洞。金茂岳说："主席，您看，您这张桌子的位置正对着防空洞的洞口，从防空洞里吹来的冷风正吹着您的肩膀，您应该把这桌子挪一挪地儿，避开那个防空洞口，要么，就在防空洞的洞口上挂个布帘挡挡风。"毛主席听进去了，点点头说："噢，有道理。看起来，防病治病，还是要以预防为主啊！"这建议被主席采纳了，秘书叶子龙按金茂岳所说，把办公桌挪到窗户底下。经过综合治疗，主席的肩周炎有了明显的好转。

1942 年 2 月 1 日，毛泽东在中共中央党校开学典礼上进行演讲，其中就讲到了"防空洞里跑出来的歪风"。毛泽东说："所谓学风有些不正，就是说有主观主义的毛病。所谓党风有些不正，就是说有宗派主义的毛病。所谓文风有些不正，就是说有党八股的毛病。这些作风不正，并不像冬天刮的北风那样，满天都是。主观主义、宗派主义、党八股，现在已不是占统治地位的作风了，这不过是一股逆风，一股歪风，是从防空洞里跑出来的。"毛主席幽默的比喻说得大家掌声不断。

毛泽东的演讲题为《整顿党的作风》，收入《毛泽东选集》第三卷。当时贺龙将军从前线回来，也听了毛泽东的演讲，高兴地赠给金茂岳两匹马，一匹白马驮东西，一匹黑马给他出去看病时骑。

保健医生们关心毛泽东的健康，毛泽东也常念着他们。有一次，宋庆龄听再访延安的斯诺说，延安的医院用最原始的沙漏计时，宋庆龄就托国际友人爱泼斯坦带了多块手表，由"保卫中国同盟"驻延安的代表——马海德，代表保盟赠给毛泽东。毛泽东知道宋先生的意思，医生很需要掌握时间，便把这几块表全部送给了医院，金茂岳、侯健存、魏一斋等主任级大夫，每人都得到了一块宋庆龄赠送的手表。那时，大后方的一些民主人士和抗战前方的将领，出于对毛泽东的敬佩之情，还会经常捎些衣物和食品馈赠给毛泽东。毛泽东舍不得吃用，就把一些馈赠食品转送给中央医院的婴儿和重病人，其余贵重礼品也让中央管理局保管起来，逢年过节，再分赠给中央医院等单位的高级知识分子。魏一斋就得到过毛泽东赠送的羊皮大衣和毛毯，侯健存也得到过毛泽东赠送的狐皮大衣和皮鞋。

马海德和毛泽东的肩周炎：鲁之俊为治疗住进枣园

金茂岳为毛泽东治疗肩周炎大半年以后，也就是1942年夏天，毛主席右侧肩周炎又复发了，疼痛难忍，严重地影响了工作和休息。马海德心里很着急。他想，零敲碎打地为毛主席治疗肩痛，是难以根治的，现在是抗日战争的关键时期，党中央所有的文电，都是毛泽东亲自执笔起草，他还要撰写专著及讲稿，工作量大得惊人，得组织相关知名大夫集体会诊一次，研究一个综合治疗方案。于是，马海德在军委总卫生部的会议上建议："昨天我去枣园，看见毛主席肩痛又发作了，延安知名大夫都一个接一个地为主席治过肩，这次，是不是由我们国际和平医院出面，组织延安的医务专家为毛主席进行一次专家集体会诊？"军委总卫生部副部长、白求恩国际和平医院总院院长鲁之俊大夫十分赞同，说："马海德顾问的建议很好！他经常去为毛主席做保健，知道前面诊治的具体情况，所以提出这一建议。对于难治的病症，在国外或者国内大城市、大医院是经常举行专家会诊的。

这次，就由白求恩国际和平医院出面，我们为毛主席肩周病组织一次延安专家会诊。"

这位鲁之俊比马海德还年轻，青年时以优异成绩考入北平陆军军医学校（国防医学院前身），被来华教战地外科学的德国医学博士——门采尔选为重点培养对象。门采尔博士被誉为"德国国防医学之父"，是被蒋介石重金特聘的德国军事总顾问——冯·塞克特将军带到中国来的。

鲁之俊大学毕业后，抗日战争全面爆发，他被分配到四战区的韶关国防医院做军医，不久，门采尔博士点名要其得意门生鲁之俊去德国继续深造。早已在大学学习期间与中共地下党有联系的鲁之俊，在国难危亡之际拒绝赴德，向往着去延安参加八路军抗战。于是，他带着夫人、孩子举家化装潜逃，在战乱中突然"消失"了。

因蒋介石的"侍从室"过问，重庆当局军医署发出了对鲁之俊的通缉令。鲁之俊乔装南洋富商来到桂林八办，拿到了李克农给他开的介绍信，历经坎坷，于1939年春到达延安，经军委总卫生部分配到张家驿八路军卫生学校，教书并主讲外科，他的课一开讲就很受欢迎。其他科目教师不在时，他也去代授内科、皮肤科，甚至眼科等，他外科能力出众，除授课外，他也在医院为病人治病，甚至被推选为周恩来骨伤的会诊主持大夫。他到延安的同年冬，加入了中国共产党。

来到延安，鲁之俊的活力得以充分发挥，朱老总称赞他为"之俊，之俊，我军不可多得的青年才俊"。入党之后，鲁之俊很快就被任命为军委总卫生部副部长、白求恩国际和平医院总院院长，并被选为边区参议员。

军委总卫生部通过了马海德的提议，在得到了毛泽东的欣然认可之后，迅速组织起延安的医务人员为毛主席肩周炎进行会诊，马海德、傅连暲、黄树则、金茂岳、何奇等相关大夫参加会诊，共同确定了治疗方案，并确定由鲁之俊大夫亲自为毛主席治疗。

鲁之俊是西医外科专家，在为周恩来治疗骨折之后，还承担了部分党和军队领导同志的医疗保健任务。他不懂中医，在教学和医疗上用的都是西医方法。1940年间，他听到毛泽东关于"要团结中医，发挥中医作用"的讲话后，就虚心向中医针灸大师任作田学习。在安排好医院工作之后，他翻山越岭，去任作田的家中拜师，回来后在白求恩国际和平医院中开展

图9-7 在全国中医工作会议上毛泽东与鲁之俊交谈

针灸临床和门诊，开始了对中医针灸的深入研究。

为毛主席治肩期间，适逢炎热的夏季，天气酷热，鲁之俊每日奔波于枣园和医院之间，主席爱惜人才，认为不妥，一再叮嘱他，把全家搬到枣园来住，一来避暑，二来治疗方便。考虑到这样便于观察与治疗，于是，鲁之俊带着夫人和孩子住进了枣园，与主席做了邻居。中午和夜间，鲁之俊细心诊察毛主席的病情。主席的肩关节已有广泛压痛，并放射影响颈部及肘部，午间略痛，夜间痛得很厉害。鲁之俊说："主席，你夜里长期过度工作，姿势不良，加上夜寒，所产生的慢性伤害，导致你右肩病变，这就是典型的肩周炎，医学上全称为'肩关节周围炎'。"说完，鲁之俊开始为主席治疗，除静脉注射外，局部还用碘膏进行按摩。由于注射液是进口药，因此要求注射位置准确且不能外漏，鲁之俊显得格外小心翼翼。主席笑着说："你不要紧张嘛，我这个人最不怕疼。"

毛主席与鲁之俊在治疗之余，也天南地北地聊天，主席很喜欢这个被重庆当局通缉的军医。随着打针、按摩，主席的肩关节疼痛逐渐减轻，两个月后，疼痛基本消失了，但右肩关节活动仍不理想。入秋后天凉了，鲁之俊一家搬出了枣园，但他仍然每隔两三天就去枣园给主席治疗，马海德经常陪同他一起往返。又过了一段时间，有一次鲁之俊再去枣园，看见主席正执笔伏案写作，没有注意到他来了。鲁之俊就悄悄地静坐在一旁，等待毛主席工作告一段落。过了一会儿，主席抬起头，看到了他，笑呵呵地说:"院长同志,我的关节炎完全好了。"说着,他将右臂上下左右来回摆动。看到鲁之俊满脸疑惑的神情,主席笑了,"我有好多东西急着要写,就请针灸大师任作田扎了两次针灸,现在恢复得更好了。"鲁之俊见主席能够正常地工作和休息,非常高兴,但最终是药物治愈的还是针灸的效果,鲁之俊一时也没有弄明白。

此后,鲁之俊成为了著名的外科学和针灸学家,新中国成立之后,他成了中国中医科学院的主要创建人,新中国中医科研和中西医结合事业的奠基人。

毛泽东身边的洋大夫:马海德和阿洛夫

抗战中的延安,毛泽东身边有两个洋大夫:马海德和阿洛夫。

马海德是美国大夫,阿洛夫是苏联大夫。马海德是在苏维埃根据地和工农红军损失百分之八九十的时候,主动要求参加红军的。安德烈·阿洛夫则是斯大林派来的,他出生于 1905 年,比马海德大 5 岁。阿洛夫毕业于莫斯科第一医科大学,也获得了博士学位,比马海德多了一个头衔——苏联红军少将军医。

阿洛夫曾参加苏芬战争及苏德战争,具有丰富的野战战地抢救经验,是苏联颇负盛名的野战外科专家,也是医科大学教授。1942 年 5 月,这位年仅 37 岁的年轻将军来到延安。他肩负的不仅是为毛泽东等领导人保健以及援华治病救人的任务,同时还肩负着中苏两国共产党的联络任务。具体地说,他是斯大林和毛泽东之间的联络员,属于塔斯社驻延安分社工作人员。

也由于共产国际的影响,毛泽东热烈欢迎阿洛夫到来,特意赠送他一匹小黄马。这匹油亮活泼的马儿被牵到塔斯社驻延安分社那几间窑洞前时,这位战地大夫欣喜万分,像苏军骑兵一般翻身上马奔驰了两圈,跳下马背,当即给它取了个响亮的苏联名字——"马什卡"。阿洛夫是一个从枪林弹

图9-8 阿洛夫与马海德、苏菲（苏菲供图）

雨中走过来的军人，礼拜天休息时，他最大的爱好就是提着猎枪，带上狼狗，骑上"马什卡"，去杜甫川山沟打野兔、野鸡，而且枪法奇准，几乎从不空手而归。

阿洛夫的塔斯社驻延安分社设在杨家岭后沟中央统战部的窑洞群旁，这个地方叫小沟岔，马海德的窑洞也在这里，两人相处的机会很多。马海德的窑洞是住家，苏联飞机带来的苏联大列巴面包、奶酪及俄制罐头等食品，阿洛夫都会送一些给马海德一家人分享。马海德从来不去塔斯社的窑洞串门，偶尔路过，听见两三个窑洞里传出电键敲击声或者收发报机用电的发电机嗡嗡声。在马海德眼里，阿洛夫更是一名出色的外科医生，从伤员伤口里取弹片手术之精准、迅捷、干净，不亚于白求恩大夫。马海德讲英语，不谙俄语；阿洛夫不会讲英语，两人交流的共同语言是陕北话。阿洛夫也是个语言天才，很快就会说陕北话了。两个人都是平时嘻嘻哈哈、充满幽默感、爱开玩笑的性情中人。当马海德用陕北话称赞阿洛夫手术做得跟白求恩大夫一样漂亮时，阿洛夫说："做手术是我的专业嘛，马大夫，你的专业皮肤病治疗也会是拔尖的。"马海德不正面答复，这样回答："我们延安中央医院里妇产科侯健存大夫取子弹的手术，跟取婴儿出来一样，照样做得很漂亮。"

延安很重视阿洛夫的医学才干，任命他为中央医院外科主任。他无疑是极为出色的战地外科专家，他总结的一套火线抢救、止血包扎、固定搬运野战医术，使马海德和军委总卫生部的专家及中央医院外科的医护人员由衷钦佩。边区政府为了改善医院的工作条件，以及为了让阿洛夫为八路军培养战地外科人才，还专门拨款一千多万元边币，这是延安一笔了不起的单科医疗卫生投资。用这笔钱，新建了一幢外科手术用的建筑，砖木结构、室内装了双层玻璃窗、木地板、取暖壁炉，其中有两间明亮、光洁的手术室，可容四台手术同时进行。还有洗手室、预备室、X光室、休息室、储藏室等配套设施。筹建期间，阿洛夫几乎天天都乐呵呵地来巡看一两遍。落成之前，马海德邀请巴苏华来参观，阿洛夫鼓掌说："我要写一篇新闻电讯，内容是：美国、苏联及印度三国专家支持建好八路军新手术室……"马海德觉得有弦外有音，就说："阿洛夫同志代表莫斯科，巴苏华先生代表印度国大党，马海德同志仅可代表我本人和八路军，一起提前庆祝延安中央医院新手术室落成。"新手术室建成启用时，马海德还特意去请毛泽东题写了"治病救人"四个大字，悬挂在新手术室的门框上。

当阿洛夫走上手术台时，平时嘻哈说笑的他变得严肃认真、一丝不苟。一次，外科收治了一个腹部受伤的病人，医生给他揭开纱布后流出一股咖啡色的脓水，奇臭无比。医护人员受不了，有人干脆跑出门外去，在场的也掩鼻皱眉不语。阿洛夫一看恼怒了，摘下了自己戴的口罩，大声喊话，把医生、护士统统叫进屋里。阿洛夫严肃批评道："一个外科医生，怎么能嫌弃病人伤口味道臭呢？你们把口罩都摘掉，锻炼一下自己的嗅觉！"大家口罩摘掉之后，接着，阿洛夫又问道："闻到味了吗？你们谁知道，这个病人的伤口是什么细菌感染的？"没有人能回答上来，屋内鸦雀无声。阿洛夫看了看大家，说："这个病人是大肠杆菌感染，味道也特别臭；而葡萄球菌是呈褐色，有腥味；结核菌呈浅蓝色，有酸味。大家要逐渐学会和掌握通过视觉和嗅觉来辨别这几种常见细菌导致感染的表现，以便今后在前线打仗时，现场没有检验设备也能辨认出感染伤口的细菌，做到对症用药。"大家听了阿洛夫的一番话，都心悦诚服。朱德听了汇报，专门骑马来当面表扬他。

阿洛夫这种容不得半点马虎的精神，打动了马海德。在军委总卫生部的一次会议上，马海德建议说："毛主席要我们学习白大夫'极端负责任的精神'，阿洛夫大夫，也有这种精神。白求恩大夫在山西写信给毛主席，报告他在晋察冀建了医院和医校，强调要为八路军培养战地救护人才。白大夫走了，他来不及完成为我军培养战地救护人才的工作，我建议，我们军委总卫生部，从各军区各部队精选一批重点骨干医生，让阿洛夫大夫言传身教，为我军培养出一批野战外科人才。"鲁之俊、饶正锡等负责人大声说好。军委总卫生部采纳了马海德的提议，很快就形成决议上报了中央。

毛泽东、朱德立即批准了军委总卫生部的报告。抗战进入后期，八路军和新四军发展壮大很快，已接近百万兵力，战区也越来越宽，各根据地都需要大量的外科医生，我军最缺的就是野战外科医生。进入 1944 年，中央军委希望培养一批"高级骨干"医生，于是将冀鲁豫军区卫生部部长刘夕青，晋察冀军区卫生部部长叶青山，陕甘宁边区留守兵团卫生部副部长曾育生、李资平，留守兵团野战医院院长靳来川，三五九旅卫生部部长潘世征等六位高级卫生干部，直接调到阿洛夫身边进修。

阿洛夫很高兴地用陕北话说："俺义不容辞！"他不辞辛劳，总是尽可能地将所学战地外科医疗技术，通过实例演示操作，向这些战场前线来的部队卫生部部长们传授，使他们学有所成。为了加强学员和医护人员战场实际处置能力，加快掌握伤员抢救技术，他不时还把大家带到野外山地言传身教，进行战场模拟训练。他趴在地上演示如何利用地形、地物从火线将伤员抢救下来而自己不受伤，如何才能爬得快。他结合自己在战场上的小发明进行示范，双手握着两截小木棍，借助小木棍的力量可以爬得更快，而且自己的双手不会受伤。做完示范就让学员现场演练，然后又教包扎技术，如何将沟里的伤员拖上来，在地上爬时怎样才能不至于拖伤伤员……阿洛夫边讲边示范，然后让学员和医护人员模拟演练。

晋察冀军区卫生部部长叶青山在完成进修离开延安之前，对好友马海德说："我刚刚跟白求恩大夫学了一点，白大夫就走了。这次集中跟班学习，八个字：'大开眼界，水平见长'啊。"军委总卫生部认为这次的高水平培训颇见成效，于是决定继续办。阿洛夫则说："这些战场上来的卫生部部长，经历过战地血与火的锻炼，一点就会，一学就开窍。我也高兴带这些'部长学员'。"

三五九旅卫生部部长潘世征对阿洛夫和马海德说："感谢阿洛夫这只'好母鸡'，将我们六个'小鸡'孵出来了，我们回部队去，要自己下蛋孵化'小鸡'了。"大家听了哈哈大笑。于是，这批走了，那批又来了，阿洛夫培养了高级卫生干部近 20 名，外科医生就更多了。中央医院新建的手术室，提供了比较全面、直观的培训环境，阿洛夫主持的外科培训，简直成了小型进修学校。

这次军委总卫生部开办的高级卫生干部脱产培训学习班，马海德和阿洛夫配合得很好。马海德是军委总卫生部的代表，与选来参加培训的六个卫生部部长都很熟悉。除了向他们介绍苏联将军级的外科大夫的战场外科专长之外，也将这六个人在军区或者部队的卫生工作简历及专长、性格特点，用英文写了一份学员简介给阿洛夫。为了方便阿洛夫看，马海德拿去请吴亮平翻译成俄文。

有一次，阿洛夫带学员们到城外山上进行实地演示，带去的便携 X 光机出现了故障，正在现场的马海德见了，立即骑上马到八路军军医院借来一台，保证了阿洛夫实际演示的顺利进行。阿洛夫十分感动！正是因为阿洛夫出色的工作和巨大的贡献，1944 年 6 月，中央医院评选出六位模范医务工作者，第一名就是阿洛夫，他获得了特等奖。

6 月 28 日的《解放日报》还专门介绍了阿洛夫的事迹。令阿洛夫特别欣喜的是，他获得了毛泽东亲书的"模范医生"刺绣锦旗。在他看来，这是中共最高领导人对他这个苏共党员医生的最高奖赏，也是他此生获得的最高荣誉。年底，陕甘宁边区召开英模大会，阿洛夫出席大会，又被评为特等奖，获得边区政府奖状和一笔奖金。就这样，阿洛夫这位洋大夫成了被延安多次表彰的"老先进"！

抗战时，阿洛夫来中国不仅带来了斯大林的期望，还带来大量药品及医疗器械，其中还有刚问世的磺胺、索夫卡因等珍贵新药；他离开中国时，还将高超的医疗技术和可敬的医德人品留了下来。由他带出的一大批弟子，每个人学成后又都带出了一大群弟子，这些人以后成为了共和国卫生战线的骨干力量。这是阿洛夫对中国革命的最大贡献。

毛泽东身边的这两个"洋大夫"，合作得很好，得到了毛泽东的赞赏。阿洛夫与马海德一家关系很好，经常在一起会餐，尽管阿洛夫只比马海德大五岁，幼马还是称他为"我的阿洛夫叔叔。"后来，国内战争时中共中央撤离延安，马海德与苏菲需要随各自的单位转移，两口子决定将年幼的幼马托付给随中央办公厅转移的阿洛夫照料。

第十篇

延安"窑洞外交"时期的马海德顾问

朱德说，看懂那些"天书"，马海德是权威

1941 年 5 月 17 日,雨后,蓝天开始露脸了。毛泽东叫上马海德一起,说是骑马去一个好地方"春游"。看来这天毛泽东心情颇佳,大约是因为昨天——16 日,《解放日报》创刊了！中共中央终于有一份像样的大型报纸了,它是由延安《新中华报》《今日新闻》合并而成。毛泽东题写了报名,撰写了《发刊词》。马海德骑马赶到杨家岭,跟着毛泽东往城西的山沟沟里走。马海德这天新换了一匹大白马,这是留守兵团萧劲光司令赠给他的,答谢他在刘万家沟开办留守兵团医院的付出。毛泽东问:"枣红马退休了？"马海德答:"上岁数了,让它留在卫生部干点轻活。"转而问:"去什么好地方？"毛泽东笑着说:"看天书的地方。"马海德兴趣大增。

毛泽东先和马海德讨论山西爱国名将续范亭将军的病情。续范亭是山西国民党军队中积极抗日的勇将,这年初在晋西北前线病重,中共中央邀请将军来延安治病和疗养,将军 5 月初西渡黄河来到延安,住在白求恩国际和平医院。毛泽东说:"续范亭将军与我同年生,正好比我年长整整一个月,朱老总、彭老总请他来到延安,我们一定要花大力气,将他的病治好啊！"

毛泽东在马背上,详细介绍了续将军的爱国情怀。续范亭是老同盟会会员,为辛亥革命作过重大贡献。九一八事变后重新出山,准备抗战,是个血性将军。1935 年冬来到南京,要求抗战,当局没予回应。这天,他上午去中山陵陵园,至下午仍未归。朋友们感到不好,忙赶往陵园,在总理灵堂前,发现续范亭腹部已被自己剖开一个大口子,人已昏倒在血泊中。大家把他抬到医院,在他身上又找到血迹斑斑的绝命诗。此事轰动南京,国民党政府刚开始禁止报道。不久,一家上海私人报馆突破禁令,报道了这个消息,登了续范亭躺在病床上的照片和剖腹前五首绝命诗手迹,立即引起举国震惊。民间团体的慰问信和电报如同雪片般飞来。主张抗日的冯玉祥、张学良等高级将领也赶到医院看望。

毛泽东在马背上很有激情地背诵续将军的诗：

> 赤脰条条任去留，丈夫于世何所求？
> 窃恐民气摧残尽，愿把身躯易自由。

将军被抢救回来后继续为抗日奔走。他赞同共产党停止内战、团结抗日的主张，在山西与八路军合作抗日，关系很好。

马海德听了很受感动，向毛泽东报告说："将军住进我们医院之后，经我和鲁院长悉心检查诊断，确诊他有两大重病，身体已经十分虚弱。一是腹部肠溃疡面积很大，二是肺结核病使肺部已有空洞。两病均很严重，加上晋西北紧张的战斗生活和艰苦的物质条件，使他疾病复发，身体更加羸弱。我们已经加大了医护力量，我们的肺结核权威专家何穆院长亲自为他主治肺结核，用了进口药物和采取相关措施，甚为见效。只是当年剖腹自戕，救治不善，造成大面积肠溃疡，鲁院长说正在联系重庆医界同学购买特效西药。"

毛泽东说："你们医院为续将军的买药报告，朱老总已经批准并转给我了，昨天，我已经致电廖承志、周恩来，请他们在香港、重庆购买治疗肠溃疡的药物50盒，速寄至延安。"

说话之间，毛泽东一行的马队已走了约20公里路，进了一个荒僻的山沟，沟里有一条小河流过，路旁有一棵老榆树。毛泽东笑着说："我们的好去处叫王皮湾，到了。"老榆树下有两个人在等他们，其中一个马海德认识，是军委三局的领导人王诤，八路军电讯专家；另一个戴眼镜、秀才模样的是电机技术专家，清华大学电机工程专业毕业的傅英豪，这年刚从西安八办调来王皮湾。

对于"王皮湾"这个地名，马海德已经在军委听说过不止一次了，知道这是刚刚开播不久的新华广播电台的隐蔽台址。王诤介绍，王皮湾这个小小山村只有九户人家、老少四十多口人，朱德总司令敲定电台建在此地。延河支流西川从村前蜿蜒而过，河南岸的墩儿山上有一块大岩石，正好打出较大的两孔石窑洞，作为动力间和发射机房，地形隐蔽，十分安全。此外，他们还另打了几孔土窑洞，盖起了作为播音、发报、办公和住宿的土坏房；成立了"九分队"，承担文字广播和口语广播的任务。延安电台早期的文艺节目只是由播音员和机务员吹口琴、唱歌和播放唱片。为了丰富节目内容，他们邀请有表演经验的同志们来演播郭沫若的《屈原》和《棠棣之花》的片段；还邀请总政文工团来演播有伴奏的合唱，由于窑洞里挤不下，大家排列在山坡上，把话筒移到窑洞外面，在夜空银河和星光下，向着山峦和溪流，播送嘹亮的歌声和雄壮的乐曲。毛泽东接见了"九分队"全体工作人员30余人。毛泽东将秘书叶子龙带来的一个木箱打开，是一箱唱片。毛主席说："听说我们电台有一部手摇留声机，我就叫叶子龙找出窑洞里的唱片，是国统区来的名人先后赠送给我的，共有20多张唱片，现送给你们，支持你们努力把广播办好。"

接着，毛泽东参观了发射机和发电机等设备。由于延安汽油奇缺，为了解决动力问题，九分队找来一台已经报损的汽车引擎，大修后用皮带连接到发电机上。又找来两个大汽油桶，上下焊接起来，做成烧炭的土造的煤气发生炉，再用管子接到汽车引擎上，他们点燃木炭产生煤气，煤气使引擎旋转，带动发电机发出电力，创造了世界广播史上的一个奇迹。毛主席对大家说："你们辛苦了！你们播出的声音，是党的声音，也称为'延安的声音'，鼓舞前线的八路军冲锋杀敌，国统区城市地下党将你们的声音抄下来，印成传单和小报，在人民中秘密传播。蒋介石很恼火延安有自己的声音，下令进行侦测、监听和干扰，并且阴谋加以破坏。他们把这称为'海陆空三条战线之外的第四战线'……"毛主席的话很有感染力，大家热烈鼓掌。

在返回延安的路上，毛泽东对马海德说："延安新华广播电台，英文代号是'XNCR'，它是新华社主管的。中央刚批准加办新华国际广播电台，增加英语广播及日语广播。英语广播正在积极筹备之中。"毛泽东对马海德说，新华社原在杨家岭办公，前些天已经搬回清凉山新址去了。新华社的翻译科，任务是从外国通讯社的电讯中收集信息，译成中文，编成《参考消息》供党中央参考；同时，要编成国际新闻用汉语及英语播出。由于我们通信器材落后，收报质量差且不稳定，报务员大多文化水平不高，也没专门学过英文，所以从天空电波中听抄下来的外国通讯社电文错漏很多，翻译时很费猜度，大家称之为"天书"。

图 10-1 当年新华社英文电讯稿，其中很多都经马海德审改

马海德先是一愣，以为所说的"天书"是指看不懂的文字，而报务员告诉他，所说的"天书"是指把电波语言记录下来，写成为英文稿及翻译成中文。马海德说："新华社的同志们说，译出'天书'，太费劲了！"

毛泽东说："现在，中央广播委员会主任是朱老总，前些天，他对我说，看懂那些'天书'，马海德同志是权威，他这个军委总卫生部顾问，是不是也到新华社兼一个顾问，当然不是只挂名的。"

7月15日，马海德在柳树店一天办了三件事

在马海德跟随毛泽东去王皮湾看"九分队"后没几天，马海德被任命为新华社的外事顾问，时任新华社社长为博古。两个月后，1941年7月15日这天，马海德到柳树店办了三件事：其一，当天上午，代表军委总卫生部看望住在国际和平医院的续范亭将军（当时白求恩国际和平医院是柳树店中国医科大学的附属医院），送达毛主席写给续将军的简信；其二，当天下午，与饶正锡等军委总卫生部领导出席中国医科大学举行的第一届（原八路军卫生学校第十四期）学生毕业典礼；其三，带来了两本英文原版的兵器制造技术书，转赠给柳树店的八路军兵工厂。

这天，马海德一早就快马加鞭赶到柳树店，先办送书的事。前不久，原上海马克思主义国际学习小组成员、德国人艾琳·魏德迈女士——当年霞飞路进步书店的老板，到西安办事，托西安八办人员转交一捆英文书给在延安的马海德，里面大部分是英文医疗卫生技术书，他拿着其中有两本兵器制造的书去找刘鼎，说是聂荣臻调其去晋察冀根据地办兵工厂

去了，还说柳树店就有一家刘鼎筹办的兵工厂。柳树店村后沟山顶有座古庙，山前大湾处是中国医科大学和附属医院，庙那边山后，就是延安兵工厂。

马海德常来柳树店，但没去过兵工厂。这次，马海德见到了工厂领导人刘贵福。刘厂长说，这个厂就是老红军兵工专家刘鼎筹办起来的，刘鼎不久前调去山西了。刘贵福拿到了马海德赠送的英文技术书，书中还有图纸，很是高兴，带着马海德参观了兵工厂。窑洞里存放着许多从前线搜集回来的坏炮筒、坏机枪和坏步枪。1938年底，日本飞机轰炸延安城之后，兵工厂要制造打飞机的高射机枪，就将直罗镇战役缴获的坏机枪进行修理，修好轻重机枪100多挺，后来又制成了哈奇开斯机枪"装弹修正器"，保证了机枪的连发性能。经过悉心研究，决定在重机枪上装上三脚架，改装成高射机枪。用马克沁重机枪做枪身，加一个底盘和扇形平齿轮，从底盘引出两个握柄，用来控制单发、连发、转动和升降；三脚架中间有转轴和底盘的转座相连，3条腿用8毫米的铁管镶在转座上，腿上配有拉杆，可调节松动，稳定三脚架。两三个月之后，兵工厂就造出了两挺高射机枪，叶剑英总参谋长亲自部署，一挺放在清凉山山顶，一挺放在宝塔山山顶，两挺高射机枪射出的子弹形成一道交叉火力封锁网。从此，日军的飞机再也不敢轻易骚扰延安城了。马海德觉得参观很有收获，兵工厂的师傅真了不起。他还联想起，进驻延安之初，毛泽东曾带他骑马来过此地，毛泽东下马考察，就看中的柳树店村，现在都开发出来有了大用场。

马海德参观兵工厂之后，就去附属医院看望续范亭。他知道续将军所需的药物已收到数盒。经鲁之俊院长精心治疗，到7月上旬，将军的肠溃疡和肺结核都有了显著好转。续范亭写信给毛泽东，报告"健康状况已经趋于稳定"。为了使他有一个安定、相对舒适的环境，中央办公厅决定将他转到延安交际处休养。马海德专程去探望，并送上毛泽东的回信，信中写道："闻尊体有进步，大家都欢喜。我有些不适，近日已略好，勿以为念。"

马海德转告续范亭，已经为他在交际处二所安排了房子，将军住在东屋，警卫员住西屋，因知将军爱烤火，就在东屋添一个火炉，这样屋

图 10-2 ● 中国医科大学在延安时的校门

子里就更暖和了。马海德说："卫立煌将军来延安的时候，就是这样住的。"续范亭听了很高兴，请马海德转达对毛主席、朱老总的感谢。几天后，续范亭就从柳树店搬到城里交际处，他对这个住处和周围环境非常满意。在城里，他全力攻读马克思主义经典著作、革命领袖的传记和延安出版的报刊、书籍，并同朱德、吴玉章、徐特立等经常往来，且以诗词唱和。

当天下午二时，中国医科大学在校部大礼堂为第一期 61 名毕业生举行毕业典礼，然后毕业生们将奔赴晋察冀抗日前线。中国医科大学从毛泽东、朱德在中央苏区创办的工农红军卫生学校起步，在战火中经历了近 20 年的发展壮大，在红军长征中坚持办学，红军胜利到达陕北以及西安事变和平解决后形成国共合作、全民抗战，在新形势下改称"八路军卫生学校"。抗日战争全面爆发后，国民党军队在日寇进攻面前节节败退，八路军肩负着民族的希望，东渡黄河，迎敌北上，奋勇杀敌。八路军卫校立即派出九期、十期学员和部分医生，组成医疗队奔赴前线，他们曾在平型关战役、奇袭阳明堡机场战斗等前线参加抢救伤员，在山西五台山到黄河岸边的大宁县之间组成一条千里伤员转运线。每隔数十公里路就设一个兵站，接待伤员，进行治疗，依次转运。学员们发扬大无畏的革命精神，既是护理员、担架员，又是炊事员，同时还要做抗日救国的宣传员，在转运中遇到敌机轰炸，学员就俯在伤员身上，用自己的身体掩护伤员不再二次受伤，被八路军官兵广为称赞。

随着抗日战争深入发展，中共中央及中央军委对培养我军自己的医护人员的要求更加迫切。1940年9月，经毛泽东提议，"八路军卫生学校"更名为"中国医科大学"；1941年7月，面临毕业的军医十四期也就成为更名后的中国医科大学第一期毕业生。在毕业前夕，同学们都热切希望毛主席能题词留念。当时的

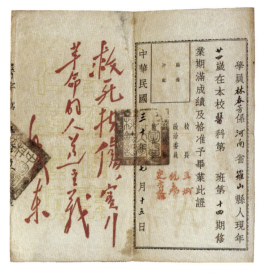

图 10-3　当年印着毛泽东题词的中国医科大学毕业证书
（中国医科大学校史馆提供）

十四期期长林春芳向校长王斌汇报了同学们的要求。王斌很快向毛泽东汇报，请毛泽东在百忙中给十四期毕业学生题词。毛泽东立即答应了，说："毕业的同学们要上前线了，我再忙也要题字。"

不久，毛泽东就派工作人员送来了题词。王斌小心翼翼地打开牛皮纸卷筒，一张白纸打开，展现了毛主席题写的"救死扶伤，实行革命的人道主义"13个大字。王校长连说："好词，好词！好字，好字！"林春芳很快找到绘图小组的同学精心放大，分别贴在校部、礼堂、图书馆、十四期的教室里。得知毛主席为十四期题词的消息后，全体同学无不欢欣鼓舞、奔走相告。此后，中国医科大学决定将毛主席的题词"救死扶伤，实行革命的人道主义"，用红色字印制在十四期的毕业证书上。7月15日这天，十四期的全体毕业同学得到了与以往十三届毕业同学不同的毕业证书。从此，毛主席的题词，成为一代又一代中国医科大学人的行动指南，并最终成为全国医务工作者的座右铭和指路明灯。

当晚，马海德从柳树店回来，到城里天已漆黑。他直奔枣园，注意到毛泽东的窑洞添了蜡烛，比较亮，有几个领导人在开会。马海德到警卫班窑洞休息，要了两个馒头吃。马海德知道上月22日，德军突然大举进攻苏联，国际局势大为紧张，中央领导晚上会议多了。等会散了，马海德进窑洞给毛泽东报告了在柳树店的情况，说："上午，看望续将军，他脸色好多了，体重近日有所增加。下午，毕业生们一个个登台领到有您题词的毕业证书，

个个都兴高采烈。"毛泽东说:"我是很想去参加中国医科大学第一届毕业生典礼的。"

马海德在新华社解读"天书",还爱摇马达

进驻延安初期,从"红中社"改名的新华社在清凉山上办公,山上有很多佛洞,里面还有大大小小的古代泥菩萨。1938 年 11 月下旬,日本飞机猛烈轰炸延安,清凉山新华社是敌人轰炸的重点目标,许多佛洞被炸塌,万佛洞被炸"没"了。新华社也跟随中共中央机关搬到杨家岭。马海德在凤凰山的窑洞也被炸塌了,幸好他本人不在窑洞。中央安排马海德也搬到杨家岭里面的小沟岔新开的窑洞里。两年后,随着《解放日报》创办,并与新华社的英译组、新华电台等合成一个大的新华社,又搬回清凉山了。因此,马海德要去新华社当工作顾问,就得从杨家岭的小沟岔骑马蹚过延河去清凉山。

马海德去找老熟人博古社长报到,博古高兴地表示:"欢迎、欢迎! 有你这个英语权威光临我们社,天书统统解! "马海德笑着对博古说:"马海德也并非神仙,每个当事者要解天书,像国际歌里唱的,'不靠神仙皇帝,全靠我们自己';当然,最后由我把'鬼门关',把文稿上错漏的'鬼子'统统消灭。"其实,新华社还在杨家岭时,与小沟岔相邻,新华社的工作人员自己修了个篮球场,马海德经常去与新华社的人打篮球,知晓他们的酸甜苦辣,早知道"天书"问题,就像开药方一样,他已经琢磨出了应对解决的办法。

在主管副社长吴文焘的陪同下,在大窑洞里召开了一次工作讨论会,马海德首次与报务组及翻译组的陈龙、沈建图、陈庶、丁拓等 20 多个成员见面,马海德说:"我很佩服你们,原因有两条。第一条,我很佩服你们年轻的老社长廖承志。在保安的时候,我和廖社长就是很好的朋友,他跟我差不多的年纪,却精通英文、日文、德文。社长是他,翻译也是他,刻

蜡版印出当日新闻提供给中央领导们的还是他，一人顶三个人！博古社长说过，'天书'的说法是小廖同志发明的，语意双关：一则电讯稿是同志们费了多少心血从'天上'收来的；二则这些电讯很难读懂。他是给同志们温暖的鼓励，推动我们奋斗向前。他的意思是天书再难，为了革命事业，也得翻译出来。"洋顾问一番话，获得了在座所有人热烈的掌声。马海德继续说："第二条，我佩服你们在座的同志，我的窑洞炸塌了，我就跟你们一样卷铺盖到杨家岭去，你们比我强！你们还将炸清凉山的日军飞机弹片、弹壳搜集了也搬过去了，你们发现日本人的弹片是特种钢，硬度特别高，特别锋利，你们打成了锄、铲、锹，在杨家岭开荒种地，连毛主席种地都爱用你们打造的炸弹壳锄头。你们还有人将锋利的弹片打成冰刀，冬天在延河冰面溜冰。你们知道在运动会上，当贺老总得知有位选手穿的冰刀是用日本鬼子飞机弹片做的，他说什么吗？"全窑洞都静下来了，望着马海德，聚精会神地听他说，"贺老总问我，这小子是哪个部队的？我说，人家是新华社的收报员。贺老总又说，这小子脑瓜挺贼的，有种！"窑洞里爆发出更为热烈的掌声，唯有穿着溜冰刀的那个收报员，不好意思地红着脸嘿嘿笑着，没给自己鼓掌。马海德最后说："我相信我们收报组、翻译组的同志们，一定能通过自己的努力，攻下每一页'天书'。我给你们把关！"

新华社翻译科，分英文、日文和明码三个组，二十几个人，在一孔大窑洞里，围着数张方桌中央的煤油灯，分上半夜和下半夜两班工作。每夜处理 6 万~8 万字的"天书"，非常辛苦。有一个叫"本子"的组长，喜欢喝烧酒，说话絮絮叨叨，但他破译"天书"的水平最高，大家都听他的。他在中央苏区的红中社一直从事明码译电，经过多年磨炼，非常熟悉业务，不查电码本子也能完成工作。他就是"活本子"，大家亲切地称他为"本子"。同事不懂的字码都问他，他能随口准确地答出来。有一次，新华社领导开会研究评劳动模范，马海德提出："明码组长——本子，应该是劳模第一人选。"副社长吴文焘笑着提醒："马顾问，'本子'是明码组组长的绰号而已，组长的全名叫李柱南。"马海德忙笑着道歉。

马海德确实是社里的英文"权威"。主管副社长吴文焘，1937 年 6 月

图 10-4 ● 马海德与廖承志（苏菲供图）

北大英文系毕业的高才生，同年11月到延安参加革命，在工作中表现出很高的英文业务水平。只要马海德在新华社，吴文焘审过的稿子一定会请他"过目"，马海德经常会找出一点错漏。所以，遇有特别重要的稿子，例如斯大林在莫斯科红场的演说，即使马海德不在，吴文焘审过之后，也要派通讯员骑马到军委总卫生部去找马海德现场过目。

马海德在新华社没有一点架子，很随和，人缘很好。新华社有一项体力劳动的力气活，叫"摇马达"。由于延安没有电，收发电讯和通报工作需要用电。怎么办？用汽车上的电瓶（蓄电池）蓄电发电。电瓶的电几个小时就用完了，就需要使用军用手摇发电机（手摇马达）去充电。由于电瓶数量多，日夜都需要好几个人排着轮流摇马达。摇马达的同志需坐在马达后面的小木凳上，拿起马达两边的摇杆连续摇，一般女同志吃不消。马海德说自己身体好，该是经常来摇马达的人，而且一边摇一边唱陕北的小曲。有时候，社里忙，就雇陕北民工摇马达。摇马达的民工爱唱民歌，马海德也爱跟民工一起摇，跟他们学唱陕北民歌。

新华广播电台在王皮湾工作了两年多，对边区、日占区及国统区都产生了很大的影响。因为所使用的苏联制造的大型发射机上的电子管衰老损坏，一时无法补充，延安电台不得不在1943年春暂停播音。3月8日，朱德在王诤、马海德、吴文焘等陪同下，再次来到王皮湾。朱德安慰和鼓励大家不要气馁，中央正采取措施，争取早日恢复广播。朱德对众人说："我在五台山八路军总部指挥作战时，一天，总部的电台突然出了故障，停止工作了，我和总部的同志们急得要命。正巧，当时从北平来了3位燕京大学的外国教师，他们是放假来参观的，其中一位很年轻的林迈可教授，说试着帮我们修一下，结果2小时就修好了。听说，去年这个人到晋察冀参加了八路军，成了聂荣臻的'香饽饽'。王诤局长，你发个电报跟聂司令商量一下，说我点名要他！'"

五十多年后，美国阿巴拉契亚山脉洞库里发现延安电讯

中美建交十多年之后，即 20 世纪 90 年代，远在大西洋西岸的马里兰州对该州阿巴拉契亚山脉腹地二战国家档案库进行清理时，从联邦传播委员会尘封的老档案中，找到一批电头为"延安新华社"的英文电讯稿。这批原始发黄的英文电讯稿本是中国抗战文献，具有重大的历史价值。可以说，这就是后来成为新中国国家通讯社的新华社从延安走向世界的开山之作。

阿巴拉契亚山脉是美国东部的著名山脉，从北到南贯穿在大西洋西岸的马里兰州。当年，罗斯福总统批准，二战后期，将战争期间大批文件收藏在该州境内的阿巴拉契亚山脉的腹地里。1943 年冬，在盟国开罗会议之后，盟军转入反攻阶段，美国政府在西海岸旧金山所设相关机构中，有一批专业人员专门监听世界各地的无线电传播信号。1944 年 9 月开始，他们捕捉到这个新的电波信号，记录首次听到的红色延安发出的抗战电波。此后，他们将其中最重要的内容每日编辑出来，再分送给包括罗斯福总统、马歇尔总参谋长在内的首都华盛顿约四百名高级官员。

这则 20 世纪末从美国二战老档案里发现当年"延安新华社"英文电讯稿的消息，惊动了中国高层，新华社立即从这些老旧电讯稿中追本溯源，这就不能不涉及当时新华社对外部（国际部）两个洋顾问的名字：林迈可和马海德。

林迈可，是一个有中国名字的英国人。他的英文姓名是 Michael Lindsay，生于 1919 年，卒于 1994 年。林迈可出生于英国显赫的书香门第，祖父是历史学家，父亲是哲学家，在牛津大学的贝里奥学院当过 25 年院长。

在牛津大学诸多学院中，贝里奥学院最具盛名，它被称为"牛津大学的精英之学识核电站"，它的学员后来不乏成为首相、国王、诺贝尔奖获得者等。为中国人所熟知的希思首相、麦克米伦首相皆是林迈可父亲的学生。因对牛津大学及英国的贡献，林迈可的父亲于 1945 年被册封为男爵，并成为英国上议院议员。林迈可就读于世界最著名的学府之一牛津大学，在校曾学过经济学等多种学科，业余爱好无线电技术，也爱好摄影。林迈可于牛津大学毕业后来到中国，被燕京大学聘请为经济学导师。

1938 年 1 月 8 日，林迈可乘加拿大远洋轮船"亚洲女皇号"从温哥华港穿越太平洋驶往中国，与白求恩大夫同船，两人都戴着时兴的圆框眼镜，并在旅途中成为好友。年轻的林迈可是个英国绅士气十足的自由主义者，感受了北平笼罩的法西斯恐怖气氛，亲眼看见校长司徒雷登以教会大学为由拒绝为日本占领军服务，宁可关门也决不妥协。校长的性格与立场，深深地影响着林迈可。在北平城里，林迈可亲身经历了华北抗日地下组织的有关活动，这使他感到十分新鲜好奇。经与燕京大学威廉等两位年轻外籍教师私下商议，决定利用复活节假期去"那边"充分了解情况。林迈可还带去了新买的 120 式德国蔡司伊康相机，他们越过日军警戒区，到达冀中根据地，受到军民的热情欢迎和接待。他们被护送越过平汉铁路，来到山西省五台山聂荣臻所在的晋察冀军区司令部。

一路的见闻，使林迈可深为边区军民艰苦卓绝的抗战精神所感动，他还参加了一次部队夜袭平汉铁路的战斗。在八路军总部，林迈可见到了朱德，正逢总部电台出现故障，没能修好，前线总指挥中枢怎能中断电讯联系？朱德大为焦急！林迈可是个无线电爱好者，跃跃欲试地说："我的专业是经济学，但我可以试试看。"想不到他很快排除了故障，八路军总部电台得以恢复工作。

林迈可与白求恩在冀中根据地重逢了，白求恩身穿八路军军装在忙碌地抢救伤员，林迈可见了十分兴奋。在根据地所见所闻，白求恩忘我工作的场景及所述的亲身感受，使他下决心积极参加抗日地下活动。他感受到根据地战争物资的极度短缺，在临别时，主动提出设法为根据地代购战争物资。

回到北平，林迈可利用外国人过城门及关卡不会被搜身的便利条件，为八路军采购及运送日本人严格控制的医药、无线电零配件、配炸药的化工材料等。为工作

图 10-5　林迈可在晋察冀根据地举办高级无线电训练班

方便，他买了一辆摩托车，一次又一次地骑着摩托车顺利通过日军的检查关卡。在经济学的教学过程中，他选收了 8 名学生，其中唯一的女生——山西姑娘李效黎，她的家乡就在八路军抗日前线。师生俩慢慢熟悉了，很快就共同为地下党做事，在革命中萌生情愫并结成良缘。

1941 年 12 月 7 日，日本偷袭珍珠港，美国对日宣战，揭开了太平洋战争的序幕。林迈可从广播中获悉了这个消息，觉得必须立即撤离，就去找司徒雷登，但司徒雷登不愿离校。林迈可、李效黎和班·威廉夫妇驾驶司徒雷登的专车，刚离开燕京校园 10 分钟，日本宪兵队就赶到了，但已人去楼空。他们逃出北平，在城外得到八路游击队接应，并被护送到达平西根据地。

林迈可在八路军抗日根据地，决定投身到中国人民艰苦卓绝的抗战中。命运使他从燕京大学来到晋察冀根据地，成了八路军中的一员。他和妻子李效黎都穿上了八路军军装。曾经到过欧洲留学的聂荣臻司令员，将林迈可称为"来自牛津的八路"。聂司令这个称呼是有缘故的。大家还开玩笑地说，他要不是眼睛是蓝色的，就跟所有的八路一样了。在受严密封锁的晋察冀根据地，物质条件极其简陋，他创造性地改造废旧收发报机，所用的零件，有些是从缴获的日军机器拆下来的，但大部分是从北平、保定等沦陷城市秘密购回的。他指导着组装出一批当时具有世界先进水平的部队便携小电台，体积小，功率虽只有 25 瓦，但是几百公里外都可以接听到，对提高八路军战斗力起了重要作用。他为八路军创办高级无线电训练班，其中的好些学员在新中国成立后成为新中国第一代无线电事业的部长、总局长、总工程师等国家栋梁人才，如钟夫翔、王士光、林爽等。

新华社有了两个洋顾问，林迈可与马海德

担任中共中央广播委员会主任的朱德总司令，决定调林迈可到延安新华社当顾问，让他发挥更大的作用，当然首先是要修好那台苏联制造的大型发射机，让延安电台恢复播音。说起这台苏制大型发射机，确实来之不易！

抗战期间，为打破因国民党封锁而造成的中国共产党与外部世界隔绝的状况，中共中央一直在想方设法突破。1939 年秋，周恩来去苏联治疗骨折，出院之后，曾在莫斯科与第三共产国际主席季米特洛夫、秘书长哥特瓦尔德进行会谈。会谈中，周恩来提出在延安建立广播电台的问题，共产国际决定，援助一部苏联制造的大型广播发射机。1940 年 3 月上旬，周恩来、任弼时等启程回国，把体积不小的广播发射机拆卸成散件，装进木箱，先后乘火车转飞机到了新疆，再经汽车，长途跋涉，于 3 月 25 日到达延安。中央成立了代号"九支队"的新华广播电台，当年 12 月底，实现了首次对外播音。虽说播音覆盖面只有陕北根据地及邻近省区，但影响很大，且引起了国民党当局的惊慌，所以现在需要尽快修好发射机，恢复播送。

林迈可在晋察冀根据地兢兢业业地工作了两年，深受聂荣臻司令员及根据地军民欢迎。同时，他强烈地感到，根据地处于一种与外界几乎完全隔绝的状态，这不利于发挥同盟国在中国战场上的作用，而建立与美国、英国驻华机构的密切联系将有助于打破根据地与世隔绝的状态。他认为，在延安要比在晋察冀根据地有更多的机会实现他的想法。这时，正好八路军总部同意晋察冀军区安排林迈可随部队穿过日军封锁线，然后西渡黄河去延安。

1944 年 5 月末，林迈可一家随部队，历经坎坷到达延安，住进交际处招待所。次日上午，朱德总司令在黄华陪同下来到交际处，看望林迈可夫妇。当日下午，林迈可夫妇就去了杨家岭，在中央接待大厅见到了毛泽东、周恩来等中央领导人，他们对林迈可来延安表示热烈欢迎。林迈可则说："我能和八路军一起打日本，这是我的光荣！"过了两天，朱德总司令、叶剑英

总参谋长在王家坪设午宴款待林迈可夫妇，朱老总亲笔签署了任命林迈可为"第十八集团军无线电通讯顾问"的文件，并亲切嘱咐林迈可："随着二战盟军大反攻的到来，希望尽一切可能修复发射机，尽快播音，宣传大好形势。"

林迈可看到中央如此重视此项工作，他迫不及待地就投入到修复发射机的工作中。他从条件和环境都极为艰苦的晋察冀根据地来，见到延安的条件和环境要好得多，军委三局使用的器材也比晋察冀根据地的好。他在五台山高级电讯班的学员钟夫翔、江文也调到了三局，可以帮助他开展工作。一天，林迈可来到了军委三局所在地，城郊十多里外的盐店子村。这年春天，八路军部队在晋西北战斗中，缴获了日军的一台锅炉和一台发电机，刚刚运到盐店子村，交给三局修造发射机使用。九分队同志们把它加工、改装成一部 25 马力的蒸汽机，安装在路边的"关帝行宫"大院里。有了这台苏制大型发射机，加上手边有三局积存的器材及部件，林迈可很快就想出办法，因陋就简，重新修改和设计线路，重新安装发射机，并提高发射功率。他对三局局长王诤说："这台苏制发射机功率只有五百瓦，我很有把握用现有材料对它加以改造，造出一台六百瓦功率的发报机，另外再设计一个高灵敏度的'V'形或菱形天线，这台发报机就足以向美国发报了。"三局自己的技术人员听了将信将疑，王诤觉得我们若真的造出一部可以和外国联系的发报机，将会是一个重大突破，就对林迈可说，"应该试一试"。于是，林迈可的方案上报到军委，朱总司令和叶参谋总长，签署意见——"同意让其试一试"。毛泽东也赞同朱、叶的意见。

这就干起来了，三局在王皮湾村口的小山包寨子岭上，新盖了两间土坯房，把重新设计、安装的发射机安放在这里。在半山腰打出三排土窑洞，作为发报房、播音室和宿舍，从这里发出新华社的文字广播。幸运的是，林迈可曾在晋察冀时期曾看过一本德国的《无线电工程》，抄下其中的一些公式。用这些公式，就可以设计一个灵敏度较高的"V"形定向天线，他立即废寝忘食地投入到工作中。

这年 8 月，新发射机投入使用。天线制好了，林迈可和大家将发报机搬到一个小山顶上，巨大的"V"形天线正好面向山谷的东边，他又借来了一个经纬仪，用来校准天线其他各端标杆的位置……9 月 1 日，"林迈可

图 10-6 ● 马海德夫妇、林迈可夫妇及孩子

天线"投入使用发射无线电讯号。于是，在中国黄土高原上一个不到 10 平方米的土窑洞里，首次向世界发出了以"新华社延安"为电头的英文电讯稿。这些英文稿子是经过林迈可的牛津英语润色的。这样，延安第一部国际电台，使新华社的英文电讯的电波频率开始得以上天远距离传播，首次让世界收到延安的电码信息。延安很快就得到印度接收到的反馈讯号。想不到发射到美国旧金山的讯号，在五十多年之后，才被发现而确认收到。

经改造的发报机刚刚投入使用，作为朱德秘书的黄华就带着马海德来到交际处招待所，美国医生马海德与英国教师林迈可的手紧紧地握在一起，两个延安老外已经在好几个场合打过照面，但都来不及多说话。黄华笑着对林迈可说："朱老总今上午同意你调去新华社英语部做顾问，老总说，你同时还是军委三部顾问，你改造的发报机能少得了你吗？你得两边兼顾啊！"马海德也笑着说："我大你八九岁，按中国称呼，叫你林老弟，现在咱俩都是双重身份，在军委干不同的工作，在新华社干的却是同一件事：为延安写'天书'。"林迈可问："什么叫'天书'？"马海德说："你慢慢会懂的，今天先不说这些。今天我和夫人、孩子，请你和夫人、孩子吃饭。"

两家人吃饭的时候，马海德和林迈可说的是英语，两位夫人苏菲和李效黎说的是中国话，而且越说越是私密。苏菲告诉效黎他们是怎么相识相知的，还问他们是怎么相爱的。效黎说："在北平，我是他的学生，他为我老家的八路军做地下工作。他请我帮他重新整理一批西药名签，将售药商店英文商标撕去（为保护供药商），用中文准确记录所买药品的详细名称和功能，再贴上去。有一次他拿了一沓进口化学药品订单，请我译成中文，订单数量极大，我毫不知情很感奇怪。弄清真相后，我成了他的好帮手。我们配合着，冒着生命危险为根据地八路军组织药品和外科器械供应，有时还传递情报，掩护地下党员进出北平城。就这样，不久，我就成了他的妻子……"

苏菲不愧是鲁艺文学系的，这样艺术性地评论说："好啊，这样成就了一段命同生死、富有传奇色彩的跨国姻缘。"

不久，聂荣臻从晋察冀根据地来延安准备开中共七大，特意将马海德夫妻和林迈克夫妻连同两家的孩子，一同请到城里餐馆聚会。聂司令很喜欢孩子，跟每个孩子逗乐一会，还带了小礼物。饭桌上，聂荣臻乐呵呵地祝酒说："你们两对洋顾问夫妇，都是我的好朋友，我就不一家一家去窑洞拜访了，等赶走日本鬼子，我要特别邀请你们两家去为建设晋察冀作贡献！"

马海德的第三个顾问职务：中央军委外事组顾问

陕北的秋天来得早，1944 年 8 月 15 日的前半夜，延安已经很凉爽了。毛泽东刚批阅了几份文件，心还挂在延安的美军观察组上。他步出窑洞，在山坡上漫步，眺望着繁星满天。警卫员给他披上一件厚外衣。他没有说话，一边沉浸在思索之中，一边等候着马海德从美军观察组回来。

美军观察组于 7 月 22 日到来，经过欢迎、宴请、交谈及拜访，相互有了一定的了解。马海德一整天忙着接待这些美国来的"老乡"，回来对毛泽东说："我的老乡们还没有安顿好住处，就先将功率不小的大电台架起来，'嘀嘀嗒嗒'发起报来。"美国人为何来此"观察"，当然是了解情况：一是边区的各种情况，二是通过边区了解日本鬼子的情况。也可以说他们是美国派来的情报组。在此之前，延安有一个秘密的苏联情报组，对外称为塔斯社驻延安记者组，也与中共中央一起住在杨家岭。苏联情报组也有大电台"嘀嘀嗒嗒"直通斯大林。毛泽东觉得美国的组长包瑞德上校，对延安的领导人很客气，彬彬有礼。相比之下，苏联原来那个情报组长，名叫基里连科的中将，额头高，架子很大，毛泽东看不惯这位苏联中将趾高气扬、不可一世的样子。他公然不愿与八路军合作,而自己要闯去山西前线,结果碰了钉子,就生气回莫斯科去了。留下的孙平(彼德·弗拉基米洛夫)和医生阿洛夫做情报联络工作。

7月22日那天,美军观察组的飞机首次降落在延河边的东关机场,一个机翼触地给撞坏了,幸好没有人受伤。双方商量修好这个机场。美军观察组大部分是军官,一看叶剑英总参谋长等高级领导人来了,也撸袖子、卷裤脚,带领军民挖地基、搬石头,他们大为惊讶,哪里见过这样的场面?于是美军军官们"入乡随俗",也加入干粗重体力活的队伍中。马海德也和美国"老乡们"吃喝着一起干,回来多吃了两个馒头。

毛泽东听马海德边吃馒头、边汇报,很是高兴!高兴之余,突然想到,他和中共高层其他领导人,对美军观察组到来的态度,虽说欢迎,但仍然是十分谨慎的。因此,美军观察组到达之时,延安的接待方针是杨尚昆概括的十二个字"不冷不热、不卑不亢、礼仪有度"。经过双方实质性的接触,以及毛泽东与随同来的美国驻华使馆高官谢伟思长谈,毛泽东的审慎态度有了转变,他说:"美军观察组来延安,是中共和边区的一件大事嘛,人家来了十多天、快20天了,我们的《解放日报》为什么不发一个社论?"他让秀才胡乔木赶快起草一篇标题为《欢迎美军观察组》的社论。

8月14日晚上,社论稿子交给毛泽东审核,毛泽东一边阅稿一边增删。15日,《解放日报》头版头条发表了他亲自改写的社论——《欢迎美军观察组的战友们!》。其中"战友们"这几个字,是在修改题目时他亲自加上去的,而且只有他才敢于在当时使用这个称呼。他还让担任美军观察组顾问的马海德,在他们那儿"了解了解,你老乡们对这篇社论的反映"。

这篇社论醒目地提出:美军观察组冲破国民党封锁线来到延安,"这是中国抗战以来最令人兴奋的一件大事";中国共产党和中国人民抗战的力量,终于为同盟国所认识,"国民党要想永远一掌遮天,已经困难了"。午夜时分,马海德回到了枣园,立即来到毛泽东的窑洞,拿来了美军观察组这一礼拜所积累下来的外国及国统区的各种报纸——机场修好之后,美军飞机从重庆到延安,每周往返飞行两次运输所需物资,其中就有这些中外报纸。有时候,毛泽东自己去美军观察组看新到的报纸。马海德吃饱了,一边喝茶,一边向毛泽东汇报了美军观察组对当天《解放日报》社论的反馈。

当天，在美军观察组的餐厅兼会议室里，大家刚吃过早餐，《解放日报》就到了。大部分成员不谙中文，包瑞德组长及兼美军观察组政治顾问的谢伟思会中文，就由谢伟思给全组人员口头翻译成英语，一句一句地读这篇社论，真有点像延安方面的政治学习。社论读到一半时，马海德到了。社论读完，来自 B-29 航空队的克罗姆林少校等称赞说："社论写得真好！要是我们将机场修建在延安，飞去炸日本本土就近了一大段路。"随军医官卡斯伯格少校嘀咕："这个社论，好是好，我觉得，只是姗姗来迟，要知道，我们已经到达延安有整整三个星期了！欢迎社论应该是我们到达延安那天的第一朵玫瑰花。"

谢伟思却说："迟来的玫瑰花也好，因为它是真诚的。"

马海德给他们补充说："据我了解，社论标题中'战友们'三个字，是在修改题目时毛泽东加上去的，起草社论的秀才没有想到，也不敢使用这个称呼。"

15 日这天深夜，毛泽东觉得自从美军观察组到来第一天起，马海德就以"美军观察组顾问"的身份接待客人。3 个星期以来，马海德发挥了"老乡"和英语的优势，参加接待，介绍情况，带领客人参观延安相关单位，已经非常累了，习惯熬夜的毛泽东，不让马海德熬夜，让他赶快回家睡觉。

为接待美军观察组，中共中央成立了中央军委外事组，由军委办公厅主任杨尚昆兼任外事组组长，对外则由第十八集团军参谋长叶剑英负责，马海德担任外事组顾问，下设翻译、联络、研究、行政四个科，黄华、陈家康、柯柏年、杨作材分任科长。这样，马海德除了担任军委总卫生部顾问、新华社对外顾问外，又新添第三个顾问角色：军委外事组顾问。这个军委外事组，下面编制虽称"科"，实际上除行政科外，各业务科只有两三个科员，忙得不亦乐乎，经常需要马海德的帮助。马海德是有求必应的性格，接待美军观察组最忙的人就是他了。加上来延安的都是"美国老乡"，大事小事他都做，他也乐得成为其中最忙的角色。

在延安窑洞诞生了中共中央的外交文件

马海德走后，毛泽东翻阅了一会儿报纸之后，陷入更深层次问题的思考中。近几个月来，先是一个以美国记者为主体的中外记者考察团，接着是美军观察组，加上原有的苏联情报组，延安城格外热闹起来。毛泽东觉得，与中外记者团的访问相比，美军观察组的到来是一件更重要的事情。毛泽东在修改《欢迎美军观察组的战友们！》这篇社论的同时，开始思考"外交"的问题。

美军观察组来了，而且是罗斯福总统派来的！在马海德接待他们的过程中，乡情使他们相处得非常融洽。马海德从中了解到，开罗会议之后，罗斯福总统对蒋介石施加了很大的压力，倔强的蒋介石这才迫不得已让步，同意罗斯福派美军来延安，但是必须把美军来延安的"美军观察团"降格为"美军观察组"。这个情节及细节，是美军观察组到延安之后，马海德才弄清楚的。在二战及中国抗日战争的反攻阶段，毛泽东更多地考虑外交问题，对于经历了长征血与火洗礼才到达陕北，并在抗日战争中发展、壮大的中国共产党来说，这是一个崭新的课题。

毛泽东虽然身在中国大西北的窑洞里，但是，近来延安的热闹，越发使他强烈地意识到：目前美英人士已经逐渐认识并承认有两个不同的抗战中国，今天美英对华政策，对太平洋战略，乃至对战后的世界和平计划，已不能不在蒋政权之外，同时估计我党的动向、了解我党的意见了。但是，在对华政策问题上，美国政府的态度十分谨慎。对于国民党，罗斯福一方面不满意蒋介石的法西斯倾向及抗战不力，一方面仍在政治上、军事上、经济上支持蒋介石，希望他用实行宪政的方法争取多数人拥护，从而和中国共产党对抗。对于我党，美国今天为了打日本必须联共，并强迫国民党联共，但同时又怀着很深的戒惧。美国决不会放弃对中国的控制和影响，不会赞成中共成为中国的政治中心，不会赞成中共领导的新民主主义在全国取得胜利。因此，我们要实际成为中国政治的中心，必须经过一个新民主主义与旧民主主义斗争的过程，只有在现实中形成我党的中心地位，而美国不能否认时，它才可能被迫承认。

毛泽东越想越兴奋。他认识到，关于我党外交政策的基础，必须以自力更生为主，争取外援为辅。我们的出发点是争取民族民主革命的彻底胜利，建立独立、民主、统一、和平、繁荣的新中国。无论今天和将来，我党都不走分治的对立道路，而是坚持自己的阵地与坚持新民主主义的方向，促成全国进步。为承担这一责任，我们必须使自己力量更加强大，成为决定中国问题的主要因素。只有这样，才能主动地利用外援，而不是被动地受人支配。

窑洞外雄鸡啼叫了，毛泽东却丝毫没有睡意，又点上一支烟，刚抽了两口，周恩来就走进了窑洞，来到了他身旁："主席，我就知道你近来是睡不好觉的。"

他对周恩来说："你来得正好。我们党办外交，即使现在算'半独立外交'也好，西方记者说的'窑洞外交'也好，已经提到中央议事议程上来了。它不仅涉及当前我们如何对待美军观察组，还要考虑到战后，我们面临与各国政府和人民打交道的问题。你是否尽快起草一份关于我党中央关于外交工作方针的文件。你注意强调两方面，一方面是我们开展国际间的统一战线，另一方面强调我们必须站稳民族立场，加强民族自尊心，善于与人合作。"

于是，在这样的背景下，由周恩来起草、毛泽东修改，并经中共六届七中全会通过的这份中国共产党历史上关于外交工作的方针性文件——《中共中央关于外交工作的指示》很快就诞生了！

这份外交文件指出：

这次外国记者团及美军观察组到延安来，"我们不应把他们的访问和观察当作普通行为，而应把这看作是我们在国际间统一战线的开展，是我们外交工作的开始"；我们的外交政策是在国际统一战线的思想指导之下，其中心内容是共同抗日与争取民主合作，扩大我们的影响；尽管目前我们的外交往来还须经过重庆国民政府的承认，是"半独立性的外交"，但我们必须站稳民族立场，反对排外和惧外媚外两种错误观念，既加强民族自尊心、自信心，也要学习人家的长处，善于与人合作。

这些当时确定下来的原则，对中共以后的外交斗争具有很重要的指导作用。

这份外交文件制定后，9月上旬末，按毛泽东的指示，在重庆的中共代表团立即采取了主动外交行动，提出会见驻华美军总司令史迪威将军。

就在这个时期，国民党战场湘桂战役连连溃败而致战局恶化之时，史迪威收到美军观察组从延安发来一连串的生动翔实的报告，很受吸引。在史迪威飞赴桂林前线前夕，于9月13日在重庆会见了中共代表团的两位代表——林伯渠和董必武。两位代表转达了毛泽东与朱德的问候，并表达了延安总部的意愿，愿意把八路军和新四军交给其统一指挥。与蒋介石千方百计刁难与阻挠史迪威获得中国军队指挥权相比，中共的诚恳与主动令其十分感动。史迪威对两人说："我在重庆、昆明等城镇经常目睹国民党军队的伤兵饿死、病死街头。我去国军部队访问，看见大部分士兵面黄肌瘦，体质太差。但是，我从包瑞德上校自延安发来的报告中获知，你们部队官兵们营养很好，吃得饱，一个个身强体壮，而且纪律严明，上战场杀日本人的欲望极其强烈，尽管训练方法比美国落后，但训练抓得很紧。"

此前，中共代表团得到指示，在与美国人打交道时不要提援助的事；但在会见史迪威的前一天即9月12日，毛泽东发来的电报就谈到"可以提美国援华军火"的要求。因而，林伯渠说："贵军观察组在我们根据地部队可以看到，我们的装备是很差、很缺的。我们愿意将军统一指挥我们的部队，合理分配美国援华军火，改善我们部队的装备，并在将军指导下改善部队训练。这样，我们对打败日本人就能做出更大贡献。"

史迪威很高兴听到中共这样的建议，就说："你们说的也是我的本意。遗憾的是我马上就要飞去桂林前线，华南战场国军在溃败，柳州、桂林美军机场告急，我不得不去，等我从桂林回来再会晤详谈。"想了想又补充，"等我回来后，我还可以去延安进行商谈。"

当天，史迪威很有感触在日记中写道："我们必须想办法把武器交给斗志昂扬的共产党人。"史迪威在日记中没有记下谈话的具体内容,但写了中共两个代表走时很高兴。史迪威还写信给马歇尔,向马歇尔报告了这次接触:"他们与我交换了意见,他们愿意在我的指挥下打仗,而不同意在蒋介石任命的中国指挥官的领导下作战。"几天后,史迪威又在给马歇尔的报告中写道:"如果允许蒋介石及其一伙控制供应物资,你知道谁将得到供应,谁得不到供应。我们总得想办法将武器交给共产党,他们是要打仗的。"戴维斯还根据史迪威的意图,开始制订一项计划,准备将美军从德军手中缴获的一批武器交给八路军装备五个师,用以夺取江南地区。

遗憾的是,史迪威从桂林回到重庆,如他自己形容的"斧子砍下来了"。由于蒋介石作祟,他被调回国了,访问延安的愿望没能实现。

马海德和他的美国老乡;幼马有了延安第一辆儿童三轮车

延安的舞会既热闹也很有品位。在这儿可以集中看到几乎所有中共高层领导人。毛泽东当然也来参加舞会。朱德、周恩来、刘少奇等领导人都来了。这些领导人大都穿着极普通的灰布军装。美军有人注意到朱老总穿皮鞋,毛泽东穿布鞋。这是八路军总部为欢迎美军观察组官兵们举办的舞会,舞会是白天在八路军总部王家坪的桃树林里举行的。

王家坪是在延安城西北一个村子,坐落在脑畔山和花豹山两个大山中间,依山傍水,环境幽雅。美军官兵们对延安舞会觉得很新鲜,也很高兴。他们郑重其事地做了准备,服装笔挺有致,脱下军帽后,头发都梳得很光亮。

来参加这次舞会的,有两个人因衣着与众不同而引人注目,一个是马海德,一个是谢伟思。

马海德是携带夫人苏菲来的,他在延安的形象一直就是戴军帽穿军装扎绑腿，这天穿了一身整洁的西服，白衬衣有翻领，神采奕奕的。穿素底碎花连衣裙的苏菲，显得格外窈窕靓丽。客人那边，美军官兵们为他们帅气的八路老乡齐声鼓掌；主人这边，朱德总司令带头，中央领导人及与会者也跟着为马海德和苏菲鼓掌。

逐一介绍客人时，首先介绍"美军观察组政治顾问"谢伟思。他站出队列，几乎所有的人都愣了！他瘦瘦的，高挑个子，这天他没有穿军装，穿的是一身剪裁合身的铁灰色中山装，脚上是黑布鞋；他头戴一顶红军时代的八角军帽，他摘下八角红星帽向大家挥动，全场欢声雷动。

舞会没有乐队演奏舞曲，包瑞德晚年是这样在其回忆录里记述的：

> 大家伴随着破旧留声机上转动的唱片发出的噪音翩翩起舞。后来离开延安了，我每想起这些舞会就后悔不已，为什么我在当时没有想到要求中缅印战区司令部派一个士兵乐队来为我们演奏呢？这些演奏将会给共产党军队带来愉快，也可能给美国人带来好处，并且这些好处是无法估量的啊。

关于毛泽东跳舞，包瑞德在回忆中这样记述：

> 毛泽东和其他共产党领导人总来跳舞。毛泽东穿着白衬衫，黑裤子，没穿制服。他和其他客人一样，平等地站在队伍里，准备接受领头的姑娘之邀请。姑娘们大部分都梳着垂在背上的长辫子。那个领头的姑娘以标准的邀请方式对毛泽东说："主席，请和我一起跳舞。"

舞会期间，包瑞德组长和美军官兵们都先后争取与苏菲跳一曲舞，或者用各自的语言称赞"马顾问夫人"惊人的美丽。舞会结束转而聚餐时，马海德对毛泽东耳语了两句，毛泽东笑着指指朱德；马海德又转而去对朱德耳语。朱德笑着从座席站起来，大声宣布："美军观察组官兵一致请他们的'八路老乡'马海德来向我要求，每人想获得一套中山装，一顶红军八角帽。我以十八集团军总司令名义宣布，我们八路军服装厂将赠送美军客人，每人一套用延安军民生产的布匹缝制的中山装，由被服厂师傅量身定做，每人一顶红军帽。"

树林里又爆发出一片掌声。

图 10-7　从美军货机卸下医疗物资

美军观察组来延安住了一个多月之后，马海德陪同朱德去驻地探望他们。朱德问包瑞德："延安在蒋介石的严密封锁下，生活艰苦，你们在生活上有什么不能适应的，有什么需要，就向马海德顾问提出来，我们加以改进。"双方交流得甚为融洽。在谈到吃的方面，包瑞德说："在这里，早上有鲜牛奶鲜面包，午晚餐有肉有鱼有新鲜蔬菜，有重庆请来的西餐师傅为我们做西餐，要比我们在物资紧缺的重庆生活好多了。我们官兵只有感谢，没有意见。"说到此，包瑞德拿出一个鼓鼓的牛皮纸信封，递给朱老总，笑说："按美军在华官兵伙食标准，上级规定是每日 6 美元，这是我们目前 28 个成员，至今吃了 45 天，结算该交的伙食费。"朱老总从桌面拿起牛皮纸信封，掂了掂，说："包上校，里面是什么？"包瑞德："美金啊。总部下发的。"朱老总神情严肃地递回对方："包上校，你来中国连中国话都会说了，还没听说过红军和八路军的'三大纪律八项注意'？"包瑞德也很会说话："我们美军入乡随俗，来延安就是也要执行红军的纪律啊。"朱老总说："你们是来延安参加抗日，帮助中国人民抗日的。我们不能因为你们吃饭就收这袋美金啊。再说，我不是老板，八路军也不是开饭店的！"

朱老总说完，就叫上马海德："马海德同志，我们走吧。"

包瑞德硬是要将美金纸袋塞过来。朱德用手挡开，说："包组长，你要是再塞给我，我就将它扔到延河里喂鱼了。走！"

不久，史迪威被调回了美国，包瑞德被视为史迪威的亲信部下，也被调离延安。在包瑞德离开组长职位之前，通过观察组成员——克罗姆林少校联络 B-29 航空队司令员李梅将军，向延安八路军空投过两次西药药品。

经双方协商，选择在南泥湾地区空投，由李梅将军派所属航空队的运输机空投，由三五九旅的王震部队在地面接应。

李梅将军晚年曾经写的《在华回忆》中，讲述空投盘尼西林等西药及无线电设备的往事：

> 我最担心的是，途经中国区轰炸日本，沿途没有任何可靠的天气信息。另外还担心，万一我的飞行员迫降在这些地区，安全该如何保障。史迪威告诉我，沿途就有毛泽东的部队，我派一名军官，搭乘一架 C-47 飞机直接前往毛泽东的驻地，随行的是五六名报务员及各种电报通信设备。之后，报务员发回电报说毛泽东愿意帮忙。我随即又派发了一架 C-47，运送一批医药用品给毛将军，其中就有磺胺类药物——一种为美军所用、能防止伤口感染而保住伤员性命的药物，当时毛将军手下的医务人员未曾见过此类药物。报务员发回电报称，毛将军旗下的医务人员看到这些医疗设备和用品时，热泪盈眶，感激不已。
>
> 我在成都机场指挥部得知这一情况后，立即又安排了一架 C-47，派遣一组美军医务人员前往毛将军营地指导中国医务人员使用那些新型的医疗设备和用品。毛将军捎回了一把从日军缴获的精致军刀给我。之后，我将在德国获得的高级双筒望远镜作为礼物回赠给毛将军。自此，航空队轰炸日本沿途获取的天气信息就准确得多了。我还不能忘记，毛将军麾下曾两次浴血奋战，竭力阻止日军缴获已坠落的 B-29 战机，他们突破日军重重防线亲自护送在中国坠机的美军飞行员到延安，再转回到成都地区自己的部队。

开始接待美军时，马海德对"老乡们"虽说很热情，但是心中还是有所顾虑的。毛泽东亲自修改社论，将美军观察组成员当作"战友"，这就使得马海德消除了顾虑，放心接待美军观察组，美军是"战友"嘛，大事小事他都可以操心。美军观察组里各军种的官兵都与马海德相处很融洽，得知马海德与在纽约的家人已中断联系十年了，观察组军官约翰·高林回

图 10-8　马海德（中）在机场与美军飞行员合影（苏菲供图）

国休假，主动联系上了北卡罗来纳州的老海德姆。老海德姆一家，终于有了儿子的音讯，看到了乔治与妻子苏菲及孙子周幼马的合影照片，全家人兴高采烈。一家人出动，为马海德中国家庭采购各种生活必需品，衣服、食品、各种日用品，装了两大木箱，通过美军军邮，飞越驼峰航线，再由驻华美军总部转发至延安美军观察组。

亲情勾起了马海德的很多回忆。当时，周幼马还年幼，但仍朦胧地记得美国爷爷送给他一辆儿童三轮车。周幼马笑着回味说："抗战时期，美军观察组帮助我爷爷与我爸建立联系，给我用美军专机送来一辆儿童三轮车，我的这辆小三轮车是延安第一辆儿童三轮车。"

这次出任中央军委外事组顾问，通过接待美军观察组，马海德有一个很重要的收获，就是获得了主管此事的叶剑英总参谋长的高度信任，与他建立了很深的友谊。

图 10-9　幼马和美国爷爷赠送的三轮车

马海德领受"长宁绝密空运"的特殊任务

日本无条件投降的消息传到延安，是 1945 年 8 月 15 日下午，平静的延安顿时成了欢乐的海洋。当天晚上人们用木杆或树枝裹着旧衣服浇上灯油，点起火把，举行火炬游行。朱德在王家坪举行了酒会，招待延安的国际友人。马海德带着美军观察组成员们一起来参加。招待会结束之后，马海德就在美军观察组驻地朱德题字的"惠特尔厅"（以在边区牺牲的美军中尉惠特尔名字命名）与观察组官兵们彻夜狂欢，几乎人人都喝醉了。

军委两个老外顾问——马海德与林迈可相互交流，胜利之后有什么打算？林迈可说，决定全家搭乘美军观察组的飞机先到重庆，再返回英国；并问马海德："你呢？"马海德笑着说："打败日本鬼子之后，我还有一件很重要的事。"林迈克问："你娶了中国美女老婆，孩子幼马很可爱，该满载而归回纽约了！还有什么重要的事呐？"马海德微微一笑："还要建设一个新中国啊！"

庆祝日本投降的欢乐没有持续多少天，无论是边区或是国统区，对于内战的忧虑笼罩着人们心头。内战还是和平，成了国内政党和人民关心的头等大事。

一天清早，天刚蒙蒙亮，马海德睡不着，他走出窑洞来活动一下筋骨，苏菲和孩子还在酣睡。马海德十分兴奋地思考着当前形势。最近发生的两件大事令他激动不已：一件是党的七大十分鼓舞人心，他作为中共党员，为七大描绘的未来新中国的蓝图而激动；另一件是日本投降了！他认真学习了毛主席在七大开幕式所作的开幕词《两个中国之命运》。毛主席说：在中国人民面前摆着两条路，光明的路和黑暗的路；有两种中国之命运，光明的中国之命运和黑暗的中国之命运。他作为美国人加入了中国共产党，就是要和这个伟大的党一起为苦难的中国争取光明的命运！他昨天刚刚在东关机场送林迈可一家离开延安。林迈可进机舱之前，两人紧紧拥抱告别，林迈可对他说："日本都投降了，你真的不回美国吗？那我祝你和苏菲、幼马好运！"

他昨晚没有睡好，昨天午间毛泽东曾告诉他："赫尔利大使近日要来接我，我要去重庆跟蒋介石谈判了！"毛泽东去重庆进行谈判的背景，就是延安与重庆正在抢占东北、华北和华东几个战略区！日本宣布投降，蒋介石远在大西南，肯定不甘心，肯定要打内战。蒋介石需要时间调兵遣将，美国很明显在帮蒋介石。美蒋要用国共和谈的花招"糊弄"共产党。蒋介石同时下令八路军、新四军"原地驻防待命"，不准八路军、新四军在其抗战区域受降和接管日军投降，随后又借助美国飞机、军舰抓紧运送军队，抢占各大城市和交通要点。苏联红军这个月9日出兵东北之后，延安已经派部队及干部团，日夜兼程赶往东北了。东北现在是"真空"地区，华北与华东几乎都是八路军及新四军的地盘，但是，八路军、新四军都是靠两条腿啊！马海德睡不着，是因为感觉到国共两党肯定要打仗……

图 10-10　叶剑英

这时，医院值班的外科谭医生早早从院部上山，来到窑洞山坡下喊："马大夫，军委有电话通知你赶去枣园开会。"马海德听了，感觉是毛泽东临去重庆之前有事找自己，立即应声并快马赶到枣园。这些日子，延安的中央领导人愈发紧张地工作着。毛泽东把办公地点从他的杨家岭窑洞移到枣园小礼堂。毛泽东在此整日忙碌，一面同各根据地领导人谈话，一面挥笔疾书，起草给各地的电报和指示。小礼堂里，毛泽东、周恩来、叶剑英等几个领导人在研究工作，桌面上堆了很多烟头和葵瓜子壳，看来他们一夜没睡。原来是叶剑英找他谈话。

叶剑英拉马海德到小礼堂的角落，告诉他情况：6月11日七大闭幕，6月19日召开了七届一中全会，产生了党的新领导机构，会后我党各战略区领导人返回原地原部队；在日本已宣布投降的新形势下，蒋介石已经三次来电催促毛泽东去重庆举行国共谈判。这时，我军的高级将领们尚云集延安，怎么办？要让他们迅速返回部队，这件事迫在眉睫，一刻也不能等！这也是毛泽东去重庆谈判之前必须要办的一件大事。为了尽快把在延安的高级将领迅速、安全地送往前线，毛泽东和周恩来找来负责中央外事工作的叶剑英与杨尚昆商议对策。搞不好，我们将失掉战略主动权，主席对他和尚昆同志建议说："不能全靠两条腿了，你们看看，能不能向美军观察组借一架飞机，送大家到太行山，这样，将抢出一两个月宝贵时间啊。"

马海德听到中央的这个考虑，就说："很紧急啊，我觉得可行，尽管当中有个赫尔利在捣乱，以我对观察组军官们的了解，觉得可以想办法。"

叶剑英说："这些日子一直在考虑提出向美军借用一架飞机的方案，又顾虑到正式提出借用，可能会惊动重庆方面，想不到机会这就来了！美军观察组昨天送来一份报告给我，申请他们的一架 C-47 运输机，今天下午飞往黎县长宁机场，接回在太行山两个美军气象站的无线电人员和设备，报告还在我这儿；你马上去他们驻地协调一下，我们将领们要抢时间回战区，正好借搭这架飞机。"

马海德担心地说："这真是一步险棋啊！我每次在东关机场接机就知道，重庆总部调给延安美军用的运输机，都是老旧的运输机，风险很大啊！要送我党我军精英，万一有个闪失，要承受多么大的压力和责任啊！"叶剑英介绍，这是他和尚昆主任提出的方案，向毛泽东汇报请他做决定。毛泽东认为这个办法可以考虑。为慎重起见，毛泽东又召集周恩来、朱德、刘少奇、任弼时等同志昨晚连夜进行磋商，毛泽东再三考虑，最后拍板，同意了这个方案。两人说话的地方正好傍着墙壁上的华北机密军用大地图，叶剑英就近指着地图上的南太行的黎县，叶剑英最后还说："主席最后在军用大地图上给黎县画了一个圈！主席说，晋书上说，黎城县古称黎侯国，现在地处晋、冀、豫三省交界，是山西省的东大门，素有'三省通衢'之称，从南太行一下山就是平汉路了。"马海德听了表示说："好，我一定办好！"叶剑英叮嘱："马海德同志，搭乘这架飞机的我方人员具体姓名、身份、职业需要绝对保密，不能告诉他们；你就对赛尔斯上校说，我军想'借搭'这架飞机，送一批在延安的干部到太行山八路军总部和前方。协调好了，我就签字批准给他们起飞，今天午后按他们的时间起飞，我们通知 769 团在长宁接机。我们等你的结果啊，你快马赶回枣园，我不在的话告诉尚昆主任也行。"

马海德向叶剑英行了军礼，转身赶去执行这项特殊任务。

自从去年美军观察组进驻延安，观察组的供应及与重庆的美军驻华司令部之联系，就是靠美军每周安排的军用运输机。每次美机在延安关东机场降落起飞，马海德作为中共派给美军观察组的顾问，都到场照应。中共领导人周恩来、董必武、林伯渠等去重庆谈判或别的要人去办事，都通过乘搭美军班机，也快捷方便多了。但是，自从史迪威将军调回美国，美方换了赫尔利特使负责美国对华事务，就改变了史迪威的援共主张。这个赫尔利特使是个政治人物，公开支持蒋介石的反共政策，对中共限制诸多，甚至对于延安方面搭乘运输机也作了很严格的规定，除了周恩来等领导人因国共谈判公务去重庆，其他人等就难搭乘美军便机了。但赫尔利特使缺

图 10-11 毛泽东与马海德在东关机场（苏菲供图）

图 10-12 马海德（左）、杨尚昆（中）及包瑞德（右）在东关机场（苏菲供图）

乏军界资源，而驻华美军部队是史迪威将军任驻华美军司令时，经向罗斯福总统申请而派遣到延安的，史迪威将军对部队的影响很深。美军驻延安观察组保障 B-29 航空大队战略轰炸日本本土、在敌后根据地搜集日军情报、救护美军坠落飞行员等主要工作，得益于八路军与美军观察组的友好合作，而代表中共与美军观察组协调的"美国老乡"马海德从中起了很重要的作用。

7 月底，马海德刚刚协调美军从太行长宁接回威廉·泰勒

自从去年 7 月美军观察组来到延安，马海德几乎天天都要到美军观察组的驻地去，跟他们每个成员都交上了朋友，而且很熟悉，也熟知通过美军观察组所涉及的中共与美国关系之敏感节点。马海德懂得，这番中共如此多重量级人物要乘坐美军飞机去太行山，不是一件小事。按 1945 年底赫尔利特使的规定，这是需要赫尔利本人亲自批准的。赫尔利肯定是不会同意这次中共多人搭乘这架飞机。因此，叶剑英需要叮嘱马海德去"协调办理"。这还是一个涉及驻华美军与政治人物赫尔利关系的美方内部问题，虽然很棘手，但马海德有信心将这次秘密空运办妥。

马海德在中共高层与驻延安美军观察组之间，确实是一个不可或缺的特殊角色。要为中共中央完成这次绝密而充满危险的战略空运，马海德在

其中担任了至关重要的角色。

　　由于赫尔利的作祟，史迪威将军被调回国，延安美军观察组组长包瑞德上校因是史迪威的亲信，也因赫尔利的强烈建议而被调换了。新任驻华美军司令魏德迈将军调来克罗姆利少校担任美军观察组代理组长，他是魏德迈的熟人，是美军战略情报局在远东的负责人。美军战略情报局担负着为美军在太平洋战争中打败日军提供情报的重要责任。因此，克罗姆利少校到延安上任之后，首先重视的并非赫尔利强调的"扶蒋反共"，他冷静地认为，自己应首要关注为了美军打败在华日军及攻入日本本土的相关重要情报。克罗姆利少校到任后首次召开内勤会议，请在延安生活了半年的观察组军官们介绍情况，大家众口一词地建议："组长，我们在这儿及黄河那边根据地开展工作，需要多依靠我们在延安的'美国老乡'马海德。"果然，克罗姆利少校很重视与马海德的关系。有材料说，包瑞德因为自己能说流利的中文，有事经常直接上八路军王家坪总部去找叶剑英或者杨尚昆。克罗姆利少校上任后，需找马海德，才能见到叶剑英或者杨尚昆。克罗姆利少校去见毛泽东、朱德，都是马海德陪同的。从中方渠道里，克罗姆利少校得到了好些重要的日军情报，这正是美军所迫切需要的，例如日军在华北华东的机场部署、山东沿海的日本陆军海军的驻防详情，日本海军在青岛、烟台、连云港等港口的舰艇及船舶的信息，甚至青岛日军军港改造全图。要知道，克罗姆利在重庆政府的保密局等情报部门，得到的仅仅是国民党当年占领的青岛军港老旧图纸。克罗姆利觉得中共是真正抗日的，在华北及华东的八路军、新四军之实力，完全能帮助美军在山东或上海登陆，进而作为攻打日本的前沿基地。克罗姆利少校也十分欣赏毛泽东，在1945年1月间，在窑洞与毛泽东长谈之后，他秘密致电魏德迈司令，转达毛泽东的愿望：如果罗斯福总统表示愿意在白宫把他们作为中国的一个主要政党领导人加以接待，那么，毛和周愿意一同或单独一人立即前往美国，与总统阁下举行探讨性的会谈。克罗姆利少校还告诉魏德迈，因为不相信赫尔利的判断力，周恩来希望不要将此事告知赫尔利。但让马海德遗憾的是，克罗姆利从延安发给魏德迈的这封电报，在重庆走漏了消息，被赫尔利知道后勃然大怒！赫尔利本来就对魏德迈有意见，认为魏德迈在中国的权力过大，抱怨军方干扰了自己的外交行动，他动用自己的特权，找了一个借口,将克罗姆利少校从延安观察组弄走了。魏德迈将曾经担任自己副官的约翰·赛尔斯陆军上校调去延安取代克罗姆利,成为第三任美军观察组组长。

1945 年春节过后,赛尔斯上校到延安东关机场刚下飞机,就受到了叶剑英、杨尚昆的欢迎,身穿八路军军装的马海德在一旁担任翻译,赛尔斯上校在与叶剑英、杨尚昆例行礼貌握手之后,又与马海德握手,握得很紧,时间也长,还笑说:"乔治·海德姆,我的美国老乡,我早听史迪威及包瑞德说起过您,称您是我们延安美军观察组的'编外成员'!"马海德幽默地回应:"我之所以成为'编外成员',是因为我来延安早,日本人打到中国,我就来了。要是我现在才来,我就成'编内'了,每天有 6 美金吃饭钱补助了,岂不很实惠吗!"叶剑英、杨尚昆粗通英语,也听懂了马海德的幽默调侃,在场的人都笑了起来。

赛尔斯上校到延安就职不久,海内外报纸报道了赫尔利 4 月 2 日在华盛顿所作美国对华政策是"扶蒋反共"的明确讲话,接着重庆国民党右派报纸对赫尔利讲话发出一片叫好声。4 月 4 日,毛泽东决定《新华日报》转载赫尔利的讲话,毛泽东当然不示弱,为新华社撰写专题社论指出:"在同一个赫尔利的嘴里,以蒋介石为代表的国民党政府变成了美人,而中共则成了魔怪;并且他直率地宣称:美国只同蒋介石合作,不同中共合作。……这是错误的而且危险的意见。"毛泽东与中共中央根据变化的形势,决定调整对美军及美军观察组的政策,决定限制美军在敌后解放区的活动。美国已经决心全力扶蒋,但又暂时不愿贸然断绝与我方的关系,是企图借这种关系了解我方的政策,并谋取与我方合作的利益。因此,中央指示各部队:对美军我方可表示愿意合作,但是只限于供给情报、气象和地上救护,其他问题应向中央请示。

但是,从二战和抗日大局出发,中共在对待涉美关系的问题上,还是愿意做最后的努力,愿意实行实事求是的有区别的政策和适当的斗争方式,保持着相应的灵活性,争取美国改弦更张、实行明智的对华政策。

这年夏天,延安特别热。7 月中旬末的一天,叶剑英、杨尚昆和马海德一起从王家坪总部步行走到延安北门美军观察组来拜访。三人都没有骑马,马海德牵着的马,马背上驮着一只鼓鼓的麻袋。到了美军观察组的院子,卸下麻袋，里面装着好几个大西瓜。叶剑英说："太热了！先吃西瓜再说话吧。这是我们驻甘南的部队送来的大西瓜，比延安的西瓜甜。"大家吃着西瓜有说有笑。吃完西瓜，叶剑英高兴地对赛尔斯上校说："上校，有你们的好消息啊！"

叶剑英介绍说，一个多星期前，山东方面八路军一一五师某部报告，该部收容了一个叫威廉·泰勒的美国兵，不是去炸日本被击落的飞行员，他称自己是海军陆战队军官，原是一名建筑工程师，三年半之前，即1941年12月，日本进攻太平洋岛屿时被俘，在上海附近集中营做了三年多苦役。今年5月间，日军担心美军在华东沿海登陆，将关在上海的一千余名战俘用火车运送到东北。在徐州附近，他趁看守的日本兵夜里打瞌睡时，悄悄地从行驶中的火车跳下逃跑，多次遭到日军和伪军追捕，被我新四军发现并护送至鲁南转交给八路军。

赛尔斯上校先是惊诧，继而兴高采烈，大声道谢说："他不是被击落的飞行员，是海军陆战队的战友，还蹲了三年多集中营啊！太好了！这种情况头一次遇到，太谢谢贵军啊！叶总参、杨主任，谢谢你们啊！"

聚集在"惠特西厅"的美军观察组全体成员听了，都大声鼓掌叫好。

杨尚昆补充说："根据我总部统计，中共部队营救的美国飞行员至今已达一百二十六名，都已经把他们转送到安全的地方。这次，是我军第一次营救你们海军陆战队的战友。"

赛尔斯关切地问："威廉现在哪儿？护送到什么地方啦？"

杨尚昆说："八路军一一五师的一个加强营护送威廉，穿越三道日军封锁线，已于昨天中午，到达山西太行山黎县的一二九师师部；休息两天，你们飞机就可以接他到延安来。"

马海德说："毛主席、朱总司令听说这事也很高兴，说要在延安为威廉接风洗尘。"

去过山西前线考察的保罗·多姆克上尉说："黎县的长宁机场，是B-29瓦洛夫少校机组与八路军共同修的，明后天派飞机去接啊！"

叶剑英、杨尚昆告辞之后，马海德留下来继续交谈。由于同是美国人，就可以说一些敏感话题："这次营救海军陆战队的美军军官，在中国大陆属于头一次，加上最近形势的复杂变化，你们上头声明只同蒋介石合作，不

同中共合作。毛泽东
说，你们上头的政
策很明显是极其错误
的嘛。"

美军观察组的这
些有亲身感受的中下
级军官们，就愤愤不
平地议论起来——

图 10-13　马海德、黄华与美军观察组成员在机场为威廉送行

"那个赫尔利几
次来延安，我就看不惯！摆什么谱啊？"

"这家伙不上前线打仗，满脑袋狗屎！"

"苏军也是共产党嘛，我们不是也在一起共同作战吗？"

"魏德迈司令听到威廉被救的事，一定很高兴的！"

……

7 月下旬初，美军观察组派了一架 C-47 飞机将威廉从山西黎县长宁机
场接到了延安。威廉在延安受到了热烈欢迎。马海德陪同威廉参加了其在
延安的各种活动，并陪同威廉到白求恩国际和平医院检查了身体。在枣园
毛泽东所住的窑洞里，毛泽东、朱德、叶剑英等举行了一次欢迎会。毛泽东
用陕北酿造的葡萄酒和威廉干杯。毛泽东对这位具有传奇经历的美国官兵
表示了深切的慰问，对威廉说："你受苦了！你是战争中唯一从华东逃出来
的美国战俘，这真是难得呵！"华盛顿方面从美军观察组报告中获知美国
海军军官威廉的消息之后，极其重视，急于通过他了解其他美国大批战俘
的情况，他只在延安逗留了几天，便于 7 月底经重庆返回美国。威廉离开
延安前，毛泽东赠送给他一幅美丽、精致的陕北挂毯。威廉感动至深地说：
"我这一辈子，将永远忘不了八路军，忘不了延安，我还要回来的，一定
要回来的！"

马海德刚刚协调美军观察组接送传奇的威廉·泰勒，因此有信心完成
中央军委交付"长宁绝密战略空运"的特殊任务。

马海德对黎县长宁机场的来龙去脉，是熟悉的，这年春节前，还乘美
机去过一次这个独特的机场。朱德和聂荣臻还称其为"八路军太行机场"，

美军驻延安观察组称其为美军观察组的"中转站"。有了这个机场，其延安总部与华北华东地区情报活动的设备及物资供应，不再费尽周折地由陆上运输。该机场在美国陆军航空兵援华二战史料中，还被冠以"瓦洛夫机场"的美名留存下来。

马海德顺利执行空运八路军电报档案的秘密任务

毛泽东、叶剑英等决定由马海德出面来协调进行这次长宁空运，是因为半年前，马海德已经完成过经长宁机场的另一次秘密空运。

1945 年元旦刚过，1 月 8 日深夜，马海德来到毛泽东窑洞，毛泽东给他看美方的两份函件：一份是赫尔利大使的电报，提议在延安召开由赫尔利本人参加的国共两党会议；另一份是延安美军观察组组长克罗姆利通过黄华交呈的文字函件，要求乘飞机前往黎城长宁机场，去对美军观察组在太行根据地的相关人员进行新年慰问。毛泽东对马海德说，赫尔利的提议，蕴含阴谋，我将婉拒；而对克罗姆利少校去太行根据地新年慰问的要求，我给予支持。毛泽东说："少校是搞情报的，去前线慰问下属，你陪同他跑一趟，也可以安排少校参观我们晋东南根据地。你此行，有我们自己的要事，太行军区参谋长李达将军，预判不久的将来要打大仗，他会将抗战以来，八路军总部及各师积累之数量很大的原始电报档案，亲手交付给你，让你秘密带回来，这些都是无价之宝。"

马海德作为主人，陪同克罗姆利少校组长去太行山的这趟飞行，使他对这个特殊的长宁机场，有了深入的了解。

刘伯承的八路军一二九师自东渡黄河抗战以来，随着抗战的深入发展，师部长设在麻田镇，长期经营晋东南，继而发展成为晋冀鲁豫根据地而雄居黄河以北；在黎城山区驻有 385 旅 769 团，该团利用休整间隙，在黎城东阳关一带利用当地大片冬闲地，修建了一个大型综合练兵场，以供全团操练和比武。官兵们都不曾想到这个练兵大操场会被改建成简易机场。

1944 年 10 月 29 日，美陆军航空兵第 58 联队的 20 多架超级航空堡垒 B-29 重型轰炸机，从我国成都地区新津、广汉的前沿机场起飞，去东北执行轰炸日军满钢（鞍钢）和小丰满水电站任务。返航时，一架由乔治·瓦洛夫少校担任机长的 B-29 轰炸机（机号 3363），在这天下午，不幸被日军击中一个引擎，瓦洛夫少校镇定地指挥这架受伤冒烟的飞机，沿平汉铁路朝西南飞行，在进入太行山上空的时候，瓦洛夫俯视山峰林立的地面，希望找到山中一个低平之农田迫降，瞬间他看见这块长型发亮的空地。就在这时，飞机上有其他关键机件也发生故障，无法继续飞行，瓦洛夫毅然决定全组人员弃机跳伞。机组人员跳伞之后，飞机轰然坠落在平顺县北榔树园村一个叫驴角蛟的山沟中。该地区为李达将军管辖的太行军区第四军分区，李达立即命令当地的民兵及附近部队 769 团紧急行动，全力救助美军飞行员，务必要抢在附近县城出动日军部队的前面，营救出美国飞行员，抢回飞机残骸。榔树园地区地处南太行深山偏僻地区，八路军在此隐蔽地设有兵工厂和医院。当地 26 个村子的民兵和百姓都动员起来了，兵工厂和医院的人员也出动了。当天黄昏找到了两名飞行员，一个中尉与一个少尉。中尉竖着两个指头示意，全体机组有 11 名机组人员跳伞。晚上也点着火把搜寻。终于在次日上午，将 11 个成员全部找齐了，都还活着，仅两人有点轻伤。还找到了整体飞机残骸。军分区的骑兵排将全组 11 人，护送到军分区司令部。无论在村子里或分区司令部，瓦洛夫机组都受到了热情的接待。

接着，部队又将机组转送到麻田镇的一二九师师部，邓小平等总部领导人会见并宴请了机组全体人员。邓小平告诉瓦洛夫："你们休息几天，我们将调动一个团兵力，护送你们穿过两道日军封锁线，再西渡黄河，到陕北延安去。"瓦洛夫问："我驾机低飞时，发现这儿附近有一块长型空地，是不是贵军的飞机场？我们可以呼叫延安总部，派飞机接我们回去，就不需一个团部队长途护送了。"邓小平说："我军在太行山还没有任何机场，你看见的可能是我驻军的一个练兵大操场，明天你们去实地看一看，真要是可以改建飞机场，那就大有好处啊！以后我们去延安，就可以搭便机去了！"由于瓦洛夫的提议，邓小平的认可，李达指示太行第四军分区立即向上级打一个在长宁修建简易机场的申请报告。没几天，八路军总参谋长滕代远亲自带工兵来考察，认为此处地势平坦，视野开阔，便于飞机起降，而且此地远离日军占据的城市和交通线，较为隐蔽。同时，这里距离一二九师师部所在地麻田镇、晋冀鲁豫军区所在地河北省涉县赤岸村，都比较靠近，这儿，确实是建机场的好地方。

八路军总部很快批准了修机场的报告。当地驻军 769 团与民工共两千多人，热火朝天地奋战约 10 天，机场建成了，机场跑道东至长宁牛家池，西至二十埌，宽约 150 米，长约 2 000 米。跑道两端各建一个直径约 300 米的停机坪，供飞机转弯起降。机场建好之后，经无线电联系，美军观察组派来的一架 C-47 运输机来接瓦洛夫机组全部 11 名成员。机场没有导航设施，于是在跑道两侧燃起了 3 个柴草堆。滚滚浓烟直冲蓝天，作为向飞机发出着陆的信号。此后，该长宁机场，运输飞机是美军的，地面控制是八路军 769 团；机场成为延安美军观察组总部与太行山地区情报点人员的供应联络中转机场，八路军太行军区也趁便使用来往的美军飞机转运物件。飞来长宁机场执行任务的美军飞行员，如当日无法返回，则夜宿长宁村农民家里，受到村民热情接待。

美陆军航空兵第 58 联队情报部主任彼德，是一个从纽约唐人街参军的美裔华人，他对瓦洛夫少校机组及修建长宁机场的历史，有相关回忆如下——

1945 年 2 月，我们 B-29 战略轰炸机 58 联队从西南成都基地，正式转点到太平洋塞班岛、天宁岛，当时，据不完全统计，经华北、华东的中共根据地军民营救而返回部队的 B-29 美军飞行员，约有一百多号人。其中，瓦洛夫少校机组，是唯一全机组 11 人全员返回基地的。当时，我正在成都新津机场的第 58 联队司令部。我作为联队的情报部主任，参加了联队司令部为瓦洛夫少校机组举行的欢迎会。会上，瓦洛夫少校介绍了机组执行轰炸任务、在南太行坠落获营救，以及八路军民修造机场的情况，并出示了八路军太行军区李达将军赠予瓦洛夫的一把精致的日军军官指挥刀。58 联队司令员李梅将军表彰了瓦洛夫机组，并给机组每人记功及奖励，瓦洛夫少校晋升中校，李梅还在讲话中称："凭瓦洛夫少校的勇敢、无畏和睿智，为美军在太行山建了一个敌后地区机场，在我们的飞行图上可以标为'瓦洛夫机场'。"后来，我在与瓦洛夫的谈话中，问及他的3363号B-29飞机残骸情况。瓦洛夫说，八路军先抢到残骸，日军也派部队进山来抢，被769团给击退了。邓小平政委告诉瓦洛夫说，美军战友请放心，长宁地区一带是很安全的，有我们769团在，日军不敢来侵犯。我们129师的这个团是个英雄团，曾在奇袭阳明堡日军机场战斗中，一举炸毁了日军24架飞机。邓政委还告诉瓦洛夫少校说，你们这架四引擎大飞机虽然坠落爆炸了，对我们山里的兵工厂还是一个宝，我们要将它全都"消化"了。瓦洛夫吃惊地问："金属的东西怎能'吃掉'啊？"帮助翻译的当地学校何老师，赶忙抱歉地更正："邓政委说的'消化掉'，就是我们的兵工厂将飞机残骸的金属及机件，用来做的我们需要的制品。"

这年1月中旬，在马海德陪同下，克罗姆利少校带着3个下级军官，乘坐一架C-47进行到晋东南根据地做新年慰问之旅。克罗姆利少校一行在长宁机场下机后，卸下了给美军情报人员及八路军部队的礼品。接着，克罗姆利少校一行首站访问中共中央北方局驻地左权县麻田镇，北方局代理书记邓小平亲自出面接待。欢迎宴会之后，在马海德陪同下，双方进行了长谈。次日，太行军区司令员李达向美军观察组介绍根据地军民抗日斗争的情况，带领他们到各处参观，包括兵工厂和医院。此行，克罗姆利少校一行对太行军民坚定的抗战决心、所付出的巨大努力和牺牲，以及取得的成就都留下了深刻印象。他们认为中共军队是在华战胜日军决定性因素的观点，也反映在随后向美国政府呈交的报告中。赫尔利特使看了这份报告之后，怒斥克罗姆利少校"是与我总统特使唱对台戏"，也准备将其撤换。

马海德也完成了毛泽东交办的空中运回八路军电报档案的任务，李达托运输机送去了太行山军民自力更生的成果，对外称为"春节将至，给党中央拜年的自产太行苹果"，在此多个大麻袋装的太行苹果中，就夹运了八路军电报档案。C-47飞返延安这天是1月17日下午。当晚，马海德去枣园小礼堂找毛泽东汇报，正好毛泽东、朱德及几个将领在研究起草七大的军事文件，马海德简要汇报并带来一堆太行苹果，毛泽东咬了一大口苹果，说："我们太行的苹果特别甜！"

8月25日，马海德协调完成了长宁战略空运

8月25日早上，马海德策马赶到延安北门的美军观察组驻地，军官们正在吃早餐，有鲜牛奶、烤面包和炸油条等，马海德也不客气一起吃。用餐之间，马海德单独向组长赛尔斯上校转达了叶剑英意见：同意今下午1时飞往黎县长宁机场，以及我军一批干部搭乘该机回太行。赛尔斯上校毫不犹豫地答应说："可以啊，我们空机飞去，C-47只有21个座位，21个降落伞。乔治老乡，你也去吗？"马海德说："我上次跟克罗姆利少校去过，这次就不去了。下次您要去的时候，我再陪您去。"

马海德吃了早餐，快马赶去枣园小礼堂，毛泽东及其他领导人都去补睡了，只有杨尚昆主任在值班，专等马海德的回复。马海德下马快步走进小礼堂，杨尚昆迎了上来。马海德说："上校同意了，空机能坐21个人。"杨尚昆问："没说要请示他的上司？"马海德说："吃着油条，一口答应的。还说我们炸的大油条好吃。"杨尚昆说，他马上派人去通知已经做好登机准备的人员，并嘱咐马海德："马海德同志，你就去观察组那儿跟他们周旋，一直到飞机起飞。"

杨尚昆当年具体执行负责此事，20世纪80年代，他对此事在一次外事谈话及《杨尚昆回忆录》中，曾有这样的记述：

> 当时叶剑英同志和我主管延安外事工作，中央要求我们组织这次重要的空运，要求严格保密，所有乘机人员在临登机之前才逐个通知到位，要求于8月25日9时前赶到延安东关机场；乘机者只能一人前往，不准带参谋、警卫员等随行人员，也不准其他人送行；同时，通知太行军区769团做好接机准备。叶剑英和我

还到机场亲自检查并组织登机。机长卡罗特少校见叶剑英总参谋长亲自送行，得知这批特殊乘客皆是"中国战场打日本人的重量级将领"，要求每个乘机者务必带上降落伞，以防万一……

飞机比较旧，要搭机的人又多，临登机时，大家照相，陈毅同志诙谐地说："要是我们摔死了，就用这张照片开追悼会吧！"

当天上午，太行军区司令部李达接到军委要求接机的电报，便立即率领一个骑兵排并带着一批战马赶到长宁，准备好柴草、火堆、午饭、开水、西瓜等。在飞机跑道两侧，30多名八路军战士一排排威严侍立，持枪警戒。下午四时许，他们在跑道两侧燃起了3个柴草堆，滚滚浓烟直冲蓝天，指引飞机着陆。一架美军C-47货运机从西南天空轰隆而至，在空中盘旋两圈之后，徐徐降落。舱门缓缓开启时，20位八路军将领和4名美军机组成员走下飞机，机长卡罗特少校提议，"请我的重量级乘客带着降落伞在机翼下合影留念"。合影之后，将军们脱下降落伞，情不自禁地同机场迎接他们的李达等拥抱，共同欢呼。在现存档案中，参加8月25日这次具有战略意义的长宁空运之中共高级将领名单中有：刘伯承、邓小平、陈毅、林彪、薄一波、滕代远、陈赓、萧劲光、杨得志、邓华、李天佑、江华、聂鹤亭、陈锡联、陈再道、王近山、张际春、宋时轮、傅秋涛、邓克明，共20位，均为各战区负责同志，其中没有晋察冀军区司令员聂荣臻；但是，本书作者从美国国会档案馆所存当时乘该架飞机的中共重量级乘客身背降落伞合影照片中，看到聂荣臻在前排右二。

时任美军驻延安观察组联络员的黄华回忆，每次美军飞机抵、离延安，他都要到机场去查看情况。这天他照例来到东关机场，一下子看到这么多高级将领，很是惊奇。获知其中内情后，黄华的情绪由惊奇变为紧张。因为他觉得这些高级乘客中没有人懂英语，黄华担心如果飞行中发生紧急情况，他们与美军飞行员沟通不畅，会有危险。于是，他向杨尚昆提出随机行动，陪他们飞到太行。

飞机平安落地后，李达即派骑兵通讯员快马赶回太行军区，迅速将飞机安全着陆的情况电告延安。自飞机飞离延安后，在延安枣园的毛泽东、朱德及林伯渠等领导人，一直焦急地等待着报告。得知平安，大家都长长

图 10-14　乘坐美军货机的中共高级领导人

地松了口气。长宁空运成功后，毛泽东决定于 8 月 28 日，飞赴重庆，与蒋介石展开谈判。

这次空运，把东北、华东及华北等战略区的主要领导一下子集体送到了最前线，开始实施一系列关系全局的战略性部署。随后，他们迅速采取行动，将主力整编为 9 个纵队 20 余万人，地方部队编为 5 个军区 11 万人，还派出 1 万多部队率先赶赴东北，有力地贯彻执行了党中央的战略决策和部署。

长宁机场就在黎城，中共这批将领们下飞机之后，陈毅、宋时轮等华东部队的将军，从李达手上拿了一袋烧饼和水壶，就骑马往东赶路，奔冀南涉县到邯郸上平汉路，毛泽东在七大的一个讲话中说，"现在我们要将薛岳进上海变为陈毅进上海"，陈毅能不赶路吗？

刘伯承、邓小平下飞机后，即和同飞机的一二九师勇将们，星夜赶到一二九师司令部驻地河北涉县赤岸村，抓紧部署并及时展开上党战役。当时，8 月中下旬，阎锡山出动晋军主力，以优势兵力、优势装备入侵晋东南，抢占抗日胜利果实，占领了八路军从日伪军手中解放的上党地区数个县城，以 1 个军 3 个师大军驻守长治，企图以此为依托扩占整个晋东南，直接威胁晋冀鲁豫解放区。邓小平晚年回忆上党战役时曾对军史工作者说：就在这个危急的时刻，我和刘伯承司令员，以及陈赓、滕代远、陈锡联、陈再道和王近山等将领们，尚在延安。要不是 8 月 25 日那架美军运输机一下飞过黄河与封锁线，将我们运到黎城前线地区，这场被称为抗战胜利后国共第一仗的上党战役就难打了。在乘机人中，刘伯承、邓小平、滕代远是七大中央委员，陈赓是候补中央委员，陈锡联、陈再道、王近山等是七大代表，大家当晚夜宿涉县一二九师师部。次日，再赶路到黎城正街 49 号，抗日根据地民主政府在此办公。刘伯承、邓小平在延安上飞机之前，已急电部署在这个院子设立"上党战役指挥部"。在这个指挥部，接到朱德总司令电报,告之：毛泽东已 8 月 28 日飞抵重庆进行国共谈判,冀你部打个漂亮仗。就在这个指挥部，陈赓等部队指战员获知毛泽东赴渝和蒋介石谈判，都为毛主席的安全担心。邓小平提出了"打好上党战役,支援重庆谈判"的口号。邓小平说："上党战役打得越好，歼灭敌人越彻底，毛主席就越安全，在谈判桌上就越有力量。"

中共党史记载,上党战役使得阎锡山损失 11 个师及 1 个挺进纵队约 3.5 万人，这次战役不仅解除了晋冀鲁豫解放区面临的直接威胁，而且有力地配合了重庆谈判，实现了中共边打边谈、以打促谈的预期目的。从此，中共的晋冀鲁豫根据地日益巩固，为后来中共中央进驻西柏坡打下基础，为中共夺取全国政权和定都北京奠定了初步条件。

10 月 10 日，国共签订了《双十协定》。10 月 11 日九时许，毛泽东从重庆起飞，午间一时许，回到延安。毛泽东一回到延安，即在枣园小礼堂主持中共中央政治局会议，报告重庆谈判的经过。当晚夜深，马海德即来到毛泽东住的窑洞，说："中午在机场，我就看见您极其疲惫，知道在重庆这一个多月，您不能按您的节奏生活，要按社会场面上的节奏，您太累了。"毛泽东指指脑壳："脑子太累了,经常有些发痛。"马海德为其进行按摩理疗，重点不再是写字的胳膊手臂，而是整个头部和颈部。毛泽东告诉马海德："你那位红头发老乡（指赫尔利），回美国之前，对我和恩来板着脸孔说：你们要交出解放区，要么承认蒋介石的要求，要么破裂！我回答说，不承认也不破裂，问题复杂，还要讨论。我看此公回华盛顿去，怕交不了差啊。"

经过按摩，毛泽东头部舒畅多了，夸奖马海德："你知道吗，8 月底那次长宁空运，真是一次战略空运，战神和虎将们亲临前线，上党战役才打得那么漂亮！现在回想起来，太冒险了！要是那架货运飞机途中出事，一想起来就有点后怕……"

第十一篇
在北平军事调处执行部

从重庆回来的毛泽东终于病倒了，马海德几乎天天守护

毛泽东病倒了！过度紧张劳累的工作，使毛泽东病倒了。

1945 年 11 月 14 日深夜，马海德和金茂岳两位大夫都来了，先后为其做了理疗和冷湿毛巾敷头。毛泽东从重庆回来之后，马海德与金茂岳两人，几乎隔日就要来看其头痛的状况，有时两人一起来，有时先后单独隔日来。总之，每周两人要一起为领袖的头痛共同会诊一次。两人商量，怎么变换手法理疗，怎么调整用药。马海德也向美军观察组卡斯伯格少校军医要来美军用的头痛片。但是，毛泽东断断续续的头痛，还是没有消失。

图 11-1　延安时期的马海德

14 日晚上，毛泽东刚觉得头没那么痛了，就让金大夫先回去，说有马大夫一个人就行了。毛泽东就又伏案拿起笔，代表中央要给东北及华东地区领导人写电报指示稿。这时，突然他手脚痉挛，脸色骤然苍白，大颗的汗珠从脸上冒出来。马海德赶快扶他上炕，冲热水让他服用进口镇静药和止痛片。当晚毛泽东病倒了，这表明他的病已经比较严重了！

马海德进入延安八年来，一直担任毛泽东的保健医生，对毛泽东的身体状况十分熟悉。在抗战初的那些年，毛泽东习惯于下半夜伏案连续写作，累得右肩肿痛，得了严重的肩周炎，经过数次精心治疗，已经基本痊愈。这次，他离开延安去重庆忙碌 40 多天，马海德也去机场接机，之后多次接触，甚感毛主席的身体状况越来越令人担忧。毛泽东回到延安，没有休息，立即部署组织刘伯承、邓小平指挥晋冀鲁豫部队，在取得上党战役胜利之后，

连续进行邯郸战役，还部署晋察冀部队，进行平绥、津浦两个战役，共歼敌10万余人，阻止了国民党军深入华北、进军东北的行动。过度的身心劳累，多日不曾休息，使毛泽东的身体状况雪上加霜。

14日晚，金大夫和马海德，明显感觉他是头痛，初步诊断是神经系统疾病。金大夫刚离开，他就产生身体痉挛、发抖、冒虚汗。在场的机要秘书叶子龙赶紧去报告，当天深夜，朱德、林伯渠等闻讯赶来看望。次日，经过书记处几位领导人研究并一再劝说，毛泽东终于同意暂时集中一段时间治病养病。历来党内的重要文电，一般都由毛泽东自己起草，11月14日起，就由刘少奇代理。

20日下午，马海德与相关医护人员将毛泽东从城北枣园住处专车送到城东郊20里处的柳树店，入住中央后勤疗养院治疗养病，该地实为边区联防司令部干部疗养所。这个地方原是中国医科大学所在地，抗日战争胜利前后，随着晋察冀根据地及晋冀鲁豫边区根据地等已形成相当的规模，根据中央战略决策，延安抗大、陕北公学、延安鲁艺、女子大学等院校和机构，已经纷纷东迁华北及华中的根据地，延安相当一部分的医务力量也逐步调入前方之主力部队，为战争服务。根据中共中央建立巩固的东北革命根据地的指示精神，中国医科大学也于这年11月18日，从延安向东北进发，柳树店及刘万家沟已为留守兵团接管，外称中央后勤疗养院。

毛泽东入住柳树店之后，马海德几乎每日都来看望和照料，好在马海德家住附近刘万家沟白求恩国际和平医院（总院迁冀中后，这里也为留守兵团接管），骑马半小时左右就可到。经过各项检查，毛泽东心肺功能、消化系统及骨骼四肢功能均正常，基本诊断为"神经系统疾病"，通俗解释就是"主席用脑过度，累坏了"。用他自己写给柳亚子的信说，是"贱恙神经疲劳"。毛泽东了解自己疾病的原因后，就对马海德要求说："我记得进延安之初，你陪我骑马考察过这个柳树店，之后，中央将它开发出来，在抗战中起了重要作用。现在，你还得陪我进一步调研一下这个地区。"这样，毛泽东在柳树店刚住下的头个礼拜，在马海德陪同下，就跑遍了柳树店前山后山，看望了兵工厂的工人，鼓励他们修枪造炮，"老蒋要从峨眉山下来摘桃子，解放区要保卫胜利果实"；跑遍了附近几个村庄，和各村的群众都谈过话，马海德还借此跟当地民歌好手学了两首柳树店特色的民歌。

那天，毛泽东与马海德在后山顶上的古庙前歇脚，毛泽东提出说去看一看半年前造出青霉素的窑洞。这年5月下旬，毛泽东正在紧张筹备中共七大文件，马海德闯进窑洞报告，中国医科大学的"高个洋教授"傅莱（因身高1米92所得外号）在柳树店校园里造出了中国首批青霉素。毛泽东意识到这是延安卫生界一件很大的事，说："要是我们早几年造出青霉素，白求恩大夫就不会因手指头感染去世了，前线许多伤员都能救活啊！"中共七大马上就要开幕了，毛泽东就对马海德说："延安这个很有才气的洋教授，我还没有见过，等七大开过后，你安排我见他一见。"

《解放日报》在5月17日头版刊发了一篇简短却极有分量的消息，题为《留延国际友人傅莱医生试制青霉菌素成功》。这则消息影响可大了，震动了参加七大的众多将军们，这意味着八路军、新四军的许多伤员，生命将得到及时的救助。会议间隙，好几个将领向七大代表中国医科大学校长苏井观打听:这个奥地利来的洋大夫傅莱是"啥样的人"。苏井观校长说:小傅莱，大高个，年纪刚满24岁，脑瓜百分之二百的聪明！在我们大学教内科课程，朱总司令推荐来的，教务处只有他很简单的履历：14岁上战场抢救伤员，16岁读维也纳大学，17岁在大学加入奥地利共产党，19岁遭到盖世太保通缉，逃经意大利乘船来到日占上海，要找宋庆龄先生，但宋先生已去香港。他就在上海及天津两地洋人医院看病，同时暗地里寻找中共组织，经平津地下党介绍，加入晋察冀根据地了。众人又问聂荣臻，聂荣臻笑得合不拢嘴，说:上次延安给我的是白求恩，这番是天津给我的"小白求恩"，"傅莱"的名字是我用他德语名字谐音给他起的。那时，晋察冀根据地流行麻疹和疟疾。由于日军封锁，边区缺医少药，军民健康和生命受到很大威胁。傅莱结合大学所学传染病知识，并虚心请教当地老中医，形成一套中西医结合的治疗方法，亲自到作战部队去进行实验和推广，从而有效地控制了相关传染病的蔓延，取得了很好的疗效。朱老总知道了，表彰了傅莱，朱老总称其为"年轻的高级人才"，从晋察冀"借"到延安，安排在中国医科大学教学和科研。苏井观介绍称，这洋小子脑瓜"不安分"，整天在琢磨，向学校提出：英国1941年发明青霉素，美英盟军1942年战场使用青霉素，青霉素价格昂贵，我们中国医科大学要为中国造青霉素啊！

学校很重视，将他的试制报告呈报给边区政府，获得批准，学校给他配了两个助手，拨了两个窑洞作为生化研究室。春节过后，傅莱开始研制，整整忙了3个月，开发出了中国历史上第一批粗制青霉素！这对于缓解我军用药困难，尤其是对于减轻战士外伤感染发挥了巨大作用。

马海德在青霉素试制成功时，代表军委总卫生部看望傅莱并表示了祝贺。这次他领着毛泽东再次来到大学后山，找到了土法生产粗制青霉素小作坊的两个窑洞，这里已经改为后勤疗养所的中草药仓库。毛泽东在两个土窑洞门口，默默地驻足了好一会，颇有歉意地对马海德说："那天你来报喜讯，我说，待七大开过后，要见这个年轻的洋天才一面；然后，日本投降，我去了重庆；这次，我住在柳树店专门来看这两个珍贵窑洞实验室，我们医科大学又开拔去东北了，唯愿小天才再做大贡献啊！"

病中的毛泽东为什么同意马海德去北平军调部

毛泽东住在柳树店治病和疗养，枣园中央办公厅有文职干部送文件来，连日发觉主席不在病房，护士说是下村子调查研究去了。此人就回去报告。办公厅有负责人送水果来看望，问及主席每天忙啥，马海德就出面说话了："主席去附近各村调研，其实是治病。他上坡下坡都是运动，要出汗，不用费脑子，精神还放松，我看是配合治疗的好办法。"

1945年11月底，公开支持蒋介石反共打内战的美国驻华大使赫尔利，于11月27日被免去驻华大使职务。消息传到延安，毛泽东对马海德说："赫尔利失宠说明什么？说明赫尔利扶蒋反共这一套行不通，说明美国总统杜鲁门部分调整对华政策了，他只能当替罪羊。马博士，最近你多跑跑你的老乡那儿，观察组那儿的美国消息快，华盛顿有什么新动态，我想尽快知道。"这两年来，毛泽东最喜欢的是，重庆美军班机每周送来的一两次报纸，海内外英文、中文报纸都有。每次报纸送到后，美军人员浏览过了，毛泽东叮嘱了马海德和黄华要将报纸给他统统送去，毛泽东有时路过北门观察组驻地，还自己进去看报。

大约12月中旬的一天，马海德从观察组驻地得到消息：收音机外电广播快讯，12月15日，刚刚宣布退休的陆军总参谋长马歇尔五星上将，被任命为"总统特使"，将赴华"调处"国共争端。苏、美、英三国外长莫斯科聚会都很关心此事，对德高望重的马歇尔访华抱有很高期望。马海德闻讯快马赶去柳树店，毛泽东听了微微笑说："马歇尔五星上将，美国不设元帅，罗斯福说，美国五星上将就是元帅。这是个了不起的大人物，二战打败法西斯的大功臣！"

马海德赶送马歇尔消息到柳树店的当晚，毛泽东留马海德一起吃晚餐，在座有刚从苏联回来的毛岸英，红烧肉、炒鸡蛋、辣椒炒大白菜，除了馍，还有岸英带回的大列巴。毛岸英是苏联运输机送来延安的，同来还有两位苏联医生：阿洛夫和米尔尼科夫。这年10月初，在延安多年的阿洛夫大夫刚回国，因毛泽东病重，斯大林应中共中央的要求于12月再次选派他到延安。米尔尼科夫是著名的神经科专家，还带来一些新的医疗器械和新研制的特效药。马海德从此认识了毛岸英。毛泽东没有让毛岸英谈苏联的情况，而是将马歇尔将军作为主要的话题，足见他对马歇尔来华调解国共冲突的重视。他说："马歇尔将军出使中国，使全世界的目光，一下子就关注到中国了！"他要听马海德聊一聊自己此前所了解的这个美国著名将军。毛岸英说："苏联人也很尊敬马歇尔将军，博士是美国人，我也很想听介绍。"

马海德作为美国人，是这样对毛泽东父子介绍马歇尔的。一是他在美国家喻户晓。二是延安美军观察组的所有美国军人，对这个美军总参谋长赞不绝口，虽然他在后方出谋划策，对二战胜利的贡献，不亚于前线的五星上将。三是几乎所有美国人，无论是军人也好，记者也好，都说马歇尔很有人格魅力，说他的总参谋部官兵两三百号人，将军和士兵都可以随意到二楼办公室找他谈话。四是他父亲是焦炭熔炉公司董事长，家在宾夕法尼亚拥有储量很大的无烟煤富矿。他是家中最小的孩子，上面有一个哥哥和一个姐姐，他的家庭条件很好，但小时候他学习不好，考试总得最后一名，认为自己注定是"全班的劣等生"。他父亲很失望，常用柳条鞭管教他，但这也未能使他的学习成绩好起来。毛泽东听到此，大笑，"那么，后来他为什么表现得如此出类拔萃？"

马海德说："那是他考进了弗吉尼亚军校,初进校被高班生欺负,在刺刀尖上悬蹲 10 分钟,屁股被刺破血流不止,也倔强地要蹲够 10 分钟。他被送医急救,但始终未说出受伤的缘由。为此赢得大家的赞许,受到尊敬,在军校站住脚。一年级结束时当上伍长,两年后升为队长。校内举行的所有重大仪式,他都担任学生总指挥,是学员中的领袖。他声如洪钟,面色威严,发号施令极具威慑力。"

毛岸英也介绍说："昨天阿洛夫医生传出最新塔斯社电讯,斯大林日前在莫斯科会见美国国务卿贝纳尔斯说,如果有什么人能解决中国形势的问题,那就是马歇尔将军。"

次日,毛泽东又搬家了。由于柳树店离党中央和八路军总部比较远,不能及时了解最新情况,所以毛泽东搬到王家坪总部的桃林。军委总参的电台就在附近,有最新情况的电报可以第一时间送给毛泽东。阿洛夫与马海德是老熟人,又一次在一起合作为毛泽东治疗头痛。阿洛夫过去曾长期在延安为中共中央领导人看病,对毛泽东身体状况也比较熟悉。马海德与两位苏联医生配合,一起对毛泽东进行精心治疗,还由于近来工作量相对减轻,加上分别多年的岸英回来,毛泽东心情大好,1946 年开春,他的病已经逐步好转了,工作也逐渐恢复了。

马歇尔将军于 1945 年 12 月下旬到重庆,住进江北牛角坨的怡园小楼。马歇尔抵华后,先后见过蒋介石、周恩来,促成三方成立了一个负责军事调停的"三人委员会",由国民党代表张群(后换张治中)、共产党代表周恩来、美方代表马歇尔组成。经过元旦前后的艰苦谈判,终于在 1946 年 1 月 10 日达成了停战协议,国民政府和中共双方下令停战,1 月 13 日午夜 12 点生效。

三方签字的协议还规定:在"三人委员会"领导下,另外在北平设三方代表监管的军事调处执行部,以监督执行停战协定。关于北平军调部的各方人员构成,协议有规定:美方执行委员是罗伯森上校,成员包括军官 26 人,士兵 68 人,中国雇员 30 人;国共双方相应指定执行委员,开始时每方不超过军官 40 人,士兵 90 人。为了调处国共双方的军事冲突,1946 年 1 月中旬,在北平正式成立了"军事调处执行部"(简称"军调部"),办公地点设在北京协和医院。定点后,三方人员的配备名额又有增加:美方 125 人，国民党方面和共产党方面各 170 人。

1 月中旬的一天，在例行治疗之后，毛泽东让两个苏联医生先离开，马海德留下来了。毛泽东问，你知道停战协议具体内容吗？马海德答，读了两遍，都知道了。毛泽东说："中方在北平军调部的人员组成，恩来建议由剑英牵头负责。剑英与恩来商量具体名单时，点了你的名。问朱老总，老总说赞同，但需征求主席意见。我呢，先听你本人意见。"

马海德说："主席，我 1937 年入党，党龄快 9 年了，服从组织需要。"

毛泽东说："我记得当年你提出要跟白求恩上前线，我劝你留下来。"

马海德说："那个时候，我考虑问题有欠全面。主席既然问起，我就直说吧，就我个人来说，北平我是很想去的，就像组织安排我跟美军观察组打交道一样，军调部里也是以跟美国打交道为主，我有优势；另外，我是美国协和系培养的医学博士，北平协和医院是目前中国最高水平的医院；还有——"

毛泽东笑着补充："还有，在延安，你在叶参座主持的军委外事组当顾问，在他指导下，工作很不错。"

马海德却说："主席，这三点优势仅是我个人想法，但是，我没有要求去北平。为什么？我心中更强烈的想法是，主席在重病之中，刚刚开始好转，我是你的保健医生，我知道主席肩上担子的重量，我不能离开。"

毛泽东望着马海德，等他说完，还默默望了他一会，才深沉地说："马海德同志，这次与跟白求恩上前线不相同，我支持你跟剑英去北平。"

马海德吃惊了，望着毛泽东："为什么？"

毛泽东认真地说："从大局出发，支持你在剑英领导下，发挥你刚才说的三大优势。"马海德想都没想，一口回绝："我不能去！"

毛泽东问："为什么？"

马海德说："主席，您这次重病刚有好转，还没有痊愈，虽然斯大林派了阿洛夫和米尔尼科夫来为你治病，他俩到底是外人。抗战胜利后，延安的主要干部队伍，都上前线或到各个根据地去了。延安的好医生，大部分都跟医院走了。你让傅连暲跟林彪去了；孙仪之跟部队去东北了；鲁之俊与何穆去晋冀鲁豫了；魏一斋常驻西北联防司令部了。"

毛泽东说："你放心，延安不是还有金茂岳，有黄树则吗？"

马海德不吱声了。毛泽东又说："现在不是白求恩大夫在山西的年代了。北平的工作需要你，若是我这边需要你，你还可以随时飞回来。"

马海德问："真的吗？"

毛泽东说："恩来说的，马歇尔将军带来一个陆军航空队，是专门为军调部成员工作服务的。"

毛泽东说："你赶快回家给苏菲和孩子打招呼吧。明天或者后天，若有飞机过来，你就要去北平报到了。"

两天之后，马海德与罗瑞卿、滕代远、徐冰等参加军调部工作的部分干部，乘坐接人的 C-47 飞机，从延安东关机场起飞，直飞北平。叶剑英已于两天前抵京，住进了专为其安排的景山东街寓所。叶剑英通过主持接待美军观察组来延安，对马海德已经很熟悉，并且十分信任。叶剑英对马海德说："老马，你在军调部中方代表团里，对外称是'卫生顾问'兼我的英文翻译；实际上，北平军调部的美方军人有一百多号，我方代表团需要你利用你的有利条件，做好联络和协调工作。我看马歇尔发明的这个军调部，是世界上独一无二的复杂而微妙的机构，办事的时候，你需要留个心眼儿，有问题随时请示汇报。"

马海德回延安，暗中协助党中央运送黄金，带回了冰激凌

马海德觉得，军调部就设在有名的北京协和医院，这真是个缘分。北京协和医院是洛克菲勒基金会在华操办的医院，而马海德本人就是洛克菲勒基金会资助的贝鲁特美国大学医学院毕业生，因成绩优异又获得该基金会再出资去日内瓦攻读博士。马海德到了这里，颇感亲切，很快就和北京协和医院的上上下下交上了朋友，院里很欢迎他。

军调部办公室在北京协和医院南楼里，北楼是协和主楼，仍保持医院正常的诊疗工作。美方委员罗伯逊知道了马海德的经历，在第一次三方参

图 11-2　军调部办公地——北京协和医院南楼

图 11-3　北平军调部的身份铜牌

加的宴会上，罗伯特在和叶剑英碰杯时，友好地调侃："叶将军，你看我们洛克菲勒老爷子基金会厉害吧，在中国，除了办协和医院，还给你们八路军培养了医学博士……"

1946 年 3 月上旬，马歇尔、张治中、周恩来三人小组从北平出发，接连奔赴张家口、济南、徐州、新乡、太原等地调处国共冲突。3 月 4 日，三人小组到达延安，毛泽东亲自接见。再接着飞汉口调处，6 日飞返重庆，7 日三人会面后，马歇尔宣布近日将回国述职。马歇尔作为美国总统特使在华调处国共冲突，已经并非重要新闻，而马歇尔访问延安会见毛泽东，成了世界头号新闻！

在延安，毛泽东称马歇尔将军是"和平的使者"；马歇尔则对毛泽东说，"我们的会晤是具有历史意义的"。马歇尔为此成了 3 月间著名《时代》周刊的封面人物，成为世界舆论中心。马歇尔已经是 66 岁高龄，十天内天天飞起飞落，加上延安热情款待，西北寒夜里在无暖气的中央大礼堂观看欢迎演出，受了风寒，到汉口就感冒了。

3 月 10 日这天，马海德穿上军装，要外出跟徐冰等去协调军务。出门前，马海德先去协和医院取药。因为军调部过两天有飞机去延安，马海德惦记苏菲身体不是很好，特别是胃肠道经常犯病，就从协和医院取了些应备的家常用药，准备托人捎回延安。在门诊二楼走廊里，马海德正巧遇见马歇尔将军和他的女婿白鲁德准将。马海德迅速地向马歇尔敬了一个军礼，马歇尔一愣，怎么身前有个穿八路军军装的美国人？但很快他就认出马海德，立即还了一个军礼。原来在 2 月 28 日晚上军调部三方人员的大聚会上，两人见过面，握过手。当时，周恩来向马歇尔逐一介绍中共成员，介绍至马海德时说："乔治·海德姆，八路军的美国医学博士，军调部我方医务顾问兼叶总参的英语翻译。"那次，马海德身着西装，就没有行军礼，两人是握手礼，马歇尔握手时笑说："我是美军的乔治，你是八路军的乔治，都在为中国和平努力。"握过手，马歇尔还打了下手势说，"海德姆，我来中国比你要早啊！1924 年我就奉派在天津驻了三年。"

这次走廊再次见面，马歇尔显得很高兴，一开口就问马海德："你在延安待了几年？"马海德说："我跟红军一起进延安，现在是第九个年头了。"马歇尔称赞说："访问延安，我没想到，毛泽东率领的中共军政文武精英们，竟有如此强大整齐的人才阵容，使我印象极其深刻。我还喜欢飞机场的八路军仪仗队，英勇、威武、朴素，胸前挂着手榴弹，挎着缴获日军的好枪。"

白鲁德拍拍拎着的一大包药盒："老爷子感冒了，明天要飞回华盛顿述职，越洋长途飞行，要给他带着药啊。"

在北平，叶剑英经常找马海德交代工作，嘱咐得很细。当时，三方签订的有关军调部的协议中规定，国民政府为军调部提供适当的居住及办公房舍，并且供应饭食；驻华美军为军调部提供工作所需的交通工具。其条文中具体文字为："以美国陆军飞机，供北平与执行小组派往各地区之间运输工作人员及运输给养之用。由于在中国缺乏交通工具，飞机是去所有执行小组所在地的唯一有效的交通工具。"

在叶剑英给马海德看的协议文本中，用铅笔在关于使用美军飞机作交通工具的条款下画了杠杠。马海德领会了他的意思，点头说："明白了，就像去年用美军观察组飞机搭载我军将领们的长宁空运一样。"对于毛泽东及中共中央来说，延安与中共各根据地、战略军区之间的交通往来，是极其困难的。例如，作为新四军代军长的陈毅，自 1943 年 11 月 25 日从苏北根据地黄花塘出发，至次年 3 月 7 日才抵达延安，走了近百日，行程数千里。自马歇尔来华成立军调部，延安与各地的交通往返，用参加军调工作王震将军的话来形容，那就是"有了过去难以想象的变化"。

图 11-4　叶剑英（前排左一）和马海德（前排右二）在叶家接待洛克菲勒基金会的美国客人

延安经常有直飞重庆、北平的美国陆军飞机往返，这使被国民党军队围困在中原的李先念部队的情况，得以三次派代表飞至延安向中央报告并研究对策。作为新四军政委的饶漱石，以中将军衔到军调部任顾问，得以两次乘美军飞机去延安向毛泽东、刘少奇等汇报工作。军调部中共方参谋长罗瑞卿，原任晋察冀军区第二政委，由耿飚乘美军运输机接到北平就职，被授予中将军衔。他在军调部任职期间，也得以两次从北平直飞延安汇报晋察冀军区的工作。1946 年 6 月，根据形势变化，罗瑞卿奉命撤出军调部；7 月中旬，毛泽东电召罗瑞卿赴延安，接受中央军委给晋察冀部队布置的作战任务，他又以军调部中共参谋长的身份乘美军飞机从张家口经北平赴延安。有这种便利条件，董必武也得以乘坐美军飞机从重庆飞抵汉口，然后转车去宣化店，代表中共中央慰问中原解放区军民，并携带华北、华东各解放区援助中原军民的赠款 3 亿元法币，这对于帮助处于绝粮困境中的中原军民起到了一定的作用。

在军调部工作之余，叶剑英让马海德多方努力和协调，为聂荣臻将军找到了失散多年的女儿——聂力，并用飞机送到张家口。叶剑英还托人从湖南湘阴老家，接出了任弼时的两个女儿——远志、远征。当这两个女孩一路艰辛从湖南来到北平时，叶剑英对她俩说："你们俩运气好，要不是军调部谈判，咱们还没有飞机送你们俩去延安见爸爸妈妈呐！"

1946 年下半年的一天，叶剑英以北平军调部中共领导人的身份带着参谋杨迪、顾问马海德等四人去哈尔滨视察工作，发电报给在长春的东北军调部中共方面的参谋长伍修权，要其陪同前去。这天，叶剑英乘一架美军运输机降落在长春机场，等候在机场的伍修权上了飞机。

叶剑英悄悄告诉伍修权说，他这次到东北地区，名义上是北平军调部中共代表来此检查执行分部的工作，以及了解民主联军执行停火协议的情况，实际的主要任务之一是将东北局筹集的一大笔经费上交给中央，其中大部分是黄金。怎么能从很远的东北地区运出这批黄金，而又万无一失地穿越国民党占领区送到延安呢？当时，延安的中央财政是极其困难的。从华北解放区、山东解放区给中央的财政支持（法币、金条、银锭等）运送问题较好解决，而东北局给予延安的财政支持，就需要秘密借用军调部的飞机运输渠道。早在这次叶剑英去哈尔滨之前，同年 6 月初，叶剑英在北平军调部借用了美军飞机，派自己的参谋杨迪飞去哈尔滨，从东北局运回了五个大皮箱的金条、金银首饰等，然后再由滕代远等以"向中央汇报工作"为理由，乘用美军飞机送去延安。

马海德的儿子幼马回忆："我父亲去北平军调部曾坐美军飞机回延安休假，还给我和妈妈带回了北平的冰激凌。"其实，马海德那次回延安，并非休假，而是执行将黄金送回中央的特殊任务；同时，对幼马和苏菲的亲情使他有心捎上了哈尔滨的冰激凌，装进一个专买的暖水瓶里。

延安撤退之前，马海德将斯特朗女士
从延安护送去北平

斯诺、史沫特莱、斯特朗，英文名字的头一个字母都是"S"，这三个人都是美国著名记者兼作家，一生中都数次访问中国，是中国人民的老朋友，中国人亲切地合称他们仨为"三S"。三人去世后，其骨灰都被高规格安葬在北京。马海德是延安时期接待过这三个美国记者的外事顾问。

斯特朗女士，1946年第五次到中国访问，已经62岁，满头银发。她是这年五六月间，乘坐美国海军的运输机到达上海的。那时正值蒋介石撕毁"双十协定"，依仗美国大量经济和军事援助，向各解放区发动疯狂的进攻，马歇尔将军建起的北平军调执行部处在极其尴尬的境地。此间，周恩来正与马歇尔将军就促使蒋介石停火的问题进行会谈。斯特朗在上海见到了老朋友——周恩来与邓颖超。据《周恩来年谱》记载："接待安娜·路易斯·斯特朗，向她介绍国内战争的形势。"斯特朗向周恩来表示她要到延安去访问。

这年7月底，周恩来推荐斯特朗女士从上海来到北平军调部，受到了军调部中共代表团的热烈欢迎。叶剑英向马海德及军调部我方成员们介绍了斯特朗女士"很够朋友"的往事：当年，她排除了各种阻力，在美国公布了皖南事变真相，完成了中共方面的重托。1940年，斯特朗在重庆采访期间，周恩来同她进行了几次长谈，介绍了蒋介石军队不断加剧同共产党领导的部队的武装冲突，影响中国对日作战，同时说明："你现在不要发表这些材料。要等我捎信给你，同意你这样做的时候再发表。我们不希望过早地揭露这些冲突而加剧摩擦。"在他们两人最后的一次会谈结束前，周恩来把一篇长达26页的文章和其他一些文件交给她，斯特朗把这种信任和重托视为一种极为珍贵的荣誉。果然，在返回美国的途中，她在广播中听到了蒋介石制造皖南事变的新闻，随后又接到一封来自马尼拉的未署名航空信件，信中只简单地说："发表你所知道之事的时机已经到来。"同时，信中还附来中共方面对皖南事变的声明。

为了完成朋友——周恩来的重托，斯特朗回美国后，马上将这些材料迅速送到北美报业联盟要求发表，可是美国许多通讯社和报业人士表示，他们得到通知，不要发表有利于共产党的任何报道。最后，斯特朗找到一位在《纽约先驱论坛报》工作的好朋友，署上了那个人的名字发表了关于皖南事变内情的报道，该报还由此获得了独家新闻的荣誉。有关皖南事变真相的报道在美国传开后，罗斯福总统非常重视。总统从美国对抗日本的战略利益出发，反对蒋介石在这个时候发动反共内战。因此，从华盛顿向国民党政权发出了警告，这对制止中国抗日阵营的破裂起到了不小的作用。

马海德听了叶剑英的介绍，很是感动！为自己能护送斯特朗女士去延安感到十分荣耀。受周恩来、叶剑英委托，马海德陪同斯特朗女士搭乘军调部美军飞往延安的便机到延安访问。这次从北平去延安之行途中，马海德与斯特朗成了很好的朋友。军委外事组安排马海德接待到达延安访问的斯特朗，这个时候，赛尔斯上校负责的美军观察组最后一批成员尚在延安，马海德就安排斯特朗女士住在美军观察组的院子里。这个地方相当于延安的星级宾馆，而且是国民党军飞机不能施行轰炸的地点。

8月6日，在国民党军飞机空袭过后，下午，毛泽东在所住窑洞前的苹果树下会见斯特朗，中共中央宣传部部长陆定一和马海德陪同会见，由陆定一担任主要翻译。当毛泽东谈到原子弹是美国反动派用来吓人的一只纸老虎时，陆定一把"纸老虎"一词翻译成英文 Scarecrow（稻草人），斯特朗听了不解。毛泽东说："我不是这个意思。纸老虎不是插在田里吓鸟的稻草人，而是吓唬小孩子的。它的样子像只可怕的老虎，但实际是纸糊的，水一泡就软了。"

马海德听了毛泽东的解释，立即领会了主席的意思，用英语对斯特朗说："毛主席说的是 Paper-Tiger。"斯特朗恍然大悟，笑着说："噢！Paper-Tiger，我明白了。这个比喻太恰当了。"斯特朗把毛泽东关于"一切反动派都是纸老虎"这一历史名言传播到全世界，马海德的补充翻译功不可没。新中国成立后，年过 70 的斯特朗女士到北京定居，在东交民巷中国人民对外友好协会的大院里安度晚年。在她一生的最后几年里，马海德经常去看望她，始终是她热心而特殊的朋友，还数次陪同她去广东疗养。

抗战胜利后，罗斯福总统发起的联合国救济会给中国运来大批救济物资。但是，由于受到正积极准备内战的国民党政府的强烈阻挠和美国政府的无理干预，救济物资的98%都送给了蒋介石政权管辖的国统区，而英勇抗日、同样遭受严重战争灾害的解放区人民只能得到2%。这种极不公平的分配，引起解放区军民的强烈抗议。

图 11-5　马海德护送斯特朗乘美军飞机去延安

　　在北平军调部期间，马海德还兼任联合国救济总会解放区分会的卫生顾问，董必武为分会会长，分部先后设在张家口及邯郸，马海德常去开会。救济总会不少成员是美国的志愿者，比较有正义感，马海德介绍中国战后国共地区的真实情况，对这些成员做工作。马海德还和"联救署"的医官——加拿大医生夏理逊、美国朋友詹姆斯·格兰德建立了良好的友谊，争取他们对中国革命的支持。富有正义感的夏理逊等联合国救济总署的官员也联名提出抗议，并据理力争，要求把一部分救济物资运到解放区。

　　1947年开春，因内战扩大化，北平军调部解散了，马海德随叶剑英回到延安。蒋介石调集25万国民党军队大举进攻陕北解放区，矛头直指延安。毛泽东、周恩来、朱德等在百忙中会见了在延安工作或访问的马海德、阳春、李敦白、斯特朗等外国友人，他们都要求留下随党中央转战陕北。毛泽东等领导人研究同意马海德、阳春、李敦白等年轻力壮的朋友留下来随党中央一起转移，说服了年逾花甲的斯特朗离开陕北，并派马海德护送斯特朗乘延安美军观察组的飞机飞往北平。本来1947年2月18日，是规定美国观察组最后撤离延安的期限。因为重庆和南京中共办事处人员尚未安全回到延安，马海德有机会联系上美军观察组撤运物资的飞机，护送斯特朗到北平。马海德在完成护送任务后，又于3月11日上午，乘美军观察组接运撤离延安最后一批美军人员的飞机返回延安。当时，军委办公厅主任兼军委外事办主任杨尚昆在东关机场迎接马海德完成任务回来。最后

图 11-6 宋庆龄在北平与马海德（右一）等联合国救济总会解放区分会干事们合影

这次，美军派了 7 架飞机来运送人员和物资，留下了几辆中小型吉普车和两台手摇发电机，折价移交给延安有关部门，由军委三局验收。杨尚昆和马海德等人一起送美军观察组最后留在延安的美军人员飞离延安。

美军飞机飞离延安不到两个小时，国民党飞机就开始轰炸延安，并对原美军观察组驻地院子轮番轰炸，将来不及开走和运走的吉普车和手摇发电机等物资全给炸毁。杨尚昆对马海德说："毛主席第一次接见谢伟思就曾预见会有这一天，不幸被毛主席言中了。"

1947 年 3 月 18 日，中共中央撤离延安。马海德作为中央军委后勤部门撤离部队的指挥员之一，不顾危险地将伤员和医疗设备安全转移之后，才带领最后一批医务人员撤离。

第十二篇

开国大典，马海德喊出
"我是中国人"

"撤离延安，迈步奔向新中国"

　　中共中央撤离延安后，毛泽东带领一支精干队伍留在陕北与胡宗南部队周旋，最初只有 800 人，是为了迷惑敌人、吸引敌军部署。虽然毛主席自己并不在乎牺牲，但要考虑如果中央在陕北遇到不测，全国工作如何领导的问题，为安全起见，毛泽东化名"李德胜"。在陕北黄土高原的沟沟壑壑里行军行动，毛泽东的医疗卫生保健工作就不能像在延安城里那样从容。在日本投降之后的半年里，延安的众多医生随部队东进，分配到华北、中原、华东及东北各大战略区。延安中央医院也化整为零。位于刘万家沟的白求恩国际和平医院，相当一部分医护力量及医院的重要医疗设备由彭德怀为司令的西北野战军接管，在战争中跟随部队作野战医院。1947 年 3 月撤出延安之前，毛泽东及中央领导身旁的医疗保健医生，就只剩下金茂岳、马海德、黄树则和苏联医生阿洛夫了（另一个为毛泽东治病的苏联脑神经专家米尔尼科夫已经回国）。在讨论毛泽东的"中央纵队"选哪一个医生随队时，有人提议马海德，说他"在陕北生活惯了，吃苦耐劳、身体好"。毛泽东想了想，说："马博士要跟我钻山沟的，就是在国民党军眼皮子底下活动，他大鼻子、洋面孔，跟阿洛夫一样，容易暴露目标。"最后毛泽东选了黄树则。

　　撤出延安往西北走的队伍里，马海德是中央后勤委的一支混杂连队指挥员之一。这支队伍，五花八门，有老有少，有男有女，大部分是一家一户，临时按连队建制组编行军，由一个连长带领警卫部队护卫。马海德经常走到前列，需要回头来巡看、照顾。苏菲骑一头毛驴，两边挂的箩筐里，一边是幼马，另一边是杨尚昆和李伯钊的儿子杨小二。杨尚昆和马海德在山城堡战役期间曾同住一个窑洞，从此两人关系很好。这次撤退，担任军委秘书长的杨尚昆兼任中央警卫司令员，主持组织中央机关撤离延安的疏散工作，肩上担子重，夫人李伯钊又另在土改工作团，就将儿子托付给马海德夫妇照应。

　　马海德的警卫员王德牛对于撤离延安想不通："蒋介石有什么了不

图 12-1 ● 马海德、苏菲与儿子幼马

起，那两下子蹦跶而已，凭啥把延安留给他啊？"马海德笑笑说："你把眼光放远一点嘛！给他一个空城壳子，我们还要回来的。"队伍里有几个白求恩国际和平医院的医护人员，其中有个叫胡雅丽的年轻护士对王德牛说："你懂啥，就懂打枪，不懂动脑子。前天我给肖司令送药去，他对部下训话说，我们就要过黄河了，什么叫'过河'？下象棋'过河'的'兵'也好，'马'也好，是要吃掉'老帅'的！我们过河要吃的'老帅'是啥人？姓蒋名介石。"马海德听了，称赞小胡说得好，又说："我知道，大家感情上舍不得延安，毛主席说了，我们撤离延安，是迈步奔向新中国！"

开始撤退时，有蒋军飞机追炸，马海德指挥大家躲飞机。后来，他与警卫连长商量，队伍白天睡觉，晚上行军。晚上天黑，路难走，马海德经常把马让给病号或者妇女骑。走了好些天，过了黄河进入山西就恢复白天行军了。

马海德明白，这次在胡宗南等部 25 万敌军到来之前，中共中央、中央军委机关要全部撤离延安。中央机关少数人留在毛泽东身边工作。这支队伍留在陕北，依靠陕北优越的群众基础和有利地形，与敌周旋，寻机歼敌，吸引国民党军的注意力。同时，在陕北指挥并在去年已正式改名为"中国人民解放军"的我军各战区部队，进行全国的解放战争，在东北、华北及华东战场，捕捉战机，歼灭敌军。

马海德所在的队伍与中央机关大部分人，东渡黄河转移到晋绥地区的临县三交镇。由刘少奇、朱德、董必武等率领的部分中央机关人员转移到华北，组成以刘少奇为书记的中央工委。由叶剑英为书记、杨尚昆为后方支队司令员的中央后方工作委员会（时称中央后委）统筹后方工作，率领中央机关大部分人员及物资陆续进入晋绥地区。

当时，毛泽东率精干灵活的中央纵队，在陕北根据地的高原山地"牵着胡宗南的鼻子走"，被毛泽东戏称，在西北牵着胡宗南部"武装游行"。
在毛泽东部署下，陈赓、谢富治发起的晋南战役威胁着胡宗南的侧后，西
北野战军也在青化砭首战告捷，使陕甘宁边区和晋西北的局势基本稳定。
随着西北战局逐渐好转，中央后委组成后，即按中央的方案，安置好撤离
延安后的中央各方队伍。约 5 500 人临时被安置在三交镇地区，有军委机
关人员、烈士家属、交际处的客人、军委蓝家坪托儿所的妇女与小孩、从
国统区撤回的干部等。

三交镇自古就是商贸发达的晋绥边镇，当时，大批人马撤退到此安顿，
人们将此地称为"小延安"。中央后委领导机关驻扎三交镇双塔村，其余
2 000 多人驻扎在双塔及湫水河沿岸 40 多个村庄。中央后委机关为什么驻
三交镇？叶剑英、杨尚昆 4 月 18 日在《关于中央机关人员安排安置情况
的报告》中说：三交镇附近窑洞多，接近碛口，西渡较近，有利于往河西
运粮。因此，领导们决定以三交镇为中心，取 15 华里为半径，配置在圆
周内；电话线可减少，运煤亦便利，用粮也方便。

苏菲晚年的回忆录中写道：

> 5 月初，马海德带领的撤离队伍到了山西省临县三交镇双塔
> 村，即中央后方委员会所在地，中央机关很多部门都转移到这里。
> 当时，中央纵队只有一部电台，后委则有十多部大功率电台。中
> 央同各地的联系都通过这里下达中转，实际上这里是一个承上启
> 下的转换枢纽。
>
> 由于保密措施缜密，致使进攻陕北的敌人始终没有搞清楚中
> 共指挥机构到底在哪里。

中共的新华广播电台在太行山用"延安新华台"的呼号广播新闻，经
常有毛泽东的文章或评论播出。胡宗南部队一度认为毛泽东到了太行山。
跟中央纵队一直在陕北的毛泽东，对叶剑英、杨尚昆指挥的迷惑敌人的动
作很满意，对中央后委领导的通信工作充分肯定。中央后委还担负对外宣
传和出版外事资料的任务。1947 年 5 月 1 日，根据中共中央指示，中央后
委将原军委外事组改为中央外事组。

中央外事组由叶剑英兼主任，王炳南任副主任，设编译处、研究处和新闻处，配备包括南京、北平、重庆三地的外事人员 20 多名。马海德属于中央外事组的顾问，中央外事组的人员还有黄华、柯伯年、章文晋与凌青等精英，都住在双塔村。马海德与章文晋两家是窑洞邻居。章文晋和夫人张颖都是周恩来在国统区的重要助手，在周恩来"促进"下撤出延安前夕才结婚，不久前章文晋刚刚担任周恩来与马歇尔将军谈判的英语翻译，颇得马歇尔称赞，张颖还是苏菲的延安鲁艺同学。这两家关系很好，三十多年后，章文晋携夫人张颖出任我国驻美大使，对马海德为消灭麻风在美国开展的融资和引进技术的活动提供了极大的帮助。

马海德在双塔村主要是给内部人员看病。不久，中央外事组按周恩来指示，在三交镇开办了一个英语培训学校，为新中国培养外事干部，上级安排了马海德去培训学校教英文。外事组还编写《美国手册》《国际动态》等材料，当然马海德是骨干，凌青回忆当时在三交镇的工作，称"马海德由于母语是英语，收听外电电讯新闻的效率很高，他经常是收听一遍，就能写出文字稿；我和其他同志，往往要收听至少两遍，才能完整写出文字稿"，编写出来的材料供中央领导及相关部门阅读与使用。

在《杨尚昆回忆录》里，有如下记述：

> 外事组的同志，在王炳南领导下，还整理塔斯社、美联社、路透社、法新社和中央社的每日电讯，编印了《参考消息》，供领导机关参考，对国际形势、外交政策和国共两党关系等问题写出专题材料，报送中央。

当时，三交镇不断从电波中获得全国各野战军打胜仗的喜讯，大家都在欣喜地议论建立新中国的日子已经不远了。当时，苏菲随工作队在附近农村参加土改工作，有一次苏菲回双塔村休假，看见马海德在编这些英语材料，就向往地问："马，你们外事组为新中国培养外交人才，你是他们的老师，等新中国建立了，你是要做外交家，不当医生了？"马海德认真地说："我是中共党员，有了新中国，组织上需要我做什么，我就做什么，当医生是需要，做外交也是需要。我在延安的卫生部同事们，还有延安那几个大医院的医护人员、部队卫生部的战友们，都在前线抢救伤员，我是医生，我真向往跟他们一起在前线抢救伤员，在战场上做手术。"

苏井观对马海德说："进城了，咱俩一起搞外交去"

就在这时，马海德在双塔村遇到了老朋友苏井观。此时苏井观是中央军委总卫生部部长，他九死一生，有过很多传奇的经历，也住在附近的一个村子里。苏井观在延安担任过白求恩国际和平医院院长、中国医科大学校长等职务，属于中央军委总卫生部的领导干部，与马海德经常在一起。因为叶剑英亲自过问了双塔村挖水井的事，苏井观就带着医生来取样，检验水质。

原来，叶剑英驻扎在双塔村，看见老百姓排长队挑水吃，他就亲自去查看，只见山脚下的小坑里有一洼浅浅的浑水，井底只能容一人用木瓢一勺一勺地舀水，井口到井底有十多级台阶，舀一担水需要将近20分钟，上到地面，再挑到家里，花费的时间更长。叶剑英回去开会说："我看了心里很难过。人民养育了我们，支援了战争，我们有责任帮助群众解决饮水困难。"他决定暂停防空洞的挖掘，抽出人力突击打井。经过几天奋战，井底淘深了三四米，井容量比先前扩大了几倍，加固了井壁，筑起了井台。为此，苏井观带人来双塔检验水质。

两人见面很亲热，苏井观对马海德说："老马，我昨天去了王炳南办事的窑洞，他问我英语水平怎么样？我说，我们老马英语是母语，肯定呱呱叫。八路军的医生懂英语的真不少，我是教会学校出来的，英语在学校是一流的，也曾到北平军调部与美国人打过交道。"马海德点头称是。苏井观拍了拍他肩膀，问："进城了，咱俩一起搞外交去？"

马海德笑问："苏部长想当外交官啦？"

没多久，彭德怀率西北野战军在宜川、瓦子街战役中取得大捷，消息传来，苏井观带医疗队从三交镇出发，西渡黄河，转运伤员来山西。次日，苏井观到了党中央机关驻地——陕西佳县神泉堡。苏井观心想：每当大捷

图 12-2 ● 苏井观

的消息传到毛主席那里，他总要高兴几天，此刻请求改行，毛主席高兴之中也许会批准。于是，苏井观决定先去探探老领导任弼时的口气。当时任弼时正在休养，苏井观让黄树则陪他去。黄树则担任第一野战军卫生部副部长兼中央直属卫生处处长，负责毛泽东的健康。

他和黄树则一起赶了 10 公里路，到了任弼时的住地。晚上，苏井观向任弼时吐露了想改行的想法。任弼时不同意，原因是卫生战线干部力量太弱，希望苏井观继续在卫生部门干下去。接着，他去见周恩来，轻描淡写地提了一下改行的事，结果周恩来觉察到他的来意，就向他讲了一番不要改行的道理。这时，苏井观觉得自己要求改行的理由，没有周恩来讲的道理大，但是他仍未放弃，把希望寄托在第二天和毛泽东的谈话上。

第二天下午三点，苏井观和黄树则如约去见毛泽东。他们到达时，毛泽东正在窑洞前看书。一见面，毛泽东就对苏井观说："你在三交镇工作做得不错呀！"苏井观顿时觉得此时不宜谈改行的问题。于是，就问毛泽东的健康情况，继而又汇报了这次战地救护和伤员转运去山西的情况；最后才说明来意，谈了自己想改行的意愿。毛泽东望着苏井观，饶有兴趣地听他讲。苏井观开始有些紧张，但是毛泽东平和、亲切的态度，使他觉得自己的愿望有可能实现，就不再感到拘束，越谈越起劲。毛泽东关切地问："你想干什么工作？为什么？"正当苏井观准备从容回答主席的问题时，周恩来和任弼时进来了，苏井观的心立刻凉了下来。周恩来一见苏井观就说："你还在这里谈改行？"任弼时接着对毛泽东说："井观同志前天同我也谈了，我就说不行。"此时，毛泽东摆摆手，仍让苏井观把话讲完。接下来，周恩来插一句，任弼时插一句，弄得苏井观不知道该说什么好。毛泽东也改变了谈话的方向，和蔼地说："能力不够可以学，中央支持你，有困难我们帮助你。你的长处是能团结干部。要丢掉日常琐事，你的任务是想全国性的工作，进城后，要从大局上考虑掌握卫生政策。"从毛泽东的话里，他已经觉察到没有改行的希望了。最后，毛泽东微笑着说："改行可以，60 年以后。"又问苏井观还有什么意见，苏井观无可奈何地说："我被迫放弃改行的念头来安心工作，但恐怕这个念头不容易打消，因为这个想法由来已久，而且是环境与条件造成的。"毛泽东问："为什么是被迫的？"苏井观说："问题已经向你们提出来了，这次没解决，我此后当然不好再提，也没有另外的地方可以提，只好放弃，所以我说是被迫的。"苏井观说完，毛泽东、周恩来、任弼时都笑了起来。

随后毛泽东讲了当前解放战争的大好形势，他说："我们的干部不仅要看到当前，而且要想到将来，要想到全国胜利之后怎么办。"他问苏井观和黄树则："中国这么大，疾病那么多，求神拜佛的人那么多，卫生条件那么差，你们的工作应该怎么办？你们考虑了没有？"苏井观点了点头，说："主席讲得对，这是我们应该考虑的问题。"毛泽东又问苏井观："你今年多大岁数了？""42了。"苏井观回答。毛泽东接着说："所以我说，你再干60年再改行，并不晚嘛。"毛泽东自己先笑了，大家也都笑了起来。

毛泽东转而也问在场的黄树则："你呢，多大岁数？"黄树则答说："我今年44岁，我在医学院毕业的时候发过誓，要一辈子当医生，宣誓要算数的。"毛泽东及在座的周恩来、任弼时再次笑了。

苏井观很快离开神泉堡返回自己的工作岗位。临行时，他对送他上马的黄树则说："现在好了，我的思想问题解决了。"

渡过黄河，回到三交镇，苏井观放下了改行的想法，轻松了，见到马海德时，拍了拍他的肩膀，笑着说："老马，告诉你，也请你转告王炳南，我要60年以后才能跟你们搞外交了。"

马海德没明白，问："为啥要过60年？"

苏井观就把毛泽东要他60年

图 12-3　北平军管会接管代表马海德（苏菲供图）

以后再改行的话，告诉了马海德，两人乐得大笑不止。

不到一年的时间，1949 年 1 月 31 日，北平和平解放，马海德与苏井观身穿整洁的军装行进在北平军管会队伍中，与解放军第一二一师先后开进北平西直门，开始接管北平城市。解放军第一二一师接管城市防务；军管会卫生接管部部长就是苏井观。

离开西柏坡之前，马海德离开了中央外事组，奉命参加苏井观主持的北平卫生接管工作，接管的对象是全市及军队医院、防疫机构、药厂及药库等。身穿军装的马海德参加了好几个主要医院的接收工作。苏菲穿着军装随部队文工团进城，参加的是和平解放后的宣传任务，在城区及郊区进行宣传，还表演解放区的时兴节目。

苏井观率领的军管会卫生接管部最先是住在天安门附近的哈德门饭店。马海德带着幼马住在饭店二楼，幼马很喜欢在富有弹性的席梦思床上跳啊跳的，对坐马桶也感到很新鲜。苏菲不在哈德门饭店，她日夜随部队文工团活动，一两个礼拜才能到哈德门饭店团聚一次。

开国大典临近，找周恩来重提加入中国籍的要求

中央进驻北平之后，周恩来更忙了。马海德一直想跟周恩来说上一两句话，可是能见着周恩来的大众场合或是领导人开会碰头的地方，都不适合马海德讲述这件心事。马海德进城后，热烈期盼着新中国成立那一天。周恩来早在延安就承诺过，新中国成立那天，就批准他的新中国国籍，他要成为具有新中国国籍的第一个外国人。

从 1936 年 7 月参加革命，已经 13 个年头了，马海德心中对这件事念念不忘。中央进驻北平之后，周恩来作为军委副主席兼代总参谋长，日夜运筹解放全中国的大事，辽沈、平津战役之后，淮海战役在进行，解放军渡过长江向江南进军，就是为新中国开国那一天尽早地到来。他觉得不宜贸然登门找周恩来。

马海德想应该请教王炳南，王炳南是周恩来的秘书，也是马海德的好朋友，早在 1938 年两人一北一南，共同接待印度援华医疗队而结识。马海德去东交民巷中央外事组办公室见王炳南，诉说了自己的心事。王炳南想了想，说："我告诉你一个地方，你能跟他从容说话。"马海德："快说呀！"王炳南："西交民巷，南河沿大街 111 号，欧美同学会。"马海德问："周副主席去那儿忙啥？"王炳南说："战争尚未结束，他已经去那儿运作，邀请在美国和欧洲留学的学者和专家，回新中国参加祖国建设。"马海德问："我去会不会干扰他在那儿的工作？"王炳南笑了："周副主席是留法同学会老会员，进城以来他实在是太忙太累了，有时候，他周末会去那个地方跳舞放松一下，活络肢体。"他一想，周恩来在中央，是个要多忙就有多忙的人。就是在西柏坡指挥作战的关键时期，周恩来等人还在村里一块空地上，用大石碾来压实地面，用留声机或者由中办青年乐队伴奏，举行周末舞会。

马海德就近到协和医院，找老熟人了解欧美同学会的情况。老熟人告诉他，"那儿虽是个同学会，可在北平城里是一个了不起的地方。"原来民国初，在进步思想和革命浪潮影响下，归国学者迫切希望建立更大规模的组织，共同商讨报国之计。这时，留美学者顾维钧提议"把各国留学生联合在一起"，深得清华大学校长周诒春赞许，归国学者们众口一词地支持。欧美同学会创立之初，鼓励留学回国者继续在其所学领域进行研究，同时要互相团结，担负起中西方文化交流的任务。同学会定期召开各类问题的讨论会，开展学术性、交际性会务活动，同时兼有国民外交的意向。为了开展活动，先是在北京西交民巷租了一所小四合院为会所。当时东交民巷有一个专为外国人开设的北京俱乐部，飞扬跋扈，拒绝中国人进入。会员们对此极为愤慨，遂商议另购会址，建一个俱乐部与之抗衡。于是，在首届会长梁敦彦先生倡议下，由会员集资两千两白银，购得南河沿街口的石鞑子庙，拆修后建立了会址。不久，由著名的贝寿同工程师亲自设计，经过扩修，奠定了现今欧美同学会会所的规模。从此，会务活动广泛开展，足以与东交民巷那个专供外国人使用的北京俱乐部相抗衡。

马海德带着苏菲，就在那个周末到了欧美同学会。这是一个古香古色的大四合院，典型的明清古建筑，举行学术活动的大会议厅修建得精致而气派。舞会在此举行，有专业水准的乐队伴奏。马海德与苏菲刚跳了一曲，就看见周恩来到了。一会儿，叶剑英也来了。周恩来跳舞的时候，看见马海德两口子，就一边迈着舞步一边打招呼。跳了两曲之后，周恩来就挥手招呼马海德、苏菲到旁边说话。马海德终于把憋了好久的心事倾吐出来："周副主席，关于我的新中国国籍的事，我从延安等到北平，快实现了啊？"周恩来笑说："其实，这些年来，我每次看见你，就会想起你国籍的问题。快了吧，开国大典那天，就实现你的愿望。"那个时候，马海德一家已经从崇文门的哈德门饭店搬入组织上分配的住宅——弓弦胡同杜聿明将军的旧居，房子很大，也有花园，但是房子在抗战后期曾经被大汉奸吴某购下，改造为日本榻榻米式的，马海德和苏菲都不喜欢。

苏菲在回忆录《我的丈夫马海德》一书中这样记述：

当年南河沿的欧美同学会每周末都组织舞会，我和马海德是这个舞会上的常客，周总理、叶总参等人也会经常去欧美同学会的舞会过周末。叶老本人不喜欢跳舞而喜欢演奏乐器，他除了演奏乐器之外，还有一个爱好就是打台球，他的台球打得特别好。

有一天，我们在舞会上碰见周总理，就向周总理打了个招呼。由于周总理和我们是多年的老朋友了，在跳完舞后大家便聚在一起聊天。周总理问我们进城后生活得怎么样，还有什么困难没有，有没有事情需要他帮忙。我就对周总理说："我们的房子有些问题……"其实，我当时只是随便一说，没想到周总理却将此事记在了心里。几个月以后，我们和周总理又在舞会上碰到了，没想到在跳华尔兹时，周恩来竟然主动在舞会上回过头来问："喂，老马，你们的房子解决了吗？"马忙回答："解决了，解决了。"

马海德之房子问题"解决了"，是指当时的卫生部给马海德在卫生部机关附近后海北河沿买了一处房子，这处房子是典型的中国风格四合院，马海德在此一直住到去世。1949 年 9 月底，新中国开国大典前夕，周恩来兑现了对马海德的承诺，签署了其中华人民共和国国籍证明书。马海德成为新中国第一位有外国血统的中国公民。开国大典前后，马海德每周坚持去协和医院出门诊和参加会诊，病人看他外国人模样，却讲满口流利的普通话，问"大夫是哪里人？"马海德自豪地说："我是中国人啊！"

毛泽东听说马海德加入了中国籍，就在一个周末派车接他和夫人以及孩子进中南海去过周末。马海德一进菊香书屋，毛泽东就高兴地说："祝贺你啊！原来，你算是中国女婿，现在你入籍了，算是完全的中国人了！"毛泽东也逗幼马玩。晚饭过后，还一起去参加了中南海的周末舞会。

马海德参加封闭妓院特别行动

刚刚进城头几个月，除了接收、接管，军管会重点是治理社会治安的混乱现象。1949 年 5 月中旬某天下午，苏井观从军管会回来，对马海德说："老马，你的工作来了。"

原来，叶剑英市长上午召集各部领导开会时说："新旧政权交接之际，本市的社会治安混乱现象基本解决了。但是，摆在我们面前的，还有一个北平城历朝历代留下来的老问题——妓女问题。这个问题需要引起我们的重视，应该立即着手解决。当然我们不能停留于对前门大栅栏的'八大胡同'一封了事，妓女不是敌人，封了妓院，政府要教育她们重新做人，要给予出路。妓院如何处理，必须先派人了解情况，然后决定处理方针。下周要召开专门会议研究。"

5 月 22 日，市政府召开专门会议，马海德参加了会议。次日开始，由公安局、民政局、妇联、卫生局等单位组成的工作组开始了调查工作。公安局和民政局分别写出了调查材料，将妓院的历史、分布、等次、设施、营业状况，以及妓女的种类、来源、生活状况及沦落原因、思想情况等上报市委、市政府和中央公安部、卫生部。民政局也选好了集中对妓女进行教养的场所，并准备了必需的生活用具。市妇联负责对从各单位抽调来的干部进行政策培训，请卫生局的大夫讲解防病知识。企业局为收容后的妓女安排好了生产项目，如纺毛线、打毛衣、糊火柴盒、打夹褙等。

经过将近半年的准备，落实队伍，调集物资，开国大典结束不久，10月15日，根据市委和市政府指示，由公安局、民政局、妇联、卫生局等单位共同组成了"封闭妓院总指挥部"。按照妓院的分布情况，总指挥部下设5个分指挥部，分别设在封闭妓院任务较繁重的外城5个分局，每个分局有1名分局长担任分指挥。行动指挥部根据各地区妓院的多少，组成了27个行动小组，每组3人，共81人。每组尽量配备1名作风泼辣、工作能力较强的女干部，指定1名具有较高政策水平的股长级以上干部担任组长。每组要求封闭5~10家妓院。行动小组的任务是：到指定的妓院宣布市各界代表会议的决议，集中妓女；解散茶房、跟妈；处理嫖客；查封妓院财产；等等。

公安部部长兼市公安局局长罗瑞卿任总指挥。马海德在这次行动中担任卫生顾问。一次总指挥部开预备会，罗瑞卿部长见到马海德，很亲热地往其胳膊上打了一拳，说："老马博士，您记得我俩第一次见面吗？"马海德说："你是保安红军大学教育长，带领我和斯诺参观呐。"罗瑞卿笑着说："我还记得你在篮球比赛中投篮很准啊！学员们都问我，这大鼻子是谁？留他下来当学员啊。"

两人握手拥抱，马海德很高兴："教育长，我这个皮肤病专业的博士参加革命那么多年，开国大典后，北京这个特别行动，最适合我的专业！"

11月21日，吃罢晚饭，马海德有点神秘地告诉苏菲："今晚我们有'特殊行动'，我明天才能回家呐。"马海德出门的时候，心情很激动。他到上海之初开诊所时，因他是皮肤病博士，英租界工部局曾请他为上海妓女作例行检查以发营业执照，主管对他说，"这是个赚钱的营生，她们赚，你也赚，你可以向她们多要点。"正因如此，使得上海性病越治越多。这次人民政府雷厉风行封闭妓院，才是真正的卫生行动，他特别赞赏人民政府为妓女重获新生而制定的政策，只有为人民谋利益的政权才有这样的好政策。

就在这天，北京市第二届各界人民代表会议在中山公园中山纪念堂召开，会议通过了封闭全市妓院的决议。北京市市长聂荣臻郑重宣布，立即执行大会的这项决议。会后，聂荣臻市长给毛泽东主席打电话汇报，毛主席得知决议通过后说："这个决议很好。"行动由下午六点开始，至深夜十二点，各行动小组把集中起来的妓女送到当时设在韩家潭胡同36号的北京市妓女教养院，然后将她们分别安置到8个教养所，这些教养所分设在韩家潭胡同、百顺胡同内的 14 个妓院中。截至凌晨五时许，全市所有妓院全部封闭。

22 日上午，罗瑞卿向北京市第二届各界人民代表会议汇报了执行封闭妓院决议的情况，本次行动全市共封闭了 224 家妓院，集中妓院老板 269 人、领家 185 人，收容妓女 1 288 人。彭真当天在市人民代表会议讲话中说："从现在起，北京市封建残余的妓院制度已经完全消灭了。"北京市封闭妓院、消灭性病的经验，很快推广到全国，并普及到中小城镇，使性病大为减少。

马海德在这一工作中，积极负责，充分发挥了自己的皮肤病专业特长，指导这次震撼中外的大规模卫生行动。11 月 22 日上午 8 时，北京市卫生局领导和北大医院院长胡传揆带领由皮肤科、妇产科医护人员组成的医疗队，赶到"新生妇女收容所"（后改名为妇女教养院），开始为妓女们检查妇科病、性病。当时正逢数九寒冬，在妓女集中的妇女教养院内，诊疗条件十分简陋。很多刚被解放的妓女不配合治疗，甚至大吵大闹、辱骂医务人员。但是，叶干运领导的医疗队成员们执行政策，仍非常耐心地进行解释工作，一个一个地谈话，最终全部妓女都接受了诊疗。这项工作一直持续了一个多月。医疗队的成员一大早就骑自行车赶到妇女教养院，中午不能休息，吃过自己带来的简单午餐后，继续工作到天黑才能骑车回家休息。马海德也常去现场指导，参与具体工作。担任医疗队队长的叶干运，是北京大学医学院毕业生，年轻，朝气蓬勃，任劳任怨，给马海德留下了深刻的印象。多年以后叶干运成为马海德消灭性病、麻风防治工作的得力助手，后来也成为我国著名的皮肤病专家。

医疗队克服困难，忘我工作，终于胜利地完成了任务。胡传揆院长根据医疗队的检查情况，制定了具体详尽的治疗方案。经过一系列的治疗和恢复，最终教养院学员中梅毒治愈率近 40%，淋病治愈率达 95%。患病的人中，以淋病、梅毒者居多。被解放的妓女不仅恢复了人身自由，还治好了性病，她们无一不感谢党和政府以及医务人员挽救她们走出苦海、重新做人。治好病的学员，有的被家人领回，有的择偶成婚，许多学员自愿要求学技术，准备进工厂做工。当时人民政府特意购买了 80 台织布、织袜机，成立了"新生织布厂"。

在教养院开展妓女教育重生活动中，进入到组织妓女诉苦和揭露老板、领家罪行的阶段，请来了在北京的专业戏剧人员帮助她们自编、自演了一些小型话剧。后来经集中整理，排出一部大型话剧《千年冰河开了冻》，剧情以一个叫金桥的女子被卖入妓院，又流落为暗娼，最后获得解放的经历为主线，揭露了娼妓制度的残酷与黑暗。为此还特意成立了剧团。著名戏剧家洪琛担任导演，经过一个月的排练，1950年春节后，该剧在鲜鱼口华乐戏院（后改名大众剧场）公开上演。马海德与苏菲观看了首场演出。这部话剧连演了一周，每天两场，戏票总是被一抢而光。

截至1950年6月，北京市政府报中央宣传部、中央卫生部的相关材料显示，共有926名学员走出教养院，其中后期结婚的有505人，回乡参加农业生产的有374人，参加中央防疫队的有21人，考入艺术学校和曲艺剧院的有13人，8个老人被送进安老所，还有62人被查出是妓女兼领班后，接受了相应处理。最后无家可归和有家难归的学员，都留在新生织布厂当工人。

马海德进城后参与的这项工作获得一致好评。不久，马海德被正式任命为中央卫生部顾问。北京的封闭妓院、改造妓女的大行动，影响全国，震动海外。全国妓女人数最多的上海，也在积极跟进。为此，1951年春节刚过，上海卫生局局长崔义田带着几个专家到北京取经，举行座谈会，卫生部部长李德全安排马海德参加。座谈会中，大家关心的主要问题是，北京此次行动中，为如此众多的妓女治愈性病所使用的盘尼西林是怎么解决的？因为在新中国成立初期，此药十分稀缺，且进口价格不菲。北京市代表马海德在会上介绍：当时北京仅油剂盘尼西林就注射用了13 000多针，价值1亿多元，约折合12万斤小米。这笔巨款是彭真书记最后拍板由政府出资解决的；而那些针剂，是通过北京协和医院渠道从英国进口的。

此次座谈会，马海德与崔义田会间交流甚佳。马海德说："义田局长，早在延安时期陈毅老总来我们白求恩国际和平医院住院时，就给我讲起过你的故事。"矮矮胖胖的崔义田笑问："老总说我啥子'坏话'？"马海德说："讲你的大功！讲你在黄桥战役野战医院如何紧靠前线，救治伤员效率高。"两人告别的时候，崔义田也托马海德通过协和医院帮忙联系一下，能否为上海进口一批盘尼西林。崔义田回上海半个月之后，马海德通过协和医院为上海联系进口盘尼西林。当时朝鲜战争正打得热火朝天，加上西方对中国禁运，造成盘尼西林价格高涨，按两年前北京进货的价格，拿不到货。崔义田很快就回电告知，战争期间，上海财政真是拿不出这么大的一笔巨款。

马海德没想到，过了大半年，新华社报道，1951 年 11 月 25 日晚 8 点，上海市公安局出动大批警力查封了全市所有妓院，娼妓制度在上海被彻底废止。

马海德向中央打报告，要求成立皮肤性病研究所

1953 年是新中国第一个五年计划的第一年。每次马海德到北京协和医院出门诊，都会看到长安街东单路口的巨幅标语"全国人民齐奋斗，实现发展国民经济的第一个五年计划！"。

马海德强烈地意识到，要为国家的第一个五年计划做出贡献，自己才称得上是中国人！抗美援朝战争已经接近尾声，国民经济已经得到全面恢复和初步发展。政治趋于稳定，经济秩序恢复正常，社会秩序较为安定，加快经济发展成为全国人民的一致要求，为大规模展开经济建设提供了难得的历史机遇。早在中央开始制定第一个五年计划的时候，中央部级领导在中南海听周总理的关于制定第一个五年计划的报告，马海德句句都听进心里。他一直为此兴奋，一心想发挥自己的业务专长，为国家做贡献。

他到中央人民政府卫生部任顾问后，参加了 1951 年 4 月举行的第一届全国防疫专业会议。这次会议制定了 19 种传染病防治方案等卫生防疫工作文件。同年 8 月，卫生部在北京召开会议，明确将防治性病列为当前防疫重点，组成中央民族卫生工作大队，由在北京封闭妓院工作中表现出色的青年医生叶干运任大队长，马扎布任副大队长，深入西北、西南山区进行调研及防治。9 月，少数民族卫生工作队返京，应邀参加全国民族卫生工作会议，大队长叶干运在中南海受到毛泽东主席的接见。马海德作为皮肤病专家，从全国卫生工作视野来看新中国的防疫工作，五十多年来，

半封建半殖民地的国情，加上日本侵略及国内战乱，旧中国留给新中国要做的皮肤性病工作十分艰巨。他认识到，防治危害社会及国民健康的性病，是目前最为重要的工作。于是，1952 年秋冬，他向卫生部提交了一份建议书：根据我国现状，在卫生部里成立一个专门研究皮肤病、性病的研究所。

1953 年，中央批准了马海德的建议，把北京鼓楼西大街 113 号院的三层楼院（现国家图书馆宿舍）作为中央皮肤性病研究所（本书简称"皮研所"）所址，给了人员编制，同时，由部里调拨专家，批置设备和开办经费。这年，马海德 43 岁了，得到批准的消息极为兴奋，觉得自己可以大干一场了！

这天，马海德在等待卫生部主管此项工作的副部长，并陪同他去正在筹建所址的筹备办公室认识皮研所副所长。副部长到来时，马海德大为惊喜，原来是熟人——崔义田，他刚从上海调任卫生部副部长，主管防疫及公众卫生等业务，刚报到不久就来看马海德。马海德与崔义田一见面，就迫不及待地问："恭喜你升部长！我还得先问你，那年上海查封妓院的盘尼西林是怎么解决的？"崔义田笑说："那个时候，上海医药仓库里存放了一批盘尼西林，准备给抗美援朝志愿军用的。我向市委打了专题报告，陈毅市长特批先把妇女教养所这些姐妹们的毛病治好。"

两人来到皮研所筹备办公室，见到一个 30 岁出头的青年人出来迎接，面庞、身影好熟悉，好像是在哪儿见过的老熟人？年轻人虽没穿军装，却向马海德行了一个标准的军礼："军委马顾问，欢迎您！"听到"军委"，马海德立即想起战场中的往事，也回了一个军礼，惊呼："小戴，戴正启，怎么是你呀？你好啊！"崔副部长笑呵呵地说："老红军、老八路见面了，好啊，好啊，又在一起战斗了。"

这真是红医的缘分啊！戴正启，13 岁在福建长汀老家参军，14 岁进瑞金红军卫生学校学习，16 岁入党，在卫生学校学习结束后，进入红一军团卫生部，参加了长征，先后任野战医院班长、看护长、医助、卫生部巡视员。抗日战争初期，平型关战役之后，马海德随医疗队上山西前线转运伤员，在五台山野战医院认识了小戴，时任八路军一一五师卫生部调剂班班长。掐指一数，戴正启说："马顾问，悠悠岁月，15 个年头啊！"

看着两个老红军战友握手后紧紧拥抱，身旁的崔义田副部长意识到，

15 年前马海德就是中央军委总卫生部顾问，15 年后怎么还在我们部里一个直属所当顾问？他也知悉有人作梗使马海德受委屈，于是，就例行公事地作了介绍，说："小戴所长，1949 年进入中国医科大学高干班学习，4 年后毕业，在北京苏联红十字医院（现北京友谊医院）任副院长，工作表现出色，现奉调到皮研所任副所长、党委书记。马顾问是我们党的老同志，是皮肤病博士，到皮研所里来任顾问，协助你建所和开展工作。"

听了这话，马海德内心不能说没有一点波动。但是，他仍把一个真正的中共党员的全部热忱投入到新中国卫生事业中。到了晚年，马海德的想法才对儿子幼马有所披露。他去世之后，幼马在悼念父亲的文章《我的爸爸马海德走了》中，这样记述父亲对他说的这些心里话：

> 我怀着极大的热忱，想为人民的卫生事业大干一场。可是不久我却发现，当年延安的老战友现在很多都当了大官，与我来往少了，重要会议也不让我参加了。许多苏联专家却在指手画脚，可我这个才 40 岁的人只被安排当参事、顾问的闲职。我被政治上的冷落包围着。不过我深知，刚刚获得解放的中国人民还很穷，作为一个医生，我不能离开病人，不能离开我的职业。于是，我马上请求调离卫生部，来到皮肤性病研究所当个普通医生。就这样，30 年间，我主要坚持在门诊为千千万万的普通病人看病。

幼马所记述的马海德的话，就是这次从卫生部调马海德到皮研所的时代背景。马海德见到戴正启，波动的心情一闪而过；他到底是饱经革命历练的老干部，无怨无悔也是革命的一种高风亮节，他会全力协助这位 14 岁投身革命卫生工作的年轻老革命，组建中央皮肤性病研究所。

戴正启很尊敬这个投身中国革命的美国人，两人一起研究皮研所的工作，克服各种各样的困难。据皮研所退休的老同志回忆，小戴所长和老马顾问都有老革命的传统，扩建时运来了砖瓦钢筋等建筑及装修材料，两人都一起和工人卸车，干重体力活，真和别的干部不同。

一天，两人研究工作累了，马海德提议说一起去附近的鼓楼名胜走一走，换一下脑筋。鼓楼坐北朝南，气势雄伟、巍峨壮观，是北京著名地标性建筑之一。两人瞻仰着鼓楼之重檐三滴水木结构楼阁建筑，马海德说："我父亲的木工活很棒，我也从小学了点木工，我看这鼓楼木工，真是巧夺天工啊。"戴正启也说："巧了，我父亲也是木工，除了租种地主的田地，农闲时还为人家结婚打造家具。"据讲解员介绍，钟鼓楼作为元、明、清代都城的报时中心，通过撞钟或击鼓报时，在清代夜里每两小时报时一次。戴正启与马海德不禁一起回忆起当年难寻钟表时，医院就用沙漏报时的具体细节。两人有着很多共同语言，感情也更加融洽起来。

马海德说："那年，1936 年 8 月，彭德怀介绍我在豫旺堡参加红军，就是参加你们红一军团。"戴正启很高兴地说："咱俩真是红一军团的老战友啊！"马海德说："当时，我看见红一军团有那么多像你一样的红小鬼，很羡慕你们走过了两万五千里长征。"戴正启说："现在有新中国了，我经常想起红一军团那些小战友，在过草地时，我们军团损失的战士最严重，比爬雪山时还要多。每天早晨出发，都要清点人头看还有多少人在。少了人赶快回头去找，有些战士，我们找到他们时还活着，他们睁着眼睛，但就是直不起身来，也说不出话。我们扶他们起来，他们又重重地跌回泥塘里，就这样在我眼前死去。"马海德被感染了，说："小戴，我们一起攻克性病皮肤病难题，我们要代表那些没能走出长征路的战友们，把新中国建设好！"

早在 1949 年 11 月，马海德在指导与参加封闭北京妓院行动中，与具体领导该项行动医疗大队的性病学家——胡传揆先生很熟悉了。胡传揆比马海德年长 10 岁，时任北京医学院院长，两人在为新中国消灭性病、防治麻风事业上可谓是志同道合。胡传揆于 1927 年毕业于北京协和医学院，并获美国纽约州立大学医学博士学位。马海德对这位同为洛克菲勒基金会培养出来的医学系学长十分尊重，从此共同切磋，一起致力于开创新中国的皮肤性病防治事业。

胡传揆早年在北京协和医院皮肤科做住院医生，对头癣和梅毒进行专项研究。他非常认真地拟订方案，提出具体措施；但上报到当时的卫生局后，就"泥牛入海"再无消息。他消灭梅毒的美好愿望和努力，在当时的中国只能是纸上谈兵。珍珠港事件后，北京协和医院被日本军队接管。胡传揆拒绝与日本政府合作，自行开诊所为市民治疗皮肤病，表现出很强的民族气节。抗日战争胜利后，在美国哈佛大学任教的傅瑞士教授来信，邀请他去美国从事科学研究，允诺给他教授头衔和优厚的薪俸及物质待遇，他却婉言谢绝了，他在回信中表示感谢，并写道："我是中国人，从医是为了中华民族的健康，国内条件再差，我也要努力干到底，决心为国人效劳。"

胡传揆毅然应聘出任北京大学医学院附属医院皮肤科主任、教授，接着又担任院长。1949 年春节，解放军进入北平前夕，他积极支持和参加护校、护院工作，雪夜里也参加护院值班巡逻，一直坚持到军管会卫生接管部工作组到来。参加卫生接管的马海德，就这样与胡传揆相识了，对其爱国行为极为赞赏。

1953 年我国高等学校院系调整，北京大学医学院从北京大学分出来，改称"北京医学院"，胡传揆继续任院长，他为北京医学院和附属医院的建设倾注了大量心血。于是，在筹办皮研所时，马海德提议、戴正启赞同，聘请胡传揆兼任皮研所所长。这样，经过马海德多方努力，1954 年 4 月 15 日，皮研所在北京成立。在成立仪式上，胡传揆致开幕词，卫生部副部长贺诚及苏联专家耶果洛夫等参加庆典。马海德携手戴正启，以皮研所的名义，团结全国性病专家，从此开展对性病的研究和防治工作。皮研所刚刚成立，就制定了消灭性病的计划。卫生部的全国资料显示，在边远地区，多年来性病流传，使不少地方人口锐减、劳动力不足。马海德说："性病不是一种单纯的疾病，而是一种社会病，这种病是旧社会遗留下来的千年'毒瘤'，它和我们的社会主义制度极不相称。"他还举出北京封闭妓院、集中突击治疗消灭性病的实例，说明消灭性病是有把握的。

皮研所的第一个目标：新中国基本消灭性病

1954 年 5 月下旬，马海德对戴正启说："抗战初期，蒋介石的淞沪战役惨败，在全国抗战形势极为严峻的时候，我们——五师在平型关打了一

图 12-4 ● 皮研所举办全国第一期消灭性病学习班（苏菲供图）

个胜仗，重点歼灭日军精锐板垣第五师团主力，打开抗战新局面。"戴正启笑着问："老马，你是考虑我们消灭性病就像打仗一样，搞重点突破？"马海德说："就是这个意思。"马海德提议，举行一次性病严重地区防治性病会议。

对于召开这次会议，马海德与戴正启意见一致，专家们全都赞同。同年7月，皮研所刚成立两个月，就组织召开了全国性病严重地区性病负责干部座谈会，内蒙古、西藏、甘肃、四川等省（自治区）的民族卫生工作队及皮研所所长参加。从此，马海德一年中有一半以上的时间，带领医疗队，长途跋涉，翻山越岭，走访"性病重灾区"，向农民、牧民们传授性病防治知识，为成千上万的性病病人治病。

在马海德的热情和信心鼓舞下，皮研所发起了"向消灭性病进军"的攻势。在成立当年的12月，皮研所就办起了第一个全国消灭性病学习班，并提出消灭性病要结合中国国情走自己的路。

20世纪50年代初期，在当时全国学习苏联老大哥的背景下，"向消灭性病进军"遇到了一些不同意见。当时，卫生部里也有派驻的苏联专家，苏联专家的意见往往被视为指导性意见。苏联专家耶果洛夫等强调，用苏联正在使用的治疗性病方案——青霉素和砷、铋联合长期使用间歇治疗的方案，并强调称"这是经过苏联科学院和保健部审定行之有效的方案"。马海德是皮肤病博士，到中国二十多年，很熟悉中国国情。他认为："中国幅员辽阔，民族众多，病人很分散，医疗人员又很少，一穷二白的状况下，医药也不充裕，实行长期治疗，无疑等于打消耗战，看起来是天天用药，实际上因为日用药量小，对病菌杀伤力不强，久而久之，还会使病人耐药。"于是，他联合皮肤病专家胡传揆、叶干运等人，提出与苏联专家截然不同的大剂量青霉素短期"十日疗法"方案，建议集中突击治疗。马海德概括地比喻说："这也是集中兵力打歼灭战嘛。"

卫生部领导提出，新中国成立之初，在苏联方面的卫生援助下，在我国一些性病严重省（自治区）——如内蒙古、甘肃、青海等少数民族聚居的农牧区，推广使用过青霉素和砷、铋联合长期使用间歇治疗的方案。皮研所要提供科学依据证明用大剂量青霉素"十日疗法"的可靠性和可行性，才能推广使用。这下子，马海德和皮研所同志们都动起来了，皮研所的三层楼里经常亮灯到深夜。经过研究、讨论，专家们制订了下乡计划，具体划分小组，确定各组下乡的路线、选点。马海德还组织大家编写讲义、教材和图谱等，到各地一边进行普查，一边宣传性病的危害，传授防治性病的知识，培养防治性病的地方业务骨干。当时正值新中国成立之初，性病严重的地区，比较典型的是"一北一南"。北边是内蒙古，南边是广东省、海南岛（1988年成为海南省）。因此，在各小组分配地区的时候，马海德就首先选择带医疗队去内蒙古。从1954年起，马海德亲自带领科研小组医疗队，每年都到内蒙古、甘肃、青海等少数民族聚居的农牧区，复查1950年和1951年时使用苏联专家提出的"青霉素和砷、铋联合长期使用间歇治疗方案"的病人情况，以及我们自己提出的单用青霉素"十日疗法"方案的远期疗效。

马海德最早带队到内蒙古草原地区作调研和防治性病，因为梅毒危害最重，当地干部和牧民将防治梅毒工作称为"驱梅"。马海德是高鼻子、深眼窝的外国人，当地人称，政府请了洋人来"驱梅"。在草原边远地区，群众不肯抽血检查，一听说抽血，个个都往后退缩。马海德就笑着对围观的人群说："抽血不可怕，先抽我的血，做给你们看一看。"他说着，就卷起一只衣袖来，让护士抽他的血，给大家做示范。牧民们看到洋大夫抽完血还乐呵呵的样子，一个个也就跟着挽起袖子，让护士抽血了。

医疗小组去的地区，有的当时尚未通电，马海德便带着同志们自己动手改造显微镜，改成使用干电池做电源，以保证复查诊断的准确性。他们常常为了复查一个两年前做过"十日疗法"的病人，跑上十几个小时甚至

图 12-5 马海德骑马带领医疗队深入牧区
（苏菲供图）

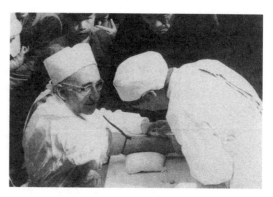

图 12-6 马海德为群众做抽血示范（苏菲供图）

几十个小时的路程，而且，间隔较长时间后，要再次到内蒙古草原，复查当年病人使用青霉素治疗的长期疗效。由于大草原的民居点很分散，有一次开展复查工作时，马海德已经带领医疗队跑了十多天，走了好远的路，当医疗队要离开该盟时，细心负责的马海德发现还有一个病人没查到，陪同的一位官员说，"漏一个人问题不大，明年来再找他吧"。马海德不答应，调转方向，又跑了数十里路去访验这个病人。多年来，"马海德因为漏一个病人再回头跑几十里"的这件事，成为内蒙古卫生部门的必用教学案例，以提高医生及卫生干部的责任心。

据苏菲晚年回忆：

尽管马海德有胃溃疡，牙也不太好，但是行动时他跟小组里的其他成员一样，一起骑毛驴、乘小船、睡土炕、吃粗粮，没有架子，不搞特殊。作为专家和领队，每到一处，马海德还要跟同志们一起装车、卸车，还会为女同志扛行李。马对内蒙草原很有感情，经常对我回忆草原上的工作和生活。

马海德刚刚从内蒙古回到北京不久，又有了新的打算。1955 年春节期间，借拜年串门的机会，马海德、叶干运等专家们聚在一起，商量着组织一支技术力量配置较强的性病防治工作队，去西北民族地区工作。经卫生

图 12-7　汽车陷入坑里，马海德与大家一起推车（苏菲供图）

部批准，马海德、叶干运带领一支由 21 人组成的性病防治工作队，于这年 4 月，开赴青海、甘肃民族地区进行性病防治工作，这是皮研所成立以来，所派出深入少数民族地区人数最多、力量最强的性病防治工作队。1999 年，新中国成立 50 周年之际，青海、甘肃两省卫生部门回顾 50 年卫生成就时，皆谈到马海德、叶干运带领的这支医疗队对于少数民族地区防治性病及培养民族地区基层卫生骨干所做的贡献。有一次，叶干运晚年应邀去甘肃参加一次医疗卫生展览活动，就很有感情地回忆起 1955 年与马海德一同到少数民族地区做性病防治时，马海德一次又一次耐心地手把手教藏族新卫生员做切片、看显微镜的情景。他还用刚刚学会的藏语鼓励该学员，"姑娘，你教我学藏语，我教你查细菌。"叶干运还说，"我跟马老认识三十多年，常在一起工作或下乡，他说最大的遗憾就是此生没能去一次西藏。"

　　幼马在所发表的悼念父亲的文章《我的爸爸马海德走了》中，记述着父亲为消灭性病所做的工作——

　　解放初期在交通不发达的边境地区、落后的少数民族地区，性病也相当严重，人口锐减。那几年爸爸曾带领医疗队，携带大批药物，走遍了除西藏以外的少数民族聚居的各边远省份。他们长途跋涉，经常露宿野外。每到一地便把老百姓集合一起，讲解政府有关的政策和性病危害、医治的办法，并向病人保证可以治好。在检查病情时，当地人起初不愿意抽血化验，爸爸就当众"表演"抽血。然后，在当地头人的配合下进行了普查治疗。这样，爸爸每次出差回到北京，都瘦了很多。爸爸和同事们经过八年的共同努力，在中国消灭了性病，这个奇迹是许多国家医学界所难以想象的。

大规模防治麻风的战役即将打响

图 12-8　马海德在蒙古包里进行显微镜检查（苏菲供图）

　　在"向消灭性病进军"的艰辛战斗中，马海德经过四五年的努力，终于得出理论依据和诊疗的科学数据，证实了在中国使用青霉素集中突击治疗梅毒的方案是成功的，也是适合我国国情的！于是，在马海德和皮研所的部署下，在全国范围内，大面积推广这种治疗方案。在全国各级皮肤病防治机构共同努力下，终于取得了消灭性病的重大突破。

　　中央皮肤性病研究所自 1954 年成立以来，经过 10 年的努力，全国各地的性病防治工作取得了辉煌的成果。1964 年，北京医学院院长兼皮研所所长胡传揆教授在北京举行的国际学术论坛会议上郑重宣布：中国基本消灭了性病！

新中国性病防治成果举世瞩目，令许多国家医学界对中国刮目相看，把这视为"东方奇迹"。

马海德不辞辛劳，数年来，带领医疗队，走遍内蒙古、新疆、云南及海南岛等性病重灾区。以内蒙古为例，内蒙古在旧中国是性病重灾区，是马海德大夫及皮研所医护专家们的工作重点，到20世纪60年代初，草原上新发病人数大为减少，农业、畜牧业生产发展很快，农牧民们生活水平普遍提高，群众反映说："染

图 12-9　马海德（第一排右二）在新疆牧区调研时与牧民合影（苏菲供图）

图 12-10　马海德（右三）深入云南少数民族山区（苏菲供图）

上性病的女人不能生育，是共产党救了我们整个民族。"一个蒙古族妇女因患梅毒不能生育，特别想要一个孩子。医疗队治好了她的性病以后，她连年生育，每年生一个孩子，连续生了5个孩子。第六年，马海德又率医疗队到草原来，她特意找马海德说："老马大夫，能不能再给点药吃？我有5个孩子够了，我不想再生孩子了！"

1956年，中共中央颁布的《1956年到1967年全国农业发展纲要（草案）》强调，要努力消灭危害人民最严重的疾病，其中包括麻风。马海德在学习的过程中经深入思考认为，该文件对卫生部门的要求就是要提高4.5亿人口中占最大多数的农民的健康水平。马海德对戴正启建议，皮研所也

图 12-11　叶干运

要对消灭性病有一个明确而具体的规划。于是，全国皮肤性病防治规划专家座谈会在皮研所召开。卫生部副部长崔义田以及胡传揆、马海德、戴正启、李全诚、王光超、尤家骏、杨国亮、于光元、刘蔚同等出席，主要任务是规划全国皮肤性病防治研究工作。

　　同时，马海德已经着手为下一个重要目标——消灭麻风做准备了。麻风防治目标的确定，不是轻而易举的。在攻克性病难题的岁月里，他对经常跟他一起下乡的叶干运说："要说梅毒是 16 世纪西方世界传入中国的，麻风则是祸害中国几千年的'毒瘤'，我们这一代人，再也不能让麻风折磨中国人民了！"叶干运为马海德的话所鼓舞，调进皮研所成为马海德的助手。

　　叶干运在 1949 年冬北京市封闭妓院的行动中认识了马海德，后来一起工作了数十年，对马海德立志要在中国消灭麻风的宏伟目标与具体思路十分熟悉。叶干运在回忆马海德的文章中写道：

　　　　马老为此用很长时间研究了科学依据，收集、分析了许多正反面资料，反复听取了来自各方面的意见。他常说，确定这样一个重大问题决不能轻率，要尽可能符合客观实际。但是，目标一经确定，如何实现这个目标便成了关键。他认为目标的确定只是起步，有了方向固然能鼓舞士气，可以调动积极性，使人认识自己工作的意义，但还必须设计和安排实现目标所必需的步骤、规划、管理方法和最重要的基本物质保证，还要建设一支有素养的队伍和能运转的指挥体系。新中国成立之初，马老对中国的麻风防治情况了解不多，但由于他有强烈的责任感而顽强地工作，通过长期的实践，作了大量系统的细致的调查，得到很多第一手资料。他还常和科学家交谈，查阅历史文献，阅读与分析研究人民来信反映的情况。

　　因此，马老对中国历史上麻风的发生、发展和历代的处理办法及存在的问题都心中有数。他认为在旧中国，人们根本不承认麻风病人是病人，而认为是罪人。许多地方，麻风病人受到非人的待遇，实际上等于被定为无期徒刑。

　　马海德预感到，我国大规模防治麻风的战役即将打响。于是，他全身心地深入华南、西南各地的麻风病人集中的院村，详细了解当地的麻风流行与防治情况，向卫生部提出拟定我国麻风防治规划的建议。1957 年，在山东省济南市召开了新中国成立后第一次全国麻风病防治专业会议。

　　这时，马海德已经下定决心，要为中国麻风防治事业奉献余生。在开始向麻风进军时，马海德从自己亲身体验中受到启示，他一再反复指出：习惯势力对麻风病人的偏见和歧视所带来的严重影响，我们不能低估！他常说麻风并不可怕，可怕的是人们头脑里的"恐麻"思想，可怕的是社会对麻风病人极不公正的待遇。在首届全国麻风病防治会议上，马海德指出：麻风病人精神上的痛苦胜于肉体上的痛苦，这威胁着他们的生存，使其亲朋受株连，因此迫使他们讳疾忌医。因而，马海德认为，这种现象在我们社会主义国家应该加以改变，也是可以改变的。

大马士革中国使馆门前来了一位美国老人，要找马海德

　　1962 年仲夏的一天，大马士革中国驻叙利亚新使馆给大使官邸打来电话，报告徐以新大使：使馆来了一个七十多岁的美国老人，持美国护照，说要去新中国看儿子，并说他儿子的中国名字叫"马海德"。当时值班人员回复说，中国与美国还没有建交，相互没有外事往来啊。老人说，父亲去探亲看望数十年没能见面的儿子，是人之常情啊。

　　这位徐以新大使，从驻挪威大使任上，刚调到叙利亚接任大使不久，

上级给他有一个使命，需要他在叙利亚首都大马士革新城重建一个新的大使馆。陆红是徐以新大使的夫人，40岁出头，漂亮又充满活力。她在中国驻大马士革新城在建的新馆址和旧城老馆址之间来回奔忙，诸多新馆在建杂事，都是她在张罗。中东地区有二十来个国家，叙利亚是中东地区中最早与中国建交的国家之一。1956年，新中国成立不久即与叙利亚建交。中叙友谊历史悠久，古老的"丝绸之路"是两国人民友谊的象征，古老的叙利亚不仅是丝绸贸易在西亚的重要地区，也是丝绸之路的中继站和分水岭，向西北延伸到欧洲，向西南通往古埃及。叙利亚战略地位很重要，新中国领导人极其重视发展中叙友谊。

两国建交的时候，大马士革分新城和旧城两部分，中国大使馆初建在古老的旧城区。新、旧城之间以拜拉达河为界，河西岸的旧城区保存着古罗马和阿拉伯帝国时期许多名胜古迹。河东岸是新城区。20世纪50年代末、60年代初，经过大规模修建，新城区街道宽阔，建筑新颖，有现代化的政府大厦、超级市场、银行、医院、影剧院、大学城、体育城、大旅馆等，各国驻叙使馆也纷纷从旧城迁至新城。徐以新上任后，中国驻叙使馆也在往新城搬迁之中。

徐以新50岁刚出头，却是在北伐战争时期参加革命的老干部。新大使馆刚投入使用，一些配套房屋尚在装修，徐以新夫妇还住在河西旧城的老使馆。徐以新在官邸接到电话，对有美国人来我使馆，既觉得突然，也感到并非坏事。他当然认识马海德，还知道马海德的老父亲在美国，抗战后期美军观察组来延安，这个老父亲还通过美军邮路，往延安给马海德汇来一只大箱子，里面装满了吃的、用的、穿的。可是，徐以新又想，现在国际形势很复杂，这个马海德的老爸是不是真的？徐以新想到这儿，颇有些犹豫。夫人陆红便说："我和苏菲都认识，我们两家也很熟。这样吧，我先去问清楚，如果是真的，你再去见。"

新中国的大使夫人，尽管穿旗袍、烫头发，却并不是"花瓶夫人"，陆红岁数不大，也是延安时代的老干部，她是使馆的党组成员，担任秘书及接待应酬工作，是一把好手。

没多久，陆红就回来了，兴奋地对徐以新说："没错，这位老人与马海德长得几乎一模一样，肯定不是冒充的。他说他没有别的事情，只是七十多岁了，很想看看儿子。"于是，徐以新就决定请老人进到使馆来见面。按照国际公约，我国驻叙大使馆是中华人民共和国领土，是不容外人随意进出的。徐以新考虑，这个持美国护照的老海德姆，既然是马海德的亲生父亲，可以破例请其进馆谈话。

　　见面之后，徐以新立即向国内外交部发电报汇报。

　　说起徐以新、陆红夫妇，就不能不说马海德、苏菲夫妇。这两对夫妇的婚事，是当年延安婚事的热门话题。苏菲与陆红，同样是浙江的大家闺秀，都长得漂亮出众，属于千金小姐类的美女，都是在抗战初期随全国爱国知识青年一道投奔延安的，两人当时的年纪都是 20 岁，苏菲是延安鲁艺的校花，陆红是中国女大的校花。两朵校花，都嫁给了大 10 岁的杰出男子，马海德与苏菲的异国恋，称为"洋校医与女校花之恋"；因为徐以新是在莫斯科留学的高干才子，是在中国女大上课的教师，所以徐以新和陆红被称为教授与美女之"师生恋"。因此，延安这两对夫妇，相互间也很熟悉。

　　徐以新与老海德姆谈话两天后，马海德一家三口正在北戴河度假，在海浪里玩乐，突然岸上有人大声喊："马大夫……快上来……你父亲来了！你来接电话啊！"

　　这样，一家三口赶快回到了北京，联系上卫生部外事局，很快就弄清了情况。因为老海德姆在英国《泰晤士报》上看到了一则消息称：马海德在中国担任着卫生部顾问，而且还与毛泽东、周恩来是好朋友，等等。老海德姆已经 74 岁了，与儿子三十多年没见过面，想念啊！老人家想到了老家黎巴嫩虽然没有中国使馆，但是紧邻的中东国家叙利亚与中国建交了，首都大马士革有中国的使馆，可以去大马士革呐，到那儿找中国大使要求见他的儿子！老海德姆立即拿定主意，收拾行装，让马海德的大妹索菲亚给他从银行取出五千美元，就从纽约坐飞机到了大马士革，一下飞机，就从机场直奔中国驻叙利亚大使馆，要进使馆找儿子。终于，老海德姆从徐大使那儿得到回复，儿子马海德、儿媳苏菲和孙子周幼马，近日将飞抵大马士革与老人家团聚。

　　在马海德一家三口动身去叙利亚之前，外交部部长陈毅特意在北京的四川饭店为他一家钱行。延安时代，陈毅从华东新四军根据地，穿越日军多道封锁线行经半个中国，来延安出席中共七大，在刘万家沟的国际和平

图 12-12 1962 年，马海德与父亲海德姆（苏菲供图）

医院诊疗治病，马海德亲自给他诊治。饭桌上，马海德幽默地对陈毅开玩笑说："陈老总，你就这么放心让我出去，你就不怕我不回来吗？"陈毅哈哈大笑："你马海德离弃家园几十载，跟我们含辛茹苦，好不容易才打下这个江山来，我知道你不会不回来的。共产党是讲人情的，当然要让你赶快去，老人家好想儿子哟，也没有见过儿媳妇和孙子嘛！"饭后，陈毅说："老马，你回来的时候，我还在这里给你接风洗尘啊！"

新中国成立之初，从北京去中东真不容易，马海德一家从北京飞莫斯科，再换机到捷克斯洛伐克的布拉格，再乘机到大马士革。从布拉格到大马士革的航班每周只有一班，在候机期间，与马海德在延安同住一个窑洞的李德，特地从东德飞到布拉格来与马海德见一面，叙叙旧。李德在抗战期间回到莫斯科，在共产国际写了检查。共产国际解散后，返回东德，并将其在中国的经历写成书，甚为畅销，并以翻译和写作为生。这次与马海德见面之前，他已被选为东德作协主席。

马海德一家来到叙利亚中国使馆时，徐大使已经派车去接老海德姆。马海德一家在使馆门口等候老父亲。接老海德姆的小车终于来了，老父亲一下车，马海德就扑上前抱住了父亲，父子相聚的情景十分感人。

苏菲在《我的丈夫马海德》一书中有动人记述：

马父亲的汽车缓缓地停了下来，马看到自己三十多年都没见过面的父亲，眼泪一下子就掉下来了。马走向前紧紧抱住了自己的父亲。我和马一左一右地挽着老人，走进使馆给我们安排好的临时住房。马的父亲精神很好，他在见了我和孙子幼马后十分高兴。在反复看了看我这位儿媳妇后，马的父亲笑呵呵地不断拍着马的肩膀说："好小子。你真有福气啊！要是我年轻几十年的话，早就没有你的份了。"

这一年，幼马已经是一个大孩子了，但父亲还是把他当作一个小孙子一把抱在自己的怀里，然后逗趣地对他说："好孙子，我终于见到你了，你这模样跟你叔叔——乔小时候一模一样。"使馆给我们安排在一栋别墅里，作为临时住房。里面设备齐全，有厨房、洗澡间，还为我们请了一个厨师。一家人难得有此机会在一起享受天伦之乐。

马海德和父亲有说不完的话，与此同时，苏菲和陆红两个浙江老乡也没少互诉延安分别后的经历。一个月的省亲时间很快就过去了，老父亲坚持要给儿媳妇和孙子各买一件礼物。幼马要了一把叙利亚特产大马士革刀，是一种刀鞘上镶有好些宝石的阿拉伯式短刀。老父亲给苏菲买了一块贵重的瑞士金表，苏菲一百岁诞辰时还戴着这块手表。

老父亲得知孙子爱好摄影，还将从美国随身带来的一

图 12-13　徐大使夫妇与马海德全家合影，左起依次为徐以新、马海德、苏菲、老海德姆、幼马、陆红。（苏菲供图）

部莱卡照相机送给他。多年后，幼马考上了北京电影学院摄影系，毕业后终身从事摄影工作。9月26日是马海德生日，徐以新大使和夫人陆红想得周到，借此为马海德和父亲举办了一个告别会，马海德将住在黎巴嫩老家哈麦那镇的所有海德姆家亲戚都请来参加，发了三十多张请柬，结果来了一百多号人，来的人都姓海德姆。人来多了，使馆的同志都忙着当场赶做吃的。餐后，使馆招待大家观看电影《红色娘子军》，会议厅五十多个座位，走道也挤得满满的，都站到窗外去看。

这个晚上热闹极了。老父亲很高兴，很有面子。后来，陈毅在一次驻

外使节会议上，表扬徐以新大使："你这次在大马士革，借马海德父子见面，充分展示了新中国的形象！好！"

马海德五下潮安，建立麻风防治综合措施研究基地

自 1964 年向麻风开战以来，马海德就将他的主要精力都集中到消灭麻风方面来了。在旧中国，一旦得了麻风，等于被判死刑。患病者被视为"恶魔"，或被送进深山隔离，或被活埋，或被烧死；一人患病，全家遭殃。

20 世纪 60 年代初期，我国基层防治麻风的力量还相当薄弱；社会上对麻风的认识，深受旧社会观念的影响。1959 年秋冬间，国庆十周年纪念活动刚过，在卫生部的一次座谈会上，马海德谈起了自己下一个卫生工作的十年规划——主攻麻风，并提出在皮研所专门设立麻风研究室以及在麻风重点省份设立防治研究基地等想法。马海德的想法，得到了部长李德全及主管副部长崔义田的赞赏。马海德的相关报告很快就得到批准。1960 年皮研所成立了麻风研究室，马海德担任主任，挑选了叶干运做副主任。

马海德对麻风病人给予无限的同情，大胆地提出了以降低发病率、提高治愈率和保护劳动力为目的的综合性措施。根据当时的估计，20 世纪 50 年代的中国麻风病人至少有 50 多万。马海德决定首先搞试点，在广东潮安县和江苏海安县建立两个以县为单位的麻风防治综合措施研究基地，全力抓试点，取得经验后再推向全国。在崔义田的支持下，卫生部通过了皮研所提出的建立两个基地试点的方案。马海德就像上战场似的带着科研团队，全力扑在这两个试点基地上。

以潮州为例，从 1960 年到 1965 年，马海德"五下潮安"。

广东是全国麻风病人最多的省份，而潮州则是广东省麻风最为严重和集中的地区。马海德带着科研组在地方同志的带领下，跋山涉水，过村跨岭，考察多处地址。有的山坡很陡，马海德已经年过五十，年岁最大，但仍疾

图 12-14　1960 年，马海德带领工作组在广东潮安为试点基地选址

步如飞，走在队列前头。几千年都没法治的病，防治起来难度非常大！所有在地图上标出来的准备建麻风村的备选地址，马海德都要亲自察看一遍，才能确定建村地址。之后，他还要去最为边远、荒凉的地方找到孤居的病人，再次说服这些病人，把他们集中起来，住进麻风村，为他们提供吃住，然后才谈得上治疗。

马海德几乎将潮安的山野都走遍了。当地干部劝他歇一歇，马海德笑着说："当年我带医疗队去前线接运八路军伤员，太行山、五台山那些山，那才叫山呐！"接着，马海德还开玩笑："大家不能歇啊，头顶已经有鬼子子弹呼啸而过，要歇一会儿的话鬼子就追上来了。"马海德确定了建麻风村地址之后，有力地举起拳头，对大家说："今天在此建麻风村，为了什么？就是为了在不久的将来，消灭麻风！"

建立基地之后，马海德以潮安县为全国试点，每年一至两次，发动县里组织公社、大队的 1 073 名卫生员，对全县 75 万人进行普查，普查率达 97%，最后发现麻风病人 1 342 人。马海德把这些麻风病人集中到县里的各麻风病院和麻风村，并从中央和全省的麻风病院调来 88 名专业医生和受过训练的 33 名非专业医生，对病人进行治疗，以控制传染。那时，为治疗麻风的医护人员配备了防护服，像防原子弹辐射一样的防护服。马海德带头不穿这种衣服，他说："没那么可怕，虽然是传染病，但传染率很低很低。"不仅如此，和麻风病人在一起时，他还尽量不穿白大褂，以表示自己跟他们一样。马海德主动和病人握手。这些病人已多年没和正常人握

图 12-15 ◉ 马海德同有关领导视察江苏泰州麻风病院

手，有的人流下了眼泪。马海德不戴手套而直接接触病人肢体，还和病人席地而坐，谈笑风生地聊天，同病人握手、拥抱，跟病人一起照相。

江苏省也是马海德重点抓的麻风高发区，一个是泰州，一个是海安，这两个地方，都是明清以来麻风作祟的地方。马海德带着皮研所的医疗队或者调研组，在 20 世纪 60 年代陆续建起了麻风病院，这些地方是马海德常去或者经常操心挂念的地方。

在那个年代，马海德及其团队常常在麻风病院、麻风村一住就是一两个月，和其他医护人员吃住在一起，夜里穿着当地木板拖鞋去看病人，要把病人集中在室外的院子里检查，出不了屋的就到病人床头检查，特别是一定要查溃疡处，并注意换药。有的病人嫌自己的脚太臭不愿意脱鞋，因为脚部最容易溃烂。马海德就耐心地说服他们。有些病人足底已经溃烂，他就亲自为那些已经没有手或只有一只手的病人穿鞋袜。他说："怕脏怕臭就做不了医生。"马海德坐下来，将病人溃烂的脚搁在他膝盖上，仔细观察，翻看足背足底溃烂情况。

各县里来的年轻同行们，先是瞪大眼睛望着马大夫如何工作，慢慢地解除了疑虑。马海德每次来巡查病人和治疗，都不辞辛苦地工作，了解病人生活及医疗情况，向当地领导提出许多改善病人条件的建议。如果有新发现的麻风病人，不管路途多远，他都要亲自去复查——有车乘车，不通车道的，他就徒步走去，以便做出准确的诊断。他每天预约的病人，只要有一个没来，不管多晚了，他和医疗队的同志们都会坚守岗位等候，他说："病人走山路来一趟真不容易，不能让病人白跑。"

那个时期，麻风村里的医护人员对麻风还认识不足。潮州一个麻风病院有个新来的医护小伙子小郑，目睹病人因病导致的严重畸形残疾，心生恐惧，情绪低沉，很不安心，要求调动工作。当小郑跟着马海德巡诊之后，马海德的精神教育影响了他的整个人生。后来小郑全心全意从事麻风防治工作，成为潮州市慢性病防治站副站长。

马海德团队在江苏海安县建点时，重点做了有关社会防治麻风的研究，以此摸索和强调社会防治的重要性和必要性。马海德不主张将麻风病人完全隔离，他认为那样会在病人心理上造成一种自卑的心理，也会在社会上造成对麻风的恐惧。马海德认为："正规治疗是综合性防治措施的关键，只要抓好正规治疗，在院外也能取得好的疗效。"

上海根据马海德的意见，狠抓社会防治，着重抓院外治疗，确实使麻风流行逐步得到了控制，而且在全国率先完成了基本消灭麻风的指标。当马海德看到上海方面的报告时，十分高兴，好像在防治麻风战场上打了一场"平型关战役"！

试点县的经验总结后，由卫生部向全国推广应用，加速了我国消灭麻风的进程。

图 12-16 ● 1964 年，马海德带领普查小组在江苏海安麻风病院调研

第十三篇

身处逆境，丹心如初

皮研所那个大鼻子清洁工会看病

就在马海德和皮研所的同行们，信心满满地为消灭麻风而拼搏大干的时候，一场"文化大革命"风暴席卷中国大地。皮研所受到严重冲击。马海德也不例外，他脸上凝重的忧虑代替了往日常见的笑容。每天上班时，他穿着灰布衣服老布鞋，扛着一把经他捆扎的大扫把，穿过后海往北的一条小胡同，来到位于鼓楼大街的皮研所打扫院子。

马海德是个饱经风浪的人，他心中想的是航船目前偏离了航道，遭遇了邪风恶浪，但他相信，航船一定会回到正确的航道上。他不随波逐流，无论哪一派找他，概不参与。他是个做事认真的人，做清洁工也得将楼层和厕所打扫得一干二净。打扫院墙上剥落的大字报，也是清洁工的责任之一。他天天大致看过这些大字报，用他的话来说，"看了也真长见识"。

这天，院子里批斗声浪震天，马海德正在楼上扫厕所，从二楼窗口探头望下去，看见戴正启正在挨批斗。马海德实在听不下去了，从二楼窗口高声喊起来说："戴所长 13 岁在福建跟毛主席参加的是红军，不是'黑军'！如果老戴执行的是修正主义路线，也有我一份，皮研所的工作是我们两个一块儿干的。"

马海德敢于为戴正启说话，是因为戴正启也敢于为他马海德说话。在 20 世纪 50 年代初，康生窃居中联部部长要职。早在延安整风时，康生就曾为马海德定性为"特嫌"，理由是："一个美国的博士，为什么不在美国舒舒服服过好日子，而是来延安吃苦？只有一个解释，就是'特嫌'！"新中国成立之后，由于康生之流作俑，马海德被当作"外国间谍"嫌疑人对待。马海德长时期在政治上遭受歧视，工作上被"控制使用"。

1953 年，马海德被调到皮研所当顾问。许多正直的同志都认为，这种安排对马海德很不公正，是"大材小用"。戴正启认为，马海德应该担负全国性的医疗卫生指导工作，才能充分发挥其才能和作用，对党的事业做出更大的贡献。戴正启正式向上级提出由马海德担任皮研所所长职务，得到的回答却是："外国人不能做政府单位的负责人。"戴正启很生气，据理力争说："这算什么理由！什么外国人？他是新中国的公民！1936 年参加革命的老红军！ 1937 年入党的中共老党员！"

尽管当时马海德是清洁工，街坊邻里都还认为"马大鼻子"是好大夫，有什么病痛不适，还是像"文化大革命"之前一样，来找他看病。有一天，皮研所正在搞批斗，几个"清洁工"也正在搞清洁卫生，有个高个子中年陌生人寻到皮研所，说是找过去在协和医院看门诊的"洋人马大夫"。看门的造反派开始时爱搭不理，当高个子亮出胳膊上红袖章，显示出"东城区工人纠察队总部"的标识时，看门的态度立即大转变，并帮其呼喊马海德下来见面。高个子一看马海德拿着扫把出来了，就把他拉到一旁，装腔作势地呵斥了几句，然后就交谈起来。

原来高个子是国家体委的干部，以前马海德和大家叫他"高佬章"。北平和平接管时，北京协和医院对面是东单飞机场，开国大典后，飞机场搬迁了，改建为东单体育馆。"高佬章"是海南文昌人，早期国家男篮队员，常在馆里训练，有伤有病就去北京协和医院治伤看病，因此认识了马海德。他听说马海德也爱好篮球，就邀请他去东单体育馆打球。"高佬章"因心脏问题退役，成了东单体育馆管理人员。他患荨麻疹久治不愈，就请皮肤病专家马海德诊治，虽说没能根治，但也大为缓解。"文化大革命"开始，"高佬章"被派下放到河北农村。在乡下他的荨麻疹又犯了，又痛又痒，很痛苦。他去县医院诊治，被诊断为患了麻风，说要送他进山里麻风病院集中治疗，他因此寝食不安，心生恐惧。于是，就请假回城来找马大夫，北京协和医院有人指引他找到皮研所。他知道现在城里造反派厉害，就借了一个工人纠察队总部的红袖章来"开路"。马海德听了乐得直夸他机智，就将家里地址给了"高佬章"。没几天，"高佬章"到后海马家看病，经马海德细心诊验，明确是县医院误诊了，他患的是"季节性荨麻疹"，为他开了相应的药。马海德还告诉他说："你是海南岛文昌人，出生于文昌的著名宋氏三姐妹也患有荨麻疹，我给宋庆龄女士诊治过，可以缓解，但没法根治。荨麻疹是皮肤病的世界难题，以后条件成熟我也很想研究攻克这个病。"

阜外医院来了个"洋人普通医生"，做的事不普通

皮研所最后被下放到了江苏泰州，大部分人员一起下放到县里的基层卫生单位。估计考虑到马海德是高干老革命级别，如果要下放到某省县里基层单位，是需要高层批准的，卫生部里的造反派还没有这样大的权力，搞不好动静太大还会惊动高层，于是，马海德就被"调整"到北京阜外医院担任一名皮肤病门诊的普通医生。即使这样，他也没有灰心失望，仍是热忱地为病人服务。

"文化大革命"期间，马海德对遭到迫害的老干部极为关心。当他到阜外医院当皮肤科医生时，尽管是普通医生，但是，他能通过出门诊接触社会，就打听老干部的消息，想方设法地帮助他们。他听说贺龙元帅惨遭迫害，就设法打听贺龙的消息。被造反派迫害的卫生部领导钱信忠、黄树则等是革命时期的老干部、老熟人，因为革命生涯艰辛而患有心血管系统疾病，阜外医院是北京著名的心血管疾病专科医院，有的医生惧于造反派的压力，对老领导冷漠以对；马海德则让他们到自己的皮肤病科看病，甚至开证明收留住院。有护士回忆说，当时我们医院第三层楼住的都是马博士的病人。有的住下了，病房门前还有造反派守候监视，马海德则以查房名义，每天去看望，送书、送报、送钱、送药、送吃的。红军时代，马海德与斯诺访问徐海东红十五军团时，钱信忠任军团卫生部部长；后来，成立八路军一二九师时，钱信忠任师卫生部部长，因而与时任军委总卫生部顾问的马海德有很多交往。马海德组建了白求恩国际和平医院，黄树则就从院医务主任一直干到院长。

苏菲回忆"文化大革命"时期的马海德，曾经这样记述：

> 马海德被下放到阜外医院去当普通医生，马海德只要有病人可治，就什么也不在乎了。他认认真真地去看病，并且利用看病的合法身份，把一些老同志从牛棚、监狱里解救出来住进阜外医院。1972年3月，卫生部原部长江一真被"四人帮"关进秦城

监狱，精神受到严重刺激，马海德给他开了住院证明，让他住进阜外医院。造反派对江一真看得仍然很紧。江一真一度很消极。马海德每天就把画报、材料藏在白大褂里，利用"查房"的机会给江一真送去，帮助他了解时局的变化，劝导他增强信心。8月1日，造反派对江一真的监视解除了，马海德立即到江一真病床前，和老战友一起缅怀刘少奇、贺龙、傅连暲等被迫害致死的老同志，并且满怀信心地对江一真说："我们党以前也犯过不少错误，最严重的时候，苏区损失90%，白区损失了100%，但是，最终还是党战胜了错误路线，解放了全中国。这一次，虽然也造成了令人痛心的损失，但我们的党总有一天会解决一切问题，重新使国家走上正轨的。"

那时，有个归国女华侨叫李桓英，是一个细菌学和公共卫生学专业人才。她1945年以优异成绩毕业于上海同济大学医学院，1946年前往美国约翰·霍普金斯大学攻读细菌学和公共卫生学硕士学位，毕业后留校任微生物学系助理研究员。1950年，世界卫生组织成立，李桓英获美国约翰·霍普金斯大学推荐，成为世界卫生组织首批医务官员。在世界卫生组织任职期间，她被派往东南亚地区国家，为防治性病和雅司病等疾病在贫穷落后地区的蔓延，努力工作，做出了成绩，受到世界卫生组织的好评。她在印尼工作时，正值新中国成立一周年，当她看到华侨热烈庆祝的气氛，深受感动，她深刻体会到，只有祖国的强盛，华侨才能扬眉吐气。虽然当时还在世界卫生组织工作，但是她非常希望能为新中国的建设做出贡献。李桓英说："我在国外生活工作了14个年头，始终认定自己是中国人，有一颗中国心，坚持中国姓名'李桓英'，坚决不要洋名，也没有采纳改国籍的建议。新中国刚刚成立不久，国家百废待兴。我在世界卫生组织工作时，曾走访过许多国家和地区，看到亚非不少国家由于贫穷而导致疾病蔓延，联想到抗日战争时大西南后方学生的生活，深深感到新中国更需要人才。那时，我认为每个人都应自己选择自己的生活和命运。我只有回到祖国，才能生根、开花、结果。"因此，李桓英在人生道路上迈出了重要的一步。1957年，她在世界卫生组织工作期满后，婉言谢绝了"再续签五年合同"的邀请，瞒着在美国的父母，只身一人绕道伦敦，几经周折，终于于 1958 年经莫斯科回到了祖国。

李桓英在选择工作岗位时，认识了马海德。马海德认为李桓英是个难得的人才，又有在世界卫生组织工作的履历，经与戴正启研究，接纳李桓英进皮研所工作。当时，李桓英独身一人，身份是归国华侨，在北京没有住处，马海德就与苏菲商量，让李桓英住在后海马家。马海德去世时，李桓英在纪念马海德的文章中写道：

> 马老对人民卫生事业的热忱，同样也体现在与同志的关系上。我 1958 年从国外回来不久，就认识了马老。他平易近人、关心同志。特别是在"文化大革命"那段非常时期，他尽管当时的处境也不好，还是尽力帮助、支持像我这样处境艰难的同志。这种友谊实在是不可多得的，这也体现了马老的高贵品质。

> 马顾问、戴所长和胡院长是我的良师益友！在这段时间深受马顾问的指教，他是我走向麻风防治工作的指路人、领导者。就这样在马老的指引下，启动了我的后半生——继续马老开辟的我国麻风防治事业。

马海德率领中国"麻风防治队伍"刚刚起步，由于政治风云突变，中国麻风防治工作不得不放慢了脚步。1970 年 7 月，皮研所由北京"战备搬迁"至江苏泰州市，马海德受政治冲击，也只能到阜外医院担任普通门诊医生。

李桓英随着皮研所被下放到苏北一个麻风村进行改造，那是她第一次走进对病人隔离治疗的麻风村，有了充分接触麻风病人的机会，了解和掌握了有关情况，也使她爱上了消灭麻风的事业，这也是她加入防治麻风战斗的开始。"文化大革命"结束后，马海德重新出山，立即将也已调回北京热带病研究所的李桓英拉进向麻风进军的队伍中，像叶干运一样，李桓英在中国攻克麻风的战役中起了十分重要的作用。在马海德支持下，于 20 世纪 80 年代初，李桓英在中国大西南成功引进世界卫生组织推行的短程化疗方案，中国医学科学院皮研所也在江苏省扬州市实施该方案，这使马海德领军的中国消灭麻风事业产生了新的突破，为世界和我国麻风防治短程化疗的推广做出了贡献。

马海德与苏菲商量给周总理写信，米勒大夫留下来了

在"文化大革命"阴云笼罩北京的日子里，一些居住在北京城的外国人也赶时髦"造反"，组织起一支所谓"白求恩红卫兵造反战斗队"。马海德听了甚为鄙视，斥责这些家伙："瞎扯淡！白求恩才不会这样胡来，这是往白求恩脸上抹黑！"

一天，外事口的造反派在全国政协礼堂举行所谓的"批判陈毅大会"。这个"白求恩红卫兵造反战斗队"拿着会议通知，让马海德、汉斯·米勒、路易·艾黎、理查德·傅莱等去全国政协礼堂参会，发通知的人指名要马海德"准备材料批判陈毅的三反罪行"。马海德去找汉斯·米勒、路易·艾黎商量，他们几个在北京定居的老外经常在一起聚会，交换对形势和时局的看法。他们三人都气愤地表示："咱们仨谁也不揭发、不批判。岂有此理！陈毅等老同志都是在战争年代提着脑袋干革命的，他们绝不会是叛徒、特务、反革命！"马海德和米勒都是中共党员，那时，他们一致认为"会还是要参加，但是，绝不参与批斗"。

马海德和米勒到了会场，看见会场里有好些认识的外交部来观望的群众，沉默不出声，只看见少数土的、洋的造反派在声嘶力竭嗷嗷喊叫。马海德和米勒找了会场出口旁的座位坐下。陈毅气宇轩昂地到了台上，凛然正气地扫视着造反派们，造反派只好端张椅子给陈毅坐下。当那些造反派骨干轮换着念"揭发批判稿"的时候，马海德听不下去了，用胳膊碰了碰身边的米勒，打眼色示意"走吧"。两人起身就走。把门的一个洋造反派伸手拦着说："大会没完呐，不能走！"马海德笑着问："你们不是说自愿参加吗？"没等对方答话，马海德和米勒挽着胳膊撞开洋造反派的手臂，

起身说："我们俩不自愿！"俩人径直走出了政协礼堂。

他俩走着走着，马海德笑着对米勒说："米勒，我记得，你也在我们国际和平医院做过内科主任啊。你上前线了，没有赶上陈毅肚子痛来住院。"米勒问："陈老总在我们和平医院有什么故事？"马海德笑着说："陈军长的肚子痛治好了，可是，我们内科医生和护士们的肚子都痛了。"米勒不解地问："咋回事？能传染吗？"马海德说："这陈老总比我还厉害，他的笑话把内科的人肚子都笑痛了。"米勒说："多好的老干部啊！对今天的批陈会，台湾那边的蒋介石最高兴了，天下要数蒋介石最恨新四军了。"

"文化大革命"越来越乱，又有外国朋友劝马海德说："乔治，你算了吧，带着老婆孩子回美国去吧。"动乱以来，劝他回美国的人不止一个，人家是善意，可是，马海德的回答只有一个："不，我爱这块土地，爱这块土地上勤劳勇敢的人民。坏人只是一小撮，中国共产党迟早会改变这个局面的。"

马海德没有打算走，汉斯·米勒却准备回德国了！米勒是个德国犹太人，1939年逃离德国，来到中国参加反法西斯战斗，已经28个年头了！新中国成立，他也加入了中国籍，加入了中国共产党，他热爱中国，在中国的医务工作做得很优秀。他目睹"文化大革命"越来越乱，他想不通，越来越失望。于是，他给组织上写了报告，申请全家迁回德国。报告写好了，米勒需要先给在中国最要好的朋友——马海德看一看，也算是征求意见、打招呼。

马海德和米勒两人早在延安参加抗战的时候就是很要好的朋友，马海德在延安南门迎接来延安的米勒，一问起来，两人都在瑞士攻读医学博士，马海德读的是日内瓦大学，米勒读的是瑞士边境的巴塞尔大学。求学期间，两人都去过对方的大学。只是马海德比米勒大4岁，也就早读书、早来中国。两人太有缘分了，成了好朋友。在白求恩国际和平医院，大家给这两个洋医生起了绰号：马海德是"幽默的大鼻子"，米勒是"善良的小眼睛"。

到了北京城之后，两家人关系也很好。马海德与苏菲及调皮儿子幼马，米勒与日籍护士妻子中村京子和漂亮女儿米蜜，相互常来往，都很熟悉。

马海德看了米勒要求回国的报告，心里很难过。他看着米勒的信，不由再次想起在延安初见米勒时的情景。由于米勒读书的巴塞尔大学紧挨着德国，虽说学校是瑞士的，但是德国党卫军常在那里追捕德国犹太人，米勒是持德国护照的犹太学生，毕业那年逃离学校，卖掉心爱的照相机才有钱买船票来中国。1939 年 5 月到香港，通过宋庆龄领导的保卫中国同盟会见了廖承志，同中共地下党组织接上了关系。同年 9 月，宋庆龄委托米勒和爱泼斯坦，将国外援助中国抗战的六百箱医药用品和一辆大型救护车，经大西南坎坷路程，送往延安。马海德就是在延安南门见到他及接到物资车队的。马海德陪同他见到了毛泽东，他当场表示要参加八路军。他先在联防司令部门诊部当医生，后在国际和平医院担任内科主任，后来随印度医疗队到达太行山区，获安排在八路军一二九师担任军医顾问。在艰苦的战争年代，他以忘我的工作精神和精湛的医术，为中国人民的解放事业做出了贡献。抗日战争时期，他为抗日战士治伤救命，据不完全统计，米勒抢救过 9 000 多名八路军将士。

马海德相信，坏人当道的时代终将过去，汉斯·米勒把人生最美好的时光都献给了中国，难道这里却容不下他？ 马海德决心不让米勒离开，中国人民也不会让他走。马海德将米勒的信给苏菲看了，苏菲也不愿意米勒离开中国。当晚，马海德和妻子苏菲一夜没睡。两人决定给周恩来写信，报告此事，不能让米勒离开。苏菲晚年写的《马海德传》这样记述：

> 米勒回德国也等于是到异国他乡，生活能适应吗？工作能顺利吗？我俩还想：米勒在这里建立的事业就这样丢下走了，心里能好过吗？两人商量的结果，第一步是先把米勒留下，然后再解决他报告中说的具体问题。于是，我们两人半夜从床上起来，穿上衣服，打开工作间电灯，开始给周总理写信了。别看马海德是老革命，中国话说得那么流畅，他可写不好中国字，除了马海德三个字写得很帅之外，他写的汉字不是缺笔少划，就是错别字。他写信一向是请人代笔，这次当然要由苏菲执笔了。我俩以自己的名义，向周总理汇报了米勒在"文化大革命"中的遭遇和他要

回德国的心情；然后，阐述了自己对米勒的了解，说明米勒要走是一时的感情冲动，希望总理能设法挽留，并且肯定地说米勒是可以留住的。

马海德和苏菲夫妻俩，为米勒的事给周总理写了信。没多久，消息传来，经周总理过问，米勒留下来不走了！马海德真是高兴。他自豪地对外国朋友说："怎么样？共产党就是共产党，'文化大革命'这一套早晚会过去的。"

斯诺临终羡慕地对马海德说：你是中国革命的主人，我仅是旁观者

1971 年 3 月，斯诺与夫人洛伊斯·惠勒从中国旅行回到客居瑞士的莱蒙湖畔的别墅，兴致很高。他在中国旅行了半年多，去年刚到北京不久，就被邀请上天安门城楼，与毛泽东一起观看国庆大游行。这是中美外交史上著名的事件，毛泽东借与美国记者斯诺在天安门的合影，向美方发出可以改善中美关系的信息。斯诺回到了瑞士，正着手写另一部反映中国革命历程的书《漫长的革命》，到 1972 年新年左右，文稿已写过半。

这时，癌细胞由悄悄侵蚀发展为凶猛侵袭。斯诺住进了洛桑医院。胰腺探查手术发现，癌细胞已经广泛地转移到斯诺的腹腔、肝脏，导致其肝衰竭。斯诺的病情很严重，治疗相当困难。手术后，斯诺被推回病房时，只见他眼窝深陷，目光迟钝、脸色惨白，嘴角颤抖，痛苦地呻吟着。斯诺夫人洛伊斯·惠勒当即给北京的周恩来写了求援信，当时周恩来正准备接待尼克松总统来访。得知斯诺病情后，中央决定派马海德带领北京医院的一个医疗小组，在 48 小时内起程前往瑞士。马海德率领医疗组尚在准备起程的时候，中国驻瑞士大使陈志方给斯诺送来周恩来的一封信，使斯诺全家惊喜万分。信中附有毛泽东和邓颖超的亲笔问候，诚挚地希望斯诺来北京治疗。这封凝聚着中国共产党领袖深情厚谊的信，对躺在病床上的

斯诺来说，无疑是一剂强心针。他决心要以顽强的毅力恢复"最低限度活动能力"，完成那构思已久的《漫长的革命》。中国驻瑞士大使陈志方及夫人王静几乎每天都来斯诺家中探望，并带来最新消息：毛主席、周总理派出的由马海德博士率领的医疗小组已登上飞往瑞士的飞机；北京已在天坛医院准备了一套房间，用于接待斯诺一家四口——斯诺及夫人、儿子克里斯多弗及女儿西安；还租好了法国航空公司一架飞机，飞机上专设一张病床，将接上斯诺一家后直飞中国。

1月24日，法航班机刚刚落地，马海德率领北京医疗组匆匆搭乘由两辆轿车、一辆中巴组成的车队，直奔日内瓦莱蒙湖畔的斯诺别墅。马海德首先从车上跳下来，快步走进屋，斯诺夫人迎上前，两人紧紧地握手。马海德说："夫人，毛主席、周总理派我们赶来了！"斯诺夫人激动得泪流满面……接着进屋的是北京医疗组的医生黄国俊、张贻弓、护士李仲萍，还有大使陈志方等人。陈志方早年毕业于中山大学医学院，参加过长征，与马海德相识在长征三军大会师后的山城堡战役中。

经马海德认真检查，发现66岁的斯诺手术后身体非常虚弱，已经无法支持近20小时的高空飞行。他立即请陈志方迅速向国内汇报这一情况。中国政府只好改变初衷，决定就近从阿尔及利亚的我国援非医疗队抽派一支医疗小组，携带必要医疗设备赶赴日内瓦，协同马海德率领的北京医疗小组到斯诺寓所，设立小型医院为他治病。张锦坤医生经验丰富，带领医疗小组在24小时内，就在阿尔及利亚首都阿尔及尔迅速做好各种准备，配备了当时世界上最先进的输血、输液装置，各种必需药品、器材和抢救设备，并根据斯诺的血型，准备了大冰筒的鲜血，顺利登上当日抵日内瓦的飞机。在马海德的指挥下，北京医疗组与阿尔及尔医疗组医护人员，很快就将斯诺别墅变成了医院，开展救护工作。国内指示，尽一切可能减少斯诺的痛苦，延长生命；每两天把情况向国内汇报一次。

马海德和医疗组的到来，使躺在二楼卧室的斯诺先生非常兴奋。他咬着牙硬撑着从床上坐起来，热情地欢迎这些远道而来的白衣天使。陈大使告诉他："中国政府，毛主席、周总理派医生、护士来探望您！"他笑起来了，风趣地说："谢谢，你们来得真快。现在陆军（指北京来的）、海军（指从北非阿尔及尔海边来的）都备齐了，只剩空军（意思是说他马上就能坐飞机去北京）了！"

马海德领导中国医疗小组的同志们，同斯诺家人一起在底楼商量治疗方案，开始了抢救斯诺先生的紧张战斗。斯诺夫妇卧室里的一张大床，床头悬挂着斯诺最喜爱的那张自己戴八角红军帽的放大照片，医疗组用一张专用医疗床替换了大卧床，房间布置得安静、雅致。窗台上摆着斯诺最喜欢的"圣诞节一品红"。窗外，田野一直延伸到湖边。冬日的太阳照射进来，驱散阵阵寒意。

底楼的书房，除了沙发和座椅外，几乎全被书占领。马海德凝视着墙上，挂着两张他很熟悉的一老一新两张著名照片：一张是 1936 年斯诺在保安为毛主席拍摄的那张戴军帽的老照片，另一张是 1970 年国庆节斯诺夫妇和毛主席在天安门城楼上的合影。很快，在这两张照片前，这间小书房变成了小药房。书架被腾了出来，放置各式各样的药罐、药瓶、药水和药片，标签上汉字夹杂着拉丁字母。这间小书房还成了医疗小组开会、讨论病历、交接班的医疗护理办公室，马海德也在这里做医案工作。

在马海德的指挥下，工作安排得井井有条。医疗小组六位同志分成两组值班，夜以继日地工作。马海德和大家说："我们医疗小组只有一个愿望：把中国人民对我们这位美国朋友的浓厚感情，全部倾注于对他的精心治疗和悉心护理中。无论有多大的困难，只要能减轻他的痛苦，延长他的生命，他们都要竭尽全力去克服。"

每天清晨、傍晚，医疗小组举行例行的交班讨论会。有时，他们也邀请斯诺夫人和孩子们参加，以便斯诺家人能清楚地知道斯诺的病情和治疗方案。讨论时，大家不分医护，不分专业，热烈而认真。

为了让斯诺夫人和孩子有更多的时间与斯诺在一起，除治疗和护理时间外，医生、护士都在屋外观察。张锦坤医生的英文很好，发音精确，每遇到他值班的时候，斯诺夫人总叫他进到里屋，坐在斯诺先生旁边，中国京剧是他们谈论最多的话题。高兴时，斯诺先生还能说上几句俏皮的中国话。马海德也为老友哼几句京腔。

马海德是总指挥，就守候住在斯诺书房改造的药房里。他对陈大使和医疗组同事们说："过几天尼克松总统要访问北京了，《纽约时报》有评论说，打开中美友好关系新的一页，是从斯诺撰写《西行漫记》开始的。36 年前，

图 13-1 ● 斯诺病危之际，马海德日夜守护

他写该书时，我陪同他一起进行了三个月访问；现在这个时刻，我也需要在他身边守着他。我们医疗组的队员们，就听从陈大使安排，住在我们大使馆里。"

张锦坤医生、黄国俊医生这两个骨干都理解马海德与斯诺先生的特殊感情，没有争着留在别墅守候，而与其他队员、翻译、司机及工作人员一起，住进在伯尔尼的大使馆。所以，马海德每天总是最后一个上床，最早一个起床。无论什么时候，斯诺想要聊天、翻身、起床，贴心的马海德总像事先知晓似的，恰好出现在斯诺身旁。晚上，午夜已过，马海德望着斯诺夫人憔悴的倦容，劝她上床休息，而自己却毫无倦意地守护着。翌日清晨，斯诺夫人一觉醒来，看见的是马海德照顾斯诺喝牛奶吃早点的情景。

中国医疗小组经过一个星期的精心治疗和护理，斯诺的病情有了明显转机。他能下床行走了，有时还下楼到客厅坐着谈话，斯诺和马海德一谈往往就是几个小时。当时，尼克松总统即将访华，西方重要媒体获悉，当年最早访问苏区与红军的两个美国人正聚在日内瓦莱蒙湖畔；于是，西方记者寻踪而来，要求采访他俩，被他俩婉拒了。斯诺与马海德回忆一同访问红军部队的往事。两人从周总理和邓大姐刚刚的来信，谈到 36 年前，1936 年 7 月 8 日在安塞白家坪山区两人第一次见到骑马而来的周恩来时的情景。斯诺兴致很高，说："还有近年一件周总理的往事，没有告诉过您这个老朋友。当时周总理叮嘱说要保密，现在应该告诉你，同你一起分享。"

斯诺兴奋地谈起这件发生在 1964 年的往事。1964 年 10 月，斯诺第二次访问新中国。对新中国来说，这年 10 月间，中国成功爆炸了第一颗原子弹。在经历了 1958 年以后的三年困难时期，这件大事，标志着新中国已走出了低谷，奋发图强，重振国威。10 月 31 日下午 6 时，周恩来与邓颖超在西花厅家里宴请斯诺，在座有唐明照等外事官员陪同，周恩来拿着中国爆炸原子弹的 12 幅黑白照片，对斯诺说："美国国务院原来说中国爆炸了一个小东西，没有什么意义，可是三四天之后就改了口。现在又说这颗炸弹比他们扔在广岛的那颗要先进。"斯诺说："我过去在窑洞里访问你们的时候，怎么也没想到你们今天爆炸原子弹。你们都会打扑克吗？我今天正在想，你们手中拿了一手好牌（指着照片），这是打出了一张 A（指原子弹）。"

周恩来亲自把中国原子弹爆炸的 12 幅照片交给斯诺，认真地说："我们国家发言人龚澎都没有见过这些照片。你们在座的（指唐明照等人）都没有看见过。你今天晚上不要马上发电报出去，可以回瑞士后立即去发。"斯诺说："回饭店后，我整晚难以入睡，做梦也没想到他把特号消息告诉我，还有首次披露于世的照片。这照片恐怕会惊动世界。看来，这件事周总理唯独对我一个人说了。"第二天，中国国庆节，斯诺飞回日内瓦，在瑞士报纸上发表了这 12 幅照片，真正轰动了全世界！

在别墅里，马海德常穿西装，太冷时就穿一件常在北京穿的旧棉衣。在斯诺病情有好转的时候，他应母校日内瓦大学及瑞士卫生机构邀请去城里作了一次演讲。这天，他换了一件质地很好的花格子厚呢运动夹克衫，帅气、年轻，斯诺夫人问："去年在北京没见你穿过，哪里弄的？"马海德严肃地说："周总理那里。离京前一晚，我去见他听取指示，总理看见我穿旧棉袄，我说就穿这件，暖和。总理说，那不行！会丢我们大家的脸，他立即叫来了裁缝；第二天上午上飞机之前，这件衣服就送到了舷梯旁。"

一天，斯诺拉着马海德的手问："乔治，你对我有什么计划？我能过多久恢复工作？"马海德当然知道他的心事，是想从病床起来写那本关于中国革命的书，便安慰他说："等春天到来，你体力就会恢复。到时候你就可以继续写《漫长的革命》。"斯诺紧紧握住马海德的手，两眼闪烁着兴奋和喜悦的光芒。

为把斯诺的病情随时报告国内，陈志方和夫人王静，几乎每天都驱车从伯尔尼馆舍至日内瓦的高速公路上奔波，了解斯诺的病情，给斯诺捎新鲜饺子、脆皮春卷和麻辣子鸡等可口美味的食品。有时，他们和医务人员一道，彻夜不眠地守护，眼睛熬得通红。

疾病是无情的，尽管中国医疗小组采取了一切措施全力抢救，仍不能抵挡住病魔对斯诺的摧残。斯诺处于半昏迷状态时，我国驻联合国大使黄华专程前来探望。张锦坤医生给斯诺用了药，他清醒过来。当黄华握住他的手，向他问好时，斯诺先生认出了黄华，见到久别的老朋友格外高兴——36 年前，他特别邀请北大刚毕业的黄华为他担任访问苏区的翻译。斯诺想坐起来，黄华连忙把他正在抬起的头扶回枕头上。他们都意识到这将是最后一次长谈，但谈话仍是那么轻松。斯诺望着马海德和黄华，说："我们三个'赤匪'又相聚了"，引起了大家爽朗的笑声。

斯诺病情不断恶化，马海德确认是肝昏迷合并消化道出血。斯诺最后一次醒来，望着彻夜守候身旁的马海德，说："乔治，我热爱中国，我特别羡慕你选择的是中国革命。遗憾的是，我只是旁观者，你是主人。"

1972 年 2 月 15 日凌晨二时许，斯诺庄严、平静地与世长辞了。

2 月 16 日，毛泽东主席为斯诺去世发去唁电。

2 月 17 日 10 点 35 分，美国总统尼克松起程飞往北京，开启了中美关系的"破冰之旅"。

图 13-2 ● 在马海德（左二）陪同下，陈志方大使（右二）给斯诺夫人及儿女读示毛主席给斯诺的唁电（苏菲供图）

第十四篇

消灭麻风，晚年因拼搏而灿烂

新生的马海德，出院之后发起对麻风的全面总攻

1976 年初，马海德在北京协和医院住院治疗前列腺相关疾病，经过诊断，可能是前列腺癌。比患病更使马海德难受的是，他极为熟悉的周恩来、朱德、毛泽东先后辞世。同年，唐山大地震，震裂了他在后海的家。这一年，粉碎"四人帮"，对于国家及时代，都是极其关键的转折，对于十亿人民或者马海德本人，命运开始有了根本性的转变，这让年已 66 岁的马海德精神振奋起来，他对苏菲及亲朋好友们说："我会战胜疾病的，我还有好多事情要做呐！"

这年 12 月间，石家庄白求恩国际和平医院举行纪念柯棣华大夫逝世 34 周年暨纪念馆开馆典礼，马海德、米勒、傅莱三位"洋大夫"都出席了，刚获平反从秦城监狱里出来的江一真也出席了！江一真曾是白求恩赞赏的出色医生，是柯棣华的好朋友兼入党介绍人，是晋察冀军区卫生部部长。马海德和其他与会者一样，见到刚落实政策的江一真，心情很是高兴，两人虽然没说什么话，但是紧紧拥抱了对方！江一真在纪念会上讲话的时候，马海德、米勒、傅莱，与红医将领叶青山等，都满怀期望地议论：

图 14-1　马海德在全国科技大会上发言

卫生部和全国卫生系统是"文化大革命"的重灾区，亟需一位干才引领我们前进。大家都认为江一真是非常合适的人选之一。

1977 年初，江一真果然受命任国家卫生部部长兼党组书记。不久，中央各部委纷纷召开大会，揭批"四人帮"及其余孽。江一真领导的卫生部清查小组也召开批判大会，除卫生部机关及直属单位参加外，还请了总后卫生部系统及北京市卫生局系统参加。因为掌握了分寸，会上没

图 14-2 ●江一真

有过激行为，各方反映都很好，为其他单位揭批"四人帮"及其余孽的斗争大会树立了榜样。马海德很兴奋地参加了大会，在大会上他见到了卫生部系统及总后卫生部系统的许多熟人，大家都兴高采烈、满面春风！皮研所老所长戴正启回忆说，老熟人们见面，马海德频频向对方举起双手，一只手打出"V"表示胜利，一只手紧握拳头表示大干！

卫生部恢复了正常工作，马海德可能患不治之症的事部里知道了，江一真深知蒙冤受迫害之苦。他主持召开了党组会，指示尽快地为马海德同志洗刷其蒙受了数十年的不白之冤。卫生部党组正式向中央写报告：要求调阅马海德档案，以便彻查康生强加给马海德的"特嫌"问题。经中共中央政治局常委、国家副主席李先念亲自批准，经一年多的调查核实，1978年，卫生部党组终于以充分的证据，拨乱反正，彻底否定了康生强加给马海德的一切不实之词，对马海德做出了"历史清白"的结论，对所谓"外国间谍"嫌疑予以彻底平反。

党组织派人向马海德说明：1946年春，作为军调执行部中共代表团工作人员及解放区善后救济总署的顾问，马海德第一次从延安乘美军观察组飞机到北平，在机场上，已接管机场的美国人对穿八路军军服的马海德感到奇怪，询问了他几分钟。这件事被人汇报到康生那里，他被询问的"几分钟"，变成了"与美国人交谈了几小时"。从此，在马海德的档案里，就有了应把他当作"外国间谍"嫌疑来对待、"控制使用"之类的文字。马海德就在这顶"特嫌"大帽子下，遭受了很多不公正的对待！

终于真相大白！昭雪之时，他并未感到惊喜，只是表情凝重、坚定无比地说了一句老话："我一直就相信我们的党，迟早会把一切问题都搞清楚的。"他觉得党的十一届三中全会之后，他获得了"新生"。

1979年，中美两国建交，卫生部安排马海德去美国出差，夫人苏菲同行。这次去美国，正逢美国掀起一股中国热，这是数十年来他第一次回纽约老家。他从东海岸纽约到西海岸旧金山，一路进行学术交流，还到美国中部堪萨斯城去访问斯诺的老家。他看到了美国先进的医疗技术和丰富的医疗资源，还有充裕的科研资金。他在对比及交流中看到，中国穷，底子薄弱，但是，新中国的防疫制度和所建立的从中央到省市县公共卫生网，是中国的社会主义特色，是美国所没有的。在旧金山，马海德告诉美国同行说："消灭和预防疾病主要靠社会制度。只有自然科学与社会科学结合起来，才会有效果。这就说明，为什么在我们中国能消灭性病而美国却仍然不能。"

经过中美两国这一对比，在访问的后期，占据他心头最强烈的愿望就是返回北京，利用我国防疫制度和从中央到省市县公共卫生网，在中国发起战胜麻风的总攻，要将被"四人帮"耽误的时间夺回来。他从美国一回来，就去卫生部找江一真，说："'文化大革命'前我们消灭了性病，已经向麻风发起冲锋，现在时间虽然被耽误了十年，我要拼老命消灭麻风！"他向江一真汇报了他向麻风发起总攻的具体构想。

江一真和马海德都是延安的军委总卫生部的同事，也都是白求恩的好朋友。江一真被"四人帮"迫害关押8年，很明白马海德的冤案是坏人的迫害，就任卫生部部长之后，亲自主持了给马海德冤案彻底平反的工作，现在要支持他放开手脚消灭麻风。江一真说："老马，一个外国人投身中国革命，比普通人要付出高得多的代价，长期以来，你一直受到康生的诬陷，被扣上'特务嫌疑'和'外国间谍'的帽子。在政治上你饱受歧视和冷遇，但是，你对中国和中国人民的爱从来没有动摇过，对革命的热情从未衰退。老马，你放开干吧，你要为消灭麻风做的一切，部党组和我都支持你。"

期间，马海德被选为全国政协委员，成为我国第一个外国裔政协委员。

从美国回来不久，马海德因胰腺问题住进了北京医院。原因是马海德去美国时带去了自己的胰腺细胞切片，送到纽约州卫生署的一家著名的研究所进行分析，结果显示可能是癌。

回国不久，1979年春节，马海德腹部剧痛、吐血、便血。江一真部长很关心马海德的健康，安排他住进北京医院，由为毛泽东、邓小平等领导做过手术的吴蔚然大夫诊治。吴蔚然是中国著名的外科大夫。内科专家

图 14-3 ● 叶剑英、李先念祝贺马海德成为全国政协委员
（苏菲供图）

汉斯·米勒也参与治疗组工作。治疗组大多数医生认为马海德到了胰腺癌的晚期，吴蔚然、米勒、苏菲都主张开刀，大家都在病床边，要马海德自己决定，马海德说："开！"

吴蔚然主刀，米勒全程在场，手术进行了9个小时，出血原因是十二指肠接近胰腺处有一大片溃疡，有胆结石，已和胆囊一起摘除，溃疡及部分胃和肠切除，原来肿胀的胰头缩小了。吴蔚然据此认为，胰腺只是发炎，并非恶性肿瘤引起肿大，米勒大夫赞同吴蔚然的观点。

马海德获得一次新生！人人都为此高兴！江一真部长赶来看望。虽然恢复期较长，但是，终于恢复了。由于伤口过大，吴大夫给马海德做了一条紧身腹带。马海德体力和精神恢复得很好。因为马海德每年有半年以上的时间下乡，两年以后，吴大夫为了适应他大范围的活动，又给他设计一个兜肚子的网，支撑他受损的腹壁。新生的马海德出院了，这年11月，他又带领中国代表团赴加拿大出席纪念白求恩大会。此后，他发起了消灭麻风的全面总攻！

1979年春节过后，马海德在消灭麻风的研究工作中，学习中医、中药知识，并拜请著名中医皮肤科大师赵炳南为师，要走中西医结合的防治麻风道路。江一真经常在各种场合表扬马海德。因为江一真14岁参加红军，即参加中央红军卫生学校四期学习半年，之后在部队医院从护士做起，见证了共和国红色卫生事业从瑞金、延安到北京的不平凡发展道路。江一真曾在这年3月间的卫生部党组会上，谈到改革开放及发展对外合作的时候，深有感触地回顾了马海德、白求恩、柯棣华与印度医疗队、米勒、傅莱及罗生特等外国医生对新中国卫生事业的贡献。江一真说："他们有的在战争中牺牲了，如白求恩、柯棣华，成为我们的一种精神力量，至今在鼓舞着我们；有的在新中国成立后留下来了，坚持为中国人民服务，甚至在十年动乱中遭受了冤屈和冲击，仍然坚持下来，没有动摇，至今还在为人民卫生事业，全心全意地作出贡献，发光发热！譬如，马海德、米勒、傅莱，这三位延安时代优秀的洋大夫，我们

图 14-4 ● 1980 年春节，邓颖超与马海德（苏菲供图）

卫生部应该表彰他们，给予他们崇高的荣誉！……"

　　1979 年 4 月江一真调任中共河北省委第二书记、省人大常委会主任，江一真力荐钱信忠再次担任卫生部部长兼党组书记。

图 14-5 ● 1980 年 2 月 12 日，卫生部给傅莱、马海德和米勒三个洋大夫颁发特殊贡献奖

江一真调走后，钱信忠部长完成了江一真的嘱托：表彰三位延安时代优秀洋大夫马海德、米勒和傅莱。1980 年 2 月 12 日，正逢春节期间，卫生部为早期来华工作的三位洋大夫举行庆祝会并颁发特殊贡献荣誉证书。颁奖那天，刚从泰国访问回京的邓颖超副委员长闻讯即派人给他们三人每人送来一束鲜花表示祝贺。1936 年邓颖超是马海德当红军后治疗的第一个病人，这束鲜花，象征着两人长达 44 年的友谊。

马海德对叶选平说：我想在广州吹响消灭麻风的冲锋号

1982 年春节大年初一，在喜庆的鞭炮声中，正当北京全城各家各户举家团聚或者亲朋好友相互拜年的时候，位于后海的马海德家大门敞开着，马海德的小轿车停着，后备厢开着，马海德、苏菲和幼马正将装满给麻风病人拜年礼物的大箱小箱装车。在那个年代，对麻风病人最好的慰问品就是药，这些药很贵，最贵的一种药大约 27 块钱一瓶，马海德买了一二十盒，还买了不少毛巾、肥皂和糖果等。这些年礼，都是马海德和苏菲自掏腰包买的。

马海德选定的每年给麻风病人拜年的地址，是河北省望都麻风病院。马海德在 1981 年来拜过一次年了，这是第二次。这一年，马海德动了脑筋，提前给省里打招呼，同行的有河北省一位主管副省长、省卫生厅厅长和几位处长等；马海德还约了电视台记者摄制新闻节目。因此，马海德领军的这支队伍，很有气势！

马海德彻底平反之后，卫生部再次明确，马海德是国家卫生部的顾问。马海德以卫生部顾问身份开展工作，有利于他调动各种卫生和社会资源，为消灭麻风服务。那些年，长年跟随马海德工作的申鹏章说，马海德头脑里全是中国麻风防治工作。因此，从 20 世纪 80 年代初开始，中国的春节就给马海德用上了。

图 14-6　马海德在原卫生部大门前（苏菲供图）

申鹏章回忆说，"马海德向麻风发起总攻，冲锋号吹响在 1981 年。"

麻风危害人类已超过了数千年，中国有记载的麻风病史有三千年。长期以来，由于缺乏对麻风的有效防治，隔离就成了主要手段，即把麻风病人送进深山老林，或是送到海上荒岛，将病人隔离起来。20 世纪 50 年代，氨苯砜开始普遍用于治疗麻风，人类有了治疗麻风病的办法，麻风村也转为治疗和隔离并重。早在 1957 年，召开第一次全国麻风病防治专业会议后发布了《全国麻风病防治规划》，制订了"积极防治、控制传染"的原则，提出"边调查、边隔离、边治疗"的做法，认为麻风村是防治麻风病的良好形式。十年政治动乱，耽误了我国消灭麻风的进程。在马海德做完手术躺在病床时，他就用英文在记事本上写道：1981 年，奋斗目标——力争本世纪末在我国消灭麻风病。

出院后，他向卫生部提议，1957 年第一次全国麻风病防治专业会议已经过了 24 年，可于 1981 年召开第二次全国麻风病防治工作会议。卫生部采纳了马海德的提议。他想起了性病消灭之后，在广东建立的潮州防治麻风病全国基地的往事。他还想起了在延安，叶剑英家那个精干的后生叶选平，现在是广东省副省长兼广州市市长。于是，马海德南下拜访叶选平。叶选平正当壮年而有朝气，一见面就亲切地问他："马叔叔，有什么事要在广州办？"马海德笑着说："此次来，给广州市市长讲一个广州故事。"叶选平大为愕然："我这个广州市市长，需要您从北京来给我讲广州故事？"马海德笑说："讲广州白云山下的故事。"

叶选平双手鼓掌，很乐意听。

马海德用流利的普通话，平静地讲了这么一个故事：1935 年一个月黑风高的夜晚，广州白云山一个名叫紫薇庙的荒野地里，传来一片沉闷的枪声。那时，军阀在广州当权，荒山野岭枪毙犯人或革命者并不少见。但是，奇怪的是这次枪决的三百多名死刑犯，没有判决书和法警监刑，更没有共产党人临刑英勇高呼，行刑者们甚至都不知道他们的罪名，那么倒在血泊中的这些无辜者到底是什么人？是什么使他们遭到如此残酷的杀害呢？那是因为他们得了一种人类古老的传染性疾病，叫做麻风。

叶选平惊愕地沉默了好一会，说："1935 年是军阀陈济棠当政啊。广东地区自古至今，是全国麻风高发区。我听家父说起过您，说起过您的延安往事，也说起过您与性病及麻风防治的缘分。马叔叔，您说吧，有什么要我做的？"

马海德认真地说："我想在广州宝地上，吹响全国消灭麻风总攻的冲锋号！召开第二次全国麻风病防治工作会议。"

叶选平兴奋了，为此双手拍了三记响亮的掌声！

两人具休商议完毕，马海德站起身告辞，刚走了两三步，叶选平拿出一个红缎封面签名本："马叔叔，好汉留名！"

马海德用汉字写了很漂亮的签名。两人握手，叶选平握紧了马海德那双大手，马海德感到有点痛，笑着说："你快 60 了，手还很有劲啊！"

叶选平笑着说："马叔叔别忘了，我在延安当过钳工啊。"

数月之后，1981 年 11 月，第二次全国麻风病防治工作会议在广州白云山下的白云宾馆大会议厅召开。为此，叶选平在市长办公会给与会者讲述了马海德说的故事，并表示："过去的故事是在白云山发生的，今天的新故事，我们让它从白云山开始！广州市全力支持卫生部在白云宾馆开好这次会议！"

马海德出席大会，在讲话中他提出力争本世纪末在我国实现"消灭麻风病"的目标，震动了整个会场，引起了与会代表的热烈讨论。由于中国地域辽阔、人口过十亿、多民族、东西部条件及发展差异等原因，马海德同意一些代表的意见，在目标口号中，加上"基本"两个字，即力争本世纪末

图 14-7　马海德给广州麻风防治中心设计图提出指导意见（苏菲供图）

在我国实现"基本消灭麻风病"的目标。以什么标准来衡量基本消灭麻风病呢？马海德及其研究团队制定的衡量标准是：全国 95% 以上的县（市）患病率控制在 1/10 万以下，近五年平均发病（或发现）率控制在 0.5/10 万以下，其他 5% 县（市）患病率 <0.5/ 万。该标准后经卫生部认可并发布。

会上，由中国医学科学院皮肤病研究所副所长叶干运介绍了这年 10 月参加世界卫生组织召开的麻风控制规划和化学治疗研究组制定和通过的麻风联合治疗方案。

来自各省、自治区、直辖市的代表纷纷表示，大会振奋人心，回去奋斗有了目标和标准，依靠党和政府，齐心干，一定能实现这个目标。有记者评论，"这是三中全会以来，全国卫生界的一声响亮春雷"。

这次广州会议，得到了全国各省、自治区、直辖市党委和政府领导的重视，更引起了全国卫生系统领导和医务人员的重视。会后不久，1982 年春节，马海德第二次到河北望都麻风病院看望麻风病人，主管副省长、卫生厅领导一起加入马海德的拜年队伍。在河北望都麻风病院给麻风病人拜年的时候，马海德向麻风病人问寒问暖，一把握住一个病人老汉的手，老汉极其感动，他眼圈红红地说："马老，我患病 25 年了，没人敢和我握手，您是第一个啊！"省长、厅长等领导干部也接着和老汉握手拜年，老汉激动得热泪盈眶。电视台制作了专门节目播出，观众看了感动地说："这是史无前例的节目。"

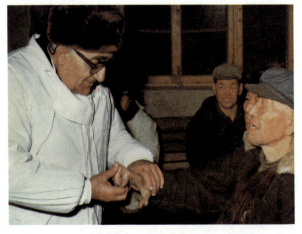

图 14-8 ● 1982 年春节，马海德到河北省望都麻风病院看望患者（苏菲供图）

马海德的行动影响了越来越多的人，大家积极地参加到麻风防治工作中。这个时候，一个很严峻的问题提出来了，中国麻风防治事业的资金从何而来？

1983 年，麻风联合化疗在中国获得突破

　　马海德利用自己母语是英语的优势，多年来直接浏览、研读、关注和掌握国际麻风领域科研和防治实践等各方面动态及进展，为中国麻风防治事业所用，并与世界各国各地著名的麻风防治研究机构、相关慈善机构建立了联系。他本来就很忙，自从在广州会议上吹响了总攻冲锋号之后，这个腹部挂着护伤口包包的老人就更忙了。苏菲跟他唠叨："马，你不能靠不睡觉来消灭麻风啊！"尽管马海德有英语优势，但为了加强和国际麻风防治工作组织和专家的联系，他聘请了一个英语造诣很高的退休朋友——孙益之来家里担任英文秘书，广泛联系海外麻风相关机构及专家学者，帮他处理来往信件及海外电话业务。开始，孙益之每周来两三个半天，但没过几个月，时间就不够用了。有一天，孙益之忙到天黑，该下班回家了，可临走时他看到马海德一边吃饭还一边接电话，他伸手接过话筒，说："老马，你先吃饭，这个电话我来接。"孙益之接完电话之后，对马海德说："老马，你真是太忙了，我工作的三个半天就改为全天吧。"

　　20 世纪 80 年代初，马海德对世界及中国的麻风防治研究，已经非常深入了。历史上中国对于麻风的恐惧，与世界是一样的。公元 4 世纪，德国莱茵河沿岸有很多麻风病人，按照当地民间说法，是因为吃了莱茵河里

的鱼造成的。16 世纪时，西班牙士兵从南美洲带回了马铃薯，并在欧洲成功种植，随即流行起吃马铃薯会得麻风的说法。在大灾荒中，普鲁士农民宁肯饿死也拒绝吃马铃薯。麻风在古代中国流传的说法也千奇百怪，如古粤对麻风有上风下风之说法，称病人站在上风，经风一吹在下风的人就都要得麻风，可见人们对麻风的恐惧。

近代，随着自然科学的发展，到 19 世纪中叶，1856 年，挪威著名麻风专家丹尼尔逊终于忍不住对真理的好奇，冒险刮取一名麻风病人皮肤结节，接种到了自己和 4 名助手的身上，幸运的是他们 5 个人都没有因此染上麻风，这使他坚持麻风是遗传性疾病不会传染的观点。但这个实验结论不久就被推翻了，1873 年 2 月 28 日，丹尼尔逊的女婿兼下属，挪威麻风专家汉森在显微镜下发现了许多棒状的小体，后来证明这就是麻风的致病菌——麻风杆菌。这是人类对麻风研究获得的第一次重大突破。

麻风杆菌的发现，彻底结束了关于麻风病因之各种各样荒谬而奇怪的说法，麻风的研究从此进入了一个科学的新纪元。但是，丹尼尔逊至死依然坚持麻风是遗传性疾病的观点，否则他冒死得出的实验结论又该做何解释呢？在麻风研究者们迷惘了许多年之后，一个在 225 名科学家志愿者身上所做的麻风杆菌接种实验，揭开了这个谜底。在这 225 人中间，只有 5 个人得了麻风，这证明麻风是一种传染率低的传染病，95% 以上的人对麻风具有天然的免疫力。人类对麻风的研究，此时才得以进入一个新的阶段。

马海德凭着自己对麻风多年的研究，在 1985 年 6 月于南京召开的全国麻风宣传工作会议上，提出了麻风"可防、可治、不可怕"的科学论断。对于历史及社会流传下来的对麻风之种种错误观念，已步入老年的马海德，很少用语言去批评谁，他和蔼、热情，更愿意用自己的示范行动来改变人们对麻风的错误认识。

在我国实行多年的麻风治疗方案中，单疗方案出现了麻风杆菌耐药性问题。马海德深知，由于单疗方案的疗程长，致使病菌容易产生耐药性，他很高兴地注意到，国外的同行在战胜麻风杆菌耐药变异方面的努力，人们开始进行多种药物联合化疗实验，20 世纪 70 年代在马耳他的麻风岛进

图 14-9 ● 马海德与李桓英（右一）等人讨论麻风防治工作（苏菲供图）

行的试验获得成功，联合化疗方案是麻风治疗领域的一个重要突破。为此，1982 年 3 月，卫生部委托皮研所在南京召开了全国麻风防治技术座谈会，通过了《麻风病联合化疗试行方案》《全国麻风病防治管理条例（修订）》等 7 个技术方案，并由卫生部发布，形成了一整套符合中国国情的现代控制麻风策略。

1983 年春节，李桓英带着联合化疗方案和国际捐赠的新药，再次来到云南西双版纳勐腊县，在麻风寨里住下来，整个麻风寨都成为她进行联合化疗的实验室。

1978 年 12 月，李桓英从中国医学科学院皮肤病研究所调到北京友谊医院热带病研究所，开始正式从事麻风研究工作。20 世纪 80 年代，李桓英从她曾经工作过的世界卫生组织得到信息，一种新的联合化疗方案正在国际上推广，决定把这种治疗方法引进国内进行试点。她出国学习联合化疗方案前，世界卫生组织需要提供麻风防治试点的方案及相关数据。马海德建议试点选在我国麻风高流行地区。她经过多方考察，跋山涉水，把试点选在麻风病人比较集中的云南省西双版纳勐腊县。在麻风村病人半信半疑的眼光中，她克服了重重的困难，完成了试点方案起草和数据收集工作。

1983 年春节，她再次回到勐腊县，给病人分发联合化疗药品，有的孩子不爱吃药，有的病人没信心、拒绝吃药。李桓英为了让病人吃药，做了大量的异常艰难的说服工作。第二年，李桓英又来到勐腊，病人病情好转，她也受到了病人的欢迎，这说明治疗见效了。按这个方法服药后，麻风寨的 47 例麻风病人经过 2 年的规则治疗，全都治愈了，在随后十几年的追踪观察中，无一例复发。治愈多菌型麻风的疗程从单疗方案的 6 年，缩短为联合治疗方案的 2 年！

图 14-10 云南省庆祝新中国成立 70 年的卫生成就展中，展出的马海德 1980 年在螺丝塘麻风病院调研的照片

1983 年春节，马海德坚持继续到河北省望都麻风病院给麻风病人拜年。在马海德一家正要出门去准备拜年礼物时，邮差送来了一大扎装潢精致的贺年信件。其中，夹杂了一个普通土黄纸小号信封的信件，这是一封来自云南省石屏县的信，这个县的麻风病院是他去过的地方。这封信是石屏县医药公司职工张某写的，因麻风病人的孩子升学受到歧视不予录取，而向马海德求助。马海德阅读此信后，立即写信，指示原云南省皮肤病防治研究所所长苗宇培："请了解此事，如属实，借以进行宣传，让更多的人了解麻风知识。"这是 1983 年春，马海德关心病人后代上学情况的往事。

36 年后，2019 年，云南在庆祝新中国成立 70 周年之际，举行了卫生成就回顾展，展出了马海德 1980 年在云南螺丝塘麻风病院调研的照片，云南石屏县医药公司张某写给马海德的原件信和马海德回复批示信件的手迹，同时，附上了这样一段文字和数据：

云南省各级党委和政府都非常重视麻风防治工作，每年 1 月的"世界防治麻风病日"期间都开展宣传慰问活动，各级政府领导亲自走进麻风村看望慰问麻风康复者，云南省麻风患病率也从最高的 1966 年的 78.8/10 万，降到 2018 年的 0.96/10 万，麻风的流行已基本得到了有效控制。

新任卫生部部长崔月犁为马海德消灭麻风 "烧一把火"

图 14-11 ● 崔月犁

马海德生性幽默。1982 年 4 月崔月犁就任卫生部部长，马海德一见到他，就笑着说："恭喜啊，半夜耕田的李大夫荣升部长了！"原来马海德跟崔月犁相识于北平和平解放之前，马海德那时还在中央外事小组当顾问，崔月犁去解放区报到时，把原名张广印改为现名，说是半夜也犁田，要一生辛苦为革命。他在北平做地下工作，化名"李大夫"在同仁医院当放射科医生。不久，解放军进城接管北平时，王炳南告诉马海德："这个'李大夫'年轻有为，为接管北平立了大功，周副主席很欣赏。"

开国大典那天，马海德、苏菲夫妇获邀出席观礼活动，在天安门城楼上，喜见崔月犁、徐书麟夫妇，才知道崔月犁是彭真的秘书，他为和平接管北平立的大功，是崔月犁以行医身份在北平出生入死，成功策反傅作义身旁主要人物：傅作义恩师、高参刘厚同中将，傅作义副手、拜把子兄弟、副总司令邓宝珊等。从开国大典开始，马崔两家成了北京城里经常交往的好友。马海德与崔月犁，很快就在一个多月后的北京封闭妓院的特别行动中见面了。夜幕的灯火中，崔月犁感谢马博士给予的指导和支持。此后，两人像老朋友一样，只要相遇，谈论什么，都毫无拘束，非常融洽，相互帮助解决难题。

马海德幽默地对新部长崔月犁说："中国老话说，新官上任三把火。我希望你除了为中医烧一把火，我需要你也为消灭麻风烧一把火啊（崔部长任副部长时主管中医）。"崔月犁答："把麻风消灭掉，是全人类和全中国的卫生大事，你这把火，我肯定要烧。老朋友，你看看该怎么烧？"马海德早有准备，从上衣口袋里掏出一份《出国考察报告》交给崔部长。马海德说："部长，我这张洋面孔要带两三个中国专家，用 3 个月时间，访问 8 个国家。第一个目的，是麻风防治学术交流，介绍新中国的麻风防治工作进展，学习别国先进的东西；第二个目的，是'化缘'啊！出去寻求赞助及投资，解决我们遇到的资金瓶颈问题。"崔月犁连说："好，好，好！这把火我一定'烧'。"果然，崔部长很快就召开部党组会议，批准了这个《出国考察报告》。

马海德带上叶干运、苏骏瑞两个中年麻风防治专家，组成一个"中国防治麻风考察小组"，首站访问日本。在日本，麻风曾被称为"癞病"，日本患麻风的妇女，不仅被强制隔离，还被施行"优生手术"（节育手术），不准生儿育女。直到 20 世纪 60 年代，麻风病人的实质性隔离才被废除。但是，社会上的歧视仍然根深蒂固。马海德小组参观了日本厚生省、国家麻风研究所和松丘国立保养园等麻风病人疗养院所等专业机构。

在东京举行的两国专家交流座谈会上，洋面孔的中国考察团团长马海德博士，穿着一身黑色西装，神采奕奕，总是带着开朗的笑容，英语与汉语都说得极为流畅，介绍说："中国虽然地域辽阔、人口众多，但我们有全国性的卫生防疫系统，我们刚刚召开过第二次全国麻风病防治工作会议，提出了在本世纪末在中国实现基本消灭麻风病的目标，并相应制订了《麻风病联合化疗试行方案》《全国麻风病防治管理条例（修订）》等 7 个技术方案，形成了一整套符合中国国情的现代控制麻风病策略。"他的发言生动活泼，还有亲身经历的感人例子，他成为与会者及日本与西方记者们十分关注的目标。他使参加会议的人了解到，过去所不曾知道的中国麻风防治的许多新鲜事物。在东京公众场合出现的马海德，本身就是富有传奇色彩的人物，他无需发言稿，就能回答所有业界朋友和新闻记者的提问，并应答如流、令人满意。

这个洋面孔的中国团长，引起了一个与会日本老者的注意。这个日本人，八十余岁年纪，满头银发，身穿浅色西装，个头儿不高，身板硬朗，看神态似饱经沧桑，沉稳从容。他委托会议举办者带话给马海德，想和中国马团长见一面。传递消息的人介绍说，老人是笹川良一先生，日本著名的社会活动家，长期担任日本船舶振兴会会长，曾是多个日本团体的首脑，

图 14-12 ● 1982 年，马海德与笹川良一会谈（苏菲供图）

他现在的政治主张是"世界一家，人类皆兄弟"。马海德考虑到此次来日本的目的之一，就是为中国麻风防治事业募集资金，于是表示愿意见面。

两人一接触，交谈甚欢。笹川良一说的是日语，由考察团 21 岁的日语翻译小邢（邢高岩）担任翻译。笹川说："听了马博士的精彩发言，使我颇为感慨。一个美国人对中国如此了解，对为中国消灭麻风有如此高的热忱和执着的信念。"马海德说："我是美国钢铁工人的后代，是受美国洛克菲勒基金会资助攻读大学而成为医学博士的，听说会长先生被称为'日本的洛克菲勒'，我当然很乐意与您见面。"笹川说："在现代，我最钦佩的中国政治家首推毛泽东，他能够将那么大的一个国家在战乱中统一了，让一个政党稳定执政，很了不起啊！还有，周恩来在日本获得众人尊敬，促进日中建交，功绩非常大。另外，就是被大家称为英雄且健在的政治家邓小平，一直是我所钦佩的。"马海德说："邓小平是中国改革开放和四个现代化建设的总设计师，得到十亿国民的拥戴。"笹川说："出于历史原因，鄙人长期与中国没有交往。然而，随着世事沧桑巨变，特别是在 1972 年中日复交，中日缔结和平友好条约，中国实行改革开放，我亲眼看见中国和中日关系的重大发展变化，使我的思想深受触动。"

马海德在此前听说过笹川良一曾经有一段不光彩的历史，而这些年来，一直在开展医疗、教育、文化、赈灾等多项公益和慈善事业，在日本社会有举足轻重的影响，被媒体称为"日本的洛克菲勒"。马海德感受到这个老人，说话是真诚的，就对他说："历史是过去的事，我们不忘历史，也要着眼于未来。"笹川表示："日本应当对过去的侵华战争表示反省和忏悔，日中友好才能保障亚洲的和平和发展。日本在历史上受惠于中国，中国是日本最可尊敬的兄长。鄙人想以实际行动顺应时代潮流，投入日中友好事业，向马博士从事的在中国消灭麻风的事业贡献一点力量。"马海德也表示说："我很欢迎笹川会长加盟中国消灭麻风的事业！"笹川笑着说："我去中国想跟你干消灭麻风的事，但我个人有一个要求。"马海德："会长请讲。"笹川说："邓先生 1978 年访日的时候，我有幸出席了隆重的欢迎活动，聆听了他高屋建瓴的讲话'中日友好源远流长，我们两国之间虽然有过一段不幸的往事，但在中日两千多年友好交往的历史长河中，这毕竟只是短暂的一瞬'。他讲得太精彩了！我的要求就是，想在北京见一见我所尊敬的邓小平先生。"

马海德微笑着说："会长的要求很真诚，虽然我目前尚不能答复你，但是，我相信邓先生会接见你的。"笹川也愉快地补充道："我为什么愿意支持麻风防治而不是其他疾病呢？因为在我居住的地方，有位漂亮的姑娘，因为得了麻风遭人歧视，自寻短见了！我真心痛啊！这对我触动很大，我发誓此生要为麻风病人做点什么。"

为解决中国麻风防治事业资金瓶颈问题，马海德敢做"第一个吃螃蟹的人"

马海德率领的中国麻风考察小组，历时 3 个月，从亚洲到欧洲，连续考察了 8 个国家，真是收获满满。翻译小邢说："马老真是急啊，真想一天

（1）

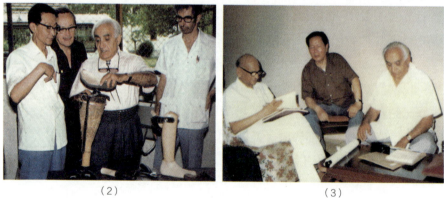

（2）　　　　　　　　　　　　　　　　　（3）

图 14-13●1982 年，马海德带队考察国际麻风防治工作（苏菲供图）
（1）访问美国夏威夷大学麻风研究室；（2）参观美国夏威夷假肢工厂；（3）访问印度麻风专家门德拉教授

当作十年用。"

　　马海德已经 73 岁高龄了，腹部还挂着护伤包。刚下飞机他就说，咱们不倒时差了，直奔部长办公室吧。崔月犁部长很快主持召开了中国考察组的八国考察汇报会。考察组向卫生部写了一份详尽的汇报，提出要全面推广联合化疗，大力开展宣传教育，加强麻风康复工作，同时建议成立中国麻风防治协会，动员社会力量参与麻风防治工作。

通过这次考察访问，考察团向国外介绍了中国麻风防治工作的成就，引起了国际的重视，并且广交朋友、建立联系，为开展国际学术交流与科技合作打下了良好的基础。这次八国行达成了众多援助或合作意向，其中与日本达成的最多，其次为比利时、荷兰等。其中与日本笹川纪念保健协力财团商议的援助资金额度最大、涉及领域最多、援助面最广。不仅他们援助，而且，领军人物笹川良一还准备发动日本其他基金会一起参加。马海德向崔月犁表示，很想接受笹川良一的援助。崔月犁觉得，这既是好事也是大事，应该向上一级报告，需呈报请示邓小平。同时，马海德也通过外交部及我国驻日大使馆，进一步了解了笹川良一的经历和他那段不光彩的历史。

笹川良一的名字在日本社会上的影响很大。他以其集团名义大规模对全世界各地进行"捐款善举"以扩张影响力。20世纪80年代初，笹川良一是联合国最大的个人赞助者，同时也是美国医学界艾滋病研究的超级捐款人；笹川良一还成立"笹川良一青年领袖奖学基金"，以支持文教事业与学术研究为名，逐步扩张其在文教学术界的影响力。因此，当笹川良一慷慨地捐出200万美元给美国政府改善总统图书馆的设备时，美国前总统卡特便公开地赞扬，称"笹川良一对世界和平有卓越的贡献"。

当时，自1977年起，连任两届中国驻日本大使的资深外交家符浩，刚刚回国担任外交部常务副部长，主管对日事务。马海德通过卫生部外事局向外交部亚洲司联系，咨询我方拟与笹川良一财团进行麻风防治投资合作的相关事务。亚洲司认为该事很重要，就及时请示符浩。符浩任大使时，与笹川良一在日本见过面，对此人有一定的了解，就表示说："笹川良一在日本名气很大，过去名气大，现在名气也大。我出使东京的第二年（1978年），负责代表中方安排10月间邓小平副总理访问日本，此前，中日第二份重要政治文件《中日和平友好条约》刚刚在8月间顺利签署，中日双方均视这份文件是发展中日睦邻友好关系的一个新起点。邓小平副总理在日本访问计划中，安排了演讲的重要活动，日本政府方面提出的主要嘉宾名单中就有笹川良一。日方礼宾官员在介绍笹川良一显赫的财团身份时，也介绍其二战战犯的背景。"当时，符浩大使对此"感到有点棘手"，在邓小平出席并发表重要讲话的外交场合，身后主席团席位上能否有二战战犯就座，事前就直接请示邓小平。想不到，邓小平看完笹川良一的材料后，对符浩说："我记得你新中国成立之初就从军队到外交部工作了，中日刚开始民间交往的时候，有一个名叫远藤三郎的战争罪犯，是侵华日军中将，在片山哲前首相陪同下来华访问，自称'谢罪之旅'，获毛主席接见，向毛主席悔罪。你知道这位战犯吗？"符浩说："我不仅知道，还两次接待过远藤三郎。"经邓小平一提醒，符浩就对日方的主要嘉宾名单，表示"不持异议"地退回给日方。符浩还说："此后我就指示使馆调研室注意搜集这个人的材料。"

外交部亚洲司日本处的干部，对卫生部外事司来联系工作的同志具体介绍了当年毛主席、周总理接见侵华战争罪犯远藤三郎的往事。远藤三郎对毛主席说，"我亲身体验过战争之罪恶，发自内心地认识到人类的尊严，因而我要深刻反省，否定战争，要为发展日中友好作贡献。"值得提及的是，1956年访华期间，远藤三郎特意准备了一把家传日本宝刀赠予毛主席，毛主席则以齐白石先生的一幅名画作为答礼，还附上一封亲笔书写的感谢信，信中写道："承远藤三郎先生惠赠珍物，无以为答，兹以齐白石画竹一帧为赠。"回国之后，远滕三郎将那些志同道合、反省战争的旧军官组织起来，成立一个"日中友好反战原军人会"，曾多次访华，均曾获毛泽东、周恩来接见。我国改革开放以来，该组织有的实业家还来中国投资。中日邦交正常化，特别是邓小平访问日本后，笹川良一积极寻求与中国的往来。但是，基于其过往的历史经历，符浩大使在使日期间，将笹川列入"慎重交流"名单之中。符浩副部长曾说，"可是，在我任大使期间，没有单位敢'吃第一个螃蟹'。"

马海德获悉后说："螃蟹总要有人吃啊，我敢做'第一个吃螃蟹的人'！为了麻风防治，我什么都敢做。"

卫生部部长崔月犁首先支持马海德"吃螃蟹"。马海德觉得，仅有卫生部的支持还不够，需要中央领导的支持。过去，马海德受诬陷、蒙冤屈的时候，他忍辱负重地埋头工作，没有去找过中央领导。这次，融资消灭麻风是国家大事，他要去找中央领导了。马海德想到了国家副主席王震还兼任中日友好协会名誉会长。

马海德与王震很熟悉, 当年在延安, 两人都是毛泽东窑洞里的常客。王震的359旅是延安的警卫部队, 开发了南泥湾, 种了湖南品种的辣椒, 常送给毛主席。王震是抗日名将, 还因为20世纪50年代西方封锁中国时, 他率中国农业代表团访问日本, 引进了当时先进的手扶拖拉机和塑料薄膜, 在中国推广而推动了农业发展, 为促进中日友好关系带了一个好头。马海德特地去王震家登门请教,学习跟日本人打交道的经验。王震朗声大笑说:"老马, 你找我找对了, 我有在日本'吃螃蟹'的经验哪! 那时中日尚未建交, 政府部门间没有往来, 我这个农垦部长带了一个很大的农业代表团, 访问日本学农业, 轰动日本朝野! 报界称'抗日猛将之王'来了。现在, 笹川来华助你消灭麻风, 我看该是一桩大好事! 我首次访日最深的印象, 是所参观农村、农家和农业工厂, 不少人家或单位厅堂都悬挂着'和为贵'字幅, 说明人民对侵华战争有正确的认识, 有着伟大的和平愿望, 中日应该世世代代友好相处。老马, 我支持你'吃螃蟹'! 此人要见小平同志, 你可找尚昆帮你转达一下。"

马海德按王震建议,找到了杨尚昆,也获得了杨尚昆的高度重视。当时, 杨尚昆担任中央军委常务副主席兼秘书长。马海德在陕北红军西征时期和杨尚昆曾一起战斗工作, 建立了深厚的友谊。马海德向杨尚昆提出了笹川良一要见邓小平的请求。

很快, 卫生部正式回复, 可以就双方合作之事与笹川方面实质性接触, 最后的合作方案, 有待笹川访华会晤邓小平之后, 由邓小平拍板确定。于是, 卫生部派出了以防疫司副司长王健为团长的中国政府代表团访问日本, 与笹川良一见面, 双方正式会谈达成合作意愿。马海德知道后很高兴。

笹川良一对邓小平说，"减去60岁" 为日中友好作贡献

卫生部防疫司副司长王健及日语翻译邢高岩，作为马海德助手参加了接待笹川良一首次访华活动，参与并见证了马海德与笹川良一为落实中日双方防治麻风合作协议而举行的会谈及最后签约仪式。据马海德基金会秘书长申鹏章和邢高岩介绍，在最后确定邀请笹川良一访华之前，这年（1983年）秋冬之间，杨尚昆为马海德安排了邓小平接见。此次接见，邓小平解决了两件与马海德有关的事情：一件是解决了笹川良一访华想见邓小平的请求；另一件是邓小平批准，在马海德来华工作50周年之际，"中央给你庆贺一下"。

作为马海德助手的申鹏章和邢高岩，亲身参与接待笹川良一首次访华，对这段邓小平接见马海德的往事，有如下回忆：

> 邓小平为此接见马海德，在会见中，邓小平问："你请日本这个'大教父'来出力，对你有没有用？"
>
> 马海德说："我们消灭麻风，正需要资金啊。"
>
> 邓小平说："对消灭麻风有用，我就见他。"
>
> 马海德正打算起身告辞，邓小平笑着说："尚昆同志讲，今年是博士来华工作50年，没错吧？"
>
> 马海德点头笑着说："我是1933年来中国的，中国老话讲的，五十是知天命之年，要抓紧时间做事啊。"
>
> 邓小平笑着朝他摆摆手："我同意尚昆的意见，中央给你庆贺一下。"

笹川良一首次访华之事宜，经邓小平认可，得以安排进行。此外，这次见面，还定下了马海德来华50周年庆祝活动。

1983年11月22日，由卫生部、对外友协、国务院办公厅外国专家局和宋庆龄基金会主办的"庆祝马海德来华工作五十周年招待会"在人民大会

图 14-14 "庆祝马海德来华工作五十周年招待会"合影。邓小平、邓颖超、万里、王震、杨尚昆、薄一波、姬鹏飞、程子华、荣毅仁、黄华、康克清、周培源等同志出席（申鹏章供图）

堂隆重举行。邓小平、邓颖超、万里、杨尚昆、王震、薄一波等党和国家领导人出席了本次活动。

《邓小平年谱》有如下记载：——

　　11 月 22 日　上午，出席庆祝马海德来华工作五十周年的招待会。对马海德说：五十年，不容易，祝贺你。

　　在庆祝招待会上，邓颖超为庆贺马海德来华工作 50 周年讲话。全国政协主席团会议将马海德选为全国政协常务委员；中国人民对外友好协会、宋庆龄基金会、国务院外国专家局联合给他颁发了荣誉证书。当时，日本《朝日新闻》驻京记者有评论称，在人民大会堂为马海德举行的这项活动，是新中国成立以后，"非中国血统的外裔专家在华获得的最高荣誉"。

　　1984 年深秋，笹川良一首次来华访问，马海德亲自到机场迎接。

　　在飞机舷梯前，两位老人，一位 80 多岁，一位 70 多岁，紧紧握手拥抱。有两个 30 多岁精干的年轻人跟随其左右，笹川拍着其中一个的肩膀介绍："这是我的小儿子老三，名叫阳平，跟随我做事。"看得出这是他的接班人。笹川还介绍另一个年轻人尾形武寿，是中国事务的具体负责人。笹川一行人中还有著名麻风防治专家兼日本笹川保健基金会常务理事汤浅洋博士，以及随行工作的文秘等。第一次到访中国的经历，给他们留下了很深的印象，至今笹川阳平还时常回忆，"当时中国还不像现在这么富裕，街上的行人都穿着相同颜色的衣服，自行车的数量非常多，人们骑车形成自行车车流的场景，至今仍记忆犹新。当时中国基本没有高层建筑，最高的建筑

图 14-15　邓小平、邓颖超与马海德、苏菲共同回忆马海德来华 50 年的历程（苏菲供图）

图 14-16　杨尚昆祝贺马海德来华工作 50 年（苏菲供图）

是长安街的老北京饭店。"

1985 年，日本财团捐助中国防治麻风的项目开始实施，笹川良一以 80 岁高龄再次访华，邓小平再次亲切接见，邓小平赞扬笹川先生"重义气"，指示马海德和卫生部要做好工作。

笹川阳平和尾形武寿都多次回顾了 20 世纪 80 年代日本财团首任会长笹川良一与邓小平为中日友好见面交往的故事。

邓小平与笹川良一的初次见面，是从他俩的高龄说起的。邓小平说："很高兴看见您身体很好！ 1978 年我访问日本的时候，也 74 岁了。"笹川良一说："最近，我在电视上看见您这样高龄还检阅军队，您身体好哦。我今年 85 岁了，终于来到新中国了！"邓小平说："我这次阅兵也反映出一

图 14-17　邓小平会见笹川良一及笹川阳平

个弱点，一个八十岁的人检阅队伍，这本身就是一个缺陷。毕竟自然规律是违背不了的，好在现在管事情的人比我年轻。你的老三阳平还不到 40 岁，接您的班会大有作为。"笹川良一："日本历史上受惠于中国，中国是日本最可尊敬的兄长，我虽然老了，还要以实际行动顺应时代潮流，投入日中友好事业，向中国'报恩'"。邓小平说："我俩都是世纪老人啦，一衣带水，互为邻居，共同努力促进中日友好。"笹川良一说："我要以减去 60 岁的心情，为和平的日中友好做更多事情。"在崔月犁、马海德的陪同下，笹川良一一行亲自到广东出席援建的中国麻风防治研究中心成立大会。这次广东行，除了援助麻风防治项目，笹川良一的团队与我国卫生部还开展了其他合作，设立了中国医生大规模赴日研修学习的长期计划，这就是笹川医学奖学金项目，无偿提供 20 亿日元，每年邀请 100 名医生到日本培养一年。

接着，在对广东、江西、江苏的麻风防治基地的实地考察中，笹川良一、笹川阳平等亲眼看见：马海德与各地麻风病人十分熟悉，相互很有感情，握手、拥抱，马海德甚至将足部溃烂麻风病人的脚，放在自己的膝盖上观察患情……陪同马海德的翻译邢高岩说，笹川良一观察很细，用日语对笹川阳平说："马博士在中国真是很有威望，各省地方官员们很尊敬他，病人们都很喜欢他。你看，这些麻风病人一见到马博士，脸上都露出欣喜的笑容，眼睛里都因充满期望闪着发亮的光，他们期望获得再生啊。"马海德、笹川父子及随行的汤浅洋在麻风防治基地，结合实际病例，评估麻风综合药物治疗在中国实施的进展，还探讨了治愈麻风病人的康复、融入社会等方面进一步合作的前景。汤浅洋是国际麻风协会秘书长，对马海德及中国麻风防治队伍的工作进展给予了很高的评价。

1985 年，笹川良一又以 86 岁高龄访华。邓小平在北京会见他时说，要为两国在 21 世纪更加友好共同努力。

1987 年，笹川良一为创建"笹川日中友好基金"第三次访华，11 月 2 日上午，邓小平再次接见笹川良一，邓小平赞扬他为发展中日友好所做的努力。说："中日友好合作不仅对当前有着重大意义，而且将影响两国的未来，影响千秋万代。"

《邓小平年谱》对会见笹川良一有记载：

> 1985 年 10 月 30 日　上午会见日本船舶振兴会会长笹川良一一行。指出：我们都是近百年来中日关系的见证人。中日关系史上是有过不少波折的。新中国成立后，日本许多朋友与我们一起努力，发展了中日民间友好关系。中日实现邦交正常化后，十几年来两国关系的发展是好的。我们还要为中日两国在二十一世纪更加友好而共同努力。

笹川良一每次访华，都获得邓小平接见，使他很受鼓舞。1989 年 12 月，笹川先生决定出资 50 亿日元正式设立"笹川日中友好基金"，无偿用于日中间的政治、经济、文化、卫生、教育等领域的友好交流活动。1989 年 12 月，笹川日中友好基金正式宣告设立。邓小平、王震等党与国家领导人会见笹川良一、笹川阳平及该基金会其他筹办人，并合影留念。1990 年 6 月，《笹川日中友好基金协议书》在北京人民大会堂签订。从此，基金开始在中日间的政治、经济、文化、教育等多项领域积极开展友好交流活动，为中日民间交往发挥了重要作用。1993 年，笹川先生又决定将这项基金追加一倍，增至 100 亿日元，成为日本最大的一笔民间对华友好基金，为日中民间友好交流发挥了积极作用。直到 1995 年 7 月去世前，虽已届

96 岁耄耋之年，笹川良一在病榻上仍关心"友好基金"的交流情况。

笹川良一先生去世后，笹川阳平接任日本财团理事长、"笹川日中友好基金"委员长之职。他表示："虽然家父已经过世，子承父业，我要继续把他所开创的'笹川日中友好基金'的事业搞下去。"至 2019 年底，笹川阳平和尾形武寿，不辞辛劳，已近 50 次访问中国，足迹遍及中国各地，"笹川日中友好基金"事业愈加红火，中日双方已利用这笔基金从 1985 年开始的"笹川资助麻风防治项目""笹川医学奖学金项目""笹川优秀青年奖学金项目"等拓展到 402 个项目。其中，"笹川优秀青年奖学金项目"已为世界上 44 个国家的 69 所大学及学术机构超过 1.6 万名学生发放了奖学金。中国项目分两批始于 1992 年和 1994 年，共有十所高校设立该奖学金，迄今获奖学生约 8 000 人，占到全球获奖学生人数的一半。

"笹川日中友好基金"各项目投入总额超过 36 亿日元，组织直接参加交流项目的中日两国人数超过 2 万人次。笹川日中友好基金为促进两国间消灭麻风、人才培养、人员往来、地震救灾等做了很大贡献。

本世纪之初，笹川阳平在东京一次中日友好活动中感慨地说："马老与家父在天之灵获知马老在中国消灭麻风的宏愿不仅已经实现，还推动了日中友好事业多种项目发展，两位老人一定会欣喜同庆的！"

协会、基金会和研究中心三位一体，最后冲刺的平台形成了

在 1984 年，随着笹川良一首次访华，日本及其他国家对中国麻风事业援助初成构架，马海德面临一项很迫切的重要工作，就是中国麻风防治队伍怎么接收海外国家的资金、技术、设备及药品援助。这是在改革开放中遇到的体制相关问题，要解决这个问题，必须在改革开放中有新的思路，并使我国的麻风防治工作和国际接轨，共同为人类消灭麻风而战，并争取国际上多方支持。马海德经过对多国考察研究，以及参考世界卫

生组织之援助与合作的相关规则，恢复成立中国麻风防治协会（原中华麻风救济会，1926 年 1 月成立），建立中国麻风福利基金会和中国麻风防治研究中心这三个机构的计划，提到议事日程了！

当时，全国改革开放的先行地区是广东省，广东省本来就是中国麻风的高发区，马海德准备在广州召开这三个机构的成立大会，同时召开一次大规模的国际麻风学术交流会。在这三个涉及麻风的机构中，恢复成立"中国麻风防治协会"是第一要务，在与卫生部党组酝酿此事时，崔月犁说："不是我当部长的出任这个理事长，而是你，马海德出任中国麻风防治协会理事长，责之所在，义不容辞！"崔月犁又说："中国麻风防治协会必须有一个名誉理事长，既德高望重，又能旗帜鲜明地支持改革，再就是与马海德理事长关系很好，议事及决策能及时解决。"崔月犁的话说到点子上，大家都赞同。其实，马海德早就想好了，说："我想请习仲勋同志出任中国麻风防治协会荣誉理事长。"与会者都一致赞同。

原来，马海德与习仲勋早在延安时期就认识了，习仲勋比马海德年轻几岁。习仲勋在关中地区、绥德地区任地委书记，为陕甘宁边区"把守南大门"，后期任西北党校校长，因参加近 3 个月的西北局高干会议，住在枣园后面的小沟岔窑洞里，与住在那里的马海德成了邻居。马海德了解到，习仲勋建陕甘红军根据地时，在掩护红军游击队撤退的战斗中，腰腹中弹受过重伤，天气变冷时会伤痛发作，马海德常为习仲勋诊治护理。先是苏菲与马海德结婚搬到那里，不久齐心与习仲勋结婚后，也搬去了，两家来往频繁。2019 年 5 月 19 日，是苏菲的百年寿辰，齐心专门打电话表示祝贺，并送花篮。

1985 年间，马海德找到已从广东调到中央工作的习仲勋。两人先用陕北本地话寒暄，接着，习仲勋听了马海德的汇报，笑着说："你的事，就是我的事。我虽然来北京了，但始终关注和支持广东的改革开放！你选广州开会的计划，很好！我让选平省长继续帮你的忙，配合好你的工作。"

1985 年 11 月 26 日，在广州恢复成立了中国麻风防治协会，同时成立了中国麻风福利基金会、中国麻风防治研究中心，并召开了第一届中国国际麻风学术交流会议。卫生部部长崔月犁主持会议。会上宣读了中共中央政治局委员、国务院副总理兼中国麻风防治协会名誉理事长习仲勋等领导发来的贺词贺电。《中国麻风杂志》同时创刊，习仲勋后为《中国麻风杂志》题写了刊名。

因为马海德的邀请，世界一百余位著名的麻风专家及知名人士参加了这次盛会，使我国的麻风防治工作大步地走上了世界舞台，并争取到国际上多方的支持。会议标志着我国向实现基本消灭麻风的目标迈出了一大步。

马海德在报告中号召："在目前中国的麻风防治工作中，我们就像是处于距珠穆朗玛峰之巅还有最后的、也是最困难的二百公尺的爬山运动员。这就是为什么我们要成立中国麻风防治协会、中国麻风基金会和中国麻风防治研究中心，并出版《中国麻风杂志》的理由。这些努力等于在向顶峰冲击之前建立一个前进基地，以便为在我国基本消灭麻风进行最后的冲刺。"

马海德在报告中还说："在麻风防治工作中已经取得的成就使我们相信，这个任务是能够完成的。我们有全国的支持，从我国党政领导的最高层，直到全国人民都在支持我们的工作。在一个麻风流行区的群众中进行的一次抽样调查，曾提出这样一个问题：'你愿意参加中国麻风防治协会帮助消灭麻风吗？'70%的被询问的人都回答：'是的。'我们有一支万人大军，他们都在麻风病学方面受过良好的医学训练，具有献身精神，有同情心，工作积极肯干。此外，我们过去曾有、今后还希望继续有国际友人、麻风学界、基金会和国内专家们在麻风领域及公共卫生方面的帮助，他们曾经给了我们很大的支持和科学方面的帮助。因此我们相信，我们能够将今天成立的这些组织建成非常有效地与麻风做斗争的武器。"

在叶选平省长的大力支持下，广东省对这次盛会的服务、后勤保障、对外国专家与代表的接待工作，都做得很周全。

在改革开放的历史时代，中国麻风界这次空前的盛会之后，为了争取用于联合化疗的药物与器材，马海德更是多方奔走，先后与十几个国家的麻风协会、基金会等达成合作协议，使得全国各地的联合化疗所需的药品、器材和交通工具等都得到充分的保障。在这次大会的同时，广州还举办了

图 14-18 ● 1985 年中国麻风防治协会成立大会的主席台（中国麻风防治协会供图）

《新中国麻风防治工作 36 年》的图片展。大会及图片展，显示了中国为消灭麻风大进军的决心和气势！

笹川良一带着笹川阳平，与国际麻协秘书长、日本麻风专家汤浅洋等也出席了这次广州盛会。大会开幕式之后，马海德陪同笹川良一等外国专家同行们参观了图片展。汤浅洋在国际麻风界成就不俗，深有感触地说："在中国麻风防治领域，像马大夫这样的人物是没有人能够替代的。"笹川良一深受感动，对马海德说："我的日本船舶业协会团体，以及我再动员日本财界朋友们，一起加盟您在中国领军的消灭麻风事业，也出一份大力。我这一辈尽力之后，我儿子阳平这一辈，继续尽力。"

图 14-19 马海德陪同笹川良一参观《新中国麻风防治工作 36 年》图片展（苏菲供图）

为请现代"康复医学之父"去中国，马海德闯进章文晋大使官邸

1986 年是马海德繁忙且兴奋的一年。

这一年，马海德用很大的精力去"化缘"，在国际上寻找资金和物资，解决消灭麻风分省承包的问题；这一年，国际荣誉接二连三地颁发给他。首先是春节过后，黎巴嫩驻中国大使法里德·萨马哈代表总

图 14-20 1986 年，马海德在江西南昌麻风病院探望病人（苏菲供图）

注：此照片曾荣获世界卫生组织图片展金奖

(1)

(2)

图 14-21　马海德在美国布法罗市
（1）1986 年 5 月，布法罗市长给马海德颁发"布法罗市荣誉市民"证书；（2）马海德与苏菲参加记者招待会
（苏菲供图）

统阿明·杰马耶勒，在北京授予他该国最高的科芒德尔国家勋章，表彰这个祖籍黎巴嫩的公民在医学上为中国人民和全人类所作的贡献。

4 月，马海德到美国西海岸旧金山参加美国内科医生年会。5 月 16 日，他赶到出生地东海岸的布法罗市，市议会通过决议，将这天定为"马海德日"，市长将"布法罗市荣誉公民"称号和城市金钥匙授予他。

6 月，他赶去比利时布鲁塞尔和德国柏林，参加欧洲国家麻风专家学者的相关学术讨论，并协商比利时相关基金会对中国根除麻风资助事宜。他刚从布鲁塞尔回到北京，就赶往江苏、广东等地麻风病院，回到北京已是 9 月了。一天，他接到前驻美国大使章文晋先生打来的电话："老马，我俩共同的好朋友腊斯克博士，让我当面告诉您一件好事。"马海德说："章大使，要是不涉及咱们国家机密，您就在电话里说吧。"章文晋电话里说："这并非国家机密，倒是朋友叮嘱我当面告诉您，也许涉及腊斯克自己的秘密吧。"

这个电话，章文晋说起来很平常，为人捎话而已，可是马海德一听，兴奋不已！因为这个腊斯克博士在美国乃至世界医学界，鼎鼎大名！他被尊称为现代"康复医学之父"，是国际医学界卓有成就的现代康复医学先驱。晚上回家，马海德在饭桌上直"埋怨"文晋这个老朋友"太卖关子、吊人胃口"

了。苏菲关切地问什么原因，马海德说，腊斯克博士对中国根除麻风太重要了，中国麻风病人在治愈之后面临的问题就是现代康复医学要解决的关键问题。

苏菲问："腊斯克是什么人？"马海德说是纽约一个大夫，中美建交那年回美国探亲时你跟我见过的。苏菲又问："是不是你说的像白求恩的那个倔老头？你和他在纽约大学里老是争吵不休，我不懂英语听不懂你们俩争吵什么，但总看见你们面红耳赤的。"马海德跟苏菲介绍说，腊斯克比自己大十岁，是医学前辈，一个很了不起的大夫！腊斯克青年时代在宾夕法尼亚大学学医，获医学博士学位。二次世界大战在空军当军医，为了让他所救治的飞行员重上蓝天，创造性地设计了使伤员恢复功能的综合训练之原则和方法，最大限度地帮助他们恢复功能，重返社会，并提出了全面康复的概念，为现代康复医学奠定了基础。战后，腊斯克创建纽约大学医疗中心康复研究所，从事康复医学研究工作，并为各国培养了不少医学康复人才。

苏菲问："那次你和他争吵什么？脸红脖子粗的。"马海德告诉苏菲："我很尊敬腊斯克博士，可是，事关中美两国医学所涉及的制度问题，不能不争论。以后我们也争论过好几次呐。"

马海德说："我在美国长大，我对美国的富裕并不像我的北京同事那样惊讶，他们说有了美国的样板，回去照抄学着做。"马海德认为，美国的医疗及医学研究设施如此先进，花了那么多的钱，医疗服务却如此的差。美国这么富的国家为什么消灭不了性病，因为患病的穷人们没有钱。中国虽然穷，但中国城乡有发达的公共卫生制度，马海德讲到中国消灭了性病，并将要消灭麻风，使他感受到中国制度的优越性！世界上有几个国家做到了这一点？马海德对腊斯克等外国的同行，讲解中国的预防制度和中西医结合。他说他很了解中国卫生医务工作的不足，我们必须按照中国国情来发展，要学习外国的先进东西，但不是照抄。

马海德在纽约康复研究中心和腊斯克争论时，说过如下这段话：

"……什么是科学水平？如果你只会在高倍数电子显微镜下识别螺旋菌，并能数清它的每一根毛，但是你无法消灭梅毒，你

的科学水平也就不见得有那么了不起。因此在某些方面，我们有
理由为自己所做的感到自豪！"

　　争论归争论，马海德与腊斯克在纽约大学康复研究中心的争论，促使
腊斯克博士对中国产生了浓厚的兴趣，并称赞马海德说，你一个美国人，
在欧洲读了博士，长年在贫穷落后的中国当大夫，是真不容易啊。马海德
对腊斯克说："欢迎博士去中国参观考察，指导我们为广大麻风治愈者做康
复医疗。现任中国驻美国大使章文晋先生，是中国的资深外交家，是我的
好朋友。"腊斯克说："我知道章大使，章大使上任不久就到纽约来，我们
成了朋友。"马海德暗喜，问："您对章大使印象如何？"腊斯克说："章大使
这个人，英语说得很棒，是一位诚恳而又可亲的外交家。"马海德笑说：
"1971 年夏天基辛格博士那次神秘的中国之行，就是章先生秘密飞到伊斯
兰堡迎接，基辛格很欣赏章先生。章大使一定会为您去中国访问一路开绿
灯的。"

　　章文晋是中美建交后我国驻美第二任大使，这时国内工作重心已转向
以经济建设为中心，章大使到任后，把广交朋友列为最重要的事情之一，
他让使馆研究室开出一张可交往的 200 个美国朋友名单，其中要包括各方
面有影响的知名人士。研究室费了很大力气，才列出五六十个人。他一看
就觉得人太少了，这怎么能适应中美关系发展的需要呢？于是，章文晋利
用各种机会、各种社会渠道，不辞辛劳，积极开展交友活动，有一段日子
整天乘飞机早出晚归，去纽约、芝加哥、波士顿等城市交朋友，在他努力下，
终于列满了 200 个朋友的名单。

　　当马海德从纽约来到华盛顿，章文晋很高兴地在大使官邸接待他。当
时，正值官邸花园内玫瑰花和菊花同时盛开，马海德很有感慨地说："当初
我们外事组在黄河边三交镇窑洞里，刻蜡版、印简报，没有想到这儿官邸
的玫瑰花吧。"章文晋感情深沉地说："周总理虽说没能欣赏到华盛顿的玫
瑰，但是，我和张颖商量了，这次回北京述职，一定要带一盆华盛顿的玫
瑰给邓大姐放在西花厅里。"

　　在华盛顿的章文晋大使官邸，没等走进客厅坐下，马海德就迫不及待
地请章大使过问安排纽约大学腊斯克博士去中国访问的事。马海德没有想

图 14-22 马海德（左一）、基辛格（左二）、章文晋（右二）及美国友人在中国驻美大使馆合影
（苏菲供图）

到，章文晋这样回答："老马，你说的腊斯克博士也是我的好朋友，他担任过世界卫生组织顾问、国际残疾人联合会主席，曾获得总统颁发的美国特殊贡献奖章等多种殊荣，早就想邀请他去中国访问。中国大使馆当然要为腊斯克博士访华提供方便。"马海德打趣说："真想不到我们章大使与医界巨星腊斯克博士交上朋友！"章文晋说："老马，你还真不知道家里老人们一向极力主张我学医，少时我也很努力，要不是国家动乱，我现在恐怕也是医学博士啦。"马海德问及大使怎么跟腊斯克交上朋友的，章文晋称经基辛格介绍，得以登门拜访腊斯克。拜访中，章文晋说起我国 20 世纪 70 年代初马王堆出土文物中的古代医学发现，其中有一组彩绘的"导引图"，是汉代人呼吸运动和躯体运动相结合的一种医疗体育、恢复功能的方法。章文晋为此说："这就是中国关于康复的远古记载。"腊斯克非常惊讶，亦兴趣大增，两人谈得很融洽，此后成了好朋友。腊斯克签名赠给章文晋一本他的力作《康复医学》，章文晋对马海德说："腊斯克的著作，使我对现代医学大开眼界。"马海德问："具体怎么讲？"马海德怎么也没想到这位中国杰出的外交家，说出如此精湛的关于康复医学的认识来。章文晋说，通过品读腊斯克这本《康复医学》英文原著，理解了现代医学不仅要解决急性疾病的救治问题，还要重视慢性疾病、残疾者的功能恢复、回归社会等问题，而康复医学正担负着这一任务。

马海德听了，一拍茶几，大为兴奋地说："有酒吗？文晋大使，我要为你刚才这段话干一杯啊！中国的麻风病人治愈之后，就是要解决功能恢复、

图 14-23 ● 马海德、苏菲夫妇与章文晋、张颖夫妇合影（苏菲供图）

重返社会的问题。我们太需要腊斯克博士访华，在中国介绍康复医学理论及医疗操作技术了。"

　　马海德回国之后，立即向卫生部领导汇报，以卫生部的名义邀请美国现代"康复医学之父"腊斯克访问中国。于是，在章文晋帮助下，腊斯克在 20 世纪 80 年代初两次访问中国，在中国讲学，介绍康复医学这个新学科。腊斯克还在马海德的陪同下，考察中国医疗卫生工作，并与中方相关单位洽商合作，商谈纽约康复研究中心为中国培养新型康复人才事宜。

　　1986 年夏秋间，章文晋与马海德电话约定，两天后在东交民巷中国人民对外友协大院对面的松鹤楼饭庄聚会，夫人也参加。

马海德在美国获医学大奖，"你是了不起的美国人，也是了不起的中国人"

马海德本来提议请章文晋夫妇到后海一家历史悠久的餐厅聚会，他自己经常在那里请中外朋友吃饭。章文晋说，"松鹤楼，就在我们对外友协大院对面，是周总理经常请外国友人吃松鼠鱼的地方。"提到周总理，马海德就不好再坚持改地点了，章文晋去年刚从中国驻美大使卸任回来，出任中国人民对外友好协会会长。再说两人的夫人苏菲与张颖，是延安桥儿沟鲁艺的校友。张颖虽然比苏菲年轻两三岁，却比苏菲资格老，是1937年进鲁艺的首届毕业生，1938年17岁毕业就分配到重庆八办在周恩来身边当文化秘书了。章、马两家关系密切，是在撤出延安东渡黄河在山西三交镇的时期。马海德当时是中央外事组顾问。章文晋少年时代就留学德国，曾担任翻译处副处长。撤出延安前夕，章文晋与张颖刚刚成婚。外事组随叶剑英领导的中央后勤委撤过黄河，驻在三交镇的双塔村里，两家是窑洞邻居，在为中央领导翻译国际新闻时，常在一起切磋。马海德很佩服章文晋才思敏捷，中文造诣很高，会英法德日多国语言，尤其是英语娴熟，用词量很大，深获周恩来欣赏；章文晋比马海德年轻几岁，但是，由于马海德母语是英语，在相互调侃中，能"挑刺"般的找出章文晋英语中"偶有的德国口音"，这也使要强的章文晋颇为佩服马海德。两人关系很好，常用英语或法语对话。章文晋曾表示说，"老马虽然是美国人，但是，在延安接待美军观察组表现出很高的政策水平与协调、斡旋能力，真希望进城以后也跟我们一起组建外交部工作。"新中国成立前夕，章文晋为此问周恩来，周恩来回应说："分配进城主管接收卫生部的苏井观，是个人才，也向毛主席要求到外交部工作，主席笑说，当然可以，你在卫生部干满六十年以后，我就批准。主席的意思是，国家更需要优秀的医务人才。"

在这次松鹤楼聚会中，章文晋有意识地谈及被誉为"医学研究的第一夫人"拉斯克夫人玛丽。这位拉斯克先生是美国著名广告经纪人，与罗斯

图 14-24　1946 年，创立拉斯克医学研究奖的拉斯克夫妇

福总统关系很好。玛丽和她丈夫在 1944 年共同设立了以其丈夫姓名命名的"艾伯特·拉斯克医学研究奖（Lasker Medical Research Awards）"，从当年起基金会每年都向全世界成绩卓著的医学研究工作者授奖，而获得这个奖项的学者中有许多人都获得了诺贝尔奖。因此，这个奖被称为"诺贝尔奖风向标"，也被称为"美国诺贝尔奖"。1952 年拉斯克先生因病逝世后，玛丽·拉斯克继续推行这个奖。她是为保障美国医疗研究经费方面的投入积极寻求公众支持的一位杰出人物，她的非凡成就对美国的健康科学产生了深远影响。

章文晋说："我上月出差去美国，在纽约腊斯克博士将我介绍给主持这个奖的拉斯克夫人玛丽。"马海德不以为然地说："美国与西方的奖项，囿于意识形态的成见，向来都不青睐中国科学家的。我已经不是美国人，我是中国人！为中国人民服务，不在乎是不是获奖。"

章文晋说："在玛丽夫人办公室里，在座的人士确实没有谈起过给中国人颁拉斯克奖的话题，但是，我和腊斯克博士一起与夫人告辞，走到大街上，博士就叫我到街心花园，要我捎话给您。"马海德很关心："腊斯克捎话说什么？"章文晋说："他说拉斯克奖获得者的评选，由来自世界各国的著名科学家组成的评审委员会评选产生，候选人由美国和国际的专业团体提名。他主持的现代康复医学学会和纽约大学康复研究中心，已经向评委会呈报了您作为今年拉斯克医学研究奖的候选人。"马海德非常惊讶，问："拉斯克奖不是每年 9 月公布获奖名单，当月颁奖吗？现在已是 9 月了！"章文晋含蓄地笑了："腊斯克说，今年拉斯克奖 9 月颁奖遇到了技术问题，需要延期到 11 月颁奖。他是评委，在评选结果公布前，评委有严格的保密规定，不能私自泄露结果，他只能私下嘱咐我当面口头告诉你'有所准备'。"

这年 11 月，马海德飞抵纽约，接受美国纽约的"艾伯特·拉斯克医学研究奖"。艾伯特·拉斯克基金会授予马海德医学研究的大众服务奖，标题性的颁奖词是表彰他"在征服中国性病和根除麻风所作的传奇般的贡献"，以及"他为改善中国人民卫生和福利事业所取得的成就"。

1986 年 11 月 22 日，在庄严的颁奖会上，为马海德（乔治·海德姆）宣读的拉斯克奖颁奖词全文大意如下：

> 1933 年到中国的美国医生，在革命前和革命后的中国的文化背景下，通过运用西方公共卫生技术，创造了控制和根除中国性病的新方法。1936 年，他加入了中国革命，在毛泽东和周恩来的领导下，在红军长征到达延安之后，为红军提供医疗服务。当时他亲身体会到了中国农民的英雄主义、力量和信仰。
>
> 1949 年毛泽东在中国执政之后，他帮助构思并实施了新的卫生措施，用以控制性病和其他传染病。他培养了一支教育、诊疗和预防干部队伍。这些"赤脚医生"成为中国医疗体系的核心力量。以一个集中组织和控制的项目，他们深入到每个社区，识别被感染的人，让他们接受治疗。1964 年，中国宣布根除性病。马海德在其中的贡献成为公共卫生控制性病的典范。60 年代初，马海德博士确信性病已经被消灭，他将工作重心转移到了根除麻风上。虽然中国过去 30 年来的麻风病人已经从 1954 年的 50 万人减少到 1984 年的 10 万人，但马海德博士预测，到 2000 年，麻风将在中国被消除。马海德博士对中国消除性病和麻风作出了传奇性的贡献，创造了医学史，改善了 10 亿人的健康和福祉。鉴于此，1986 年度，艾伯特·拉斯克公共服务奖颁发给了他。

颁奖仪式上，马海德与其他获奖者领到获奖证书和一个古希腊象征战胜疾病和死亡的萨莫色雷斯胜利女神像，神像上刻有马海德的名字，同时，马海德还获得了奖金。马海德在授奖仪式上表示，获得艾伯特·拉斯克医学研究奖不仅是他个人的荣誉，也表明中国人的工作得到了世界承认。中国驻联合国代表团团长李鹿野出席了授奖仪式，代表中国驻美外交使团对马海德荣获拉斯克奖表示真诚的祝贺。

图 14-25 拉斯克夫人祝贺马海德获奖（苏菲供图）

授奖仪式的酒会上，马海德专门拜会年事已高的玛丽·拉斯克夫人，马海德对这位德高望重的女性极为尊重，马海德向拉斯克夫人敬酒时说："您长年不懈的努力与卓越非凡的成就，对美国及世界的健康科学产生了深远影响，祝您长寿！"拉斯克夫人笑眯眯地称赞马海德："乔治，你是很了不起的美国人，也是很了不起的中国人，我真心祝贺你获奖，拉斯克先生如在世，也会为你高兴！"

图 14-26 中国驻联合国大使李鹿野夫妇前来祝贺马海德获奖（苏菲供图）

（1）

（2）

图 14-27　马海德在美国参加拉斯克奖颁奖会（苏菲供图）
（1）在会议上致辞;（2）获奖后接受电视访问

拉斯克医学奖是世界生物医学研究进展的一部编年史。获奖者和获奖的领域的选择往往走在诺贝尔生物奖或医学奖的前列，因而有诺贝尔奖的"风向标"之美誉。

"国际援助不能落下贵州省啊"，马海德抱病要再去美国

早在 1979 年，马海德访问美国时，就向全世界发动了为中国的麻风病人募捐活动，并一直利用出国访问的机会在进行着。到 1985 年11 月，在广州成立了以他为理事长的中国麻风防治协会和以他为会长的基金会，才有了专业的融资平台，为中国麻风防治事业融资的工作因此得以成规模地进行。马海德极其兴奋，为此呕心沥血，抱病来回奔忙。

马海德的亲密朋友希德尼·沙博理，一位出生于纽约的犹太人，二战时期是美军高射炮兵。二战后来到中国，并喜欢上了中国，结识了马海德，仿效马海德取了一个中国姓名——沙博理，名取"博学明理"之意，是中国著名翻译家，翻译过《水浒传》等中国古典名著。在马海德当选为全国政协常务委员时，沙博理也成为全国政协委员。同时，沙博理表示，要为马海德写传记，但晚年的马海德非常繁忙，只能经常见缝插针地访问，马海德在"1986 年这一年旋风似的不停地在世界各地忙碌"，为消灭麻风忘我工作。

20 世纪 80 年代初，我国农业改革带来翻天覆地的变化，这是由安徽的农民改革土地承包责任制引发的。马海德深受启发，创造性地把我国农村改革实行的承包责任制运用到接受外国援助方面，把我国除台湾、香港、澳门外，各个省、自治区、直辖市麻风防治所需的药品器材及交通工具分片包给有关国家的麻风基金会资助，使我国全面推广麻风联合化疗的工作有了进一步良好的物质保障，同时也把我国麻风防治的经验与成就

图 14-28　马海德在广州接受德国赠送的牙科护理专车（苏菲供图）

向全世界做介绍。马海德为此多次抱病出访世界。与比利时药厂洽谈麻风防治药品捐赠项目，与印度、泰国开展学术交流，与日本举办假肢技术培训，参加国际麻风大会等等，凡利于我国开展麻风防治的事，马海德都做。

因为当时他已经患病，作为一名医生他深知时日不多，所以，那时，为终结麻风病，他给身旁工作人员申鹏章、邢高岩印象最深的两句话，一句是"拼老命赶时间"，另一句是"为各个省份把钱找回来"。

最能见证马海德的募捐及融资活动的，应是他的夫人苏菲了。因为她最了解丈夫的身体状况，出国募捐大都是苏菲陪同一起去的，以便沿途能给他到位的照顾。苏菲在其回忆录中这样写道：

> 为了进一步落实外援，马在几年的时间里，陆续走访了十几个国家。与此同时，为了能把外援都真正用到麻风防治上去，他还将承包责任制运用到外援方面。在马和同志们的共同努力下，日本、比利时、加拿大、英国、德国、美国、荷兰、意大利等国

家和地区，分别与我国有麻风病人的多数省份建立了对口联系。然后，长年实行承包支援，对这些麻风防治工作所需要的药品、交通工具、各种仪器、宣传资料、人员培训等实行全面援助，从而使我国消灭麻风有了可靠的物资保证。

马海德虽然是洋面孔、外国血缘，但去国外"化缘"，他一直保持着中国人的尊严，这是极为难得的。他同外国人说话，不卑不亢，从来不把捐助者当作中国麻风病人的救世主。他对随同出国的考察组成员一直强调这样的说话分寸。对此，苏菲也有见证，在回忆录中这样写道：

> 在争取外援时，马也一直努力做到不卑不亢，他习惯用坦诚的态度对外国朋友谈话，在谈援助时他一般都会说："我们中国要在 2000 年前，在全国范围内基本消灭麻风，你们是否愿意参加同我们合作？将来消灭了麻风，也有你们一份功劳。我们中国人民会感谢你们，国际上也会承认你们。"虽然马筹集到了上千万美元的援助，但他从来不把援助者当救世主。

1987 年冬，马海德从国外回来，与沙博理一起守候和悼念了路易·艾黎的去世。艾黎是马海德来华后第一个引路人和好朋友，艾黎的去世让马海德非常悲痛。

参加艾黎的追悼会之后，马海德与沙博理谈心，沙博理在所写的《马海德传》中记述："路易的去世，阴沉地提醒他，自己的日子也有限了，乔治几次平静地、实实在在地和我谈到即将到来的、他自己的去世。他在残留的时间里，更加全力以赴地为麻风尽可能多地干些事。他出国、募款、收集药物和设备，督察其分配，使中国每一个省都得到应得的一份。"

1986 年和 1987 年，马海德极为繁忙。为进一步落实各国麻风防治相关组织对我国的援助，已经身患癌症的马海德带病出访了十几个国家，不仅为麻风防治工作争取到了上千万美元的医疗器械、交通工具和药物，还分别为每个有麻风防治任务的省区找到了对口支援的国际麻风组织。

1987年，世界卫生组织即将召开世界卫生大会。马海德建议中国代表团在本次大会上提出"在全世界范围内消灭麻风"

图14-29 1988年4月，马海德在路易·艾黎追悼会上发言（苏菲供图）

这一目标。中国代表团经过与世界卫生组织麻风防治官员反复磋商，最终确定提出"走向消灭麻风"的提案。1987年5月召开第40届世界卫生大会，中国代表团正式提交了这个草案并获大会一致通过。这是我国第一次在国际组织独立提交决议案，也是世界卫生组织首次使用"消灭麻风"一词。世界卫生组织第一次把防治麻风列为2000年人人享有卫生保健组成部分，麻风作为一个公共卫生问题被基本消灭。

1987年底的那两个月，马海德还操心着两件事。

一件是确定中国麻风节。这年11月间，在马海德的倡议下，卫生部在昆明召开了第三届全国麻风防治工作会议。会议期间，马海德作为中国麻风防治协会理事长组织召开了协会第一届第三次理事会扩大会议。会议通过了将世界麻风节作为中国麻风节，将国际麻风护士节作为中国麻风护士节等决定。从1988年起，与国际接轨，每年1月最后一个星期日定为"中国麻风节"。会上，中国医学科学院皮研所副所长叶干运介绍了世界麻风节的来历——

1953年，法国慈善家佛勒豪为唤起人们宽容地对待麻风病人，尊重他们的人格和自由，鼓励和帮助他们得到与其他病人一样的治疗和生活，在巴黎提议建立"国际麻风节"。同年，世界卫生组织决定，以每年1月最后一个星期日作为"国际麻风节"，呼吁世界各国在这一天举行盛大的庆祝活动，广泛宣传麻风知识，

图 14-30 ● 1988 年 2 月，中国首届麻风节，康克清、周培源出席活动（苏菲供图）

破除对麻风的误解，改善麻风病人的处境，让人们像对待朋友一样对待他们。第一届国际麻风节是在 1954 年 1 月 30 日。这一呼吁很快得到全世界人们的拥护和各国政府的认可和响应，全世界至今已有 150 多个国家和地区举行庆祝活动，从而成为全球性的节日。

1988 年 2 月 15 日，胡启立、陈慕华、康克清、黄华等领导人参加了第一届中国麻风节大会联谊会，各地传媒普遍报道，足见中国领导层、政府和社会的重视。

让马海德操心的还有另一件事。12 月间，中国麻风防治协会开会总结工作，马海德逐一检查相关省（区）与对口支援国家的落实情况，发现只差大西南贫穷的贵州省尚未落实对口援助国家。马海德十分着急，在会上说："贵州省也是麻风高流行的省份，我们绝不能把贵州省落下啊！"

按原定 1988 年初的日程安排，马海德将于元旦过后，飞往印度新德里，接受"国际甘地奖"（"国际甘地奖"为纪念圣雄甘地所设，由印度总统主持并发奖，专门授予国际上对麻风病学做出突出贡献的人）。

他让工作人员修改新德里之行后的行程计划，要飞往美国。马海德要飞往他人头熟的美国，去找美国朋友解决贵州省与美国的援助者的对接问题。

1988年，马海德在第三间办公室作最后一战

1988年元月间，马海德与苏菲飞往新德里，去领取印度颁发给马海德的"国际甘地奖"。在新年拜年活动中，吴蔚然大夫觉得马海德身体已经很差了，建议他带夫人苏菲同去照顾他，由此引出一段插曲。

印度是世界上麻风主要流行国家，已有多个世纪流行史了。印度独立前，麻风防治是按英国本土麻风救济会的模式做的，加上印度是英国殖民地，英国人当权，因此麻风防治方面几乎没什么作为。印度独立与新中国成立时间差不多。新中国成立数十年来，基层的卫生防疫组织体现了中国制度的优越性，到1987年，中国麻风防治事业初见成效。相比之下，印度由于发现病人的范围扩大及人口增长，病例数据也逐渐增多，1984年达两三百万，比1961年增长近一倍。全印度几乎所有州和邦都有麻风病人，新患者剧增。印度政府比较重视麻风防治，采取了一些相应措施，社会各界都积极参与进来。1986年，纪念甘地麻风基金会设立"国际甘地奖"，奖励为防治麻风做出突出贡献的专家。该奖项被视为国际麻风界最重要的一个大奖。

马海德为新中国麻风防治事业作出的贡献得到了全世界的公认，两国又是友好邻邦，英迪拉·甘地总理颇有借鉴中国麻风防治经验的意思，决定给马海德博士颁发"国际甘地奖"，这是国际上麻风防治方面的很高荣誉。印度发来的函件称，获奖者赴新德里领奖的全部费用"将由印方提供"。卫生部部长陈敏章考虑，马海德已78岁高龄，且患有癌症、很虚弱，便想派苏菲陪同前去，马海德却不同意，在组织的一再要求下，马海德才同意苏菲陪同前往。

图 14-31 1988 年 1 月 20 日，印度总统文卡塔拉曼给马海德颁发"国际甘地奖"（苏菲供图）

图 14-32 1984 年 2 月，印度总理英迪拉·甘地会见马海德（苏菲供图）

1988 年 1 月 20 日，印度总统文卡塔拉曼在新德里授予马海德"1987 年国际甘地奖"。

早在 1984 年 2 月，在印度召开的第十二届国际麻风代表大会中，英迪拉·甘地总理会见了马海德博士夫妇，并进行了友好谈话。甘地夫人问："我知道博士先生好几次来印度，并考察过我国麻风高发区，与我国专家也有交流；博士防治麻风的造诣很高，你能告诉我，我国麻风防治工作的实况吗？"

马海德反问："总理阁下，你是想听实话呐，还是想听好听的话？"

甘地夫人说："当然要听实话。"

马海德说："贵国的麻风防治，情况很糟糕。"

甘地夫人问："不妨说说具体的。"

马海德说："印度防治麻风的队伍很棒，学历很高，也很有经验；可是，病人太穷了！一年买不起一块洗衣肥皂，营养不良，病人不能光吃药啊。"

马海德在印度考察了当地的麻风防治情况之后，问印度同行："印度准备什么时候消灭麻风？"这位同行回答："已经流行千年了，还要一百年吧。"马海德则很坦诚地对这位同行说："你们要一百年，那我们中国要领先了！"

1988 年，从新德里回来后，马海德的健康状况发生了变化。据沙博理记述，"春节之后，他明显地消瘦了，气力不佳；体检只发现他有轻度的糖尿病，不足以引起这些症状。怀疑是癌，但是找不出癌在何处。后来的几个月，他出入医院好几次。"

同年 4 月间，习仲勋出席路易·艾黎的纪念会，见到了与会的马海德与苏菲。马海德简短地汇报："等我秋天去海牙参加国际麻风会议回来，再详细给您汇报工作。"

马海德在最后岁月里，"出入医院好几次"，不是住北京医院，就是住北京协和医院。他还幽默地对来病房看望他的沙博理等人说："你看，这是我的第三间办公室。"家里一间，办公楼一间，医院病房当然是第三间。病房添了张桌子，桌面上很显眼的是他那部英文打字机，他住院坚持打字办公，打字机旁摆着各种关于麻风防治的材料，有各省的报告、国际交流材料、科研的进展及他自己的笔记本，到处都可以看见他画的道道、写的批语等。当大家劝马老要多多保重时，他笑笑说："趁我还跑得动，这两年还要多筹集些资助。"

马海德有一次刚出院，身体稍有恢复时就诙谐地说："马克思说我的麻风工作还未搞好，不让我去报到！"马海德总是这样只想着工作，唯独不考虑自己。

在马海德的苦心运作下，中国麻风防治工作取得了显著进展。当大批麻风病人被治愈后，遗留的畸残问题就更显突出了。马海德对这个日渐凸显的问题极为关心。他在不同场合多次建议，中国麻风防治协会要把麻风康复工作作为一个非常重要的内容纳入防治规划中。马海德建议 1987 年作为"麻风康复年"。

几年来，他每次去麻风村总要了解病人的畸残情况，深感康复工作没能和防治工作同步进行，是我国麻风防治工作中的一大缺陷。经过马海德的多次呼吁，麻风康复工作逐渐受到重视，我国卫生部专门发出了关于加强麻风康复工作的文件。为了培训技术力量，马海德邀请了国内外有名的专家举办了多期康复学习班，又争取到国外的大力资助，首先在中国麻风防治研究中心开展了全面的康复工作，并计划在全国成立 12 个康复分中心，还以麻风防治协会的名义，委托中国医学科学院皮肤病研究所开展麻风畸残流行病学与社会医学的研究工作。从新德里回国之后，马海德抓紧部署深入开展这些康复工作。

与此同时，马海德牵挂着去美国为贵州省洽商援助麻风防治合作对象的事情。5 月间，马海德临出国之前，找相关工作人员到其家商量工作。

1988 年 7 月初，马海德应邀去加拿大出席国际医生防止核战争的世界大会，吴蔚然与马海德同行，既出席会议同时兼做他的保健医生。马海德乘此机会去美国老家布法罗市的著名研究所检查身体。几位专家和吴蔚然参加会诊，他们一致认为：有严重问题，但是找不出原因。在美国活动期间，马海德已经不能走路了，吃得也极少，大部分时间躺在长椅上。马海德在吴蔚然的陪伴下，从华盛顿，经堪萨斯，再到旧金山，就返回北京了。等他回到北京，他几乎吃不进任何东西了。

章文晋来医院看望马海德，他曾回忆说，"他最后一次生病住院，也就是 1988 年夏天，我去探望他时，病情严重，非常瘦弱，只靠输液维持生命，但他还牵挂着为中国麻风防治去美国和加拿大募款，叮嘱我千万别忘记这件事。"

这年 9 月，将在荷兰海牙举行第十三届国际麻风会议，马海德对这次大会寄以很大的希望，他本人早就打算利用这次盛会，好好介绍我国的成就，再次亲自向世界宣告我国将在 20 世纪末实现基本消灭麻风，并要争取第十五届国际麻风会议到中国来举行。他还切实安排了在会议前后同一些国家加强联系的计划，以便为我国麻风防治事业争取更多的国际援助……

7 月间，他从美国回来，即全力投入到我国的参会工作中，主持最后确定送选学术论文的工作，还准备了卫生部部长陈敏章寄给大会主席的信。虽然他身体已经很不好，仍是一天几段连续工作，有时年轻人都疲倦了，他还坚持不干完不罢休。之后，他去北戴河休息数日，又以虚弱的病体在

图 14-33 1988 年 5 月，马海德访问美国之前在家里布置麻风防治工作（苏菲供图）

北戴河开会过问数个重点省的融资和防治工作进展，8 月又邀集各地有关同志会商参加国际会议的最后准备工作，以及今后工作事项，直到最后病入膏肓、体力不支，而再次回京就医，上下车及进医院等，已不能步行，靠儿子幼马背着。

遗憾的是，他未能如愿出席这次国际盛会。9 月 2 日，参加国际会议的代表们临出发前来和他告别，他躺在病床上，虽已经很虚弱，但仍谆谆嘱咐要努力多交朋友，认真学习会议的组织工作。

在这次 9 月中旬召开的海牙国际麻风会议印发的日程手册上，马海德是大会开幕前为期 3 天康复专题讨论会的主持人，并担任大会公众医学主题讨论的主席。会议期间，中国代表所遇到的旧友新知，几乎人人都这样说："马博士没有到会，真是遗憾啊！"

由于病重，马海德这次会议没有成行，但在大会上宣读了马海德签名的一封致意信，信中表达了我国 7 万名麻风病人、17.6 万愈后待康复者与上万名麻风工作者要最终战胜这千古"恶疾"的决心，并表达了邀请第 15 届国际麻风大会在我国举行的诚意。

主持这次会议的国际麻风协会主席、比利时的勒夏教授和许多人非常关切马海德的病情，祝愿他早日康复。他们强烈地感到，马海德的精神在各国与会者中广泛地存在着，许许多多的人都谈论他。马海德的学生、《北京周报》英文版记者汪健特意在大会上为他录制了各国代表对他的问候，并祝他早日恢复健康的录音带。

在海牙国际会议开会时，病重住院的马海德身体状况日益恶化，但仍然坚持办公，只要是和麻风有关的来信，他都让老伴苏菲念给他听。一封来自广东麻风医院的信让他在病床上潸然泪下。

苏菲回忆说：

> 这些年来，他一直抱病工作。在他看来，只有工作才能给他带来快慰。当身体情况恶化的时候，他依然念念不忘处理防治麻风的有关工作。就在他去世前一个月，还忍受着病痛，召集云南、贵州等省负责麻风工作的同志开会，研究同外国合作的问题。在病危的时刻，他还要求我为他读各地寄来的有关麻风的材料和信件。
>
> 有一次我念一封信给他听，是广东省一所麻风病院的患者联名写给马老，反映他们每月只有12元生活费，天天吃白饭，连下饭的盐水都没有。我念完信抬头一看，他的眼泪在眼圈里转，既伤心又气愤，他要我立即起草一封信，致广东省叶选平省长，请他妥善处理。这时他正发着高烧，用颤抖的手在信上签了名，其实此刻他的病情已非常危急了，可他想到的还是别人，还是麻风患者。他真是像春蚕一样，吐尽了最后一根丝，把明亮洁白的茧留给了人间。他为中国人民的事业工作到最后的一息。

8月从北戴河开会回来，马海德已经不能行走了，是由儿子幼马背下车进屋的。幼马这样回忆父亲最后的日子：

> 1988年6月，他抱病远涉重洋到加拿大参加国际医学会议，又赶到美国去落实麻风病基金会援助中国的经费。他回到北京家中，几乎饭都吃不进去了，妈妈心痛地哭了。在北戴河举行的麻风防治外援计划座谈会上，爸爸强忍着病痛参加会议，他显得从未有过的消瘦与衰弱，拖着缓慢的步伐来到了会场，以微弱的声音坚持作了近一个小时的发言。会议结束那天晚上，爸爸约见与

会的各省同志，此时爸爸已无力坐起，只得躺着，他们强忍泪水，回答爸爸的问题和聆听他的嘱咐，最后大家怀着沉重的心情与爸爸握手告别。

回北京时，我只好从车上把爸爸背下来。一个魁梧的身躯变得这么轻了，仅仅半年，他的体重就掉了 30 公斤，我们只得把他送进医院。而他躺在病床上还对我说："如果再给我两年时间，我就能把消灭麻风的工作干得差不多了。"直到他生命的最后时刻，他还在关心着麻风病基金会，当时他已高烧 39℃多，但还清醒。他拿着在美国的侄子捐助的支票对妈妈说"这是治疗麻风病人的钱，来得不容易。一定要管好基金会的钱。"妈妈含泪答应了他。

从那天下午起，爸爸就再也没有清醒过。

1988 年 9 月 26 日，是马海德 78 岁诞辰。9 月 23 日，马海德被卫生部授予"新中国卫生事业的先驱"荣誉称号，卫生部部长陈敏章亲自把荣誉证书送到马海德的病床前。

10 天之后，10 月 3 日，马海德带着对没有最后完成麻风防治事业的遗憾，在他的第二故乡——中国，走完了充满传奇色彩的一生！去世前，他从连续几天的昏迷中醒来，留下了最后一句遗言："参加国际麻风会的代表回来没有，他们好吗？"

他的身上覆盖着一面党旗，向他致以崇高的敬意

这个洋面孔的中国老人，为国家奉献了毕生心血，静静地躺在花圈丛中，身上覆盖着一面党旗，这是对他——一位中国共产党党员的最高致敬。

1988 年 10 月 3 日，马海德走了，在北京协和医院与世长辞。尸检显示胰腺微小癌，但已经广为扩散，只有尸检才能查出来。

根据他生前的遗愿，举行了简单的遗体告别仪式。在凝重肃穆的哀乐声中，这位祖籍黎巴嫩、享年78岁的美国裔中国老人，安详地躺在花圈丛中，接受人们的吊唁，党和国家领导人杨尚昆、王震、邓颖超等，生前好友、战友、同事、街坊邻居、病人等，排着长长的队伍，缓缓走到他的身前，向他致以崇高的敬礼！

骨灰安葬和大型纪念会最后定在1989年9月。将日期安排得稍远，是因为他的事业和影响是世界性的，他所致力的事业——消灭麻风不只是一个国家的事，而是世界各国的共同事业，因而为了便于让外地以及世界各地的朋友，能来得及赶到北京，选择了这样一个时间。纪念会这天前后，数以百计的中国和外国朋友，包括医学界著名人士、曾经的病人、同学、亲友、同事等，从国内及海外各地赶到北京。唁函、唁电从国外潮水般涌来。马海德在中外报纸上受到广泛赞誉。

马海德的骨灰按他去世前立下的遗嘱，分成三份：三分之一埋在北京的革命公墓；三分之一埋在他的出生地——美国纽约州的布法罗城；余下的三分之一，由苏菲和幼马母子俩，将它们撒在陕北流过宝塔山下延安城的延河水里，这里是马海德，是乔治·海德姆立志做一个中国人的地方，也是开始投身中国革命的地方。

希望国际麻风会议在我国举行，这是马海德的生前遗愿。鉴于马海德博士及他领军的中国麻风防治队伍的成就和在国际麻风防治事业中的贡献，国际麻风协会领导机构决定实现马海德的遗愿。1998年9月，第十五届国际麻风大会在北京召开，会议提出"创造一个没有麻风的世界"的目标，标志着现代抗麻风斗争第二个百年的开始。

至2000年底，我国累计登记麻风病人48万余人。现症病人减少至6 000余人，我国已实现99%的县（市）患病率控制在世界卫生组织提出的"1/万"以下的防控目标，90%的县（市）达到我国政府提出的"基本消灭"目标。马海德于1981年11月在第二次全国麻风防治工作会议上提出的中国在20世纪末实现基本消灭麻风的目标已经总体实现了，这是中国对人类社会现代文明建设的重要贡献，马海德在天之灵可以安息了！

中国人民永远忘不了马海德，"马海德"的名字就是一种精神，一种将中国命运与人类命运紧紧结合的思想力量，是中国及人类历史星空中一

图 14-34　大医马海德

颗璀璨的明星！

　　马海德在中国度过了 55 个春秋，以崇高的人道主义精神和精湛的医术，将自己的全部智慧和精力奉献给了中国人民的解放事业和建设事业。

　　2009 年，新中国成立 60 周年，马海德被评为"100 位新中国成立以来感动中国人物"。

　　2019 年，新中国成立 70 周年，马海德被评为"最美奋斗者"。

　　"马海德"的名字，将继续在历史的长河中闪烁……

第十五篇

后马海德时代的"马海德"

苏菲、幼马和马岚，三代人的马海德基金会

北京后海北沿 24 号那座有老红门的四合院，是马海德的家，现在是马海德基金会的办公地点，也是马海德的夫人苏菲和儿子周幼马继续完成马老未竟事业的地方。

苏菲和幼马，决心将马海德的精神延续下去。苏菲对幼马说："你父亲生前曾多次对我说，从事麻风防治工作的医护人员非常苦，应当有一笔钱，用于奖励在麻风防治工作中有突出贡献的医务工作者。遗憾的是，他还没有来得及启动这项工作，人就走了。咱们可以自己出钱，成立一个马海德基金会，实现你爸爸的心愿。"儿子很支持母亲的建议。于是，苏菲将丈夫获得的三万美元国际奖金拿了出来，经主管部门批准，成立了中国唯一的出资奖励优秀麻风防治工作者的基金会——马海德基金会，完成了马海德生前的愿望之一。

图 15-1　百岁苏菲

虽然苏菲年事已高，担任马海德基金会理事长以后，她几乎走遍了麻风多发省份，看望麻风病人和医护人员，出席相应活动，想方设法地协助他们解决困难。

"马海德奖"是在国家卫生健康委员会（原卫生部）支持下，马海德基金会设立的麻风防治行业奖，旨在纪念在我国麻风和性病防治工作中做出巨大贡献的国际主义战士、新中国卫生事业的先驱马海德；并通过表彰有突出贡献的麻风领域优秀代表，展示我国当代麻风工作者救死扶伤、爱岗敬业、乐于奉献的精神风貌。该奖自 1990 年设立至今，每年奖励 10~20名左右优秀工作者，至今已经有近五百名麻风防治队伍中的医护、科研、管理人员获此殊荣，极大地鼓舞了麻风防治战线广大工作者，并吸引了一

图 15-2 ● 2018 年 1 月 23 日，马海德基金会理事长周幼马（后排右三）携孙子马铭德（中）及基金会工作人员到海南省三亚市三林医院慰问住院麻风病人时与医务人员合影

批有志青年和医务工作者加入麻风防治工作队伍中。

叶干运（1924—2013），从事麻风防治工作 60 年，为我国大部分地区达到基本消灭麻风的目标作出了卓著贡献。他曾任中国医学科学院皮肤病研究所副所长、卫生部麻风病专家咨询委员会主任委员、中国麻风防治协会理事长、《中国麻风杂志》主编、世界卫生组织麻风专家咨询委员、国际麻风学会理事等职。在麻风学术研究和防治方面为我国麻风科研和防治作了奠基性的工作。他与马海德共同完成《以县为单位控制麻风综合防治措施的研究》，效果明显，在全国推广，并在 1978 年全国科学大会上获奖。

李桓英，从事麻风防治工作 60 余年，将全部精力贡献给麻风的防治和研究工作。她曾任首都医科大学附属北京友谊医院、北京热带医学研究所研究员，解决了麻风防治领域的重大策略和技术上的关键问题，为我国政府制定控制和消灭麻风的整体规划、为全球实现消灭麻风目标的可行性提供了重要依据。曾荣获首届"中国麻风病防治终身成就奖""国家科技进步奖一等奖""全国道德模范"提名奖等荣誉称号。在 2019 年庆祝新中国成立 70 周年之际，李桓英被评为"最美奋斗者"。2021 年，中共中央宣传部授予李桓英"时代楷模"称号。

张国成，从事麻风病防治工作 40 余年，为麻风畸残病人做了近万例手术，他在麻风兔眼、睑外翻、垂足、爪形指、麻风溃疡等矫正手术上有丰富的经验。由于在麻风修复外科及畸残防治、康复方面的成就，他获得了国家科技进步奖二等奖等多项嘉奖；并在麻风病残疾预防康复、麻风病人才培养、麻风病防治政策倡导等诸多领域均做出突出

图 15-3　张国成（右一）获国际甘地奖

贡献。经苏菲向"纪念甘地麻风基金会"评委会积极推荐，2013 年 12 月底，张国成荣获"国际甘地奖"，成为我国继马海德之后获得此荣誉的第二人。张国成任两届世界卫生组织麻风专家委员会委员，自 2016 年开始任国际麻风协会副主席、亚洲主席。

张福仁，多年来结合麻风、性病、皮肤病的临床与防治，长期孜孜不倦地开展科学研究。通过与国家人类基因组南方研究中心和安徽医科大学密切合作，利用关联分析，发现了麻风病的 7 个易感基因，初步阐述了麻风的遗传免疫学发病通路，其专题论文《麻风病的全基因组关联分析研究》，在国际著名学术期刊《新英格兰医学杂志》发表，标志着我国在麻风易感基因研究方面获得重大突破，达到世界领先水平，该成果使人类对麻风的一级预防成为可能。在 2019 年新中国成立 70 周年之际，张福仁作为"全国先进工作者"，获颁中共中央、国务院、中央军委授予的"中央庆祝中华人民共和国成立 70 周年"纪念章。

杨理合、郑逖生、李文忠、邵康蔚、刘吾初、陈家琨……，一大批专家追随马海德的脚步，加入麻风防治队伍，为了中国的麻风防治事业做出了贡献！

马岚，马海德的孙女。1996 年夏天，她暑假从美国回来，苏菲带她和儿媳一起，走访了山东省文登县大水泊镇幸福院，旨在让她记住爷爷的事业和爷爷的奋斗精神。马岚在那里看到已经治愈的麻风病人，有的成了养鱼专业户，有的成了果林专业户等，她深有感触地说："爷爷如果看到他们成了正常人，并且对社会有所贡献，一定十分高兴。爷爷的事业真了不起啊，我一定要学习爷爷勤奋顽强的精神，发扬爷爷的光荣传统，让自己的人生充满色彩，对人类和社会作出贡献！"

在马海德精神感召下，中国麻风防治协会砥砺前行

中国麻风防治协会是在马海德的倡议下于 1985 年恢复成立的，马海德为协会首任理事长。

任理事长期间，马海德率领中国麻风防治协会在打破麻风防治宣传的"禁区"、培养麻风防治专业人才、推动麻风防治学术交流、争取麻风防治工作的国内外社会力量支持、推动麻风康复工作等方面开展了大量行之有效的工作。1981 年 2 月 1 日，马海德在《光明日报》发表文章指出"麻风病不可怕，防治办法要改进""要大力宣传有关麻风的科学知识，争取在公元二千年以前成为无麻风的文明国家"。1981 年 11 月，马海德在卫生部召开的第二次全国麻风病防治工作会议上提出：力争本世纪末在我国实现基本消灭麻风；放弃新建麻风病院、村收容隔离麻风病人的办法，采用化学隔离（即联合化疗）；加强康复医疗；打破对麻风畏惧的思想"禁区"，切实加强宣传教育工作等决策。1985 年 6 月 15 日，马海德在全国麻风宣传工作会议上指出："要动员全社会的力量，做好防治麻风的宣传工作。"同时，马海德还动员社会各种宣传力量进一步打开麻风的宣传"禁区"。他强调了"麻风可防、可治、不可怕"的科学论断。中央人民广播电台、国际广播电台、新民晚报、新华日报、文汇报等 28 个主流媒体纷纷做出报道。有关麻风题材的电影《净土》、电视剧《不要歧视她》《桃花曲》《麻风女传奇》、科教影片《麻风病》等影视作品先后播出，为我国麻风健康教育及科普宣传开创了新的局面。

1988 年 3 月，马海德获悉，中国的残疾人数没有把麻风残疾人统计在内。可那时，中国还有 17.6 万余名麻风残疾人。他说，麻风治疗问题解决后，康复就是急需解决的大问题。麻风病人的康复不仅仅是躯体康复，更重要的是社会康复，要让残联接纳他们，让社会接纳他们。在 1988 年第七届全国政协大会第一次会议上，马海德与李桓英联名提出了"维护麻风病人权益"的提案。

这个提案给麻风病人回归社会创造了条件。为此，中国麻风防治协会

多次到中国残疾人联合会（简称"中国残联"）进行沟通，推进相关工作。时任卫生部部长兼中国麻风防治协会理事长的陈敏章以协会名义给时任中国残联主席邓朴方写信，并提出了具体工作建议。1995 年 11 月，中国残联采纳了中国麻风防治协会"为麻风残疾人按一般残疾人发放残疾人证"的建议。《中国残疾人事业"十五"计划纲要（2001 年—2005 年）》提出，从 2001 年起，为 12 万名麻风畸残者提供康复服务，使因麻风致残者与中国其他残疾人一样享受应有的权益。这项建议也荣获中国科协 1997 年"优秀建议奖"一等奖。

继马海德之后，陈敏章、叶干运、肖梓仁、王立忠、张国成、张福仁历任协会理事长。后马海德时期，中国麻风防治协会继承马海德未竟的事业，朝着消灭麻风的目标不断奋进。

中国麻风防治协会专职副会长潘春枝到中国麻风防治协会工作已三十余年。她见证了中国麻风防治事业与中国麻风防治协会起步、发展、壮大的过程，她对麻风防治事业充满了感情，对马海德充满了敬仰，为本书提供了珍贵的历史素材。她说："我们麻风防治工作者通过几代人的努力，凝聚起了我们这个队伍的团队精神，即马海德精神——无私奉献、艰苦奋斗、开拓创新、持之以恒，能够成为这个团队中的一员，我是引以为荣的。"

后马海德时代，中国麻风防治协会继承马海德遗志，砥砺前行，不断调动广大麻风防治人员积极性，发扬学术民主，促进学科发展与人才成长；服务麻风防治，为政府决策提供咨询服务；大力普及防治麻风科学知识，举办各种培训活动；团结关心麻风防治事业的各界人士，反映麻风工作者和病人的呼声，维护麻风工作者和麻风病人的合法权益，成为党和政府与麻风防治研究科技工作者的桥梁和纽带。协会努力开展国内外麻风学术交流活动，与日本、荷兰、加拿大、比利时、意大利、德国、美国、英国、韩国等国家的麻风基金会和群众团体以及世界卫生组织建立了联系或合作关系，引进先进的科学技术，培训高层次的技术人员；与国际麻风相关的协会、基金会开展合作，资助我国抗麻风联合化疗药物、多种相关医疗设备等；开展"中国麻风眼疾预防项目"，改造福建福清、陕西商洛、四川西昌等地的麻风院村等，有效地促进了我国麻风防治事业的发展和进步。

实现马海德的愿望，创造一个没有麻风的世界

据世界卫生组织专家预测，在科学技术飞速发展的 21 世纪，要"创造一个没有麻风的世界"，至少还需要近半个世纪的努力，麻风防治事业任重而道远！

目前，全世界已有 150 余个国家在"世界防治麻风病日"（每年 1 月最后一个星期天）开展各种宣传麻风防治、慰问麻风病人的活动。

1988 年 1 月 31 日是"国际麻风节"暨首届"中国麻风节"。因马海德理事长出访，中国麻风防治协会延期于 2 月 15 日在北京科学会堂隆重举行庆祝"首届中国麻风节联谊会"。卫生部副部长何界生主持会议，国务委员陈慕华在会上号召各阶层、各部门要通力合作，动员社会力量向麻风作斗争；要向马海德同志那样以极大的热情宣传麻风的科学知识，使全社会都关心支持防治麻风的工作，为尽早基本消灭麻风多做贡献。卫生部部长陈敏章、民政部副部长张德江、中国科协党组副书记高潮、中华医学会理事长吴阶平、中国残疾人联合会副秘书长薛恩元等领导在会上讲话。此外，会议还举办了宣传麻风防治知识的科普展览，中央电视台等权威媒体报道活动新闻。此次活动得到了社会各界的广泛支持和积极参与，对全国麻风防治工作者是极大的鼓舞，对全社会是个很好的宣传。

自 1988 年至今，每年的这个节日，中国都会开展全国性的宣传、科普活动，目的是普及麻风防治知识，消除麻风恐怖和歧视，吸引社会各界关心和参加消灭麻风的事业，对实现我国基本消灭麻风的目标起到了积极的促进作用。

1996 年 1 月 26 日，山东省济南市和滕州市的麻风治愈者刘传奎、景传元、潘希甲和孙世达参加了在人民大会堂召开的"世界防治麻风病日座谈会"，全国人大常委会副委员长雷洁琼、吴阶平，卫生部副部长殷大奎，中国麻风防治协会理事长叶干运，马海德基金会理事长苏菲，世界卫生组织驻京代表季卿礼等参加会议，并与参加会议的麻风治愈者紧紧地握手，向他们的康复表示祝贺。1 月 28 日中央电视台《焦点访谈》栏目播出了四川绵阳魏城麻风村和村外实地采访拍摄的《麻风病即将消逝》纪录片，使

社会恐惧麻风的传统观念再一次受到强烈的冲击。如果马海德能看到这一幕，他一定会很欣慰，他为之奋斗的麻风防治事业，他满心牵挂的麻风病人重返社会问题，都取得了巨大的进步。

自 1996 年开始，国家卫生部发文将"国际麻风节"改称为"世界防治麻风病日"，并每年发布节日主题，中国政府主管部门协同马海德基金会、中国麻风防治协会、中国红十字会、中国残疾人联合会等社会各界力量组织宣传与慰问活动，麻风防治事业迎来了新的发展阶段。

1996 年以来，每年"世界防治麻风病日"的主题体现了麻风防治事业的进展和工作方向——

1996 年	麻风防治是跨世纪的事业，基本消灭乃本世纪的目标
1997 年	让每个村庄的每个病人都得到关怀与治疗
1998 年	麻风病与全社会
1999 年	社会关怀——麻风康复者的希望
2000 年	消灭麻风病——新世纪使命
2001 年	麻风防治与康复——全社会的责任
2002 年	防治麻风病，社会献爱心
2003 年	积极防治麻风，关爱畸残病人
2004 年	防治麻风病，关爱麻风病人
2005 年	持续控制，共享文明
2006 年	情系麻风病患者，温暖困难群体
2007—2008 年	消除麻风歧视，共建和谐社会
2009 年	关爱麻风患者，共享和谐家园
2010 年	消除麻风歧视，共享和谐文明
2011 年	消除麻风危害，保护健康权益
2012—2016 年	加速行动，消除麻风危害
2017—2019 年	创造一个没有麻风的世界
2020 年	消除麻风贫困，共享健康生活
2021 年	全面消除麻风危害，共同走向文明进步

1997 年 2 月 1 日，卫生部副部长彭玉带领中国麻风防治协会、马海德基金会相关同志，慰问河北省望都麻风病人。

1998 年 9 月，第 15 届国际麻风大会如马海德所愿，在中国北京召开。国家主席江泽民题词"消灭麻风病，造福全人类"。此次大会源于 1988 年 9 月 11—17 日，由马海德精心策划、挑选的 31 人组成的中国代表团出席的在荷兰海牙举行的第 13 届国际麻风会议，马海德给大会写了贺信，表明了我国消灭麻风的决心，并提议第 15 届国际麻风会议在中国召开。

1999 年卫生部部长张文康、中国麻风防治协会理事长肖梓仁等一行人，走进了江苏省南京市青龙山麻风病院。

2000 年，卫生部副部长曹荣桂、疾控司副司长陈贤义，中国麻风防治协会、中国残联领导到山东省皮肤病性病防治研究所慰问工作人员，并于 1 月 30 日到潍坊市皮防所和安丘市麻风村慰问。

迄今为止，世界各国医学科学家们还无法在实验室里人工培养麻风杆菌，因此，目前还无法从生物学意义上杜绝麻风。但新中国成立后，经过几代专家 30 余年的努力，我国麻风病患者数量由 50 万下降到 15 万左右。在此基础上，改革开放之初，马海德领军的中国麻防队伍于 1981 年响亮地提出了本世纪末基本消灭麻风的战略目标，即患病率控制在 1/10 万以下。在中国共产党的领导下，在各级政府、卫生部门和国际社会的鼎力支持下，通过马海德苦心建立起来的中国麻风防治队伍的不懈努力，本世纪末在我国基本消灭麻风的目标最终总体实现。

2001 年卫生部副部长殷大奎、2002—2003 年卫生部副部长马晓伟、2005—2007 年卫生部副部长王陇德……部长们带领社会各界深入各地麻风病人中，给他们带去了党和政府对他们的关心和温暖；他们代表中国政府，凝聚麻风防治的各种社会力量，通过"世界防治麻风病日"的系列活动，把中国麻风防治工作推向一个又一个高潮，取得一个又一个进步。

2007 年，陈竺担任国家卫生部部长，他将更多的精力放在"疾病控制与预防"上，强调国家卫生工作要体现服务社会、造福人民的根本宗旨，将麻风列为国家重点救治传染病，设立专门的公共卫生项目，加大资金投入，争取到发改委投资 2.2 亿元，用于麻风病院（村）建设，新建麻风

图 15-4　2003 年 1 月 26 日，卫生部副部长马晓伟（前排右二）与中国残疾人联合会、北京天主教爱国会、马海德基金会等单位领导到陕西商洛疗养院慰问麻风病人和麻风防治工作者（中国麻风防治协会供图）

病院（村）100 余所，大大提高了麻风病人和休养人员的生活质量，也增强了医疗服务保障能力。同年，中央政府投入麻风防治专项资金四千余万元。2008 年全国麻风病防治工作年会后，中央政府再投入麻风病防治专项资金五千余万元。

图 15-5　2006 年，卫生部副部长王陇德到福建漳州慰问麻风病人及家属（中国麻风防治协会供图）

　　2010 年 9 月 26 日晚，在出席"纪念马海德同志百年诞辰招待会"上，陈竺高度评价了马海德博士的光辉一生，同时指出，尽管 20 世纪末我国总体上实现了"基本消灭"的目标，但全国各地麻风防治工作发展还不平衡，我们必须按马海德当年提出的"以县（市）为单位"继续加强防控工作。

图 15-6 ● 2010 年 2 月 5 日，卫生部原部长、全国政协常委、宋庆龄基金会副主席、中国麻风防治协会名誉会长张文康与马海德基金会、中国麻风防治协会等领导和专家到河北望都皮肤病院慰问住院病人、康复者及工作人员（中国麻风防治协会供图）

图 15-7 ● 2010 年 9 月 26 日，卫生部部长陈竺出席纪念马海德同志百年诞辰招待会

2009—2011 年，陈竺三次深入贵州省考察麻风、地氟病防治工作，与贵州省省长赵克志在贵阳市签署《卫生部与贵州省政府关于共同加强贵州省麻风病防治工作的合作协议》，计划到 2015 年，贵州省以县为单位患病率控制在 1/10 万以下，在 5 年内实现贵州以省为单位基本消除麻风的目标。

图 15-8 2015 年 12 月 19 日，全国人大常委会副委员长陈竺与莆田皮肤病防治院麻风村的麻风康复者亲切握手，愉快交谈（中国麻风防治协会供图）

2011 年 9 月 23 日，卫生部等 11 部门联合制定了《全国消除麻风病危害规划（2011—2020 年）》。该规划明确提出：

> 到 2015 年，全国麻风病患者数量较 2010 年减少 20%，全国以县（市）为单位麻风病患病率控制在万分之一以下。到 2020 年，全国麻风病患者数量较 2010 年减少 50%，98% 以上的县（市）麻风病患病率控制在十万分之一以下，新发现麻风病患者中 2 级畸残者控制在 20% 以内。

2012 年 5 月 18 日，卫生部印发《全国消除麻风病危害规划实施方案（2012—2020 年）》，朝着规划制定的目标坚实迈进！

2016 年 9 月 17 日，第 19 届国际麻风大会在北京国际会议中心开幕。国家主席习近平发来贺信，向大会的召开表示诚挚的祝贺，向参加会议的麻风学界专家、学者与来宾表示热烈的欢迎，向为人类健康作出贡献的国际国内麻风学界所有人士表示崇高的敬意。

习近平在贺信中指出，"创造一个没有麻风的世界"是全球麻风控制的终极目标。这次大会以"未竟事业——终止传播，预防残疾，促进融合"

图 15-9 ● 第 19 届国际麻风大会在北京召开

为主题，对促进早日实现这一目标具有积极意义。习近平强调，世界麻风防治事业取得了巨大成就，但依然任重道远，仍需要国际社会团结协作、克难攻关。中国将加大投入力度和保障措施，继续同世界各国一道，积极推动麻风学进步和创新，促进消灭麻风目标早日在中国实现，为全球消灭麻风作出贡献。这次会议由国际麻风协会、世界卫生组织和国际麻风联合会主办，中国麻风防治协会承办。这是国际麻风大会第二次在北京召开。第一次是在 1998 年 9 月。会议的成功举办，展示了中国麻风防治事业取得的伟大成就，拓展了中国与国际社会的交流与合作。

2017 年"世界防治麻风病日"，国家卫生计生委、民政部、中国残联、中国红十字会总会联合开展世界防治麻风病日活动。活动通知指出，我国已进入消除麻风危害最后的攻坚阶段，各级政府、各有关部门及全社会共同参与十分关键。各地各部门要以习近平总书记在第 19 届国际麻风大会贺信中的指示精神为引领，全面落实消除麻风危害各项措施，做到发现一个麻风病人就治疗一个、关爱一个，让每一位麻风病人都能早日康复、避免残疾、共享健康。

2017—2019 年，连续三年"世界防治麻风病日"我国的主题均为"创造一个没有麻风的世界"，社会各界朝着这个美好的可期的目标一起努力着！

2020年1月26日是第67届"世界防治麻风病日"，主题是"消除麻风贫困，共享健康生活"。新中国成立七十余年来，中国麻风防治事业，用马海德常说的话即"发挥体制优势"，不断探索，开创了一条具有中国特色的麻风防治之路，取得了举世瞩目的伟大成就。

2020年，是实现《全国消除麻风病危害规划（2011—2020年）》目标的年份，也是中国实现全民小康，完成脱贫攻坚任务之年，是"十三五"收官之年。2020年，一场突如其来的新冠肺炎疫情成为新中国成立以来在我国发生的传播速度最快、感染范围最广、防控难度最大的一次重大突发公共卫生事件，对我国经济和社会产生了深刻的影响。以习近平同志为核心的党中央坚持人民至上、生命至上，团结带领全党全国各族人民经过数月艰辛奋斗，终于在全球首先取得了抗击疫情的重大战略成果，并为国际抗疫斗争做出了重要贡献。为了人民健康，为了消灭麻风、消除贫困，共享健康生活，中国共产党和中国政府正带领着中国人民，循着光明的方向继续前行！

茶马古道上的马海德希望小学，为"麻后生"开拓升学之路

就在2000年马海德规划的中国基本消灭麻风的目标实现的时候，云南茶马古道地区办起了一个以"马海德"命名的希望工程小学。办学的老教授郑用熙、关英夫妇，已经开办了32个希望工程小学。因为被马海德的精神深深地打动，他们将开办的第32个希望小学命名为"马海德希望小学"，目的是为"麻后生"开拓升学之路。他俩说，"这是一所最独特的希望小学"，也是他俩倾注感情最多、最深的一所小学！

中缅边境云南临沧地处云贵高原怒山山脉，历史悠久，古称为蒲蛮之地，通往缅甸和印度洋的茶马古道经过这里。临沧的凤庆县更是重峰叠嶂，山川相连。该地区远古时代就有麻风之记载。清代属顺宁府，就将麻风病

图 15-10 郑用熙、关英夫妇

人驱赶到很偏僻的深山里生活，形成了该县的麻风村。

凤庆县深山里有一个叫藤蔑河村的"麻风村"，新中国成立以来，马海德、叶干运带领的防治性病、麻风的医疗队就多次深入这里的"麻风村"。云南各级政府也十分重视，在 20 世纪八九十年代，这里推广了麻风联合化疗治疗方案，在 20 世纪末，终于摘掉了"麻风村"的帽子。该村麻风病人已经痊愈，但是其中部分病人有后遗症。还有一百多人是麻风病人的后代，是健康人。

早在 20 世纪 80 年代中期，马海德接到过一位姓张的麻风病人关于健康后代上学问题的申诉信，马海德亲自回信，也引起云南省政府有关领导的高度重视，并给予广泛宣传。由于人们长久以来的偏见，虽然村里已经没有麻风病人，但周围地区的人们还是对该村惧而远之，冷眼相看。村里小孩上学很成问题，让"麻后生"们受教育是需要社会重视的问题。

此时，北京来了两个从著名高校退休下来的老教授——郑用熙、关英夫妇。郑用熙原是清华大学化学系实验中心主任，关英曾是当年西南联大校友，他俩联络了这两所名牌大学的老校友，抱团参加希望工程。从 1995 年起至 20 世纪末，募集捐款 770 多万元，为全国 18 个省市共捐建 32 个希望工程小学。老教授俩已近 80 岁了，郑用熙还拄着一根拐杖，来到凤庆县山区选点定点，要让"麻后生"们受到更好的教育。

郑用熙了解到，村里有一个教学点，但是水平很差，孩子们通常上了三年学，却连自己的名字都不会写。到 1998 年，教学点几乎停办。郑用熙、关英得知这些情况后十分痛心，决心要帮助"麻后生"们受教育。郑用熙、关英已经很熟悉开办希望工程小学的事务及程序了，老两口亲自选点之后，同当地县、乡、村、学校各方面协商，这个小学必须以"马海德希望小学"的名义开办，请求把马海德希望小学的地址，落实定在云南临沧凤庆县松林村中心小学，这里距藤蔑河村最近。松林小学校长同意接收"麻后生"

入学，但是"麻后生"的家庭经济条件无法支撑其读完小学。郑用熙夫妇回到北京，又在老校友中张罗着对"麻后生"进行一对一承包资助，最终，经过努力宣传，马海德的事迹及两位老教授的热心号召，感动了所有的资助者，为使大西南深山里"麻后生"得以完成学业慷慨解囊。

在希望小学的捐助和后续支持工作中，郑用熙夫妇投入最多的、也最感欣慰的是云南凤庆县马海德希望小学及其配套的"麻后助"（麻风病人后代专项助学基金），这是他们回到北京后发动自己的晚辈、兄弟姐妹一对一资助得来的。郑用熙夫妇笑着回忆当时的情形："我们对晚辈说，你们一帮一，一人帮一个孩子，就算是你们孝敬我们俩了，以后来看我们，什么东西都不要带了。"夫妇俩的外孙女小爽幼儿园毕业时，父母为她举行了聚会，小爽把收到的红包全部捐助给一位"麻后生"。"从 6 岁到现在 11 岁，几年来，她全都把压岁钱攒下来捐给了那个学生。"郑用熙夫妇说，"她还觉得不够，又开始在学校里收集易拉罐、汽水瓶、奶袋等去废品站卖钱来捐助'麻后生'。"

2000 年，马海德希望小学建成，首届 6 名"麻后生"入读，到 2010 年已有 10 届共 74 个"麻后生"入读。其中一位学生 2016 年以 555 分的优秀成绩考入云南大学。郑用熙对这位学生的分数、考取的专业都记得非常清楚，郑老十分兴奋地说："至少在临沧地区，这是第一个从麻风病人后代中走出来的大学生！"

郑用熙夫妇帮助"麻后生"的事很快传开，很多校友、海外华侨纷纷表示愿意资助"麻后生"完成学业。郑用熙夫妇不仅把这所希望小学建起来了，还一直关注着孩子们的升学和成长。

2003 年开始，希望小学的"麻后生"陆续毕业了，夫妇俩为孩子们的升学问题非常着急。郑用熙说："我们俩不断地写信，上至教育部，再到媒体，写了几十封信。最后，云南省教育厅让一个中学接收他们，这样我们就打开了'麻后生'升初中的道路。"

一位从马海德希望小学毕业后升入中学的学生，在给郑用熙的信中这样写道："郑爷爷，我们大家都不会让您失望的。是您为我们搭起这座能与众人平等、能有机会学习的桥梁，我们每个人都应该感激您，感激您对我们所做的一切。"

记者访问他们夫妇俩时，他们很少谈其遇到的困难，反而谈的最多的是受到马海德的教育和感动，要做更多贡献。郑用熙说："首先马海德他们将麻风消灭了，我们就要接过棒来，解决病人后代的教育问题。"他俩一生经历了很多风雨，但他俩并不认为这些事有多么伟大，只觉得人生短暂，不能白来世上一遭，总要做一点有用的事。

2018 年 11 月 2 日，郑用熙教授因病在北京西苑医院逝世，享年 91 岁。去世前郑用熙将资助"麻后生"升学的事务，委托给了清华大学化学系的师生们。

笹川阳平如是说："消除麻风病之父"马海德，对我影响很大

由日本财团、北京大学、中国人权研究会三方主办，旨在消除对麻风病及康复者的歧视与偏见的"全球倡议书 2011 启动仪式"，于 2011 年 7 月 25 日下午在北京大学英杰交流中心盛大举行。这是一个历史性的时刻，中国麻风病人从北京向全世界发出呼吁。

阳光厅会场，高大宽敞，恢宏典雅，极富中国文化特色，在 20 世纪末落成之后，成为北京大学开展学术交流活动的重要场所。不少外国领导人都在此做过演讲。笹川阳平在会上发表了关于麻风主题的讲话，会后兴致颇高地接受记者访问，谈的最多的还是麻风。

笹川阳平说："已经过去多年了，可能现在有人还不太了解，中国有一位名叫马海德的医学博士，他曾经参与中国红军的长征，他是领导人的健康管理医生，新中国成立后他成为'消除麻风病之父'。我的父亲笹川良一，是因为马海德博士对麻风的宣战热情及奋斗不止的精神而感动，是在马海德博士的协助下，1985 年日本财团才开始与中国麻风防治队伍合作，在中国为消除麻风做了很多工作。马博士是个国际活动家，他找来包括日本在内的多个援助国家，与中国各省对口承包合作消灭麻风。我父亲对我

图 15-11　笹川阳平（右二）出席消除对麻风病及康复者的歧视与偏见的"全球倡议书 2011 启动仪式"

说，马海德是一个美国医生，竟然成为中国这么大一个国家消灭麻风的领军人物，我们笹川财团怎能袖手旁观？我父亲曾经问马海德博士，你要对口援助的 18 个省,华东地区有几个省？马博士说:6 个省市。我父亲说,好,华东 6 个省市的援助就归我们日本财团包了。"

　　那时中日合作，正逢中国改革开放起步的岁月，这为中日友好发展带来了机遇和挑战。自 20 世纪 80 年代以来，笹川阳平就一直协助父亲笹川良一筹建"笹川日中友好基金"，为开展对华交流做了大量工作; 没有马海德当年的引荐，就不会有笹川阳平今天的发展和成就，当初马海德为此付出了很多心血。笹川良一去世后，笹川阳平接任日本财团理事长、"笹川日中友好基金会"委员长之职。他表示:"虽然家父已经过世，但我要继续把他所开创的'笹川日中友好基金'这项事业搞下去。感谢马海德博士！"

　　笹川阳平为关于麻风防治的"全球倡议书 2011 启动仪式"做了很多工作。全世界麻风病人的生活状况并没有受到广大民众的关注。麻风病人即使病愈，也很难回归社会，甚至被家庭所抛弃。即使有了治疗的特效药，麻风成为一种可以治愈的疾病，但麻风病人仍然受到严重歧视，这种现象在全世界普遍存在。为了改变这种情况，从 2003 年开始，笹川阳平积极争取到联合国人权理事会说明相关情况，并于 2008 年提交了一项有关消除对麻风病人及康复者的歧视与偏见的决议案，在征求中国政府意见时,不仅得到了支持，中国政府还表示可以作为共同提案国。该决议案在开会表决时全票通过，没有一个国家反对。中国是共同的提案国，因此，选定在北京大学举办这项活动。

马海德虽然去世了，他在世时所建立的麻风防疫机构和麻风防治队伍，仍然积极地工作着。据笹川阳平了解，2018 年，中国发现麻风病人的数量大约是 500 余例，这个数量在世界各国中算是非常少的。再考虑到中国有近 14 亿人口的基数，就更了不起了！不过，部分治愈、残老、无家可归的人们还住在偏远的山区，基本与世隔绝，他们的生活环境亟待改善。为了让他们能与普通人一样的生活，日中友好基金会资助东京早稻田大学一些学生来到广东省，与当地大学生一起访问了麻风病人居住的村落。作为志愿者，大学生们在村里或是帮助修补房屋门窗，或是修理一些家居用品，为他们提供一些力所能及的帮助。

为了援助各国的麻风病人，作为世界卫生组织消除麻风亲善大使，笹川阳平每年三分之一的时间都在世界各地为了麻风防治宣传推广活动而奔走。他曾经接触过上千名被治愈的世界各地的麻风病人，也与他们握手、交谈，就像三十多年前，马海德陪同笹川父子在江西、广东等省考察麻风病院一样。当时，马海德带着省卫生厅厅长和记者们同去，在马海德的带动下，官员和记者们也和麻风病人握手。马海德在南昌皮肤病院看望麻风病人时，不穿隔离衣，不戴口罩、不戴手套就进了病房，双手握着病人残废的手，叮嘱病人要保护肢体。这时摄影记者按下了快门，一幅"马海德博士体察麻风病人"的照片从此广为流传。后来在世界卫生组织在日内瓦举办的摄影展上，此照片获得过两次大奖，这给笹川阳平留下了不可磨灭的深刻印象！

2019 年 2 月 26 日，印度政府为笹川阳平颁发"国际甘地奖"，以表彰他对印度战胜麻风做出的贡献。笹川阳平在获奖感言中说："今后只要我们共同努力，我们便能够创造一个没有麻风，也没有偏见和歧视的世界。"他还将此奖项获得的奖金捐赠给消灭麻风的项目。笹川阳平是第一位荣获该奖项的日本人。

笹川阳平获奖后对媒体谈到，他跟麻风的缘分，一是父亲，二是马海德。他说到，早年麻风肆虐韩国，他随父亲笹川良一去韩国的麻风疗养院时，亲眼看见了麻风病人的悲惨遭遇。他说："当时我很年轻，过着健康的生活，看到麻风病人被严重歧视，被亲人抛弃，承受着疾病和偏见的双重折磨，很震惊。父亲不但没有嫌弃他们，还拥抱了他们，像接触正常人一样接触他们。"在谈到跟父亲来中国支持马海德消灭麻风时，他说：

图 15-12　2019 年 12 月 16 日，日本财团会长笹川阳平在"笹川日中友好基金 30 周年轨迹与今后展望"新闻发布会上讲话（张建墅摄）

"我跟着父亲在中国那些麻风严重的省考察麻风村或麻风病院，马海德博士一出现，所有病人脸上都有了笑容，眼中闪现希望。那些日子，我父亲常对我说，一个美国人远渡重洋来中国，要为中国消灭麻风，我们日本是一衣带水的邻居，我们能袖手旁观吗？"

2019 年 12 月 16 日，"笹川日中友好基金 30 周年轨迹与今后展望"新闻发布会在日本财团总部大厦举行。驻日中国主流媒体应邀参加，气氛很活跃。在发布会上，81 岁的笹川阳平会长，笑盈盈地对记者们回顾了"笹川日中友好基金"设立 30 年来的不平凡历程，包括基金设立的时代背景与初衷、基金对中国经济开发的参与和帮助、双方实施相关合作项目的艰辛和实绩，以及他父亲和他本人与中国老一辈领导人的深厚友谊等。新闻发布会之后，笹川阳平在接受中新社记者采访时表示："看待日中两国间的关系，不能以 50 年、100 年这种短时间跨度来看，目光要放长远，两国有着 2000 年的友好交往历史，短期内确有一些摩擦，但梳理两国的交往史便知，日中关系是不断友好发展的，需要世世代代友好下去。"

马海德学生杨理合与大理玉洱村背新娘婚礼

史料表明，从 1956 年《全国农业发展纲要》到 1958 年，新中国建了约 500 多个麻风村。这些村子现在怎么样了？

本书最后一章，要介绍一个当年很偏僻的村子，它是新中国成立之初为隔离麻风病人而设立的麻风村。通向村子的道路很崎岖。这个村子中年以上的麻风康复者都知道有个姓"马"的大鼻子洋大夫，马海德的影响深深地推动了这个村子的发展变化。

"背新娘"是喜庆色彩浓郁的当地民俗，所有的村民、志愿者、大理自治州康复村联谊会的祝福者及采访记者等，都为此次这场特殊的婚礼祝福！说它特殊，不仅仅是因为新郎和新娘告别了一段不幸的婚史，有了幸福的新开端，更因为新郎和新娘都出生于麻风康复村。

村子有一个很美丽的名字——"玉洱村"。在那个时代，中央提出要"积极防治麻风病"。卫生部责成中央皮肤性病研究所牵头，带动各省市实施专业性普查试点和更大规模的流行病学调查。1957年7月，卫生部在济南召开第一次全国麻风病防治专业会议。同年10月，卫生部正式发布《全国麻风病防治规划》，确定了"积极防治、控制传染"的方针，要求各级党政领导机关把防治麻风病作为一项重要工作列入工作日程，加强领导，妥善安排。在当时的科学技术水平及"闻麻色变"的社会条件下，地方政府采取的方法是将麻风病人集中起来隔离治疗。云南自明清以来，便是我国麻风高发流行区，就在人迹罕至、非常偏远的苍山云弄峰东麓，选点建了这个麻风村，在深山老林里对麻风病人进行隔离治疗。玉洱村行政管辖属大理自治州的大理市上关镇，距离最近的江尾乡有将近15公里的崎岖山路。山路穿崖过壁，经九曲十八弯之后，映入眼帘的是碧玉般的美景。当年带队建村的防疫站站长及公社（镇）民兵队长两人一合计：就定点在这片世外桃源吧。在苍山云弄峰这一带，居住有白、汉、回、傣、彝、傈僳、纳西等民族。防疫站长说，定点了要有个村名往上申报，就定了"玉洱村"的名字。民兵队长只是协助建村，上级没有吩咐办别的事务。从此，这个村子，在卫生系统是存在的，而在公安户籍系统，就是空白的。

这个风景秀丽的村落，自1958年建村之后，过了40年，直到1998年才真正落实了自己的村名"玉洱村"，有了行政村的身份，村民们也才拥有了户口本和身份证。之前，该村没有自己的名字，被称为"麻风村"，村民是大理州的大理市、8个普通县及3个少数民族自治县送来"隔离治疗"的麻风病人。1998年，全国各地都在为新中国成立50周年进行总结和喜庆筹备工作。通过马海德领军的从中央到地方的中国麻防队伍的持续努力，20世纪末要基本消灭麻风，上级逐一检查统计。经过三十多年的综合治疗，玉洱村的麻风病人都被治愈了。而落实户口与身份证，与远在广州的退休老医生杨理合及他创办的广东汉达康福协会有关。

杨理合是江西人，从小立志学医。新中国成立后，1954年，杨医生从大连医学院毕业，被分配到马海德刚刚组建的皮研所，从事性病的防治工作。年轻的杨理合从此结识马海德。马海德的言传身教，在潜移默化中影响着他。马海德也很喜欢这个有钻研精神肯动脑筋的南方小伙子。

1958年，国际著名麻风专家斯库曼教授来华，在位于广州市的中山医学院举办全国麻风病高级医师进修班，皮研所很多人都想参加，但是名额有限，马海德就点了叶干运、杨理合等数个业务强的青年学者参加。学完之后，马海德安排杨理合带领医疗小组，到贵州省的一个麻风村开展防治工作。从此，杨理合与麻风结下了不解之缘，成为马海德麻风防治事业最忠实的追随者之一。"文化大革命"之后，马海德主持建设中国麻防队伍，曾派杨理合独当一面带队去新疆开展麻风防治工作，干得很出色。1985年，卫生部在广东省建立了"中国麻风防治研究中心"，他受命调到该中心工作。1993年，他从研究中心退休，但是他说："马老消灭麻风没有退休，我虽在单位退休，但是身心没法从麻风防治事业中退下来！"经过数年酝酿，在广东省卫生厅、民政厅的支持下，杨理合成立了康复者自治的"汉达康福协会"，开创了全国第一家关注麻风病康复工作的非政府非营利的公共卫生服务民间组织，宗旨是让麻风康复者走出深山密林，融入社会。协会取名为"汉达"（HANDA），是为了纪念麻风相关的两个医学前辈，一是发现麻风杆菌的挪威医生阿莫尔·汉森，另一位是终生帮助夏威夷麻风病人的比利时神父达·米安。在杨理合医生的影响下，一批年轻人义无反顾地走上帮助麻风康复者重归社会的道路，用自己的专业知识和行动，不仅治愈了病人，更开创了集"生理、社会、心理、经济"为一体的综合康复模式，改变着整个麻风康复者群体的命运。

玉洱村就是协会的一个志愿服务点。他们了解到玉洱村还没有户口，村民也没有身份证，虽然疾病治愈了，但出门很不方便。让康复者有身份证，走出深山，融入社会，成为他们的重要工作之一。在一次省主管领导的调研工作中，协会志愿者向领导介绍了玉洱村的情况，反映了村民们没有身份证的困境。省政府很重视，经多方协调，玉洱村在新中国成立50周年之际，村子有了户籍，村民有了身份证。

进入21世纪，又过了10年，玉洱村陆续迁来了不少麻风康复者，最多时达60余名，好些带着家属后代。在政府的政策关爱下，随着医学进步和人们认识的提高，康复者及其后代逐渐走出与世隔绝了大半个世纪的深山老林。

2005年，村里通了公路，到大理当天就能往返；2008年，村里通电通水。村长四哥因积极帮助架设送电线路，得到电力部门赠送的一台电视机，村民们能看到昆明、北京、上海、广州等地方的节目了。然而，美丽的玉洱村仍然存在很多困难：好几家的茅草房倒塌了待修建更新，四哥的家里至今没有厕所；联通和移动手机入了村，基站太远信号进不来；村里的香菇、木耳、鸡鸭等山货农产品卖不出去……特别困扰村民的是，随着康复者第二代逐渐长大成人，"男大难婚"问题逐渐凸显出来。

到2011年春节，玉洱村共有17户人家，21个常住人口。由于第二代大多迁往康复者的老家或是外出打工，村子也像各地普通村落一样，多是老年人及留守儿童，年纪最大的老人已经超过80岁。这年33岁的四哥，是从省城打工回来的青年，因为年轻和有责任心，担任了村长一职，负责为各户老人们领取生活补助等事宜。四哥的父母是最先来到玉洱村的一批麻风康复者，在他10来岁时不幸去世。他读到小学三年级就辍学了。17岁时，他和邻村的年轻人一样，到大理城里打工。遇到自己喜欢的女孩，虽两情相悦，但当对方得知他的背景后，马上就避而远之。2003年，四哥遇到了一位情投意合的姑娘，因为担心姑娘知道他的身世后也会离他而去，他隐瞒了他的背景入赘姑娘家。婚后第三个月，朴实真诚的四哥向妻子坦白了实情。结果，妻子和其家人把四哥撵出了家门。四哥感情受挫，不愿再留在大理城谋生，回到了玉洱村。此后整整7年，四哥再也没有和妻子联系。回村担任村长后，他尽他所能地帮助村民。

四哥与汉达康福协会合作，将玉洱村办得很有起色，省城昆明和州府大理城里的媒体常有报道。与此同时，33岁的四哥也开始考虑自己的未来。他不得不面对的现实是，戴着"麻风村"的帽子，村里的年轻人很难找到对象，每逢碰到大理的康复村联谊活动或聚会时，四哥就会打听其他村是否有年龄相仿的姑娘或者离异的人。

图 15-13　大理玉洱村，两位麻风康复者的后代四哥和花姐喜结良缘

花姐，25 岁，和四哥有太多相似的经历。长得很美的花姐也是麻风康复者的后代，出生于当时没有通电的大理市凤仪镇黄草坝麻风康复村。结婚 7 年，因为再也无法忍受婆婆的歧视和丈夫的虐待，花姐带着 4 岁的女儿回了娘家。

村里的杨大叔有意撮合四哥和花姐，就把花姐的经历告诉了四哥，四哥非常同情花姐的遭遇。第二天一大早，四哥从玉洱村赶往百里之外的黄草坝。在村前的大树下，四哥和花姐，两个经历坎坷的人一见钟情。很快，他们确定了婚期。

婚礼这天，早上 7 点，天刚蒙蒙亮，汉达康福协会志愿服务的迎亲婚车到了，婚车披着大大的红绸花，贴着大红"囍"字，在云贵高原充足的阳光下显得格外耀眼。高亢喜庆的唢呐声，噼里啪啦的鞭炮声，娃崽们的欢呼声……人们追着婚车，由媒体记者、大学生志愿者和村民三方组成的接亲队伍，别具一格，轰动大理。用汉达复康协会志愿者梅子的话说，这算得上是大理州地区康复村第一次这么风风光光地娶媳妇。当天下午 5 点，花姐被四哥接回了玉洱村，大家围着婚车，欢声起哄鼓掌，四哥背着花姐，花姐搂着四哥，从车里走出来，走进村。美丽娇羞的新娘花姐对着四哥耳朵说了什么，四哥转过脸来幸福地回答花姐。他们说的什么，在周围的欢庆声中，没有人能听见，但他们的幸福大家都能感受到。新娘被背进了家，接着是交杯酒、集体晚餐、篝火晚会……四哥这场婚礼是现代和传统的交响曲，回荡在苍山的峡谷里。从 10 多公里之外赶来参加婚宴的邻村村长张二婶说："这是我们苍山山里最热闹的一天了！"

玉洱村的老少村民们从来都没有这么兴高采烈过！

附 录

马海德部分获奖及荣誉实录

1979 年	马海德获美国北卡罗来纳大学突出服务奖。
1982 年	马海德获 1982 年度美国达米恩·杜顿（Damien Dutton）麻风协会奖。
1985 年	马海德获美国加利福尼亚州参议院颁发的国际公共卫生麻风病防治成就证书。
1986 年	黎巴嫩总统授予马海德科芒德尔国家勋章，以表彰他在医学上为中国和全人类所做的贡献。
1986 年	马海德获美国艾伯特·拉斯克（Albert Lasker）医学研究奖。此奖表彰他在征服中国的性病和消灭麻风中所做的贡献，以及他为改善中国人民的卫生福利事业所取得的成就。
1986 年 5 月 16 日	在马海德的出生地——美国纽约州布法罗市，市长授予马海德"荣誉市民"称号，将该日命名为马海德日，并赠送金钥匙。

1987 年	马海德获美国纽约州立大学名誉理学博士学位。
1988 年 1 月 30 日	马海德荣获印度 1987 年度"国际甘地奖"。
1988 年 9 月 23 日	卫生部授予马海德"新中国卫生事业的先驱"荣誉称号。同时为表彰马海德半个世纪以来，为中国人民解放事业和社会主义建设事业做出的卓越贡献，为马海德颁发"无私无畏的国际共产主义战士，全心全意为人民服务的光辉典范"之评语奖状。
2009 年	新中国成立 60 周年，入选"100 位新中国成立以来感动中国人物"。
2019 年	获新中国成立 70 周年"最美奋斗者"个人荣誉称号。

后 记

　　大医有大爱！我国自古赞，大医者，悬壶济世，大爱无疆。本书讲述的是马海德医学博士来华奋斗 55 年的感人故事。

　　马海德本着人类大爱的拳拳之心，献身中国革命，历经土地革命、抗日战争、解放战争，直至新中国成立之后的人民医疗卫生事业，特别是为中国消灭性病和麻风做出了重大贡献，广获国际社会的高度评价。本书为纪念马海德博士，应人民卫生出版社之约而创作。此前，具体说在 20 世纪末之前，有关马海德博士的传记已出版有七种之多，其中有五种为中文首版，另外两种分别为日文首版及英文首版。本书对前七版马海德传记，均有所借鉴。在此，对这几版书的作者及出版社表示衷心的感谢。

　　2019 年 5 月 16 日，本书创作启动。白地、白宇两位热心女士，承担了重要的助手工作。白地女士不辞辛劳，反复奔波，围绕马海德在中国消灭麻风病的业绩，对现有材料进行精准核实和补充。马海德与白求恩是延安时期的挚友，但相关史料研究还很不充分，要是本书仍对马海德与白求恩亲密友情及重要工作关系的这段重要历史缺乏挖掘，缺乏应有的表现篇章和文字，这将影响本书的价值。白宇女士为此远赴加拿大白求恩的故乡，在白求恩的母校多伦多大学，终于找到了白求恩与马海德关系的原始材料，特别是白求恩从山西前线写给马海德转呈毛泽东主席的多封信件，还有丰富的相关日记。本书中关于白求恩与马海德关系的篇章，填补了抗战史及八路军卫生史的研究空白。在此我对两位白女士的工作和奉献，表示衷心的感谢。

苏菲女士及周幼马先生接受了访问并提供了重要史料；马海德博士的助手、原卫生部疾病控制司慢病处调研员申鹏章先生，国家卫生健康委国际交流与合作中心副主任邢高岩女士，上海宋庆龄纪念馆副馆长宋时娟女士，中国麻风防治协会会长张国成先生、副会长潘春枝女士，山东省皮肤病医院院长张福仁先生，中国医学科学院皮肤病研究所江澄先生，浙江省皮肤病防治研究所党委书记姚强先生，中国医学科学院皮肤病研究所、中国疾病预防控制中心性病麻风病中心办公室主任葛凤琴女士，我国驻纽约总领馆原总领事孙国祥先生，纽约哥伦比亚大学约翰·沙尔比先生，以及马海德博物馆、中国医学科学院　北京协和医学院、中国医学科学院皮肤病医院、广东汉达康福协会等单位，为本书之写作提供了重要史料、大力支持及提供访问线索，在此表示衷心的感谢。

本书为文图并茂之出版物，书中马海德个人及家庭照片，马海德为新中国人民医疗卫生事业，特别是为中国消灭性病和麻风病做出贡献的珍贵照片，均取自《马海德画册》，由马海德夫人苏菲女士及儿子周幼马先生提供。本书中马海德献身中国革命，涉及土地革命、抗日战争、解放战争相关历史的珍贵照片，除照片说明中标注供图者外，均取自本书作者陈敦德著之新华社专栏"摄影世界丛书"之画册《新中国外交照片解读》，为陈敦德先生所提供。

图书在版编目（CIP）数据

大医马海德 / 陈敦德著 . —北京：人民卫生出版
社，2021.9 （2022.8重印）
ISBN 978-7-117-31963-8

Ⅰ. ①大… Ⅱ. ①陈… Ⅲ. ①马海德（1910-1988）
－传记 Ⅳ. ①K826.2

中国版本图书馆 CIP 数据核字（2021）第 173441 号

人卫智网　www.ipmph.com　医学教育、学术、考试、健康，
　　　　　　　　　　　　　购书智慧智能综合服务平台
人卫官网　www.pmph.com　人卫官方资讯发布平台

书　　名　大医马海德　Dayi Mahaide
著　　者　陈敦德
出版发行　**人民卫生出版社**（中继线 010-59780011）
地　　址　北京市朝阳区潘家园南里 19 号
邮　　编　100021
E－mail　pmph @ pmph.com
购书热线　010-59787592　010-59787584　010-65264830
印　　刷　北京盛通印刷股份有限公司
经　　销　新华书店
开　　本　710×1000　1/16
印　　张　35
字　　数　538 千字
版　　次　2021 年 9 月第 1 版
印　　次　2022 年 8 月第 6 次印刷
标准书号　ISBN 978-7-117-31963-8
定　　价　169.00 元

打击盗版举报电话：010-59787491　E-mail：WQ @ pmph.com
质量问题联系电话：010-59787234　E-mail：zhiliang @ pmph.com

52检